W0272199

La Dame de Saint-Cloud

DOMINIQUE BASQUIAT

City
Poche

© City Editions 2013 pour la traduction française

Couverture : © Bridgeman Art Library / GettyImages

ISBN : 978-2-8246-0278-3
Code Hachette :
Rayon : Poches/Roman historique

Catalogue et manuscrits : www.city-editions.com

Conformément au Code de la propriété intellectuelle, il est interdit de reproduire intégralement ou partiellement le présent ouvrage, et ce, par quelque moyen que ce soit, sans l'autorisation préalable de l'éditeur.

Dépôt légal : premier trimestre 2013
Imprimé en France par France Quercy, 46090 Mercuès - n° 30225/

I

Jeux de masques au Trianon

Ce soir, Monsieur, frère de Louis XIV, offrait un souper au Trianon de son palais de Saint-Cloud. Il fallait profiter du beau temps pour que cette soirée fût aussi une fête champêtre.

Au son des violons et des hautbois, les invités se délectaient des collations préparées sur de grandes tables dans des assiettes d'argent, rivalisant d'éclat avec la délicate porcelaine blanche et bleue issue de la manufacture locale protégée par le duc d'Orléans. Après ceci, on danserait bien sûr, et les farandoles s'étireraient jusqu'au parterre de Vénus virevoltant entre les huit compositions de broderie végétale.

Isabelle contemplait ces prestigieux convives, à la fois admirative et insouciante, mais n'enviait pas véritablement les marquises en robe de satin parées des bijoux les plus étincelants. Elle ne se pâmait pas davantage quand les marquis en habit de velours et perruque poudrée passaient devant elle en parlant fort et en laissant un sillage de muguet et de violette. Isabelle se trouvait encore à l'âge béni où le jeu représente l'essentiel de l'existence et où rien n'a vraiment d'importance. Épisodes charmants de la vie où l'on ne connaît pas encore les humiliations, les déceptions, les trahisons et les chagrins. De tempérament à la fois joyeux et frondeur, elle se refusait à envisager que des nuages obscurs puissent un jour voiler le soleil de ses vertes années.

Ayant perdu ses parents très jeune, Isabelle avait été élevée par son grand-père. Dans sa famille, on était fontainier depuis des générations. Depuis les origines du domaine, oserait-on dire, puisque les ancêtres se trouvaient déjà sur les lieux avec les célèbres Francine à l'époque où le somptueux palais de Monsieur appartenait encore à l'archevêque de Gondi. Cette caste conserva la toute-puissance sur le réseau hydraulique du parc de Saint-Cloud, avec la lourde responsabilité de trouver l'eau, de l'acheminer, puis de l'utiliser de belle façon. De quoi remplir assurément plusieurs décennies de labeur opiniâtre !

Saint-Cloud vécut son apothéose, et avec lui l'univers de ses fontainiers, lorsque Louis XIV fit don du château à son frère Philippe, l'éloignant ainsi fort habilement des affaires politiques et des champs de bataille sur lesquels il s'était montré trop brillant.

Par dépit et pour pallier son oisiveté, le duc d'Orléans partagea alors son existence entre ses mignons et son palais, auquel il se consacra passionnément, affinant son immense sensibilité artistique, s'entourant de collaborateurs de qualité et transformant le site en une merveille incomparable qui suscita la jalousie du monarque ! Les jardins furent sa fierté, les cascades son enfant chéri ! De ces terrasses que la dénivellation constante rendait si difficiles à toute création, il fit, grâce à Le Nôtre, un chef-d'œuvre inégalé.

Le palais, d'un agencement nouveau, surprenant, d'une configuration particulière, devint un ensemble magnifique, valant largement Versailles dans un style moins pompeux.

Isabelle gardait l'impression que le parc lui appartenait un peu. Si la fine fleur de la noblesse française s'y promenait volontiers dans la journée, s'y attardant parfois bien tard dans la nuit, quand les lustres aux pendeloques de cristal s'éteignaient dans la « Maison des délices », Saint-Cloud redevenait son bien, telle une maîtresse volage qui se serait laissé séduire par le leurre des fastes et de la volupté, pour ensuite revenir sagement chez elle. Isabelle retrouvait alors « ses » bassins et « ses » allées bordées de charmilles. Au cœur de la nuit étoilée, les cascades elles-mêmes lui faisaient un clin d'œil, semblant chuchoter : nous voici tranquilles dans le calme retrouvé.

Quand le père d'Isabelle mourut de façon accidentelle, en glissant du regard d'une canalisation, Monsieur s'en montra fort affecté et promit de verser pension à l'enfant, de subvenir à ses besoins. C'est pourquoi Isabelle ne connut jamais le dénuement, s'épanouissant parmi les fontaines et les bassins, au rythme d'un vocabulaire très particulier évoquant les moulages à la louche, le plomb en fusion, les corrois d'argile et les réservoirs. Elle se savait infaillible sur la façon de régler les ajutages pour produire l'effet souhaité. Et, à vrai dire, ce sujet l'intéressait beaucoup plus que les mouches et les dentelles.

Son grand-père semblait bien affairé en cette douce soirée de juin, car Monsieur entendait que tous les jets du parterre de Vénus se réveillassent en même temps, à 7 heures précises. Les quatre bassins des extrémités et celui du centre devaient donc, par un unique tour de clef, se transformer en une féerie aquatique.

Tout se passa admirablement bien, et maintenant son grand-père pouvait, en toute quiétude, pousser un « ouf » de soulagement. Un sourire illuminait son visage buriné sur lequel les injures du temps ciselaient de profonds sillons. Bien qu'il possédât son art à la perfection, à chaque fois l'appréhension le tenaillait. La responsabilité demeurait bien lourde, car il n'ignorait point que l'eau constituait le nerf vital des jardins et l'apothéose des soirées festives. Semblable en ceci à son auguste frère versaillais, Monsieur exigeait toujours davantage, repoussant sempiternellement les limites du possible. Il s'enthousiasmait comme un jouvenceau devant ses chères cascades et arborait la même fierté en les faisant découvrir à ses hôtes. Quand il s'agissait d'un ambassadeur, d'un prince du sang ou du roi lui-même, il n'aurait pas fallu perturber ce déclenchement magique !

Par un simple geste, on ouvrait la vanne, on libérait un débit préalablement réglé et le miracle s'accomplissait : la féerie des eaux commençait ! Mais l'auteur de ce tour de magie tremblait constamment : un petit défaut technique, un mauvais fonctionnement et le rêve tournait au cauchemar ! Quel déshonneur pour le dernier représentant de cette belle lignée !

Tout heureux, le vieil homme passa la main dans la chevelure de la fillette où dansaient des reflets de soleil :

— Notre travail est quasiment terminé. Dans une heure, il faudra fermer les vannes et ensuite nous pourrons aller dormir. Veux-tu t'amuser un peu, ma chérie ? Aller manger des petits choux ou des confitures ?

Isabelle hésita, n'ayant pas vraiment faim : elle avait déjà généreusement pioché dans les petits choux en début de soirée et caressait en vérité d'autres projets beaucoup moins avouables. Quand son grand-père lui permit de se distraire « sagement » en lui donnant rendez-vous dans une heure pour la fermeture des eaux, elle se retint pour ne pas crier de joie.

Après s'être assurée qu'elle se trouvait désormais bien seule, Isabelle s'empressa de quitter le parterre de Vénus. Passant sans lui jeter un regard devant la statue de la déesse sortant des eaux sur son char de coquillage, elle longea le mur en forme de fer à cheval ceinturant le pavillon.

La fillette ne se dirigea pas vers la fameuse allée du Mail, beaucoup trop fréquentée les soirs de souper au Trianon, théâtre d'un va-et-vient constant de chaises, de calèches légères et de carrosses venant déposer ou rechercher les joyeux commensaux. Elle emprunta donc l'allée située en contrebas, et sa frêle silhouette se confondit avec l'ombre des bougainvilliers et des bosquets plus denses. Parvenue à un endroit précis qu'elle paraissait fort bien connaître, elle siffla trois fois de façon aussi peu distinguée que féminine. Après quelques minutes d'attente dans un silence profond, seulement troublé par le son des violons que l'on percevait dans le lointain, une forme, puis deux, puis trois, sortirent du sous-bois. Ils se saluèrent d'un geste de connivence et le plus jeune des garçonnets déposa à terre un lourd sac de jute. Aussitôt, ce fut la ruée : des écharpes, des chemises de lin rapiécées, des culottes élimées et beaucoup trop larges. Qu'importe ! Dans cette caverne au trésor ambulante, les enfants puisaient leur bonheur avec frénésie. Isabelle enfila une culotte qu'elle retint autour de sa taille avec une cordelette, réajustant de la même façon la chemise qui lui tombait jusqu'aux genoux. Elle noua un foulard autour de sa tête pour dissimuler ses cheveux, et un autre morceau d'étoffe troué fit office de masque. Elle tâtonna enfin jusqu'au fond du sac et en ressortit un petit sabre de bois. Enfin prête ! Isabelle, le chef des pirates, pouvait partir en expédition ! Ces folles équipées, loin des réprimandes des aînés, se terminaient généralement en escalade des rochers jouxtant les cascades ou en acrobaties dans les échelles servant à descendre dans les regards pour vérifier l'état des canalisations. Son grand-père détenait tous les plans. Elle les connaissait par cœur ! Elle seule savait que sous les allées du parc s'acheminait un véritable labyrinthe de tuyaux, partant des bois de Fosse-Repose et du réservoir de Ville-d'Avray jusqu'aux bassins de Son Altesse Royale. Quel extraordinaire, quel extravagant terrain de jeu pour de jeunes aventuriers avides d'actions épiques !

Isabelle régnait en chef incontesté sur une armée en herbe, composée de fils de fontainiers travaillant sous les ordres de son grand-père, mais aussi de petits jardiniers ou de garçons d'écurie. Rien de bien reluisant assurément, mais tout ce petit monde, admiratif et soumis, s'exécutait sans rechigner. Isabelle leur en imposait autant par son savoir que par son minois ravissant, ce qui ne l'empêchait nullement de se faire respecter lorsque le besoin s'en faisait sentir !

Où donc irait-on ce soir ? Pas trop loin, car il fallait être de retour dans une heure. Les cascades ? Trop risqué un soir de bal. Restaient les bosquets du bas jardin ou les environs du Trianon.

La petite troupe composée d'Isabelle et de ses « hommes de main » s'engagea donc avec mille précautions dans l'allée en déclivité. Ils progressèrent ainsi en silence, sans trop savoir ce qu'ils espéraient trouver, lorsqu'ils entendirent des rires étouffés. Isabelle fit signe à ses compagnons de s'arrêter et, sabre de bois en main, s'avança tel un chat guettant une souris. Sur un banc de pierre, bien cachés par la végétation, deux gentilshommes masqués, l'un de rouge, l'autre de vert, s'égayaient fort librement avec une femme qui ne semblait plus toute jeune. Écartant une branche rebelle pour mieux discerner la scène, Isabelle observa les deux galants. Eux, en revanche, paraissaient très jeunes, âgés à peine d'une quinzaine d'années. Elle fut frappée par leur beauté ainsi que par la richesse de leurs atours, les galons et les pierreries de leurs justaucorps de brocart. Elle pensa tout d'abord qu'ils tenaient compagnie à leur mère, mais lorsque le masque vert plongea la main dans son décolleté provocant, Isabelle ne put retenir un « oooh ! » scandalisé. Elle écarquilla les yeux quand le masque rouge, sans paraître se soucier de l'attitude de son compagnon, embrassa la belle sur la bouche et la renversa sur le banc de pierre avec la délicatesse d'un soudard. Celle-ci n'en gloussa pas moins de plaisir, continuant à embrasser le rouge tout en caressant le vert. Cette fois, Isabelle, sincèrement outrée, s'indigna : « Oh, les cochons ! » Trois « chuuut ! » lui firent écho. Trop tard ! Le masque vert se redressa et scruta les alentours avec circonspection. Isabelle n'avait plus désormais qu'un souhait : détaler le plus vite possible pour se soustraire à cette scène écœurante ! Mais ses pirates, eux, appréciaient !

— On les attaque ?

— Vous êtes fous ! Il faut partir !

— Tu as peur ? Si tu as peur, tu ne seras plus notre chef ! On le dira aux autres !

— Ce n'est pas cela…

— Alors, on attaque !

Comment hésiter encore, au prix de son prestige ? D'ailleurs, les trois libertins, alertés par leurs chuchotements allant crescendo, venaient de se redresser vivement. La femme rabattit sa jupe avec précipitation, le masque vert referma nonchalamment le bouton d'une culotte ayant été malmenée, et le rouge s'avança prudemment dans la direction des voix tout en réajustant sa perruque. Alors, Isabelle bondit résolument :

— Holà, jolis seigneurs ! La bourse ou la vie ?

Les deux adolescents sursautèrent avec un bel ensemble. Le plus proche reluqua les nouveaux arrivants avec insistance, puis éclata de rire :

— Par ma foi ! Nous voici la proie des pirates ! Aurions-nous embarqué à bord d'un navire sans nous en rendre compte ?

Son camarade pouffa et précisa, sans se démonter le moins du monde :

— C'est fort possible, Philippe. Le navire de la volupté, sans doute ?

Isabelle se trouva quelque peu désarçonnée par cette réaction et surtout vexée de se voir si peu prise au sérieux. Elle afficha donc une expression menaçante pour intimer, de sa plus grosse voix :

— Je vais vous faire passer l'envie de rire, moi ! Allons, décidez-vous : la bourse ou la vie ?

Avec une moue désabusée, le dénommé Philippe consentit du bout des lèvres :

— Fort bien, monsieur le pirate. Alors, je choisis la vie !

— Comment ? Vous voulez que je vous tue ?

— Pourquoi pas ? Ce serait peu banal. En semblable cas, on répond généralement : la bourse. Vous semblez hésiter. Serait-ce votre premier crime ?

Avec une morgue à peine forcée, Isabelle rétorqua, en relevant le menton :

— Un pirate peut avoir le sens de l'honneur. Je ne tue pas un homme désarmé.

— Ah, la belle réplique que voilà ! Eh bien, alors, donnez-moi ma chance et battons-nous en duel. Je vais me conduire en homme d'honneur moi aussi et vous proposer d'échanger mon épée de cour contre votre sabre de bois. Qu'en pensez-vous ?

Isabelle ne put s'empêcher de lancer un regard brillant de convoitise en direction de la belle épée dorée sertie de pierres précieuses que retenait l'écharpe ceinturant son justaucorps parsemé de broderies. Elle répondit beaucoup plus vite qu'elle ne l'aurait dû :

— Oh, oui ! Quelle bonne idée !

Le jeune homme lui tendit son arme. Elle lui donna son sabre de bois et il s'amusa à effectuer de grands moulinets en direction des feuillages les plus proches. Son ami l'observait avec une mine ravie, et la belle quinquagénaire semblait désormais s'ennuyer à mourir, maudissant les importuns qui osaient venir les déranger ainsi.

Isabelle sentit dans sa main le froid contact de l'acier et les ciselures de la poignée. À la fois fascinée par les joyaux et légèrement mal à l'aise, elle trouva cela bien plus lourd que son jouet. Elle tenait une arme véritable et pensa que, encore qu'ornement de parade, cette lame trancherait fort bien le cou du premier venu !

Le gentilhomme se mit en garde avec beaucoup d'élégance, bien qu'il n'eût en main qu'un simple morceau de bois recourbé. Après l'avoir saluée de façon académique, il marcha vers elle, le bras tendu, comme il aurait sans doute agi avec une rapière. Isabelle recula et tenta sans grand succès de l'imiter. Ses preux compagnons d'abordage se tenaient prudemment à l'écart, ne perdant rien du spectacle. Elle les devinait pourtant sur le qui-vive et se persuada avec amertume que, si le jeu tournait en sa défaveur, ils prendraient assurément la poudre d'escampette sans demander leur reste ! Isabelle se devina alors bien solitaire face aux événements et prit brusquement conscience de sa fragilité et de sa propre condition, si maladroite avec cette épée somptueuse tandis que son adversaire gardait une prestance princière avec un simple jouet. Elle eut honte et sentit des larmes de dépit lui monter aux yeux. Mais le jeune homme, sans doute fort habile escrimeur, s'amusait sincèrement et prenait du plaisir à ce divertissement si différent des cérémonies fastidieuses de la Cour. Il s'appliquait à enchaîner de belles actions sans chercher cependant à la toucher, et cette chorégraphie paraissait devoir s'éterniser.

Mais alors qu'il poussa l'extrémité de sa pointe jusque sur le ventre d'Isabelle, celle-ci, au lieu de rompre, abattit son épée à deux mains en un réflexe fulgurant. Le petit sabre de bois se trouva coupé en deux et tomba des mains de son utilisateur qui laissa échapper un : « Ah, bien joué ! » prouvant que, s'il était chevaleresque, il savait tout autant se montrer beau perdant. Isabelle se fit beaucoup moins modeste et poussa un hurlement de triomphe :

— Wouaah ! J'ai gagné !

Alors, le vaincu effectua un bond en avant et, voltant autour d'elle, saisit l'épée par la lame, juste sous le quillon. D'une forte traction d'une musculature déjà joliment développée, il la projeta en l'air, et Isabelle se trouva à son tour désarmée. Déséquilibrée par ce mouvement si brusque, elle fit un pas en arrière et buta contre une racine (pourquoi fallait-il donc qu'elle se trouvât précisément à cet endroit ?) avant de s'affaler à terre en battant des bras.

Avec un éclat de rire spontané, l'auteur de ce retournement de situation la parodia avec talent :

— Wouaah ! J'ai gagné aussi !

Puis, réalisant soudain que le chapeau de son juvénile assaillant avait été projeté lors de sa chute, libérant ainsi une abondante chevelure de boucles blondes, il s'exclama avec stupeur :

— Par exemple ! Mais notre pirate est une fille !

Relevée aussi vite qu'elle avait chu, Isabelle récupéra son couvre-chef et haussa les épaules avec une grimace boudeuse :

— En tout cas, la fille vous a vaincu, monsieur !

— Aucunement ! Je vous concède un léger avantage, mais lors d'un duel véritable, seul compte le résultat. J'ai donc droit moi aussi à ma parcelle de gloire. Qu'en pensent les témoins ?

La femme garda un air pincé, fort irritée par ce jeu qu'elle devait juger aussi puéril que grotesque, et un rapide coup d'œil sur ses arrières fournit à Isabelle la confirmation de ses craintes : ses troupes battaient en retraite ! Restait donc le second gentilhomme qui, lui au moins, se délectait de la situation, considérant ce singulier pirate avec un intérêt nouveau qu'il ne cherchait nullement à dissimuler. Il suggéra enfin, sur le ton de la plus simple évidence :

— Le plus juste serait de vous donner un gage à chacun. Comme nous sommes des gentilshommes, nous laisserons mademoiselle choisir le sien d'abord.

L'intéressé hocha la tête en signe d'approbation, se ralliant à ce jugement en toute confiance. Il devait avoir pour habitude de se fier à l'appréciation de son compère, ce qui expliquait que celui-ci arborât l'attitude à la fois désinvolte et un brin hautaine de celui qui se sait pris en considération. Il s'approcha d'Isabelle qui, sans en comprendre la cause, se sentit soudain beaucoup moins sûre d'elle, perdant inexplicablement tout son aplomb sous l'emprise d'un étrange pouvoir de domination. Elle discerna derrière le masque de velours vert un regard profond et ardent, brûlant comme une flamme. Envoûtée par ce masque vert, elle dut faire un effort pour s'en soustraire et détourner pudiquement les yeux. Le jeune homme lui sourit et ce sourire la pénétra comme un coup de poignard. Sans paraître s'en soucier le moins du monde, celui-ci commenta, avec l'emphase d'un acteur de théâtre :

— Quelle farce singulière ! Philippe le bourreau

des cœurs, sur le point de recevoir une leçon d'escrime d'une femme ! Et de quelle femme ! Si jeune et déjà si jolie ! Aaaah, comme c'est bon de respirer un peu de jeunesse, de fraîcheur ! Huuumm, une vraie bouffée d'air pur !

Avant qu'il n'ait pu réaliser ce qui lui arrivait, il fut arrêté net dans sa tirade. La femme d'âge respectable se dressa devant lui comme une furie, lui administra une gifle bien dosée et se récria, d'une voix haut perchée que l'indignation augmentait encore d'une octave :

— Pour ce qui est de l'amour, vous avez encore à vous instruire, mais en ce qui concerne la muflerie, c'est inné chez vous ! À l'avenir, vous chercherez quelqu'un d'autre pour vous déniaiser !

Telle une reine offensée, elle leur faussa compagnie dans une envolée de jupons. Philippe s'esclaffa bruyamment en considérant son ami qui se tenait la joue (rouge) d'un air tout penaud. Puis, toujours hilare, il saisit Isabelle par les poignets et l'attira à lui :

— Mademoiselle le pirate n'est pas pressée de choisir son gage, semble-t-il ? Eh bien, moi, le mien est tout trouvé : bas les masques et une leçon d'amour parmi les charmilles !

D'un geste brusque, il arracha le bandeau de chiffon et l'embrassa sur la bouche avec avidité. Isabelle se débattit vigoureusement et se dégagea telle une anguille, puis, accrochant le masque rouge ourlé de dentelle et lui griffant la joue au passage, elle paracheva son œuvre en lui administrant une gifle qui claqua comme un coup de fouet. Jetant le masque dans le buisson, elle demeura ainsi à fixer l'outrecuidant, aussi menaçante qu'une tigresse. Sidéré, la joue désormais aussi cramoisie que celle de son ami, Philippe la reluqua avec des yeux ronds, ouvrit la bouche, mais ne parvint qu'à bredouiller :

— Ah, la garce !

Et bien évidemment, un immense éclat de rire lui fit écho, car la scène avait fait le bonheur du premier bafoué :

— Un point partout !

Le regard d'Isabelle allait de l'un à l'autre, ne sachant plus trop bien d'où viendrait le danger et quelle devait désormais être son attitude. Soudain, en proie à une terreur indicible, elle sentit le ciel chavirer. Dans ce visage qui se dissimulait si bien derrière le masque rouge, elle venait de reconnaître Son Altesse Royale, Philippe, duc de Chartres, fils de Monsieur. Elle comprit brusquement l'ampleur de son geste et surtout les conséquences catastrophiques qu'il allait engendrer : avoir surpris le duc de Chartres en galante compagnie, découvert son identité et, surtout..., porté la main sur lui. Elle plongea dans une révérence hâtive et maladroite, s'empêtrant dans une tentative de contrition :

— Monseigneur, je vous prie de m'excuser... je ne savais pas... si j'avais su...

Puis, à court d'arguments, elle éclata en sanglots.

Ayant visiblement repris le contrôle des événements avec un sang-froid méritoire, Son Altesse alla sagement ramasser son masque et le réajusta sur son visage. Il eut un petit sourire, un peu crispé quand même, et commenta négligemment :

— Allons, séchez ces larmes, je n'ai pas pour habitude de faire pleurer les femmes ! Ce n'est pas un crime de lèse-majesté. D'ailleurs, quand on joue avec le feu, on finit un jour par se brûler...

En disant ces mots, il sortit de sa poche un mouchoir de dentelle embaumant le muguet et le lui tendit afin qu'elle essuyât ses yeux. Isabelle prit le mouchoir d'une main tremblante et, craignant de le salir, osa à peine l'utiliser. Elle le lui rendit et il le remit dans sa poche sans davantage de façons, ajoutant toutefois, avec un petit sourire encourageant :

— Oublions cet incident, je vous prie. Cependant, ma proposition tient toujours : les charmilles sont très romantiques à cette heure.

Le second gentilhomme, demeuré en retrait avec un tact très appréciable, posa sa main sur la large manche de son justaucorps :

— Laissez-la, Philippe, ce n'est qu'une enfant.

— Mais… précisément ! Il serait grand temps pour elle d'apprendre d'autres jeux plus intéressants que de se travestir en pirate comme un gueux des rues de Paris !

Puis, se tournant vers elle et l'observant avec indulgence :

— Quel âge avez-vous donc, madame le pirate ?

— J'aurai quatorze ans le mois prochain, Monseigneur.

— En effet, vous n'êtes encore qu'une enfant. Une bien belle enfant qui aura le temps d'apprendre les jeux de l'amour.

Celui qui était si bien intervenu en sa faveur parut partager entièrement cette assertion, gardant au coin des lèvres un sourire énigmatique. Il la salua fort galamment, balayant le sol de la plume de son chapeau, mais ayant grand soin de conserver son propre masque :

— Il nous faut rentrer maintenant, car le bal va se terminer et notre absence se remarquera. Mademoiselle, je suis charmé d'avoir fait votre connaissance et je n'oublierai point de sitôt cette divertissante soirée. J'espère que nous nous reverrons… quand vous aurez grandi ! Mais laissez-moi vous donner un conseil de connaisseur : vous êtes vraiment mieux en fille qu'en pirate !

Sur ces belles paroles, il tourna les talons, et Isabelle en éprouva du dépit, se prenant à regretter que le nom de ce bel inconnu fût demeuré secret. Le duc de Chartres s'apprêta à le suivre, mais marqua un temps d'arrêt en passant devant elle :

— Les traditions se perdent ; nous n'avons même pas choisi nos gages ! J'en propose quand même un, semblable pour tous deux : faisons promesse de chasser tout ceci de nos esprits. Je pense que vous n'aimeriez pas que votre grand-père apprenne que sa petite-fille joue au pirate avec des manants dans le parc et se permette de gifler le duc de Chartres. Il serait encore plus navrant que Monsieur vînt à le savoir, Isabelle. Je vous ai reconnu, moi aussi, car je vous ai déjà vue avec votre grand-père aux alentours des bassins. Quant à moi, je ne tiens pas particulièrement à ce que mon père sache que je prenais du bon temps avec une vieille courtisane ! Alors : motus ! Vous avez ma parole, puis-je m'assurer de la vôtre ?

— Oui, Monseigneur ! Je vous remercie… et je vous renouvelle mes excuses !

— Recevez également les miennes, car je crois que mon attitude à votre égard a manqué quelque peu d'élégance…

Son Altesse Royale la salua à son tour d'une révérence qu'elle jugea nettement moins réussie que celle de son ami. Cette constatation lui procura une jubilation aussi saugrenue qu'injustifiée. Elle les vit disparaître tous les deux en direction du Trianon et, brusquement ramenée à des préoccupations plus prosaïques, estima que, pour elle aussi, il était grand temps de rentrer. Son grand-père avait certainement terminé son travail puisque la fête touchait à sa fin et l'heure accordée se trouvait dépassée depuis longtemps !

II

Sagesse de petite fille

Au lendemain de cette soirée mémorable, Isabelle demeurait en proie à des sentiments bien complexes. Elle ne pouvait se défendre d'une certaine fierté concernant le résultat de son « duel », estimant qu'elle ne s'était pas si mal défendue. Toutefois, sa satisfaction s'arrêtait là, lui laissait le goût amer de son propre ridicule. En son for intérieur, elle restait pourtant convaincue de n'être point la plus condamnable. Qui méritait réellement l'opprobre ? Une fillette de quatorze ans à peine, qui jouait encore au pirate, ou des garçons de quinze lutinant une femme qui aurait pu être leur mère ?

Pour la première fois de sa courte existence, Isabelle se posait des questions graves, dérangeantes, abordant ce passage périlleux où l'univers de l'enfance cherche à basculer. Elle gardait surtout en mémoire les propos du laconique masque vert : « Vous êtes vraiment mieux en fille qu'en pirate. » Qui était-il donc, celui-là, pour se permettre de tels jugements ? Un proche de Monsieur sans aucun doute, un pilier de sa Cour, complice de tous les fantasmes naissants de son fils. Isabelle eut malgré tout une pensée qu'elle jugea honteuse : comme il était beau ! Beau et finalement pas si désagréable, bien qu'il eût malgré son jeune âge des mœurs bien légères. Isabelle estima avec clairvoyance et une certaine ironie que si elle-même tardait à entrer dans le monde des adultes, ces deux-là, en revanche, se montraient exceptionnellement précoces !

Isabelle tira pourtant une leçon de cette aventure : elle ne jouerait plus au pirate ! Les relations avec ses « hommes » se refroidirent considérablement, jusqu'à s'espacer de plus en plus.

Son prestige avait indéniablement souffert et elle gardait personnellement une rancune légitime envers ses troupes qui l'avaient lâchement abandonnée au cœur du péril. Il lui devenait d'ailleurs de plus en plus difficile d'endosser les guenilles qui la charmaient naguère, car il lui semblait entendre, à chaque fois qu'elle enfilait la culotte rapiécée, une voix goguenarde affirmant : « Vous êtes mieux en fille. » Ce petit bellâtre lui avait irrémédiablement gâché son plaisir, brisant bel et bien l'enchantement.

Mais Isabelle, quant à elle, ne présentait rien d'exceptionnellement précoce, et les jeux de l'amour ne l'intéressaient aucunement, ni par envie de nouvelles sensations, ni par simple curiosité. Elle considérait cela comme un passe-temps d'adultes qui ne la concernaient point.

Le pirate déchu se passionna donc avec un regain d'intérêt pour les fontaines et les jets d'eau, avide de précisions, assommant son grand-père de questions dont elle connaissait pourtant les réponses. Celui-ci s'en montra ravi !

Mais, à plus long terme, la petite fée des ondes risquait néanmoins de se voir rejointe par un adversaire redoutable : l'ennui. Elle en fut sauvée miraculeusement par un événement inattendu qui devait bousculer son morne quotidien.

Au cours d'une promenade en apparence bien ordinaire le long du bassin des carpes, Monsieur rencontra son grand-père qui s'arrêta pour le saluer respectueusement. Isabelle, qui se tenait en retrait, le vit s'entretenir longuement avec lui. Quelques nouveautés en vue ? Des effets souhaités pour les cascades ou la grande gerbe ? Le pauvre homme n'avait pas fini de s'arracher les cheveux !

Isabelle remarqua dans le sillage du prince une troupe bruyante et joyeuse d'hommes jeunes et de belle allure. Le duc de Chartres se trouvait parmi eux. Isabelle sentit son estomac se nouer. Tiendrait-il vraiment sa parole ? L'aurait-il trahie, d'où la raison de cette conversation qui se prolongeait de façon alarmante ?

Machinalement, elle scruta avec insistance tous ces justaucorps chatoyants. Le masque vert était-il l'un d'eux ? Très certainement, mais lequel ?

Le duc de Chartres l'aperçut, se dirigea vers elle et enleva son tricorne au duvet de cygne immaculé pour la saluer très civilement. Isabelle, les yeux baissés, lui fit la révérence. Il la gourmanda avec indulgence :

— Allons, Isabelle, je ne veux point de ces marques de déférence entre nous, puisque nous sommes unis par un petit secret… sinon par autre chose !

Il se mit à rire, et Isabelle ne put s'empêcher de l'imiter. Le duc en parut fort aise et en profita pour chuchoter à son oreille :

— Voyez-vous, j'ai repensé à notre petite affaire et, après réflexion, je crois quand même que la victoire vous revenait. Alors, je vais vous offrir un autre gage. Je sais que mon père vous verse pension, mais vous méritez mieux que de rester à vous morfondre au milieu des bouches de fontaines et des fers Mahon. J'ai donc intercédé en votre faveur pour que Monsieur vous obtienne une admission à Saint-Cyr. Vous y recevrez l'éducation d'une jeune fille de haut lignage, aux frais de la famille d'Orléans, et, quand vous en sortirez, vous pourrez prétendre vivre comme une dame de qualité. Mon père est en train d'en faire part à votre grand-père.

Isabelle demeura bouche bée et ne put proférer le moindre commentaire. S'agissait-il d'une vengeance mesquine destinée à l'éloigner de son chemin, du souhait de l'élever pour parvenir à la posséder ou du désir sincère de pourvoir à son avenir ? Ceci marquait en tout cas la fin de son enfance de poulain sauvage, libre comme l'air, sans contrainte et sans heurt. L'idée de s'enfermer dans ce cloître pendant cinq ou six années lui parut insurmontable, la laissant dans le même état d'esprit qu'un prisonnier promis à la Bastille. Apprendre, obéir, rentrer dans le rang, agir comme tout le monde, s'activer tel un troupeau bien ordonné : non, jamais elle ne parviendrait à se glisser dans ce moule où la conformité devient une règle de vie. Elle ne parvint à refouler ses larmes, songeant qu'elle était décidément vouée à paraître plus grotesque à chaque rencontre avec Philippe de Chartres. Celui-ci, malgré sa réputation de jeune dévergondé, n'en possédait pas moins, héritées de son père, une grande bonté et une générosité spontanée. Homme d'honneur, souhaitant payer loyalement sa dette, il se méprit sur cette réaction qu'il mit sur le compte de l'émotion et de la joie, car il pensa avoir comblé une future précieuse et non brimé une sauvageonne trop indépendante. Il eut enfin ce même geste sans affectation et, plongeant la main dans la poche de son justaucorps, en ressortit mouchoir de dentelle qui sentait toujours aussi bon le muguet. Avec un petit sourire presque timide destiné pour l'instant à masquer sa gêne, il le lui tendit :

— Je crois qu'il serait préférable que vous le gardiez, puisque nous sommes coutumiers de ce genre de scène !

Isabelle, n'osant poser les doigts sur le « P » tissé de fils d'or, essuya ses yeux avec autant d'inhabileté que la première fois et semblable crainte de salir la broderie. Elle lui rendit le mouchoir avec un reniflement discret, mais il refusa d'un geste de la main :

— Non, non, gardez-le ! Nous allons bousculer les traditions. Ce sont généralement les galants qui ramassent les mouchoirs de leurs promises. Nous sommes décidément faits pour nous entendre, car vous et moi détestons les règles établies : vous jouez au pirate, moi je dévergonde les grands-mères et ensuite je vous fais don de mon mouchoir que vous tenez comme s'il s'agissait d'un encensoir ou d'une sainte relique !

Passant sans transition des larmes à la liesse, Isabelle se mit à rire sans parvenir à s'arrêter. Elle était ravissante quand elle s'égayait ainsi, la petite fille aux boucles blondes, en toute innocence, irradiant la fraîcheur comme l'avait si bien dit le masque vert !

Si charmante que Philippe le séducteur déjà blasé se sentit soudain follement heureux et s'ébaudit à son tour sans trop savoir pourquoi. Isabelle ne douta plus de sa sincérité et se persuada qu'il entendait demeurer son allié.

Elle envisagea pour la première fois un horizon où ne se profileraient pas exclusivement des canalisations et des sombres regards aboutissant à des souterrains parsemés de tuyaux. Son avenir se construirait sans doute différemment et, après tout, peut-être ne serait-ce pas si mortifiant.

Monsieur reprenait sa promenade, ses courtisans lui emboîtant le pas. En voyant son grand-père revenir vers elle, Isabelle nota avec amertume qu'il rayonnait de bonheur. Le duc de Chartres s'éclipsa avec un clin d'œil de connivence :

— Au revoir, Isabelle. Je vous souhaite bonne chance. Vous me restituerez mon mouchoir à votre retour, quand vous serez devenue une irrésistible jeune femme !

— Je remercie Votre Altesse pour sa grande bonté et lui promets de lui rendre son mouchoir à mon retour. Je pense que je n'en aurai plus besoin, car j'aurai, du moins je l'espère, appris à ne plus pleurer comme une sotte pour n'importe quelle raison. Mais prenez garde, Monseigneur, si mes manières vont sans doute s'amender, mon caractère risque de rester le même. Pensez-y quand vous me présenterez vos hommages, ou votre joue gauche risquerait de prendre quelques couleurs… avec tout le respect que je vous dois !

Il la considéra, quelque peu surpris par cette liberté de langage, puis s'esclaffa :

— Vous avez donc aussi de l'esprit ! Vous serez décidément le plus beau fleuron de la Cour… et saurez vous faire respecter. Voilà qui annonce des moments délicieux !

Il continuait à rire tout seul en se hâtant de rejoindre ses amis, et Isabelle songea que, dans quelques années, il lui faudrait s'intégrer à ce petit monde doré. Une perspective qui ne la satisfaisait que très modérément !

Son grand-père paraissait tout rajeuni, tel un enfant devant un sapin de Noël, lorsqu'il se planta triomphalement en travers de son chemin, annonçant sans ambages :

— Aaah, ma chérie, si tu savais !

— Je sais, grand-père, je sais. Le duc de Chartres vient de tout m'expliquer.

Le vieil homme la reluqua avec suspicion, s'attendant à des cris, des trépignements et un entêtement farouche difficile à briser.

Il s'interrogeait déjà sur les moyens de persuasion à employer, et cette passivité le laissa pantois :

— Et… et cette décision te plaît ? Tu es contente ?

— Oui, grand-père.

Cette fois, le vieux fontainier recula d'un pas et considéra gravement sa petite-fille. Avait-elle bien compris ? Elle demeurait si ingénue, si naïve encore, murée dans son petit univers tapissé de puérilités. Il crut bon de préciser, sur le ton d'un professeur en charge d'un élève au mental déficient :

— Son Altesse t'a bien expliqué que… enfin… pour ton bien… ton avenir… c'est une chance pour toute ta famille…

Isabelle le regarda avec malice et répondit d'une voix égale, comme si elle récitait une leçon parfaitement assimilée :

— Je vous entends bien, grand-père. Ce n'est pas la peine de vous fatiguer à me le répéter. Pour faire honneur à feu mon père et à vous-même, j'ai la chance inespérée de pouvoir apprendre, ce qui me permettra de m'élever ainsi dans la société. Monsieur en sera très flatté et nous laissera notre pension. J'ai tout bien compris, n'est-ce pas ?

Incapable d'acquiescer, le grand-père venait de découvrir avec stupéfaction qu'Isabelle, sa fillette chérie, était dotée d'une sagesse valant sans aucun doute celle des adultes !

III

Saint-Cyr

Six années ! Isabelle avait passé six années dans un établissement tout d'abord comparé à la Bastille, persuadée qu'elle ne survivrait pas un an derrière ces murs, tel un oiseau en cage. Elle avait pourtant tenu six ans, ce qui représentait un bel exploit pour un être détestant par-dessus tout obéir et s'intégrer à une communauté ! Sortir des sentiers battus, se situer hors des normes : ainsi se définissait Isabelle, jouant au pirate plutôt qu'à la poupée, incollable à quatorze ans sur les soudures à la louche et les formes des fers Mahon que chaque utilisateur façonnait à sa propre main. En revanche, à ce même âge tendre, elle eût été bien incapable de recoudre un bouton ou d'accrocher une épingle dans un chignon ! Alors, bien évidemment, perdue dans cet univers exclusivement féminin, Isabelle s'était sentie d'emblée comme un naufragé sur une île déserte.

Dans les instants de découragement, elle pensait à son père, à la fierté de son grand-père assistant à son départ. Avec un peu de baume au cœur, elle s'estimait alors bien privilégiée de se voir offrir l'opportunité d'envisager une existence plus reluisante. Cette réussite nécessitait sans nul doute le sacrifice de quelques années. On ne possède rien sans mal ni sans effort, tout se mérite, répétait inlassablement le vieux tâcheron. Ce leitmotiv, Isabelle le ressassait fréquemment pour surmonter les épreuves, envers et contre tout. Mais le soir, dans le dortoir tapissé aux couleurs pimpantes de sa classe, quand toutes les lumières s'éteignaient, elle pleurait en silence, la tête enfouie sous l'oreiller pour se soustraire aux quolibets de ses camarades. Pour une fillette solitaire, vivre en groupe est difficile. Pour un caractère indépendant et dominateur, suivre les règles et se soumettre est encore plus pénible.

Quand on est fier, les humiliations font mal, très mal, et laissent des cicatrices indélébiles.

Isabelle dut subir tout cela : les brimades, les punitions, l'assujettissement. Elle fut obligée de courber l'échine alors qu'elle aurait voulu relever le menton, contrainte de dire oui alors que tout son être criait non.

Pourtant, ces années furent plutôt moins pénibles qu'elle ne l'avait redouté. Dès son arrivée, ne remarquant pas de murs austères, elle avait été agréablement surprise. Le site semblait même assez plaisant, avec un parc qui, s'il ne souffrait pas la comparaison avec celui de Saint-Cloud, lui permettrait quand même de rester proche de la nature en se promenant dans le jardin ou le petit bois dont le roi avait lui-même baptisé chaque allée. Partout, on apercevait des charmilles, des bosquets, des cours agrémentées d'orangers.

Bien qu'elle préservât un fond de caractère rebelle, un comportement parfois surprenant parmi ces escadrons de jupons, Isabelle possédait fort heureusement un solide bon sens et beaucoup d'esprit. Ces atouts non négligeables lui permirent, sa vie durant, de surmonter ses propres tragédies et de se tirer honorablement de situations délicates. Très active, enjouée, elle sut se faire apprécier, à la fois de ses camarades de classe et de ses professeurs, devenant rapidement un pivot incontournable des petites fêtes ou des instants de détente. Sa volonté inébranlable lui permit d'autre part de continuer son chemin malgré les chausse-trapes. Partageant volontiers son bien, défendant tout aussi spontanément les opprimés, elle acquit une réputation de loyauté et d'efficacité qui parlèrent en sa faveur à maintes occasions.

Dotée d'un charisme et d'un pouvoir étonnant sur autrui, la petite-fille du fontainier eut rapidement des amies tout aussi dévouées que ses pirates de Saint-Cloud… du moins tant que tout allait bien ! Mais quelques amitiés, sincères ou non, restent quand même appréciables pour rompre la solitude et ne pas s'exclure dans un isolement néfaste.

Intelligente, appliquée quand il le fallait, Isabelle apprenait avec facilité. Si ses professeurs déplorèrent parfois une attitude manquant de rigueur, quelques fantaisies par rapport à la rigide discipline, ils notèrent les bons résultats qu'elle obtint, apparemment sans grand effort. Elle devint la meilleure en français, en grammaire, en récitation, en poésie, se montra satisfaisante en algèbre et en chimie, gagna en notoriété lors des représentations de théâtre au cours desquelles elle se distingua tout particulièrement.

L'actrice talentueuse eut même le privilège de jouer une pièce de monsieur Racine devant le Roi, qui la félicita et l'applaudit chaleureusement ! Elle se découvrit aussi une passion pour la musique et s'essaya au clavecin avec beaucoup de sentiment.

Ce fut donc l'existence sans grande surprise d'une élève plutôt douée mais insubordonnée, dont le palmarès oscillait au rythme des félicitations dues à des notes correctes et des punitions sanctionnant quelque espièglerie. Le tout émaillé des petites chicanes inévitables en société avec les amies qui ne l'étaient plus, pour le redevenir aussi vite.

Isabelle s'habitua moins bien à l'incontournable dortoir, qui excluait toute intimité. Bien que celui-ci n'eût rien de spartiate, malgré les rubans rouges, jaunes, bleus ou verts, en harmonie avec les atours et les classes, rien n'estompait cette promiscuité irritante. Elle jugea tout d'abord l'uniforme un peu ridicule, bien qu'il fût créé par madame de Maintenon elle-même et « retouché » par le Roi. Après avoir évolué au rythme des couleurs, elle parvint à nouer les rubans avec un certain plaisir.

On racontait volontiers que, quelques années auparavant, il existait davantage de libertés, les dentelles étant permises sur les tenues. Madame de Maintenon, en créant Saint-Cyr, ne l'avait pas souhaité trop rigoureux. Elle dut néanmoins resserrer la férule, ces demoiselles prenant trop de bon temps ! C'est ainsi que l'école se vit dirigée par des religieux, avec pour résultat un enseignement beaucoup plus sévère et un adieu définitif aux dentelles et aux frivolités !

Les journées se déroulaient selon un emploi du temps quasiment immuable, mis au point par madame de Maintenon, appliqué à la lettre par la mère supérieure et les religieuses, supervisé par Sa Majesté : lever dès 6 heures, puis étude approfondie de toutes les matières visant à transformer ces enfants souvent démunies en jeunes filles de bonne société. L'enseignement se voulait complet, insistant plus particulièrement sur la lecture, l'écriture, la récitation, le chant, la broderie, l'orthographe, la grammaire, l'algèbre, l'histoire de la France et bien sûr le catéchisme, si cher à l'épouse morganatique du tout-puissant Roi-Soleil.

Celle-ci gardait son appartement personnel au sein de l'établissement. Bien qu'elle se montrât aimable, elle intimidait beaucoup Isabelle et les autres jeunes filles par son aspect rigoriste. Isabelle, désignée pour jouer du clavecin en sa présence, eut l'extrême honneur de susciter son intérêt. Une autre fois, madame de Maintenon visita un cours de broderie, une matière pour laquelle Isabelle ne marquait guère de dispositions ! S'attardant longuement à observer les travaux, la fondatrice de Saint-Cyr remarqua qu'Isabelle rencontrait bien des démêlés avec un papillon jaune aux ailes inégales. Elle prit l'ouvrage et, en quelques coups d'aiguille, le papillon retrouva miraculeusement deux ailes identiques. Isabelle en fut sincèrement soulagée et la remercia avec un « merci beaucoup, madame » qui la combla d'aise.

Isabelle savait prématurément et fort innocemment jouer d'un charme naissant, son sourire angélique lui gagnant beaucoup de complicités !

Au fil des ans et des couleurs de classes, elle devint une fort jolie jeune fille, prenant conscience timidement de sa féminité, tressant méticuleusement ses cheveux, se sentant de moins en moins pirate et de plus en plus femme. Pourtant, jusqu'à la dernière année, elle garda sa singulière personnalité. L'élève modèle ne se révélait qu'une façade destinée à ne point la marginaliser, de façon à vivre plus commodément ! Un caractère téméraire se modèle selon la conjoncture, mais ne se brise pas si facilement !

Elle donna une belle preuve de cette évidence lors d'une mésaventure stupide, mais qui influença son comportement de façon durable. Cette résurgence eut lieu la dernière année, alors que tout le monde croyait l'enfant terrible définitivement assagie. Pourquoi donc avait-il fallu que ce chat s'aventurât dans le parc ? Pourquoi cette pimbêche de Charlotte lui attacha-t-elle une casserole de cuivre à la queue pour égayer la galerie ? L'animal, affolé, s'empêtra dans un soupirail, et ces filles sottes et méchantes gesticulaient autour de lui en riant. Le sang de justicier d'Isabelle la pirate ne fit qu'un tour ! Elle délivra le félin prisonnier, invectivant vertement ses tortionnaires.

On en vint très vite aux mots d'oiseau dont « lâches » et « minables » parurent des flagorneries comparés à ce qui suivit. Enfin… on en arriva aux mains ! Quelle chance avaient donc ces demoiselles élevées dans les rubans face à une Isabelle, chef de pirates et brillant acrobate des canalisations de Saint-Cloud, maniant le sabre de bois et exceptionnellement l'épée de cour ? Réponse logique : aucune ! Isabelle fondit sur le groupe tel un ange vengeur… et ce fut un cataclysme !

Toute la soirée, l'infirmerie ne désemplit pas. On tamponna des lèvres et des yeux pochés, on recousit des lèvres, on déroula maints rouleaux de bandages.

Isabelle fut sévèrement fustigée et convoquée chez madame de Maintenon. Il fut question de renvoi. Mais elle sut plaider sa cause, gagner la compassion de l'autorité supérieure et se faire écouter de l'austère dame en noir. On lui concéda que le motif s'avérait certes louable, mais qu'il ne lui appartenait pas de rendre justice elle-même. Elle échappa au renvoi, eu égard à ses bonnes notes, mais dut s'excuser et faire amende honorable. Le bannissement lui eût semblé préférable. Elle en tira toutefois une leçon profitable, comprenant que la rébellion par la force ne se révèle pas forcément la meilleure solution. Une nouvelle conception se forgea dans son esprit concernant la façon d'affronter l'adversité : face à une autorité à laquelle on se trouve soumis, le choc frontal est rarement la riposte adéquate ! Elle dut admettre qu'il existait en effet d'autres moyens plus subtils pour parvenir à ses fins. Ce nouvel adage, preuve irréfutable d'une maturité naissante, devait lui être utile tout au long d'une tumultueuse existence. Il ne s'agissait pourtant que d'un simple précepte d'adulte, mais combien précieux, car privilégiant l'entendement ! À la suite de cet incident, Isabelle gagna toutefois l'estime des autres, qui la considéraient désormais avec un tout autre regard !

Ce fut la dernière fois qu'Isabelle fit parler d'elle, et l'année de fin d'études se passa le plus tranquillement du monde, la discipline semblant d'ailleurs moins draconienne au fur à mesure que ces demoiselles grandissaient. Sans doute estimait-on qu'elles devenaient plus responsables.

Une coutume propre à Saint-Cyr voulait que les plus âgées s'occupassent des plus jeunes pour les aider à apprendre les leçons, mais aussi pour des tâches quotidiennes telles que l'habillement ou les repas. Se découvrant un talent de mère poule qui étonna tout le monde, à commencer par elle, Isabelle prit plaisir à ces activités et sut se faire aimer. Les petites la prirent pour confidente, lui contant volontiers chagrins et tracas. Isabelle donnait de sa personne pour les rassurer et trouver des solutions. Elle tira profit de cette expérience inusitée, apprenant que partager peut causer autant de joie que recevoir et mettant ainsi en pratique, sans y penser véritablement, les préceptes rabâchés pendant les heures lassantes du catéchisme ! Parmi beaucoup d'autres enseignements précieux, Isabelle acquit la conviction que la vie semblait plus belle en se souciant d'autrui et que cesser de se regarder soi-même permettait d'ouvrir un œil sur le monde.

***

Isabelle avait vingt ans lorsque les grilles de Saint-Cyr se refermèrent derrière elle. Elle en repartait avec une nouvelle philosophie, un savoir suffisamment étendu pour paraître de belle façon en société et un diplôme en poche, agrémenté des compliments de ses professeurs… lesquels avaient toutefois jugé prudent de lui recommander de surveiller ses élans rebelles ! Isabelle avait sans doute acquis une certaine capacité d'analyse et de discernement, mais demeurait tout aussi fière, malgré des traitements parfois bien contraignants, d'avoir su rester Isabelle… c'est à dire, précisément, de n'avoir pas totalement laissé annihiler cet esprit rebelle !

Avec un dernier regard à la grille désormais hermétiquement close, Isabelle se sentit l'âme d'un prisonnier qui vient de purger sa peine et recouvre la liberté. Elle respira à pleins poumons l'air nouveau du temps, persuadée que la vie lui tendait les bras et qu'elle allait enfin pouvoir profiter du résultat de ce fastidieux apprentissage.

Cette vie dorée commençait bien évidemment par un retour dans son cher parc de Saint-Cloud, toutefois assombri par l'absence de son grand-père dont elle avait appris le décès l'année précédente.

Elle retrouva avec une délectation immense ses errances dans les allées ombragées bordées de grands arbres aux essences variées. Plus personne pour lui donner des ordres, plus d'obligations impératives, plus d'horaires fixes pour se lever, manger ou se coucher. En un mot, plus de comptes à rendre : la li-ber-té !

Dès les premiers jours, l'absence de son grand-père lui sembla pourtant difficile à admettre. Sa présence aimée, sa voix dont la fermeté s'émoussait au fil des ans, ce bon sourire qui illuminait son visage ridé et surtout cette manière n'appartenant qu'à lui seul de dire « ma chérie » en passant sa main calleuse dans ses cheveux.

Pour la première fois, Isabelle ressentit un malaise jamais éprouvé : le goût amer de la solitude. Cette déréliction se faisait beaucoup plus forte encore puisqu'elle revenait d'une période de son existence où, précisément, elle n'existait plus !

Passer sans transition d'un vagabondage insouciant à une organisation de groupe est certes bien astreignant, mais retomber brutalement d'un envahissement de sa vie privée à un isolement total est peut-être plus sinistre encore. Comme les soirées semblent longues, seule dans une maisonnette, quand on a passé six ans en dortoir !

Isabelle n'avait pas une idée exacte de la façon dont se préciserait son avenir. Le présent immédiat consistait essentiellement à savourer cette quiétude si laborieusement reconquise. Le futur saurait bien attendre un peu. Elle irait présenter ses hommages à Monsieur qui lui allouerait sa pension sans rechigner. Son Altesse Royale serait sans doute fort aise de la voir revenue… et bien surprise de se retrouver non plus face à une enfant, mais à une belle jeune fille !

Isabelle, spontanément, adoptait l'insouciance de son enfance. Mais elle ignorait toutefois que le tableau ne serait pas si enchanteur et que ce répit ne durerait guère…

IV

La passerelle du temps

Le cœur battant, Isabelle descendit de la calèche immobilisée dans l'avant-cour. Elle avait tellement attendu cet instant ! Ce moment béni où, libérée des contraintes, elle deviendrait une femme tenant enfin les rênes de sa destinée.

Récemment revenu d'un séjour à Versailles, le duc d'Orléans se trouvait dans ses appartements. Isabelle lui ayant fait part de son retour et sollicité la permission de venir lui présenter ses respects, la réponse favorable n'avait guère tardé : Monsieur la recevrait le jour même. La famille d'Orléans avait été tenue au courant, méthodiquement, année par année, de ses progrès et des résultats obtenus à Saint-Cyr. Ces compte rendus détaillés concernaient-ils tous les événements ayant jalonné ces six ans de claustration ? Les bons… et les moins bons ? Apparemment, on ne semblait pas lui en tenir grief !

Monsieur possédait d'ailleurs une ouverture d'esprit suffisante pour ne considérer que l'aspect positif de ce séjour, c'est-à-dire transformer la petite-fille du fontainier en une dame susceptible de faire bonne figure dans les salons de Saint-Cloud ! Les incartades au règlement ne devaient certainement pas le scandaliser ; ils lui laissaient peut-être même le souvenir nostalgique de l'enfant impétueux qu'il fut, avant que l'on ne brisât son tempérament par raison d'État. Son héritier le duc de Chartres, bien que fort brillant, n'en demeurait pas moins lui aussi un caractère affirmé !

Franchissant la grille de l'avant-cour, Isabelle pénétra d'un pas léger dans la cour d'honneur. Elle se présenta au laquais de faction, lui expliquant que Son Altesse l'attendait. Monsieur se trouvait au premier étage, dans la salle de billard.

Avec un bonheur sincère, Isabelle prit le temps d'effectuer une halte avant de gravir les quelques marches lui offrant l'accès à la « Maison des délices ». Elle renversa la tête en arrière et ferma les yeux, laissant le petit vent caresser son visage et ses cheveux, jouant avec une mèche rebelle qui s'échappait de sa coiffe. Saint-Cloud. Son Saint-Cloud ! Rien n'avait changé, malgré que Monsieur ne cessât jamais d'embellir, de créer, de bousculer, d'ajouter. Le palais se profilait devant elle et, comme jadis le faisaient les cascades, lui adressait un hommage silencieux.

Ce palais à l'élégance sobre et raffinée, antithèse de la pompe versaillaise, lui causait toujours la même émotion. Car au-delà des pierres et des colonnades, des statues et des vasques, c'était l'âme de Monsieur et sa personnalité profonde qui s'exhalaient.

Cette personnalité se révélait davantage encore dans l'aménagement intérieur, traduisant sa profonde sensibilité, son goût exquis pour toute forme de décoration, mais aussi son cœur généreux. Saint-Cloud, c'était tout cela : de la grandeur, mais juste ce qu'il fallait pour traduire le sang royal, de la beauté et, surtout, mille fois surtout, beaucoup de sentiments. Une délicatesse authentique et subtile, se traduisant aussi bien dans les corniches que les consoles, les miroirs de Venise ou les tapisseries murales des Gobelins. Saint-Cloud, palette des tons clairs aux dominantes bleutées de Mignard ; Saint-Cloud, gourmandise des sucreries et des plaisirs ; bouquets odorants de tulipes et de roses.

Saint-Cloud, féerique ballet entremêlant les jardins et les salons, transportant en un coup de baguette magique les fleurs dans toutes les pièces et les girandoles dans les bosquets. Saint-Cloud, merveilleux écrin du duc d'Orléans !

Ce palais, Isabelle le connaissait par cœur, presque aussi bien que les canalisations ! À sa droite, la galerie d'Apollon, rivalisant avec la galerie des Glaces de Versailles et attisant la jalousie du Roi-Soleil, puis les salons peints par Mignard. À sa gauche, les appartements des princes et, devant elle, magnifié par les quatre colonnes semblables aux gardiennes des temples antiques, le corps central avec les appartements royaux et ceux de Monsieur. Isabelle leva les yeux vers ce premier étage, appelé « étage noble », abandonna les bas-reliefs représentant les signes du zodiaque pour s'attarder sur les statues à la symbolique évidente dont elle se rappelait parfaitement les noms : la Force, la Prudence, la Richesse, la Guerre. Quelle architecture singulière, aussi surprenante que le parc lui-même, bâti en terrasses successives ! Cet édifice, dont le corps central couronné de deux ailes latérales légèrement plus basses rappelait innocemment la conception de Versailles, reprenait bien vite son autonomie. Si les vases tout le long des corniches en gardaient sagement l'inspiration, on remarquait néanmoins le blason de la famille d'Orléans et les sculptures de Cadaine. Isabelle se souvenait fort bien que son grand-père appréciait tout particulièrement ce sculpteur et qu'il vantait avec une passion sincère les subtilités de son œuvre. Malgré les ans, le vieil homme gardait le même enthousiasme, à la fois pour les lieux et pour leur créateur. Il éprouvait une grande admiration pour Monsieur, ainsi que pour tous les artistes dont celui-ci savait s'entourer, n'hésitant pas à sortir des normes pour imposer ses vues.

En posant les yeux sur ces statues de Cadaine, Isabelle entendait encore la voix tant aimée. Il lui semblait revivre ce matin d'automne où son grand-père l'avait tenue près d'une heure en arrêt, sous une bruine tenace qui la glaçait jusqu'aux os, lui posant mille questions afin de s'assurer qu'elle entendait bien ses leçons… et qu'elle ne les oublierait point ! Pour lui, ces sculptures accueillant d'emblée le visiteur affirmaient haut et fort la différence du site : la musique, la bonne chère, la jeunesse, la danse… Ici, on ne souhaitait pas trop de rigueur, mais on élevait un hymne à la vie. Il s'agissait effectivement d'une signature du maître des lieux : dans la « Maison des délices », point de pompe pour éblouir, mais partout un goût de bon aloi, une élégance naturelle, une richesse visant avant tout le bonheur des yeux, le désir de luxe n'ayant pour but que le bien-être des convives. Monsieur n'avait plus rien à prouver, ni aux yeux du Roi, ni aux yeux du monde… ni aux siens. Il essaya tout simplement de meubler une existence condamnée à l'oisiveté et chercha son propre bonheur. Le trouva-t-il ? Rien n'est moins certain… par contre, ses invités, ses proches, ses mignons, ses amis, l'essaim des courtisans profitant de ses largesses s'en délectèrent sans nul doute !

Avec un soupir déchirant, Isabelle reprit pied dans le présent et se hâta de monter le grand escalier à la balustrade de marbre, chef-d'œuvre de Jules Hardouin Mansart.

Monsieur jouait sans doute au billard avec les princes du sang. Elle en fut surprise, sachant sa préférence pour les jeux de cartes. Elle le croisa alors qu'il sortait, visiblement pressé, en compagnie de plusieurs gentilshommes de sa suite et de femmes qui parlaient fort. Elle lui fit la révérence et il ne put cacher sa stupeur, prenant ses amis à témoin :

— Mon Dieu, chère Isabelle ! Je pensais que vous seriez devenue une vraie jeune fille, mais jamais je n'aurais cru que vous fussiez aussi jolie !

Quelques sourires admiratifs semblèrent lui donner raison. Les hommes regardèrent la nouvelle venue avec un intérêt indéniable et quelques femmes pincèrent les lèvres. Isabelle, bien qu'elle fût encore fort ingénue, connaissait désormais suffisamment les mœurs de ses semblables pour y lire la preuve irréfutable de son charme naissant ! Le duc d'Orléans précisa, en un élan de liesse :

— Isabelle que voici, revient de ses études à Saint-Cyr. Elle fera désormais honneur aux salons de Saint-Cloud et y apportera un charme nouveau ! Qu'en pensez-vous, messieurs ?

Plusieurs affirmations firent écho à cette évidence, d'autres se montrèrent beaucoup plus réservés, ce qui semblait tout à fait logique, l'entourage de Monsieur étant généralement constitué d'hommes qui ne s'intéressaient guère au charme féminin. Le duc d'Orléans se tourna vers une femme d'un certain âge à l'allure revêche. Isabelle fut certaine de la connaître et ses doutes se confirmèrent en effet :

— Nous donnons demain soir un bal dans le salon de Diane. Vous y viendrez, Isabelle, ce sera votre baptême du feu. Vous connaissez la comtesse de La Roche ? Son mari travaillait avec votre grand-père. Elle vous servira de chaperon et vous conseillera pour votre toilette. Il faut que vous soyez parfaite ! Je compte sur vous, n'est-ce pas, Marguerite ?

La comtesse eut un petit sourire condescendant et affirma à Son Altesse qu'elle se ferait un plaisir de conseiller la jeune novice. Isabelle songea avec fatalisme que cette vieille chouette lui rappellerait de belle façon les sœurs de Saint-Cyr ! Mais elle jugea avec clairvoyance que ses conseils seraient sans doute judicieux afin de ne pas ressembler à une provinciale empruntée !

Monsieur poursuivit son chemin parmi sa petite Cour caquetante, et la comtesse lui donna rendez-vous chez elle le lendemain matin en lui affirmant, comble de la bonté, qu'elle lui prêterait l'une de ses robes. Isabelle la remercia avec une révérence et se persuada qu'il lui restait donc encore quelques heures pour profiter de la vie !

Elle jeta distraitement un regard à l'intérieur. Les jeunes princes avaient sans doute joué au billard, mais la partie semblait désormais terminée. Effectuant le tour de la pièce, elle ressortit après un dernier regard aux lambris peints et dorés qui transformaient cette salle de jeu en un petit salon très coquet. À l'instant où elle posait sa main sur la poignée de la porte, elle se sentit emprisonnée par deux bras vigoureux, puis retournée aussi prestement qu'une poupée de chiffon, tandis qu'une voix s'exclamait :

— Ah, la beauté est revenue ! Elle est encore plus réussie que je n'aurais cru !

Avant qu'elle n'ait pu réaliser ce qui lui arrivait, des lèvres gourmandes se posaient sur sa bouche. Isabelle resta quelques instants à demi asphyxiée, puis, retrouvant ses réflexes d'antan, se dégagea avec la vivacité d'un chat et administra un soufflet de lavandière au peu délicat gentilhomme. Celui-ci s'écarta prestement et partit d'un éclat de rire qui dut s'entendre jusque dans la galerie d'Apollon :

— Elle est toujours la même ! Ah, c'est merveilleux, je l'adore ! Sublime et infecte, je l'adore !

Isabelle, rouge de colère, vrilla un regard furibond sur le jeune homme qui se tenait la joue : perruque brune abondamment bouclée, yeux bruns pleins d'espièglerie, allure flatteuse, justaucorps rutilant de pierreries. Elle le reconnut soudain :

— Le duc de Chartres !

Puis, transportée dans son propre passé par un sortilège aussi soudain que dérisoire, elle se récria :

— Ah, Altesse, je… je…

— Oh, non ! De grâce, épargnez-moi la crise de larmes ! Vous avez passé l'âge. D'ailleurs vous avez toujours mon mouchoir, me semble-t-il ?

— Je l'ai toujours et je vais vous le redonner.

— N'en faites rien, gardez-le… en souvenir.

— De quoi ?

— De nos jeunes années ! Elles ne sont pas si loin et pourtant semblent perdues dans les profondeurs du temps. Comme vous avez changé, Isabelle. Vous êtes si belle !

— Vous, par contre, n'avez pas changé ! Vous êtes toujours aussi… aussi…

— Je parlais du physique et non du caractère. Sur ce point, il est indéniable que vous avez gardé votre tempérament combatif ! Mais c'est fort bien ainsi. Les femmes sont si faciles, tellement dénuées de personnalité…

Elle l'observa avec davantage d'attention.

C'était un homme désormais, possédant beaucoup de séduction et pour qui l'amour représentait un divertissement de choix !

Elle lui répondit, du bout des lèvres :

— Pensez-vous donc que toutes les femmes ont été créées pour tomber dans vos bras ? Uniquement parce que vous êtes le fils de Monsieur ?

— Je n'ai pas pour habitude de décevoir les femmes et je crois qu'elles m'aimeraient même en laquais !

— Quelle prétention ! Eh bien, vous en aurez au moins rencontré une sur qui vos charmes restent sans effet !

— Vous n'avez donc pas mûri ? Un si beau fruit ?

— Si ! Je ne joue plus au pirate, je puis vous le certifier ! Mais je n'ai aucune affinité avec des gens comme vous.

— Vous avez tort ! Il existe des sorts bien pires que d'être la maîtresse du duc de Chartres. Et ma proposition de jadis tient toujours : voulez-vous votre gage ? Une leçon d'amour sous les charmilles !

— C'est hors de question ! Je ne serai jamais votre maîtresse !

— Et pourquoi donc ?

— Parce que vous ne me plaisez pas ! Je vous remercie d'avoir pourvu à mon éducation, ce fut très généreux de votre part. Mais si vous espériez ainsi me mettre dans votre lit, vous avez commis une grossière erreur. Je vous suis très reconnaissante de vous être soucié de mon avenir, un point, c'est tout !

Sur ces mots émis d'un ton sans réplique, elle s'éclipsa et lui ferma la porte au nez.

En redescendant le bel escalier aux colonnes et pilastres de marbre, Isabelle sentit son aplomb quelque peu émoussé. Elle venait de deviner que la Cour de Monsieur, tout comme celle du Roi, restait un territoire sauvage, terrain de chasse de redoutables prédateurs. Elle se sentit soudain une faible proie et comprit qu'elle devrait certainement batailler fermement pour préserver sa quiétude, sa liberté si chère, mais aussi sa vertu et peut-être même son salut. Si le duc de Chartres s'avérait un séducteur invétéré, il restait avant tout un prince conscient de son rang, ne se permettant pas de dépasser certaines limites. Il tentait sa chance, mais ne la piégerait pas sournoisement. Il n'en serait sans doute pas ainsi de tous, car dans ces salons cossus se rencontraient assurément des gentilshommes fort courtois, mais aussi de franches crapules dont la lubricité se dissimulait si bien sous les dentelles !

Un troisième chapitre de son existence s'ouvrait devant elle. Après avoir connu l'insouciance d'une enfance heureuse sous la chaleureuse et bienveillante protection de son grand-père, après avoir subi la rigueur de Saint-Cyr, elle allait maintenant se trouver confrontée à l'insécurité ! Isabelle se persuada que le chapitre juvénile se refermait bel et bien derrière elle et que celui des adultes lui réservait assurément des surprises loin d'être agréables…

Saint-Cyr n'avait-il été que la passerelle du temps séparant le monde de l'enfant de celui de la femme, un trait d'union entre des souvenirs et des espoirs ?

Aujourd'hui, malgré la gentillesse de Monsieur, l'empressement de ces hommes jeunes et fougueux, où se trouvait la vérité ? Où la conduirait son propre chemin ?

V

Le prince presque charmant

Isabelle ôta son masque et s'en servit comme d'un éventail. S'accoudant à la balustrade, elle s'absorba dans la contemplation des pelouses. Un vent tiède et léger faisait frissonner les feuilles. Le parc était tout illuminé et plus particulièrement les bassins et les fontaines dont l'eau cristalline miroitait comme des pendeloques de cristal, retombant en gerbes scintillantes, se perdant parmi la frondaison ou cherchant à se fondre dans le firmament parsemé d'étoiles. Ce décor enchanteur incitait à la rêverie, à une douce mélancolie, succédant à la frénésie de la danse.

Isabelle apprécia le bienfait de ce calme et de cette fraîcheur. Elle renversa légèrement la tête pour laisser le vent caresser son visage et apaiser ses joues en feu. Il faisait terriblement chaud à l'intérieur, et la foule, toute cette agitation, ce ballet incessant de velours et de jupons ne contribuaient nullement à tempérer l'atmosphère.

Elle remarqua soudain un gentilhomme se dirigeant vers elle avec ce sourire fat et exaspérant qu'affichent les représentants du sexe masculin souhaitant aborder une jolie femme. Isabelle soupira, estimant que la tranquillité se révélait décidément bien éphémère. Vêtu avec recherche d'un justaucorps amarante rehaussé de broderies et abondamment piqueté de diamants, l'importun ne manquait pas d'allure. Elle trouva le visage avenant, la mise flatteuse. Un fort bel homme assurément et qui devait le savoir, étant donné l'assurance avec laquelle il lui adressa la parole:

— Vous avez l'air de vous ennuyer, madame ? dit-il en jouant négligemment avec le masque doré qu'il tenait en main. Voilà qui est fort dommage pour une femme aussi charmante.

— Je ne m'ennuie nullement, monsieur. J'appréciais seulement un peu de repos après le tourbillon de la danse, un peu de quiétude. Enfin… j'essayais.

Le gentilhomme s'esclaffa de bon cœur.

Il ne semblait pas dénué d'esprit, puisqu'il rétorqua avec une moue dépitée :

— En ce cas, je ne vais pas vous imposer ma présence plus longtemps ! Vous ayant aperçue esseulée, je me proposais simplement de vous offrir mon bras afin de vous raccompagner au salon.

— Je vous remercie de votre sollicitude, mais je n'ai pas pour habitude de m'exhiber ainsi au bras d'un inconnu.

— Je ne suis pas un inconnu, madame. Et je puis vous décliner mon identité puisque de toute façon vous et moi sommes maintenant démasqués ! Mais je n'ai jamais eu le plaisir de vous rencontrer à Saint-Cloud. Êtes-vous nouvelle venue aux fêtes de Monsieur ? Logez-vous dans les appartements du château ?

— Et vous-même, appartenez-vous à la police de monsieur de La Reynie pour vous autoriser un interrogatoire si poussé ?

Il se mit à rire à nouveau, de façon spontanée et fort plaisante, ce qui porta son charme au paroxysme. Sans doute devait-il utiliser souvent cette arme fatale, qui lui permettait de sortir à son avantage de situations périlleuses. Il répondit enfin, avec un soupir déchirant :

— Nous ne nous connaissons même pas et sommes en train de nous quereller comme un vieux couple blasé !

— Cela signifie peut-être que vous n'êtes point marié ?

— Non, en effet ! Mais cet éden ne durera pas, car Monsieur s'est mis en tête de me faire épouser une pintade de ses connaissances.

— Et bien entendu, l'élue est vieille, laide et sotte ?

— Je l'ignore, je ne l'ai point vue.

— Vous allez épouser une femme que vous n'avez jamais vue ?

— Madame, je suis d'une famille où l'on ne discute pas ce genre de décision. C'est d'ailleurs le cas de toutes les personnes de qualité. Et plus l'on s'élève dans la hiérarchie, pire c'est ! J'avoue que votre réaction me surprend. Tous les princes du sang sont mariés quasiment à leur naissance, vous ne l'ignorez pas. Quant au Roi lui-même… entre nous… je n'aurais pas voulu Marie-Thérèse dans mon lit !

— Le Roi s'est consolé ailleurs !

— Il a bien fait ! Ces mariages organisés ne peuvent qu'aboutir à des tromperies mutuelles. L'essentiel est de procéder à peu près honnêtement, si je puis dire. C'est d'ailleurs mon intention ! Mon épouse ne manquera de rien et me trouvera toujours si elle a besoin de moi. Elle me donnera un héritier, mais pour le reste…

— Belle mentalité !

— Toute la noblesse de France agit ainsi, à la Cour du Roi comme à celle de Monsieur.

— Lui, c'est différent. Ses goûts sont autres.

— Peu m'importe. Chacun est libre de mener l'existence qu'il veut. Je juge un homme sur d'autres critères et suis également un ami fidèle du duc de Chartres qui n'a pas meilleure réputation. Je les aime sincèrement tous les deux et je dois mon train de vie à Monsieur.

— Vous êtes un de ses mignons ?

Il haussa les épaules, leva les yeux au ciel, puis la considéra avec une expression plus attristée qu'irritée, semblant estimer que cette ravissante misanthrope avait des pensées aussi niaises qu'aberrantes. Il expliqua donc, avec la patience forcée que l'on emploie pour traiter un thème particulièrement ardu :

— Mon père combattait à ses côtés à la bataille de Cassel. Il a été tué devant lui et a succombé dans ses bras. Monsieur lui a promis qu'il ne laisserait jamais sa famille dans le besoin. C'est un homme d'honneur qui a tenu parole. Il appréciait beaucoup mon père qu'il considérait comme l'un de ses plus brillants généraux.

— Tiens donc ? S'il vous ressemblait, je ne doute point qu'il ait su se faire apprécier de Monsieur !

— Je ne connaissais pas la nature exacte de leurs relations, mais ce n'était pas forcément ce que vous croyez. Monsieur est capable d'estimer un homme et de reconnaître ses mérites sans pour autant le mettre systématiquement dans sa couche ! La plupart des invités qui sont ici ce soir vivent de ses largesses. C'est pourquoi je ne puis me permettre de refuser cette union.

Isabelle eut une moue méprisante.

— Vous préférez la fortune au bonheur ?

— Vous me semblez vraiment naïve ! Si je n'épouse pas celle-ci, ce sera une autre et peut-être bien pire. Monsieur, qui a beaucoup d'affection pour moi, m'a affirmé qu'il l'avait choisie jeune et jolie. Alors, que vouloir de plus ?

— La liberté du choix !

— Cela n'existe point à la Cour et vous l'apprendrez à vos dépens. Vous m'avez l'air d'une petite louve prête à mordre. Une louve dominante !

— C'est précisément pourquoi il me faut un chef de meute que j'entends choisir moi-même.

— Méfiez-vous quand même… les chefs de meute sont parfois violents !

— Voilà bien encore une réflexion d'homme, cherchant des prétextes pour massacrer et exterminer ce qu'il ne connaît pas suffisamment, ce qui résiste. Caractère masculin, dominateur et borné !

Stupéfait, il resta la bouche ouverte, la considérant avec saisissement :

— Eh bien, vous, alors ! Assurément, celui que vous prendrez pour époux n'aura guère la vie facile ! Je vous ferais toutefois remarquer que, moi, je ne chasse pas le loup.

— Toute la Cour le fait ! C'est une absurdité d'avoir massacré tous les loups, car maintenant il n'en reste aucun !

— Tant mieux !

— Les loups sont des animaux fort intéressants et intelligents, plus solidaires entre eux que beaucoup d'humains.

— D'où tenez-vous donc de telles fadaises ?

— Ce ne sont pas des fadaises ! J'ai lu un document écrit par un explorateur des pays froids qui affirmait que les loups, d'intelligence supérieure, savaient s'organiser en une hiérarchie exemplaire et faire preuve de beaucoup d'amour au sein de leur famille.

— C'est tout ce qu'il expliquait ? C'est peu pour un plaidoyer…

— C'est suffisant pour faire réfléchir certains…

enfin ceux qui sont capables de cohérence au lieu de tuer pour le plaisir.

Il eut un sourire énigmatique et laissa son regard errer au-delà de la cime des grands arbres, comme s'il cherchait à se perdre dans les profondeurs de la nuit, à atteindre peut-être cette forêt, repaire de créatures sauvages. Il hocha la tête avec indulgence, opposant à la morgue de son interlocutrice une passivité décidément inébranlable :

— Vous devez alors vous plaire à Saint-Cloud et être reconnaissante à Monsieur. Ici, point de chasse, les biches se promènent librement dans le parc.

— Oui, j'aime beaucoup Saint-Cloud. Sachez, monsieur le courtisan, que moi aussi, je fais partie de ceux qui vivent des largesses du duc d'Orléans.

— Alors, profitez-en ! Mais je vois des amies qui me font signe et qui s'impatientent. Je crois que l'on joue un menuet et, puisque vous ne voulez absolument pas de mon bras…

— Non, merci. Je suis fort bien ici et saurai rentrer toute seule.

— Tant pis pour moi… ou pour vous ! J'espère que j'aurai le plaisir de vous revoir un jour.

— Peut-être pourriez-vous m'inviter à votre mariage ?

— Aaah, la chipie ! Ironisez tant que vous voudrez, mais n'attendez pas trop quand même pour faire votre choix. Le prince charmant sur son cheval blanc devient fort rare.

— C'est regrettable, c'est tout à fait ce qu'il m'aurait fallu.

— En ce qui concerne le cheval blanc, peut-être pourrais-je vous venir en aide, car j'en possède un magnifique. Pour le prince charmant, je ne sais si je ferais l'affaire ?

— J'en doute fort !

— Vous êtes vraiment désagréable, vous ne me connaissez même pas ! Ne suis-je point charmant ?

— Oh, si ! Je pense que toutes les bécasses de la Cour doivent se pâmer devant votre mine, vos bonnes manières et vos discours brillants !

— Alors, pourquoi cette acrimonie à mon égard ?

— Ce n'est pas ainsi que j'imagine le prince charmant. Le mot charmant, à mon avis, ne concerne pas uniquement l'apparence, c'est un ensemble qui implique une certaine attitude de grandeur, de loyauté, de vertu.

— Attention à vos propos, ma chère. Je suis issu d'une lignée où courage et loyauté sont un véritable code d'honneur !

— Voilà qui est méritoire. Mais je crois que, pour ce qui est de la vertu…

— Qu'en savez-vous donc ?

— Vous me donnez tout à fait l'impression d'un homme peu sage et d'un parfait séducteur. Ce dont j'ai une sainte horreur !

— C'est tout ce que vous me reprochez ?

— Pour l'instant, oui.

— Alors, ce n'est pas irrémédiable ! Eh bien, chère louve de Monsieur, le prince presque charmant vous salue bien !

Sur ces propos accompagnés d'un grand éclat de rire, il se retira avec une révérence pleine de panache. Isabelle sourit en hochant la tête, beaucoup plus troublée qu'elle ne voulait l'avouer par cette brève rencontre et cette conversation saugrenue. Elle le regarda s'éloigner pensivement d'un petit air attendri tandis qu'il attaquait les quelques marches d'un pas léger. Une démarche à la fois énergique et nonchalante traduisant le souverain détachement de celui qui est sûr de son fait et conscient de son pouvoir. Isabelle sentit alors peser sur sa nuque un regard glacial. Elle se détourna vivement et se trouva face à la comtesse de La Roche qui la considérait les lèvres pincées :

— Vous étiez en belle compagnie, je vois.

— Qui est-ce ?

— Vous ne le connaissez pas ? C'est un fieffé coureur de jupons !

— C'est fort possible, mais il est quand même adorable.

— Il n'est pas pour vous !

— Mais je n'en voudrais pour rien au monde ! Je viens d'ailleurs de l'éconduire très poliment.

— Vous avez bien fait ! Il est peut-être adorable, mais il a de bien mauvaises fréquentations : duc de Chartres et compagnie. Vous voyez ce que je veux dire ?

— Euh, non.

— C'est mieux ainsi. Restez en dehors de tout cela. Une jeune fille respectable ne se compromet pas en compagnie de semblables individus.

— Mais… je vous entends parfaitement ! J'étais ici bien sagement pour goûter un peu de tranquillité. Enfin, j'essayais…

La comtesse qui, apparemment, ne semblait pas dotée du même esprit que « l'individu » en question, ne saisit nullement l'allusion et haussa les épaules :

— En tout cas, vous feriez mieux de rentrer. Vous allez prendre froid, et tout le monde va se demander où vous êtes passée. On risque de vous imaginer partie et cela ferait mauvais effet.

Avec un soupir résigné, Isabelle se décida donc à la suivre. La mort dans l'âme, elle regagna la salle de bal et, machinalement, promena un regard intéressé sur les danseurs afin d'apercevoir son importun. Mais elle n'en vit aucune trace. Ceci la surprit quelque peu puisqu'il semblait si pressé de se joindre au menuet en cours. Avait-il saisi ce prétexte dans le seul dessein de se soustraire à une conversation épineuse ? Avait-il redouté de n'avoir point le dernier mot, ce que son orgueil de conquérant devait difficilement admettre ? Cette hypothèse ne semblait pourtant pas si évidente, car le galant possédait quand même une solide dose d'humour et un caractère enjoué lui permettant de railler sa déconvenue plutôt que de s'en offusquer. Isabelle resta donc sur ses interrogations concernant un personnage assurément bien déroutant !

VI

Destin facétieux

Isabelle se contempla longuement dans le miroir avec ravissement. Approchant son visage de la glace dont les extrémités se piquaient de grisâtre, elle passa un doigt sur ses cils, ouvrit la bouche en l'arrondissant exagérément, battit des paupières et termina cette séance par une affreuse grimace.

Elle sursauta en entendant frapper à la porte et s'écarta prestement, comme une gamine prise en faute. Un laquais portant la livrée de Monsieur lui apporta un pli cacheté et s'éclipsa sans lui fournir de précisions. Avec fébrilité, Isabelle ouvrit la missive. Son Altesse Royale le duc d'Orléans souhaitait s'entretenir avec elle dans la matinée.

Sans se douter le moins du monde du piège dans lequel elle allait se jeter, Isabelle se prépara avec le plus grand soin ; elle enfila la seule et unique robe plus reluisante que les autres lui permettant de paraître dans les salons de Saint-Cloud sans se faire montrer du doigt. Bien que s'interrogeant sur le motif de cette requête, elle éprouva un vif plaisir à l'idée de se rendre au château. Passer un moment en compagnie de Monsieur restait toujours si plaisant ! La jeune fille n'oubliait pas non plus qu'il demeurait garant de son train de vie ainsi que de son avenir. La générosité et la mansuétude du frère puîné de Louis le Grand étaient notoires dans tout le royaume. Jamais elle n'aurait envisagé de lui déplaire, par crainte de tarir cette manne, mais aussi et tout simplement parce que perdre son amitié lui aurait causé grand chagrin.

Le duc d'Orléans reçut Isabelle dans son antichambre où il se tenait seul, exceptionnellement débarrassé de toute la kyrielle d'hommes et de femmes caquetant d'ordinaire autour de lui pour son plus grand bonheur ! Il lui souhaita le bonjour avec son affabilité coutumière, lui affirmant qu'elle devenait de plus en plus jolie et que son séjour à Saint-Cyr l'avait indéniablement transformée de la meilleure des façons. Isabelle lui fit la révérence et le remercia d'un chaleureux sourire, estimant que ce genre de remarque dans la bouche de Monsieur équivalait à un trésor inestimable ! Celui-ci la considérait avec une affabilité sincère, mais la désarçonna néanmoins fort brutalement lorsqu'il ajouta fielleusement :

— Il est décidément grand temps pour vous de prendre époux.

Isabelle émit un petit rire qui ressembla à une grimace tant il dissimulait mal la déconvenue occasionnée par cette perfide suggestion.

Son Altesse, de sa voix précieuse et un peu éraillée, poursuivit avec une tranquille assurance :

— Je ne plaisante pas, Isabelle. Toutes les jeunes femmes de ma connaissance ayant votre âge sont déjà mariées depuis un certain temps.

— J'ai effectivement la chance d'y avoir échappé !

— Échappé ? Vous savez pertinemment que c'est inévitable. Avez-vous un amoureux, un amant ?

Isabelle s'empourpra et bredouilla maladroitement :

— Moi ? Un… Oh, non !!

Cet embarras parut divertir son mentor qui pouffa :

— Comme vous êtes charmante ! Votre petit cœur ne bat-il point pour un jeune homme de vos connaissances ?

— Non, non !

— Voilà qui est fort bien. J'ai toujours horreur de séparer des amoureux pour les jeter dans les bras de quelqu'un d'autre ! Je suis un sentimental, moi, j'ai toujours été ainsi. Mais si vous n'avez personne dans vos pensées, alors la tâche s'avère plus aisée !

— Quelle tâche, Monseigneur ?

— Mais votre mariage, chère Isabelle ! Aaah, décidément, vous êtes bien ingénue. Il est grand temps de vous dégourdir un peu ! Mais vous êtes tellement exquise, vous ne pourrez que plaire au comte de Neuville qui se chargera bien de vous instruire. Il est expert en la matière !

— Le comte de Neuville ?

— Je vous le présenterai, si vous ne le connaissez point. Mais il est étrange que vous ne l'ayez jamais croisé lors d'un bal, c'est un habitué de Saint-Cloud.

— Que votre Altesse veuille bien me pardonner, mais je ne viens pas régulièrement aux bals qu'elle offre à sa Cour et j'ai été absente pendant quelques années.

— Effectivement. Mais maintenant, je voudrais vous voir beaucoup plus souvent. Vous êtes si plaisante ! Vous savez que je vous aime beaucoup et que je ferai tout pour votre bonheur.

Isabelle mit un genou en terre et, prenant sa main dans les siennes, l'embrassa avec respect :

— Si Votre Altesse a quelque amitié pour moi, si elle est soucieuse de mon bonheur, alors je supplie Votre Altesse de ne me point marier !

Tout ému, Monsieur la releva et garda ses mains dans les siennes qu'il serra avec ferveur :

— Isabelle ! Soyez raisonnable, voyons ! Allons, asseyez-vous à côté de moi sur ce lit de repos et laissez-moi vous convaincre. Vous savez fort bien que toute jeune femme de qualité doit prendre mari et que le choix nous est interdit. J'ai dû m'y plier, ainsi que mes filles et mon fils le duc de Chartres. Le roi lui-même a épousé une femme qu'il n'aimait guère ! C'est ainsi, l'étiquette nous dicte notre devoir. J'ai toujours eu néanmoins le souci d'unir le mieux possible les personnes étant sous ma protection, ce qui est votre cas. Quand votre père est décédé, je lui ai promis que je m'occuperais de votre éducation et de votre avenir. Vous avez étudié, maintenant il vous faut prendre époux. Je continuerai à vous verser votre pension. Le comte de Neuville est un homme charmant, et je pense que vous ne pourrez trouver mieux : je l'adore ! C'est un gentilhomme qui n'est pas issu de très haute noblesse, mais néanmoins de bonne naissance. Il vous assurera un train de vie très correct et vous permettra de vous élever dans la société. Il est de surcroît jeune et beau, fait l'amour à merveille : tout pour satisfaire une amante ! Autre avantage que vous saurez apprécier : il n'est point sot et est doté d'un solide sens de l'humour. C'est pourquoi je désire l'unir à une jeune femme possédant les mêmes qualités, même si sa lignée n'égale pas tout à fait la sienne. Je veux garantir votre bonheur à tous les deux, car il se trouve que le comte de Neuville est aussi un de mes protégés. J'ai jadis fait le même genre de promesse à son père qu'au vôtre. Tout se terminera donc ainsi le mieux du monde !

— Et l'heureux élu ? Qu'en dit-il ?

— Du mariage ? Mais… rien. Il s'estime fort

heureux que je me soucie de son avenir. Il me fait confiance et vous devriez bien faire de même, Isabelle.

— Je ne veux pas épouser n'importe qui, je ne veux pas me marier avec un homme que je ne connais pas !

Sur cette affirmation émise dans un sursaut de rébellion, Isabelle éclata en sanglots et enfouit son visage dans ses mains. Monsieur parut contrit, mais néanmoins décidé à ne point céder :

— Vous vous conduisez comme une enfant, Isabelle. Allez-vous donc me faire regretter de vous avoir ainsi toujours protégée ? Le comte de Neuville est loin d'être n'importe qui ! C'est un ami de mon fils le duc de Chartres !

— Que Votre Altesse veuille bien me pardonner, mais le duc de Chartres a précisément des amis bien peu recommandables. Je n'entends pas passer ma vie avec un satrape, entre ses maîtresses et ses orgies !

— Le comte de Neuville n'est sans doute pas un saint. Il aime les femmes et les fastes de la Cour, mais c'est un homme d'honneur, loyal et généreux. Il n'a rien d'un satrape et, si vous savez vous y prendre, Isabelle, vous parviendrez à vous l'attacher définitivement. Vous possédez les atouts nécessaires !

Isabelle ne répondit rien et continua à sangloter désespérément, le nez fixé sur le plancher d'acajou. Elle avait compris dès le premier instant que la partie était perdue d'avance et qu'il lui faudrait s'y plier. Elle ne pouvait décevoir son mentor, ni la mémoire de son grand-père qui lui avait consacré les dernières années de sa vie.

Il aurait été si fier de la voir intégrer une caste qu'il ne fréquentait que de loin. Il s'avérait fort probable que, si elle venait à refuser, Monsieur lui supprimerait sa pension. Que ferait-elle, alors ? Comme s'il lisait dans ses pensées, le duc d'Orléans prit méticuleusement son mouchoir brodé embaumant la violette et essuya les larmes sur sa joue d'un geste plein de douceur :

— De grâce, Isabelle, je ne veux point vous voir pleurer. Je suis certain que vous serez heureuse et je veux que vous puissiez combler le comte de Neuville, car c'est un homme merveilleux qui mérite une femme telle que vous !

Puis, avec son petit rire de fausset inimitable, destiné pour l'instant à cacher son embarras :

— Vous allez être enviée, Isabelle ! Songez à toutes les blanches colombes que l'on offre en pâture à de vieux barbons édentés !

La tête basse, persuadée que le monde s'écroulait autour d'elle, Isabelle ne parvint pas à sourire. Chère liberté, indépendance sacrée, adieu ! Cette fois, il ne s'agissait plus de quelques années sacrifiées à Saint-Cyr, mais d'une vie entière qui allait se trouver piétinée.

La voici désormais le jouet d'un jeune fat à qui il faudrait obéir et qui s'imaginerait n'avoir qu'à paraître pour qu'elle lui tombe toute pâmée dans les bras ! Eh bien, il serait cruellement déçu, le sémillant comte de Neuville ! Elle saurait bien lui montrer qu'une femme de qualité doit peut-être se soumettre, mais qu'elle ne devient pas pour autant une esclave, une conquête supplémentaire sur une liste déjà bien longue.

Après une profonde révérence, Isabelle sollicita la permission de se retirer et, quand le duc d'Orléans lui demanda s'il pouvait annoncer son accord au comte de Neuville, elle répondit fermement « Oui, Votre Altesse » en relevant fièrement le menton. Non, Isabelle ne se rendrait pas sans combattre ! Monsieur en parut soulagé et lui annonça la mine réjouie qu'il organiserait les présentations le lendemain au cours d'une collation dans le Trianon.

***

Décidée à préserver sa fierté envers et contre tout, Isabelle se prépara avec soin et s'attarda tout particulièrement à peaufiner son maquillage. Premier but de cette tâche minutieuse : effacer les dégâts de la soirée précédente passée à larmoyer sur son triste sort ! Elle parvint non sans mal à retrouver meilleure mine et une allure plutôt flatteuse.

À l'instant où elle posait l'ultime mouche sur sa pommette, elle entendit frapper et se hâta d'aller ouvrir, maudissant l'importun qui risquait de la retarder.

Elle se trouva face à une soubrette qui lui affirma être une femme de chambre de la maison de Monsieur, précisant que celui-ci l'avait dépêchée à son service pour l'aider à se préparer. Stupéfaite, Isabelle la vit alors déballer une splendide robe de satin, toute piquetée d'argent et de perles brodées sur le bustier.

La jeune femme lui présenta un coffret sur lequel était attaché un petit mot cacheté. Isabelle brisa le cachet aux armoiries de la famille d'Orléans et lut le message : *Ceci pour me faire pardonner les larmes d'hier. J'espère que vous avez réfléchi et que votre sort vous paraît plus séduisant. Voici quelques colifichets que je vous offre avec une joie sincère pour vous aider à retrouver le sourire. Je pense qu'ils apporteront un éclat supplémentaire à votre séduction naturelle et contribueront à éblouir votre beau promis !*

Le papier était signé : *Philipe, duc d'Orléans*. Isabelle fit effort pour se persuader qu'elle n'avait plus le temps de céder à l'émotion ! Aidée par la femme de chambre qui connaissait visiblement fort bien son emploi, elle enfila la robe et ouvrit le coffret : elle y vit une parure de diamants étincelante : collier et boucles d'oreilles, ainsi qu'une rangée de perles pour orner sa coiffure.

Lorsqu'elle se contempla enfin dans le miroir, Isabelle resta le souffle coupé : était-ce bien elle, cette femme si séduisante, rutilante de diamants ? Son cœur battit plus fort et elle estima qu'elle devenait bien futile, comme toutes les femmes de la Cour… mais en éprouva un plaisir intense !

C'est avec l'esprit beaucoup plus léger qu'elle se rendit au Trianon, estimant que l'avenir ne serait peut-être pas si noir et que ce présent inattendu devait être considéré comme un signe de bon augure. Monsieur ne l'abandonnerait pas et ne pouvait l'avoir ainsi jetée dans les bras d'un monstre…

Parvenue à destination, Isabelle fraya son chemin parmi les courtisans et les précieuses qui la considérèrent avec intérêt. Pour la première fois, elle eut la conviction d'être la plus élégante ! Elle chercha désespérément Monsieur, mais ne le trouva point.

Elle l'entendit plutôt qu'elle ne le vit : son rire haut perché venait de faire écho à celui d'un autre gentilhomme avec lequel il conversait. Ce dernier se tenait de dos, mais elle lui trouva belle allure, plutôt grand, d'une bonne carrure, vêtu d'un justaucorps de velours violet. Il expliquait quelque chose à Son Altesse avec grand renfort de mimiques, ce qui semblait susciter une saine hilarité.

Mais au-delà de l'amusement qu'il se plaisait à provoquer, une prestance étonnante émanait de chacun de ses gestes. Lorsqu'il fit à nouveau entendre ce rire si peu discret, Isabelle eut brusquement la sensation de l'avoir déjà ouï récemment. Où donc ? Extirpée de ses pensées par la voix de Monsieur qui venait de l'apercevoir, elle ne put réfléchir davantage.

— Aaaah ! Isabelle ! Vous voici ! Aaah, comme vous êtes jolie, une vraie fleur du printemps !

Puis, venant jusqu'à elle, il l'entraîna à sa suite sans perdre un temps précieux en commentaires superflus :

— Vous êtes merveilleuse, mais venez vite ! Voici l'instant crucial, chère Isabelle : je vous présente le comte de Neuville, votre futur époux.

Alors le gentilhomme avec lequel il conversait se retourna. Isabelle resta pétrifiée. Yeux de velours, sourire éclatant, visage d'Adonis, taille parfaite : le comte de Neuville, indéniablement d'une beauté insolente, la regarda avec stupeur, puis, après être resté quelques instants la bouche ouverte sous le choc de cette révélation, s'exclama enfin :

— Ah, par exemple ! La louve de Monsieur !

Isabelle, les yeux arrondis, lui fit écho d'une voix éraillée :

— Mon Dieu, ce n'est pas vrai ? Le prince charmant !

— Presque, madame ! Presque ! N'allez pas trop vite en besogne : je ne suis toujours que le prince presque charmant !

En annonçant cette précision, il avait déjà repris le contrôle de ses émotions et partit d'un immense éclat de rire qui, cette fois, dut s'entendre jusqu'au parterre de Vénus !

Monsieur en resta décontenancé et ravala son sourire béat, puis, les observant à tour de rôle, s'enquit avec suspicion :

— Vous vous connaissiez donc ?

Le comte de Neuville avait fait un pas en direction d'Isabelle et s'inclina devant elle le plus courtoisement du monde. Sans parvenir à cesser de rire, il précisa, à l'intention de Monsieur :

— Nous nous sommes effectivement déjà rencontrés lors d'un bal masqué donné à Saint-Cloud par votre Altesse, mais sans avoir décliné notre identité. Le destin est parfois bien facétieux, et je trouve cette coïncidence particulièrement savoureuse ! Sachez que, pour ma part, je l'apprécie beaucoup et ne saurai assez remercier Votre Altesse pour son choix ! Il m'enchante ! Même si l'existence risque de ne pas toujours être facile... mais peu m'importe, je ne déteste pas cela ! J'aime conquérir...

Il accompagna cette remarque d'une œillade langoureuse à laquelle Isabelle répondit par un regard assassin. Monsieur qui, apparemment, semblait un peu dépassé par la tournure des événements, demanda presque timidement à la jeune promise :

— Et vous, Isabelle, que vous semble-t-il de ce futur époux ?

— Monsieur le comte de Neuville et moi-même avons déjà eu une conversation fort intéressante concernant le mariage. Il connaît donc très bien mon opinion... et ce que je pense de lui-même. Il n'est donc pas nécessaire de revenir sur le sujet.

Monsieur demeurait circonspect, ne sachant trop s'il s'agissait d'une boutade ou d'une habile banderille. Mais l'heureux élu ne parut guère s'en formaliser et sembla bien aise quand le duc d'Orléans les invita à le suivre afin d'annoncer la bonne nouvelle aux invités. Isabelle sentait peser sur elle le regard narquois du comte de Neuville et s'en trouvait mal à l'aise. Les sentiments les plus contradictoires se bousculaient en celle qui redoutait tant de subir un libertin et un séducteur invétéré : la voilà servie de la meilleure des façons ! Ce don Juan passerait son temps à parader dans les fêtes de la Cour et à la tromper allègrement avec tous les jupons se profilant à l'horizon ! Trop heureux de sa victoire, il ne pourrait résister à l'humilier, à en faire son objet, l'obligeant à rejoindre les rangs si fournis de toutes ses maîtresses soi-disant comblées, lui rappelant à tout propos que désormais elle lui appartenait aussi, qu'elle le veuille ou non. Pourtant, avec un trouble inexpliqué, Isabelle, en proie au sentiment si complexe éprouvé lors de cette conversation impromptue dans la fraîcheur de la nuit, ne parvenait à le haïr.

Bien que l'ayant indéniablement irritée, la compagnie de ce beau parleur ne lui avait pas semblé si désagréable, et son départ l'avait laissée en proie à un étrange regret. Par la suite, elle avait souvent songé à cette soirée, ne parvenant à chasser définitivement de sa mémoire ce visage si plaisant.

Le comte de Neuville lui apporta un verre de vin de champagne et leva le sien en affirmant haut et fort : « À notre bonheur, madame la louve ! » Isabelle subit à nouveau l'envoûtement de ces prunelles de velours que la malice faisait briller de façon irrésistible. Elle daigna lui sourire du bout des lèvres tandis qu'il murmurait, en se penchant vers elle afin de n'être pas entendu des plus proches voisins :

— Je ne voudrais pas me montrer inélégant en profitant lâchement de mon avantage, mais il semblerait que vous ayez fini par vous faire prendre, vous aussi… malgré vos bonnes résolutions !

— J'ai sans doute suivi vos conseils, monsieur. Vous m'aviez si gentiment recommandé de ne point trop attendre ! Vous affirmiez que le prince charmant n'existait plus et que, si je venais à tarder, je risquais de récupérer un vieux barbon…

— Voici au moins une horreur à laquelle vous aurez échappé !

Il s'ébaudit de ce rire sonore qui devait faire partie inhérente de son image, puis, voyant qu'elle ne se décidait point à s'en divertir, ajouta avec un entrain forcé :

— Allons, ne soyez pas chagrinée ! Je me chargerai bien de vous faire réviser votre conception des épousailles ! Vous verrez que vous ne serez pas malheureuse avec moi. Les propos que je vous avais tenus sont désormais au goût du jour. Vous ne manquerez de rien, pourrez vivre à votre guise et je serai toujours à vos côtés quoi qu'il advienne ! Sachez que, depuis ce jour où nous nous sommes rencontrés, je n'ai cessé de penser à vous…

Isabelle ne jugea pas opportun de lui rétorquer que son existence de jouisseur très affairé lui laisserait certainement fort peu le temps d'être à ses côtés. Elle estima ridicule de commencer à se quereller dès la première entrevue. Il serait bien temps de sortir ses griffes lorsque le danger se préciserait !

Elle gardait en effet la ferme résolution de lui mener la dragée haute et de lui faire entendre rapidement qu'elle ne présentait rien de commun avec les « pintades de la Cour ». Il ne la posséderait pas ainsi avec son sourire mièvre et ses œillades assassines ! Pas elle !

VII

Singulière nuit de noces

Toute la soirée, Isabelle afficha une mine plutôt crispée, contrastant avec celle du comte de Neuville, au comble de la félicité. Remarquant sa réticence, il se pencha vers elle avec un sourire narquois et lui murmura à l'oreille :

— De grâce, essayez de paraître heureuse, nous sommes le point de mire de toute l'assemblée ! Il est vrai que vous attirez des regards envieux. Cette robe met admirablement en valeur votre grâce naturelle. Vous avez tout à fait l'air d'une reine. Mais notre repas de noces est tout de même plus réussi que celui du duc de Chartres : les deux époux gardèrent le nez dans leur assiette, ne purent rien avaler et pleurèrent à chaudes larmes des pâtés truffés aux entremets !

Il dit ceci avec une moue si pitoyable qu'elle ne put s'empêcher de pouffer. Le souper se prolongea donc tant bien que mal. Un peu plus tard, entre le pigeon en croûte et la pintade aux morilles, le comte de Neuville toucha légèrement la manche de sa robe pour attirer son attention, tout en observant ostensiblement le revers de son propre poignet. Comme cette manœuvre ne semblait pas suffisante pour focaliser l'attention de sa voisine, il se pencha vers elle et remarqua nonchalamment :

— Ce justaucorps est vraiment splendide, ne trouvez-vous pas ? Le vert me va décidément à ravir !

Isabelle le regarda avec étonnement. Le personnage avait sans doute une très haute estime de sa personne, mais ce genre de remarque lui sembla vraiment déplacé. Comme elle ne répondait pas, il continua avec une ironie croissante :

— Je croyais pourtant que vous aimiez le vert ? C'est une couleur qui plaît aux femmes… même aux femmes pirates.

Cette fois, Isabelle demeura la fourchette en suspens et le considéra avec saisissement. Le comte de Neuville sortit alors discrètement de sa poche un petit masque de velours vert et le posa à côté de son assiette. Isabelle comprit brusquement, et le passé lui revint en mémoire, la faisant tressaillir aussi violemment qu'un soufflet reçu en plein visage.

Ce masque vert la renvoyait brutalement aux années de son enfance, à « l'avant Saint-Cyr ». Sa première rencontre avec le duc de Chartres, ces deux gentilshommes prenant du bon temps avec une femme d'âge mûr… Le masque rouge et le masque vert… Le bel inconnu qui l'avait tellement intriguée (et attirée ?) était donc Nicolas de Neuville !

Soudain devenu bien songeur, il promena son doigt avec délicatesse sur le velours que le temps n'avait nullement fané. Isabelle suivit du regard le cheminement de ce doigt et murmura, beaucoup plus troublée qu'elle ne l'aurait voulu :

— Vous aviez donc gardé ce masque, depuis tout ce temps ?

— Oui. Philippe m'avait parlé d'un mouchoir que vous deviez lui rendre à votre retour de Saint-Cyr. Par jeu, j'avais aussi conservé ce masque, espérant vous revoir un jour. Il aurait servi d'entrée en matière !

— Vous n'étiez pourtant guère à votre avantage.

— Vous non plus !

— Moi, j'ai quand même évolué quelque peu, me semble-t-il ? Alors que, pour vous, il n'en est rien. Vous avez commencé de bonne heure et vous continuez allègrement !

— Allons ! Nous avons toute la vie devant nous pour nous quereller ! Mais reconnaissez quand même que le sort est surprenant : nous nous étions croisés deux fois sous le signe des masques, et la troisième nous a unis.

— Il eût mieux valu en rester aux deux premières fois !

— C'était écrit, Isabelle ! Notre destin était lié. On n'échappe pas à son destin. Alors, il ne vous reste plus qu'à faire bonne figure. Nous sommes charmants l'un et l'autre, alors, je vous en conjure, ayons l'air charmé !

Une nouvelle fois, elle ne put se retenir de sourire en constatant qu'effectivement le vert lui seyait fort bien et que ce justaucorps parsemé de diamants et de broderies lui conférait une allure de prince… charmant ou non ! Elle-même, en robe de satin blanche toute brodée de perles, se savait très désirable. Un couple ravissant, devaient penser tous les convives et plus particulièrement Monsieur et le duc de Chartres, trônant en bout de table.

Ce dernier ne la perdait pas de vue, éblouissant lui aussi dans un habit de brocart d'or, lui lançant parfois des clins d'œil de connivence. Elle feignait de les ignorer et plongeait le nez dans son assiette avec un intérêt exagéré.

Elle parvint donc à donner le change toute la soirée fort honorablement, sans larmoyer, mais restant fidèle à ses propres valeurs, c'est-à-dire sans montrer le moindre élan de liesse.

Les choses se gâtèrent lorsque le repas prit fin et que Monsieur se leva solennellement afin de conduire les deux époux dans leur chambre. Isabelle sentit son estomac se nouer. Elle ne put s'empêcher de lancer un regard en coin à celui dont elle allait être obligée de partager l'existence… et les fantasmes, par la seule volonté de Son Altesse Royale le duc d'Orléans, lequel semblait tout fier de lui, visiblement satisfait de cette belle cérémonie si bien orchestrée.

Avec une œillade lourde de sous-entendus, il prit la main des jeunes mariés afin de les conduire jusqu'à leur nid d'amour. Bien évidemment, toute l'assemblée lui emboîta le pas, n'économisant ni les gloussements ni les commentaires douteux. Elle vit le duc de Chartres se rapprocher du comte de Neuville et lui chuchoter quelques mots à l'oreille. Tous deux s'esclaffèrent avec un bel ensemble. En proie à une panique légitime, Isabelle se demanda si elle devrait subir tous ces spectateurs ainsi toute la nuit pendant que…

Mais ses craintes se trouvèrent vite balayées quand Monsieur lui déposa un gentil baiser sur la joue, lui plaça la main dans celle du comte de Neuville et commenta, en minaudant :

— Maintenant, cher Nicolas, il va falloir faire honneur à votre réputation !

Sous les hourras de la foule et des applaudissements nourris, Monsieur referma la porte d'un coup sec. Isabelle se trouva seule dans la grande chambre où l'attendait le lit aux tentures pourpre et or. Seule face à celui qui était devenu son mari et qui gardait une expression narquoise fort irritante. Le cœur battant, la gorge sèche, Isabelle n'osa faire un geste ni émettre une parole. Elle sentait son regard irrésistiblement attiré par ce lit dont la courtepointe repoussée représentait à elle seule un appel au plaisir. Ce lit qu'elle refusait de voir, symbole de son indépendance sacrifiée, de son nouvel assujettissement. Ce lit tant redouté…

Conscient de sa retenue et du silence glacial qui s'installait, le comte de Neuville, selon sa bonne habitude, s'en tira d'une boutade :

— Madame la comtesse de Neuville, je vais tâcher de suivre les conseils de Monsieur et de me montrer à la hauteur de ma réputation !

Avec l'impavidité caractérisant tout ce qu'il accomplissait, il s'avança vers elle, un rictus sarcastique au coin des lèvres. Isabelle se recula vivement et le toisa avec provocation :

— N'y comptez pas, monsieur !

Il la considéra avec stupéfaction, puis éclata de rire, de ce rire charmeur qui lui ouvrait toutes les portes et abolissait sans rémission les rares bastions de résistance sur son passage. Isabelle répondit à cette jovialité par un profond mépris, tandis qu'il continuait à l'observer avec cette même dérision donnant envie de le gifler :

— Voyons, madame, que signifie cet enfantillage ? Il nous faut consommer notre union. Ne vous tourmentez point, ce n'est qu'un bon moment à passer !

— Jamais ! Jamais, m'entendez-vous, je ne serai à vous ! Nous avons été unis par la volonté des hommes et n'avons pu l'empêcher, ni vous ni moi. Je suis donc votre épouse légale aux yeux de la Cour. Mais, pour le reste, ne croyez pas que vous m'ayez achetée comme une marchandise !

Le comte de Neuville demeura quelques instants silencieux, sans doute surpris par cette réaction à laquelle il s'attendait si peu. C'était certainement aussi la première fois qu'une femme se refusait à lui et ne défaillait point devant son physique dévastateur. Il en fut assurément un peu vexé, et une ombre de contrariété passa sur son visage. Il n'avait certes pas envisagé que la soirée puisse se terminer de cette façon ! Fort perplexe, visiblement déçu et attristé par cette décision, il rétorqua enfin, du bout des lèvres :

— Je pourrais fort bien vous prendre de force. Je suis le comte de Neuville et je suis désormais votre époux.

— Je ne vous le conseille pas !

Il sourit avec une indulgence un peu hautaine. Mais ce sourire n'était pas dénué de compassion. Le comte de Neuville n'exprima ni violence ni arrogance, lorsqu'il précisa :

— Je ne le ferai point, rassurez-vous. Non parce que je redoute vos menaces, car si je désirais vraiment le faire, vous seriez bien obligée de vous y soumettre. Mais tout simplement parce que je vous aime et ne souhaite point vous chagriner. Je ne vous prendrai jamais contre votre gré, j'attendrai que vous veniez à moi et je sais que vous y viendrez.

— Vous pouvez toujours attendre !

— J'attendrai, je sais être patient. Je n'ai jamais contraint une femme, Isabelle. Je ne suis ni un mufle ni un pervers, et la luxure me fait horreur. J'aime l'amour, mais je n'éprouve de plaisir que lorsqu'il est partagé. Toutes celles qui ont été miennes sont venues parce qu'elles le voulaient et ne l'ont pas regretté. Assujettir n'est pas dans ma nature et je n'ai nul besoin d'entendre des appels au secours pour aiguiser mes sens. Je n'ai aucun problème, ni physique ni mental !

— Tant mieux pour vous !

— Et pour vous, car vous en feriez les frais que cela vous plaise ou non ! Mais puisque ma présence vous insupporte à ce point, je vais vous laisser et vous souhaiter une bonne nuit. Permettez-moi toutefois de vous faire remarquer que je trouve votre attitude vraiment puérile pour une femme de votre intelligence.

— Mon attitude ne doit pas vous occasionner grand regret, car je suppose que vous avez de quoi vous satisfaire ailleurs !

— Effectivement et, si vous refusez que je vous approche, je trouverai assurément de quoi assouvir mes besoins ailleurs, comme vous le dites si élégamment. Il ne manque pas de femmes aussi jolies que vous, prêtes à se jeter à mes pieds. Je n'ai qu'à me baisser pour les ramasser !

— Eh bien, alors, ramassez-les, monsieur, et allez satisfaire vos instincts de mâle… et laissez-moi dormir, car cette soirée m'a éreintée !

Il s'inclina devant elle avec une courbette légèrement outrancière :

— Nous reprendrons cette conversation demain, madame. Je crois qu'une mise au point s'avérera nécessaire quant à notre avenir. Après une bonne nuit, vous aurez l'esprit plus ouvert pour soutenir une conversation constructive. Ce soir, vous êtes en proie à l'émotion, ce que je conçois parfaitement.

— Je vous souhaite une bonne nuit, monsieur le comte de Neuville… et je vous remercie.

— De quoi ? D'avoir respecté votre pudeur ? Ne me remerciez point, j'ai fait ce qu'aurait fait tout gentilhomme digne de ce nom.

Isabelle entendit son pas régulier décroître dans le couloir. Remarquant la petite clef posée sur la console, elle s'en empara et donna deux tours rageurs dans la serrure. Puis elle se laissa tomber sur le lit et sanglota désespérément. Jamais elle ne s'était sentie aussi solitaire que dans ce décor mirifique, avec la sensation que tout le monde l'avait abandonnée, qu'elle se trouvait face à son destin, prisonnière d'un sort auquel elle ne pourrait plus échapper. Le comte de Neuville l'avait respectée ce soir, mais qu'en serait-il demain et les autres jours ? Ce jouisseur qui aimait tant l'amour avait dû être cruellement blessé par son refus ; un cuisant camouflet qu'il n'avait certainement jamais reçu. Combien de temps accepterait-il de se faire rabrouer ainsi ? La mort dans l'âme, Isabelle finit par s'endormir tout habillée sur son lit, estimant que la vie se révélait bien injuste, et que les femmes étaient condamnées à rester des objets de luxure.

VIII

Le pacte

Le lendemain matin, Isabelle fut réveillée par un grattement discret à la porte. Une femme de chambre se présenta, ranima le feu dans la cheminée, lui demanda ce qu'elle désirait pour déjeuner et comment elle souhaitait se vêtir pour la journée.

La comtesse de Neuville comprit qu'il lui fallait désormais jouer son rôle et que le premier chapitre de sa nouvelle existence s'ouvrait bel et bien. Elle répondit de façon évasive et enfila sans y prêter attention la robe que la jeune fille lui proposa. Toute la matinée, elle erra comme une âme en peine dans les couloirs et les salons, mais ne vit pas trace de son mari. Tant mieux !

Isabelle commençait à retrouver un semblant de sérénité, s'intéressant aux toiles de Poussin accrochées aux murs, aux commodes de Boulle ou à d'autres ornements qui ne la passionnaient pas véritablement, mais lui permettaient de meubler son ennui. Elle se montra bien surprise quand un laquais lui annonça la visite du duc de Chartres. Instinctivement, Isabelle vit sa défiance revenir au triple galop et se raidit lorsque le jeune homme entra d'un pas conquérant. Il lui présenta ses hommages et lui tendit un petit paquet soigneusement enveloppé d'un volumineux ruban rose. Isabelle n'osa le prendre et encore moins envisager de l'ouvrir. Vêtu d'un justaucorps noir entièrement brodé de fleurs de lys, le duc de Chartres avait fière allure. Elle baissa les yeux, appréhendant le motif de sa venue et refusant d'admettre que, si le comte de Neuville était indéniablement fait comme on peint les anges, son ami Philippe de Chartres n'avait rien à lui envier ! Percevant sa réserve, son visiteur lui mit le petit paquet dans la main et crut bon de préciser :

— Prenez, Isabelle. C'est un présent que je vous offre pour votre mariage. Je vous souhaite beaucoup de bonheur !

Elle le regarda avec circonspection, ne sachant si elle devait le remercier ou l'éconduire, se montrer contente ou offusquée. Il désigna le cadeau d'un geste de la main :

— Ouvrez-le.

La curiosité féminine l'emportant, elle dénoua le ruban et vit un écrin de velours noir. Elle l'ouvrit avec minutie et découvrit un bracelet de saphirs. Isabelle resta tout d'abord sans voix, émerveillée par la pureté et l'éclat de ces pierres précieuses, puis s'enthousiasma :

– Quelle splendeur !

Se reprenant aussitôt, elle referma le coffret :

— Mais, Altesse, je ne puis accepter…

— N'ayez crainte, Nicolas est au courant ! Je souhaitais vous offrir un présent pour votre mariage, tout simplement. N'y voyez aucune arrière-pensée de ma part. Si vous n'avez pas oublié un certain petit épisode de notre prime jeunesse, vous saurez que je ne suis point rancunier. J'ai beaucoup de défauts, mais je sais être loyal et bon perdant. Je l'ai déjà prouvé… je continue !

— Que… que voulez-vous dire par « bon perdant » ?

Il lui répondit par un franc éclat de rire :

— Vous appartenez maintenant à Nicolas ! Et figurez-vous que j'ai beau être paré des vices les plus horribles, je ne prendrai jamais la femme d'un ami si cher ! Ce qui signifie que, pour moi, vous êtes perdue à jamais. Je fais une croix définitive sur mes pensées inavouées !

— Qui étaient de faire de moi votre maîtresse ?

— Tout à fait ! Je le concède bien volontiers, car tout ceci n'a plus d'importance. Je demeurais persuadé qu'à votre retour de Saint-Cyr, vous finiriez bien par me céder un jour. Mon empressement à faire de vous une femme du monde n'était pas innocent. Quand mon père m'a parlé de son intention de vous unir à Nicolas, je suis tombé de haut ! Je le savais vraiment amoureux de vous. Nous avons souvent échangé fort librement nos passades respectives, mais, cette fois, je n'avais pas le droit de lui voler son bonheur. Moi, le sort m'a attribué une mégère que malheureusement je n'ai pu refuser, car elle est la fille naturelle du Roi. Nicolas fut plus chanceux, tant mieux pour lui ! Alors, Isabelle, cette fois encore, je vous laisse la victoire et formule une simple requête : restons bons amis !

Abasourdie, Isabelle sentit les larmes lui monter aux yeux. Pour se donner une contenance, elle contemplait l'écrin de velours, puis, soudain, les élans naturels restant une constante de sa personnalité, elle s'exclama :

— Ah, Altesse, vous avez beau être un débauché, vous avez une telle grandeur d'âme !

Passant ses bras autour de son cou, elle l'embrassa sur les deux joues. Philippe de Chartres en fut tellement sidéré qu'il ne pensa même pas à en profiter et demeura figé sur place, aussi rigide qu'une statue.

C'est précisément à cet instant que le comte de Neuville réapparut. Il marqua un temps d'arrêt sur le pas de la porte, puis commenta, avec une moue éloquente :

— Vous me donnerez des leçons, mon cher Philippe, sur la façon de procéder avec mon épouse, car apparemment il semblerait que vous ayez plus de succès que moi !

Isabelle, très stupidement, s'empourpra jusqu'aux oreilles et se trouva à deux doigts de fondre en larmes. Elle se récria comme une suspecte prise en flagrant délit :

— Mais... mais... monsieur....qu'allez-vous imaginer ?

Philippe de Chartres, qui devait pourtant être un habitué de ce genre de situation, parut confondu et se défendit tout aussi gauchement :

— Enfin, Nicolas ! Je venais de lui offrir le bracelet... vous savez bien, le bracelet dont je vous avais parlé... Vous ne pensez tout de même pas que...

Le comte de Neuville, qui paraissait le plus à l'aise des trois, répondit avec son sempiternel sourire :

— Je plaisantais, Philippe ! Je n'ai aucune crainte ! Je sais que vous êtes absolument monstrueux, mais que vous ne toucherez jamais ma femme.

Puis, se tournant vers Isabelle qui aurait visiblement voulu entrer dans un trou de souris, il s'enquit le plus naturellement du monde si elle avait passé une bonne nuit. Elle lui répondit par l'affirmative d'une voix mal assurée.

Le duc de Chartres, prétextant une obligation urgente, se retira avec beaucoup de tact, et Isabelle se retrouva seule face à son mari. Le silence s'installant, elle crut bon de se justifier comme une petite fille injustement soupçonnée :

— Le duc de Chartres disait vrai, monsieur. Il vient de m'offrir un bracelet pour mon mariage et je l'ai remercié.

— Mais… je n'en ai nullement douté, ma chère. J'ai une confiance totale en Philippe et je sais que c'est un homme d'honneur. Je pense exactement la même chose à votre sujet.

Il conclut avec une œillade à faire damner un saint :

— Alors, voyez… je n'ai absolument aucune raison d'être inquiet !

Sur ces paroles si persuasives, il se mit à rire et l'invita à le suivre dans le dessein de lui faire découvrir les lieux, précisant toutefois, avec un hochement de tête faussement contrit :

— Mais, de grâce, ne m'appelez point « monsieur », je ne suis pas le Roi !

— Mais… je m'adresse au Roi en disant « Majesté »… et vous… enfin…

— Vous n'osez point dire « Nicolas » ? Je vous demande pourtant de le faire ! Ce sera plus plaisant pour vous comme pour moi. Mais pour en revenir à « monsieur », il faut que je vous explique, car ceci est assez compliqué et fort drôle ! Le duc d'Orléans, que tout le monde appelle « Monsieur » parle au Roi en disant « monsieur » et Louis le Grand lui répond « mon frère ». Ce qui n'est pas forcément évident pour un esprit non averti !

Après avoir fourni ces détails essentiels, le comte de Neuville lui expliqua qu'elle aurait tout le temps de fureter dans les multiples pièces de sa demeure. Il ne s'attarda donc pas inutilement sur les dépendances, les salons, les antichambres, les appartements dévolus à sa jeune femme et les siens. Isabelle le suivait docilement, remarquant la richesse du mobilier et des tapisseries d'Aubusson accrochées aux murs, les torchères et les girandoles d'argent disséminées avec régularité tout le long des couloirs. Le comte de Neuville lui fit sans vergogne les honneurs de sa propre chambre, aux tentures et au ciel de lit ornés d'or et d'un bleu soutenu. Il s'arrêta devant un tableau de Mignard le représentant en Apollon dans le plus simple appareil et le lui désigna d'un geste éloquent. La ressemblance avec sa personne était indéniable, et celle avec la plastique du dieu grec, tout aussi évidente. Isabelle en fut plutôt gênée, et son mari sembla s'en égayer, précisant toutefois malicieusement :

— Si je me permets d'attirer votre attention sur ce tableau, ce n'est pas uniquement parce que le sujet est admirable… puisque vous avez l'opportunité de contempler l'original qui l'est bien davantage…

Elle ne put s'empêcher de lui lancer un regard offusqué, mais il ne lui laissa pas le temps d'émettre son opinion, précisant du ton de la plus banale conversation :

— Mais c'est pour que vous sachiez qu'il dissimule une cachette dans le mur. J'y place un coffre dans lequel se trouvent des bijoux ayant appartenu à mes parents. Ils sont à vous désormais et vous pourrez porter ceux qui vous plairont lors de notre premier bal.

Isabelle se trouva tout à fait désorientée par son attitude et par cette marque de confiance. Elle ne savait trop si elle devait le remercier et se montrer flattée. Mais son mari ne s'attarda pas davantage devant ce qu'il considérait apparemment comme un détail parmi tant d'autres et poursuivit son rôle de guide attentif. Isabelle prenait les repères de son nouveau domaine où se retrouvait un peu partout le blason des Neuville, « de gueule à la tête de cheval argentée ». Elle le trouva admirable, tout autant que sa belle devise qui faisait la fierté de Nicolas. Ses souvenirs encore récents de versions latines lui permirent d'en saisir la signification exacte : relever la tête. Une maxime qui lui convenait parfaitement !

En passant devant une pièce située à l'extrémité du couloir, son époux marqua un temps d'arrêt et se tourna vers elle :

— Vous êtes ici chez vous, Isabelle. Vous pouvez jouir de tous les salons à votre gré et vous installer où bon vous semblera… même dans ma chambre !

Comme elle lui répondit avec un sourire crispé, il précisa, avec un sérieux inhabituel :

— La maison entière vous appartient, excepté cette petite pièce qui est mon cabinet de travail. Mon « repaire de brigand » en quelque sorte ! C'est un endroit où je souhaite trouver la solitude. J'en détiens l'unique clef.

Ne désirant apparemment pas lui fournir d'autres précisions, le comte de Neuville s'informa de ses exigences quant au personnel à son service, désirant savoir si la femme de chambre lui convenait ou si elle désirait quelqu'un d'autre. Il ajouta qu'elle pouvait garder à son service ses propres domestiques. Isabelle le remercia d'un ton neutre, lui affirmant que la femme de chambre semblait parfaite. Avec un petit air détaché qui cachait sans doute un certain scepticisme, il précisa avec gravité :

— J'espère que vous serez heureuse ici. C'est une demeure où il fait bon vivre. Ce n'est pas un grand château, mais j'y suis profondément attaché. Tous mes ancêtres sont nés et morts entre ces murs. Le jardin est très agréable et tout particulièrement la roseraie qui reste encore très fleurie en cette saison. Si cela vous agrée, je vous invite à y descendre en ma compagnie.

Après un instant d'hésitation, Isabelle accepta, de crainte de paraître ridicule aux yeux des domestiques qui l'observaient avec une discrétion traduisant sans erreur possible l'intérêt qu'ils portaient à découvrir comment se conduirait la nouvelle maîtresse des lieux ! Le comte de Neuville lui offrit son bras qu'elle prit sans oser s'y appuyer franchement, les doigts raidis sur le très beau brocart gris aux reflets d'argent. Il commenta les caractéristiques de quelques parterres et quinconces, ainsi que des fontaines et des bassins. Assurément, le cadre se révélait enchanteur. La cage serait dorée, mais n'en resterait pas moins une cage, estima Isabelle avec amertume. Ils pénétrèrent enfin dans la roseraie où s'exhalaient de doux effluves. Parvenus devant un épais buisson de roses d'un rouge flamboyant, le comte de Neuville se pencha légèrement pour les sentir, puis détacha précautionneusement la plus fleurie d'entre elles. Il la tendit à son épouse avec un sourire presque timide. Isabelle reçut ce sourire comme un coup de poignard en plein cœur. Quel pouvoir de séduction époustouflant ! Personne ne devait pouvoir lui résister quand il souriait ainsi et n'importe quelle femme normalement constituée aurait souhaité prendre ces lèvres délicatement sensuelles ! Isabelle comprit que le danger devenait bien réel et qu'elle devrait batailler durement pour préserver sa farouche détermination. Elle prit la rose du bout des doigts et respira à son tour ce parfum à la fois doux et ténu, envoûtant. Le comte de Neuville la contemplait avec tendresse et murmura à son oreille :

— La rose rouge, Isabelle, c'est l'amour ardent, passionné : celui que j'éprouve pour vous. Mais c'est aussi la délicatesse et la pureté des sentiments.

— Je vous en prie, monsieur le comte de Neuville. Votre attention est touchante, mais ce n'est pas la peine de me jouer votre parfait numéro de séducteur. Il est sans effet sur moi.

Il haussa les épaules et, la prenant par le bras, la força à s'asseoir sur un banc de bois dont le dossier en fer forgé ciselé représentait (ironie du sort ?) des cœurs entrelacés. Prenant place à ses côtés, il la regarda avec gravité. Il se tenait très près d'elle, et son parfum se mêlait à celui des fleurs. Fragrances aux senteurs de muguet, de chèvrefeuille et de mille autres nuances mystérieuses, effluves subtils nullement provocants, mais s'immisçant avec opiniâtreté…

— Maintenant que nous sommes tranquilles ici et que personne ne viendra plus nous déranger, il faut que je vous parle.

— De vous ?

— De nous, de la vie qui nous attend. J'aimerais que nous mettions les choses au point une fois pour toutes.

— Mais…

Il l'arrêta d'un geste de la main, traduisant l'autorité à la fois calme et résolue du maître habitué à être obéi.

— Laissez-moi parler et écoutez-moi, Isabelle. Je pense qu'il est nécessaire de mettre cartes sur table. Je ne voudrais pas que notre mariage devienne comme celui de mon ami le duc de Chartres et comme celui de beaucoup d'autres de ma connaissance. Philippe a été marié contre son gré, comme tous les princes du sang, oserais-je préciser. Mais il a hérité d'une affreuse pédante qui lui empoisonne l'existence, ce qui est déplorable, car il méritait mieux.

— Il se console ailleurs…

— Ne m'interrompez pas, je vous prie, et ne contournons pas le sujet. Je ne désirais pas me marier, vous non plus ! Nous n'avons choisi ni l'un ni l'autre. Mais nous possédons, je crois, quelques avantages par rapport à d'autres couples : nous ne sommes pas foncièrement méchants, avons la chance de n'être point trop laids et dotés d'un certain esprit nous permettant de prendre du recul par rapport aux événements. Alors ce n'est peut-être pas facile pour vous, Isabelle, mais je vous demande de faire un effort pour que notre quotidien ne devienne pas un enfer. Je vous donne ma parole de gentilhomme que vous ne serez jamais malheureuse avec moi, que je serai toujours présent pour vous soutenir et vous aider quoi qu'il advienne. Je ferai tout pour que votre existence ici soit le plus agréable possible. Mes domestiques ont ordre de vous obéir en tous points et de satisfaire vos moindres désirs. Et tant que vous me refuserez votre lit, je n'y viendrai pas de force, bien qu'il m'en coûte, car je vous désire ardemment. Je vous ai aimé dès le premier jour où je vous ai vue, ce soir d'automne dans les jardins de Monsieur. Depuis, j'ai toujours pensé à vous et je ne sais comment vous exprimer la joie que me procure cette union ! Je ne vous contraindrai pas et j'attendrai que vous veniez à moi, car ce n'est pas une épouse soumise que je veux, ni une comtesse de Neuville qui remplit son rôle. Je veux l'amour d'Isabelle.

— Vous ne l'aurez jamais !

— Pourquoi ? Je ne vous plais pas ? Suis-je donc si repoussant ?

— Ne soyez pas hypocrite, vous savez parfaitement que vous ne laissez aucune femme insensible ! Ce que vous éprouvez n'est pas de l'amour, c'est simplement mon refus qui aiguise votre désir. Je suis la seule probablement qui ne cède pas à vos avances et voilà qui pimente un peu une vie sentimentale dont les succès deviennent banalités !

— Vous vous fourvoyez, Isabelle. Vous êtes différente des autres et représentez la femme dont j'ai toujours rêvé : pas une putain qui joue les séductrices. Vous êtes belle avec beaucoup d'esprit et de caractère, mais aussi bonne et sensible, ce que j'apprécie par-dessus tout. Et vous comprendrez, quand vous me connaîtrez mieux, que je le suis également. Les pintades de la Cour, comme vous les appelez à juste raison d'ailleurs, ne sont qu'un passe-temps dont on se lasse bien vite. Je n'en aurais voulu aucune pour porter le nom de Neuville ! Mais moi, je sais pourquoi vous vous refusez ainsi : vous êtes trop fière et vous n'admettez pas de vous trouver au même rang que les autres. Vous avez peur de n'être qu'une conquête supplémentaire du comte de Neuville. Pour goûter le plaisir, il faut faire taire sa fierté et savoir donner, partager. C'est encore votre orgueil qui vous oblige à vous cabrer, car, une fois pour toutes, vous avez décidé que personne ne pourrait vous marier de force. Vous avez été contrainte de céder, alors vous souhaitez vous venger de cette façon. C'est une manière comme une autre de vous rebeller, petite louve dominante. Vous aviez décrété que vous détesteriez ce mari dès l'instant où ce n'est pas vous qui l'auriez choisi !

— Je n'aurais jamais choisi quelqu'un comme vous !

— Pourquoi ? Vous ne savez rien de moi !

— Vous avez la réputation d'un libertin et je n'aime pas partager, encore moins être bafouée aux yeux de tous !

— Personne ne saurait brocarder sur ce sujet, car je ne connais pas un seul couple qui soit marié par amour et qui ne se trompe mutuellement et allègrement !

— Ce n'est pas une raison.

— Si, malheureusement. Je veux simplement vous dire, Isabelle, que notre union ne doit pas tourner au règlement de comptes. Si nous devons nous voir tous les jours et cela pendant pas mal d'années, j'estime qu'il vaut mieux cohabiter en bonne intelligence. Je vous affirme que vous n'êtes pas à plaindre ! Vous auriez pu trouver aussi libertin que moi et de surcroît mufle et rustre ! J'en connais beaucoup !

— J'aurais pu en effet rencontrer le diable alors que je vois un ange !

— Ne brocardez pas ! Peu à ma connaissance auraient mon attitude à votre égard ! Je pourrais aussi faire part à Monsieur de votre comportement. Il ne vous donnerait certainement pas raison !

— Vous passeriez pour un pauvre frustré !

— Je ne le crois pas. Vous, par contre, passeriez sans doute pour une anormale ! Mais laissons cela, il s'agit d'une tentative de conciliation et non d'une querelle. Je vous le répète, vous n'aurez pas à vous plaindre de moi, mais, en contrepartie, vous me laisserez aussi mener ma vie à ma guise, ce qui me semble fort logique. Je vous propose donc une sorte de pacte. Nous aurons ainsi l'opportunité de passer ensemble quelques bons moments, préférables à une guerre d'usure. Je ne suis pas un dominant, moi, madame la louve. Je n'aime pas remporter des victoires par la force, mais par le bon sens. Je préfère me concilier l'ennemi plutôt que de l'écraser ! Et vous verrez qu'à l'usage, chacun y trouve son intérêt !

Isabelle demeura songeuse, ébranlée par ses propos et saoulée par ce long monologue. Son esprit pragmatique convenait que sa façon d'analyser la situation révélait un homme intelligent, sans doute bon et sensible. Mais elle restait consciente qu'il demeurait avant tout un dangereux séducteur, ainsi qu'il l'affirmait lui-même en toute franchise, habitué aux caractères féminins et sachant manœuvrer pour parvenir à ses fins.

Monsieur le parait de maintes qualités, mais ne savait résister à un bel adonis. Ce jugement se justifiait-il ou en était-il amoureux au point de se montrer aveugle ? Le discours du comte de Neuville traduisait néanmoins une faculté de raisonnement pleine de sagesse. Une voix au plus profond d'elle-même lui confirmait la véracité de ses assertions et lui susurrait sournoisement que tous les hommes n'auraient pas forcément parlé ainsi.

Dans ce cas, il ne lui appartenait plus de chercher le conflit pour le seul plaisir de le trouver. Mais céder ne signifiait-il pas un premier pas vers la capitulation ? Machinalement, ses doigts caressaient les pétales, veloutés et fragiles, de la rose.

Isabelle osa enfin relever son visage et rencontrer les prunelles mordorées. Elle répondit, à voix basse, avec une esquisse de sourire :

— Je suis d'accord pour accepter votre pacte, monsieur le comte de Neuville, puisque effectivement je n'ai guère le choix. Je pense que votre décision est dictée par le bon sens et que m'y opposer serait faire preuve de sottise. Je vivrai donc en bonne intelligence avec vous tant que vous ne renierez pas ce pacte et je vous remercie de votre courtoisie. Mais cela ne changera en rien les sentiments que j'éprouve pour votre personne.

— Oh, je n'en demande pas tant ! Chaque chose en son temps ! Vos sentiments évolueront au fil des jours et n'en seront que plus authentiques…

IX

Une soirée du Comte de Neuville

Le comte de Neuville s'extirpa avec un soupir à fendre l'âme des bras entreprenants de la jeune femme alanguie à ses côtés. Il sauta du lit et prit ses vêtements posés sur le fauteuil. Une voix à la fois mourante et réprobatrice émit un « déjà ? » étouffé par l'épaisseur de la moelleuse courtepointe. Nicolas, sans même se donner la peine de répondre, continua imperturbablement à enfiler ses bas de soie et sa culotte de satin, puis, se saisissant de la robe de velours déposée sur son justaucorps, la posa avec soin sur le pied du lit. Ce geste sans équivoque engendra une nouvelle lamentation :

— Aaaah, vous êtes un monstre, Nicolas !

Affichant son sourire le plus enjôleur et ne jugeant pas opportun de se retourner tandis qu'il endossait son justaucorps, le monstre concéda, avec ostentation :

— Je le sais fort bien, c'est ce qui fait mon charme !

Puis, se laissant tomber sur le bord du lit, il glissa la main sous la courtepointe. Un gloussement étouffé répondit à son geste, mais comme la belle cherchait à passer ses mains autour de son cou, il la repoussa avec une calme résolution :

— Allons ! Je croyais vous avoir prévenue que je n'avais guère le temps ce soir. Vous n'avez quand même pas été trop déçue, apparemment ?

— Vous savez bien que non ! Mais précisément, pourquoi partir si vite ? Encore un peu, Nicolas… Êtes-vous vraiment si pressé ? Où allez-vous donc ? Retrouver votre épouse acariâtre ?

— Non. J'ai des affaires personnelles à régler.

— Vraiment ? Quel genre d'affaire peut donc vous arracher ainsi aux bras d'une amante qui brûle de vous aimer encore ? Une autre femme ? Vous allez y laisser votre santé, mon pauvre Nicolas !

— Marion, de grâce ! Si ma maîtresse me pose davantage de questions que ma femme, ma vie va devenir un enfer !

Il ne put s'empêcher de pouffer, et un rire joyeux lui fit écho. Repoussant impitoyablement la courtepointe, il attira l'insatiable par les poignets et l'aida à se lever. Après quelques caresses consenties davantage par acquit de conscience que par désir torride, il noua les lacets ajustant son corsage avec une habileté d'expert. Déposant enfin un baiser gourmand sur la poitrine généreuse que l'on devinait sous les lacets, il conduisit son invitée en la tenant par la taille jusqu'à une porte dérobée au fond de sa chambre.

Après un dernier baiser qu'il écourta, car il menaçait de s'éterniser, la belle ne parvenant à se détacher de ses lèvres, il la fit sortir et referma soigneusement la porte. L'amant blasé écouta encore quelques instants le martèlement des talons hauts décroître dans le couloir. S'approchant de la fenêtre, il aperçut enfin la silhouette qui se hâtait sur les graviers de l'allée. Ce fut encore un léger tintement de sabots sur les pavés, indiquant que la calèche légère se dirigeait vers la grille du parc, puis le silence nocturne reprit ses droits.

Le comte de Neuville jeta un coup d'œil distrait au grand miroir doré et passa négligemment la main dans sa chevelure que ces ébats avaient quelque peu mise en désordre. Il ne prit pas la peine de remettre sa cravate de dentelle qu'il posa sur le rebord de la cheminée de marbre avec l'agrafe de rubis. Prenant le candélabre à trois branches posé sur le guéridon, il sortit à son tour. Pour lui, la nuit était loin d'être terminée.

Guidé par la seule lueur du chandelier, prenant grand soin de ne pas faire crisser le parquet ciré, le comte de Neuville marcha à pas lents le long du couloir. À cette heure, la grande demeure reposait, déserte et bien calme. Il en émanait un silence oppressant, comme une sourde menace que cette progression méticuleuse rendait encore plus imminente.

Les portraits des chevaliers suspendus au mur semblaient poser sur l'intrus un regard inquisiteur et vaguement réprobateur. Nicolas leva les yeux vers un vieil homme orgueilleusement campé, les reins cambrés, l'épée au côté ; il portait une fraise abondante et un pourpoint d'un noir rigoureux. Devant l'œil sombre de son grand-père surveillant le moindre de ses agissements, Nicolas se sentait redevenu le petit garçon intimidé de jadis, tenu de rendre compte de ses actes, tel un coupable face à ses juges.

En passant devant la chambre d'Isabelle, il s'arrêta et sortit de sa poche une clef de fer forgé joliment ouvragée, l'introduisit dans la serrure avec beaucoup de précautions, puis souffla le candélabre. Il pénétra à l'intérieur et repoussa la porte.

Isabelle dormait profondément, avec l'inconscience de la jeunesse qui n'a pas le sommeil léger et qui garde l'âme en paix. Son mari contempla longuement la forme allongée qu'il discernait à peine dans la demi-pénombre. Il percevait sa respiration régulière et devinait la forme de son corps, son cou gracieux, ses cheveux défaits épars sur l'oreiller de dentelle. Il sentit son doux parfum et ne put réprimer un frisson de désir. Alors, il se retira aussi silencieusement qu'il était venu, referma la porte, tourna la clef dans la serrure et ralluma son candélabre.

Le comte de Neuville poursuivit sa progression le long du couloir, se dirigea vers l'escalier et se rendit enfin à l'étage supérieur.

Parvenu à la pièce qu'il appelait ironiquement son « repaire », il s'y enferma à double tour. Pendant plus de deux heures, la lueur tremblotante du candélabre se discerna sous la porte. Puis le comte ressortit et redonna les deux tours de clef.

Après un bref passage dans sa propre chambre, il réapparut vêtu d'un justaucorps de chasse en daim marron et de bottes de cuir. Parcourant une nouvelle fois les lieux assoupis, il redescendit au rez-de-chaussée et sortit au dehors.

Parvenu en bas des marches, il marqua un temps d'arrêt. La pluie commençait à tomber en fines gouttes, et un petit vent frais se levait. Dans peu de temps il pleuvrait à verse très certainement. Il eut un soupir irrité, mais cette constatation, bien qu'elle semblât le contrarier, ne freina nullement sa détermination. D'un pas énergique, relevant le col de son habit le plus haut possible autour de son cou, rentrant la tête dans les épaules et rabattant son chapeau sur ses yeux, Nicolas se tenait prêt à affronter stoïquement les éléments, aussi peu engageants fussent-ils.

Après avoir emprunté l'allée centrale du parc une lanterne à la main, il arriva en vue des écuries où son fidèle « La Mouche », le plus dévoué de ses valets, l'attendait avec un cheval sellé en main. À la vue de son maître, le vieux serviteur murmura simplement :

— Tout est prêt.

Le comte de Neuville lui répondit brièvement :

— Merci, La Mouche.

— Le temps n'est guère favorable. Êtes-vous vraiment obligé de sortir ce soir ?

— Vous savez bien que oui, La Mouche.

— Alors bonne chance, Nicolas.

Le comte répondit d'un sourire énigmatique en se dirigeant vers sa selle et tâta avec application le grand sac de jute accroché au troussequin. Puis, visiblement satisfait de cette inspection succincte, il échangea un clin d'œil de connivence avec La Mouche.

Enfourchant sa monture, le comte de Neuville se dirigea vers la grille du parc donnant accès à la forêt.

X

L'enchantement des bords de Seine

Isabelle eut grand mal à réfréner son enthousiasme, tant cette invitation la ravissait : le comte de Neuville lui proposait une promenade à cheval en sa compagnie. Ceci permettrait de joindre l'utile à l'agréable, en parcourant tout d'abord son domaine, puis en longeant la Seine en direction de Saint-Cloud et, pourquoi pas, en poussant jusqu'au pont enjambant le fleuve.

Voilà assurément un programme plus attrayant que de se morfondre dans ses appartements pendant que le maître des lieux s'encanaillait Dieu sait où.

Le comte de Neuville la conduisit jusqu'aux écuries. Sous le porche, un jeune palefrenier tenait en main un petit cheval gris pommelé. Nicolas lui donna une tape amicale sur l'encolure :

— Il s'appelle « Attendu », c'est amusant, n'est-ce pas ?

— Je ne vois pas pourquoi ?

— Ah, non ? Alors, vous devez être mal réveillée, ce matin. Moi, je vois parfaitement pourquoi…

Sur ces paroles lourdes de sous-entendus, il lui prit la jambe et l'aida à se mettre en selle. Isabelle nota avec satisfaction une parfaite immobilité au montoir, traduisant un dressage impeccable. Comme s'il lisait dans ses pensées, son époux souligna effectivement :

— C'est un petit cheval très agréable. Je pense qu'il vous plaira. Il est élégant et allant, très confortable, peut-être un peu nerveux, mais sans malice. Je sais que vous montez bien, alors vous vous entendrez avec lui. Mais si vous en préférez un autre, vous aurez la possibilité de choisir dans mon écurie.

— Je vous remercie, Nicolas, mais je crois qu'Attendu me conviendra parfaitement. J'aime beaucoup cette couleur de robe et il me paraît un excellent cheval.

Ce jugement parut combler Nicolas qui l'observait avec intérêt tandis qu'elle ajustait ses rênes. Isabelle apprécia la qualité du harnachement, le frontal bleu et or assorti au tapis de selle sur lequel était brodé le blason des Neuville.

Le palefrenier revint avec un autre cheval blanc, qu'il tint pendant que Nicolas l'enfourchait avec aisance. Saisie d'une folle envie de rire, Isabelle commenta négligemment :

— Si je ne me fourvoie point, voici le cheval blanc du prince charmant ?

— Tout à fait ! Avouez que la ressemblance est frappante !

— En ce qui concerne le cheval blanc, on ne pourrait le nier ! Pour le cavalier, c'est à voir…

Elle ne put s'empêcher de lancer un regard admiratif au fringant animal, visiblement impatient de travailler. Le comte de Neuville, nullement vexé par cette banderille, semblait bien aise de son sort. Ils partirent donc tous deux tranquillement au pas, marchant côte à côte au rythme cadencé de leurs montures. Nicolas commenta quelques particularités du parc, les allées principales et les sentes parallèles qui se rejoignaient en étoiles. Il indiqua à son épouse les terrains les plus adaptés pour galoper, détails utiles lorsqu'elle sortirait seule. Le parc du comte de Neuville, planté de grands arbres, offrait des perspectives ombragées conduisant à des fontaines ou à des bassins.

On y retrouvait l'empreinte de Le Nôtre, ce qui ne présentait rien d'étonnant, car aucun noble du royaume possédant un petit arpent de terrain n'aurait envisagé de le faire aménager par quelqu'un d'autre ! Plus elle avançait en découvertes, plus Isabelle concédait que la demeure du comte de Neuville possédait bien des attraits.

Le seigneur des lieux y restait profondément attaché, sans doute par sentimentalité puisqu'il s'agissait d'un patrimoine familial, mais aussi et tout simplement, car il y faisait bon vivre ! Nicolas partageait certainement les mêmes pensées tandis qu'il lui faisait apprécier les détails les plus secrets des bosquets et des charmilles, soulignant avec ferveur :

— C'est un domaine magnifique que j'aime beaucoup et j'espère qu'il en sera de même pour vous. Savez-vous, Isabelle, que c'est une chance de posséder un château si bien situé ?

Puis, avec un petit rire, il précisa :

— Le mot château vous semble peut-être présomptueux. Il est vrai que, comparativement aux palais que nous fréquentons, le site peut paraître ridicule, mais c'est néanmoins un château… un petit château ! Beaucoup de mes connaissances me l'envient d'ailleurs et donneraient cher pour le posséder ! L'endroit est charmant et fort pratique pour quelqu'un papillonnant entre sa demeure et la Cour de Monsieur, avec quelques escapades à Marly et Versailles. Voyez, par cette grille, nous rejoignons les bords de Seine. En les longeant, nous parvenons à Saint-Cloud. Paris est tout proche, il suffit de traverser le pont ! Nous sommes à une heure de cheval de Versailles ou de Marly. C'est idéal !

Ils franchirent une grille de fer forgé et, après avoir parcouru un chemin qui se prêta merveilleusement à un petit galop, aperçurent la Seine. Isabelle retrouva avec émotion les sensations de son enfance. Elle venait si souvent flâner sur ces rives, regarder les bateaux regagnant Paris ou descendant le fleuve.

Bien que le cadre fût immuable, elle y revenait, non plus comme une fillette rêveuse et solitaire, mais en comtesse de Neuville portant une élégante toilette, montant un joli cheval et, surtout..., en compagnie de son époux. Isabelle eut l'impression que des siècles s'étaient écoulés. Et, pourtant, ses souvenirs ne remontaient pas si loin dans le temps !

Les berges de la Seine connaissaient une sempiternelle animation. On y rencontrait des gens à pied ou à cheval, mais aussi des marchands débarquant des denrées de bateaux amarrés. Des chevaux tiraient des péniches plus lourdes et tout ceci contribuait à ériger un petit monde bien particulier.

Les jours de fête dans le parc de Saint-Cloud, Monsieur, avec son humanité coutumière, voulait que tout le monde s'amusât, y compris ce petit peuple qu'il affectionnait tant. Il ouvrait donc les jardins bas, et tous les manants y avaient accès pour admirer les feux d'artifice et ouïr la musique. La plupart arrivaient à pied, mais beaucoup accostaient sur la berge, se déplaçant dans des barcasses recouvertes de toile.

Les cavaliers avaient repris le pas et, tandis qu'Isabelle se laissait bercer par l'évocation d'antan, son mari s'absorbait dans la contemplation de paysans qui empilaient des caisses de légumes. Les hommes parlaient fort et s'activaient avec de grands gestes, discutant sur la marchandise et le prix exigé.

Le ton montait et le bruit allait crescendo. L'étalon blanc du comte de Neuville ne sembla guère apprécier et coucha les oreilles avec un hennissement strident. Les deux bougres tournèrent la tête et le regardèrent avec méfiance, oubliant leur différend pour quelques instants. Nicolas flatta l'encolure de sa monture et leur adressa un petit sourire. Un peu plus loin, des apprentis marins tentaient de plier une pièce de jute. Ils semblaient particulièrement inefficaces, et le vent, dépliant un coin tandis qu'ils repliaient l'autre, leur rendait la tâche plus ardue. Le cheval du comte de Neuville pointa les oreilles, puis s'arrêta, peu désireux de s'en approcher. Son cavalier le sollicita énergiquement et il repartit bon gré, mal gré, mais marchant en pas de côté. Lorsque la toile claqua comme une voile de trois mâts, il se dressa en une cabrade spectaculaire et fit brusquement demi-tour. Le comte de Neuville piqua du nez sur l'encolure et rattrapa vivement ses rênes afin de le replacer dans la bonne direction.

Ceci ne paraissait nullement l'irriter, mais plutôt l'égayer. Il commenta avec un hochement de tête dubitatif, à l'intention de son épouse :

— Il finirait bien par me jeter à terre, cet animal !

Et comme elle le considérait avec un petit air narquois, il ajouta :

— Ce qui vous comblerait de joie, je suppose ?

— Allons, Nicolas ! Vous me prêtez des idées que je suis loin d'avoir… J'apprécie sincèrement cette promenade enchanteresse sur les bords de Seine !

— Vraiment ? J'en suis fort aise ! Mais pour l'enchantement, je vous avouerais que je préfère la roseraie de ma demeure. Les effluves y sont plus doux. Ici, l'air fleure la vase et la sueur humaine ! D'ailleurs, voyez, Beau Sire en est incommodé.

Considérant l'animal en question qui s'excitait

tout seul, la queue portée en panache comme une oriflamme, la tête arrondie sur le poitrail et tombant dans un piaffer académique, Isabelle s'extasia :

— Il est vraiment superbe !

Cette remarque mit le comte de Neuville au comble de la félicité. Sans paraître s'alarmer le moins du monde des humeurs de sa monture, il répondit. avec un sourire béat :

— Je vous remercie, je suis très flatté !

— Je suis désolée, mais cette fois encore, il s'agissait du cheval…

— Bien sûr ! Mais comme il ne sait pas parler, je répondais à sa place !

Isabelle s'esclaffa de bon cœur et c'est avec une mine hilare qu'ils entrèrent tous deux dans le parc de Saint-Cloud par la grille de Sèvres. Isabelle se trouvait sur un terrain de prédilection tout autant que son mari et ils rejoignirent l'allée du Mail dans un galop soutenu. Le comte de Neuville apprit à son épouse qu'il devait rencontrer un certain Sylvain pour lui fournir les horaires du tournoi de paume. Précisant que cette mise au point ne durerait qu'un petit quart d'heure, il lui conseilla de l'attendre en prenant quelque repos.

Cette nouvelle surprit fort Isabelle, la paume ne se pratiquant quasiment plus. Le comte de Neuville concéda la véracité de cette appréciation, mais souligna que quelques fidèles, dont il faisait partie, désiraient remettre ce jeu au goût du jour.

Ayant piqué la curiosité de son épouse, le comte de Neuville lui fournit avec empressement tous les détails susceptibles de l'éclairer. Il lui révéla ainsi que le jeu de paume, divertissement royal par excellence, jouissait d'un réel engouement sous Henri IV, pour sombrer lentement dans l'oubli sous Louis XIII, l'indifférence de Louis XIV sonnant définitivement son glas. Les agissements des courtisans étant calqués sur ceux du monarque, il devenait bien évident que, si le Roi ne s'entichait pas de quelque chose, personne ne voulait en entendre parler ! Il paraissait d'ailleurs surprenant que Louis XIV n'aimât point la paume, sans raison logique. Le Roi épris de divertissements à la fois virils et champêtres, doté d'une constitution physique à toute épreuve, aurait dû briller à cet exercice ! Il avait été un bon danseur dans ses jeunes années, restait un solide cavalier, excellait au mail, au billard et au tir à l'arquebuse. Alors pourquoi ce dédain pour la paume ? La petite poignée d'acharnés tentait sans grand espoir de lui préserver ses lettres de noblesse. On trouvait encore une bonne dizaine de salles dans Paris où se rencontraient des passionnés, mais, à Versailles, la salle du Jeu de paume rencontrait rarement preneur. Enthousiasmé par son sujet, le comte de Neuville conclut avec verve :

— Nous sommes parvenus à organiser ce tournoi qui aura lieu en fin de semaine ! Trois équipes s'affronteront : celle de Versailles, c'est-à-dire celle du Roi, celle de Saint-Cloud, c'est-à-dire celle de Monsieur, et celle de Paris, avec les plus adroits de la capitale. L'enjeu sera d'importance !

— Pourquoi donc ? Vous gagnez de l'argent ?

— Ce n'est pas cela, Isabelle, c'est une question de prestige ! Mais il s'agit aussi de l'avenir. Si l'équipe du Roi ou celle de Monsieur l'emporte, nous espérons une réhabilitation. Si c'est Paris qui s'impose, leurs Altesses seront aussi vexées l'une que l'autre et prendront définitivement la paume en grippe !

— C'est fort possible, en effet ! J'ai entendu parler de ce tournoi. On parie gros sur les résultats, et je crois que c'est surtout sur vous que l'on mise !

— Oui, ce qui ne me plaît guère, car la responsabilité sera lourde ! J'aurais voulu que ceci reste un affrontement amical et l'opportunité de pratiquer un exercice physique avec plaisir. J'aime la beauté du jeu qui implique un état d'esprit d'élégance morale. À mon avis, cette philosophie doit primer sur tout !

— Mais vous serez forcément le meilleur, Nicolas !

— Je ne sais pas. L'équipe du Roi n'est pas dangereuse, car elle est constituée de gentilshommes de Versailles qui ne pratiquent guère. Celle de Paris est la plus redoutable, car ses membres jouent très régulièrement, bien plus souvent que moi, d'ailleurs ! Et particulièrement un certain Éric de Chaune qui est leur chef de file.

— Vous l'avez déjà rencontré ?

— Oui, deux fois. Je l'ai battu les deux fois.

— Alors vous le battrez une troisième !

— Je le souhaite et je vous remercie pour vos encouragements, Isabelle. J'espère que vous me ferez l'honneur de venir m'applaudir pour me porter chance. Et puis, j'aimerais tant vous offrir le prix remis au vainqueur. Je possède déjà des esteufs d'or ou d'argent, mais, cette fois, il s'agit d'un vase en or serti de turquoises. Une pure merveille !

— Votre attention est touchante, Nicolas ! Mais même sans le vase, je viendrai vous encourager.

— Ah, c'est merveilleux ! Alors je suis sûr de gagner ! Il le faut, d'ailleurs, car si ce n'était pas le cas, j'aurais à la fois Monsieur et le Roi sur le dos !

En disant ceci, il se mit à rire aux éclats, et Isabelle, séduite par cette bonne humeur, lui fit écho en pensant qu'il devait en falloir beaucoup pour affoler le comte de Neuville : qu'il s'agisse d'un cheval ombrageux ou des foudres du Roi-Soleil, sa désinvolture demeurait un bastion inébranlable !

XI

La partie de paume

Le comte de Neuville avait prévenu son épouse en toute franchise : le tournoi de paume durant toute la journée, un spectateur non averti trouvait vite le temps long. Il conseilla à Isabelle de venir pour la dernière partie, qui révélerait le vainqueur. Suivant sagement son conseil, elle respecta les horaires prévus, toutefois impatiente d'apprendre si son mari confirmait ses espoirs.

S'installant dans la galerie, elle parvint par chance à atteindre le premier rang. En face, aux places d'honneur, se trouvaient Monsieur et quelques courtisans. Le Roi, occupé ailleurs, ne se déplacerait que pour remettre le prix. Ce qui représentait néanmoins un honneur inestimable !

Isabelle suivit avec intérêt le cheminement de la petite balle de feutre, rebondissant sur le toit incliné puis revenant au sol où le joueur la renvoyait d'un habile coup de raquette après qu'elle eut franchi le filet. Le comte de Neuville se trouvait en lice, et Isabelle ne put s'empêcher de l'admirer. Ayant revêtu une chemise blanche, il portait les petits chaussons obligatoires pour ne pas glisser sur le sol. Elle estima avec un zeste de causticité que, dans n'importe quelle tenue, il serait toujours le plus séduisant ! Nicolas possédait une maîtrise parfaite du jeu, frappant la balle avec élégance et précision.

Plus Isabelle cherchait à comprendre les règles de cet échange acharné, plus elles lui devenaient obscures. Le jeune homme assis à côté d'elle portait lui aussi une chemise blanche et des petits chaussons.

Elle en déduisit qu'il s'agissait d'un participant et, comme il lui avait cédé sa place avec prévenance dès son arrivée, supposa qu'il se ferait un plaisir de satisfaire sa curiosité. Elle se pencha donc vers lui et s'enquit timidement :

— Est-ce donc normal que cette balle parte ainsi sur le toit ? Pourtant, je crois que le comte de Neuville n'est pas maladroit ?

Il se mit à rire de bon cœur et la renseigna effectivement bien volontiers :

— C'est une des règles essentielles du jeu, qui permet d'engager la partie ! Cette balle s'appelle un esteuf. Et le comte de Neuville est l'un des meilleurs joueurs que je connaisse. Il possède une volée foudroyante !

Malgré elle, Isabelle fut flattée de cette appréciation, mais crut bon de préciser :

— Je vous demande pardon, mais je n'y entends rien du tout !

— Cela se voit !

Puis, s'esclaffant de plus belle :

— Ne vous vexez surtout pas de ma remarque, je plaisantais ! Mais si vous le désirez, je pourrai vous initier. Je suppose que vous êtes venue pour le comte de Neuville ?

— Oui, en effet. Mais pourquoi est-ce donc si évident ?

— Oh, quand Nicolas de Neuville joue une partie,

les galeries sont toujours pleines de femmes ! Ce qui se conçoit d'ailleurs, car c'est un excellent joueur, très physique.

Il accompagna cette précision d'une œillade coquine ; Isabelle le considéra sans saisir l'allusion, puis répondit, en haussant les épaules :

— Je ne vois pas le rapport avec la paume ?

— Vous êtes charmante ! Alors, regardez-le jouer. Il est très physique, c'est-à-dire qu'il bouge sans cesse, avec rapidité, avec souplesse, avec grâce. Et dans chacun de ses coups de raquette, il met toute sa force. Croyez-moi, un esteuf envoyé par Nicolas de Neuville, il faut le rattraper ! Ajoutez à ceci qu'il ne se fatigue jamais et vous obtiendrez un adversaire quasiment imbattable… et un régal pour les cœurs féminins.

— Sans doute… Et je suppose que, quand il a remporté sa partie, il s'en choisit une ? Cela est inclus dans le prix du vainqueur ?

— Cela arrive, en effet ! Mais s'il doit choisir aujourd'hui, je pense qu'il n'hésitera pas, car je vous avouerais, madame, que je n'ai jamais vu une femme aussi jolie en ce lieu.

— Je vous remercie pour vos paroles aimables, monsieur. Mais le comte de Neuville n'aura pas à me choisir, car je lui appartiens déjà.

— Vraiment ? Ah, mon Dieu, j'aurais dû m'en douter ! Seriez-vous la comtesse de Neuville ?

— En effet.

— Je suis confus, madame. Je vous prie d'excuser la maladresse de mes propos.

Devant sa mine si déconfite, Isabelle pouffa, ravie d'avoir marqué un point à son tour. Le trouvant malgré tout bien accort, elle rétorqua, avec une moue indulgente :

— Ce n'est pas bien grave, mais pour votre punition vous m'apprendrez les règles de ce jeu si compliqué que vous pratiquez, si j'en crois votre mise ?

— Je suis Éric de Chaune et je vous fournirai bien volontiers quelques éclaircissements.

Isabelle l'observa avec davantage d'intérêt. Voilà donc ce fameux Parisien qui causait de l'inquiétude à son époux ! Elle fut prise d'une folle envie de rire, mais ne laissa rien paraître du plaisir qu'elle prenait à savourer cette série de quiproquos. Son voisin paraissant désormais moins sûr de lui, elle s'absorba dans la contemplation du jeu, convenant que son allégation se vérifiait sans aucun doute possible. Avec un bond de félin, Nicolas venait de renvoyer l'esteuf d'un geste ample, l'accompagnant de sa raquette, son bras et son épaule se déroulant avec une force peu commune et une énergie assurément très... virile ! Elle eut un soupir satisfait et demanda à son voisin :

— La partie est bientôt terminée ?

— Non, ils en sont à 15-30.

— Ce qui signifie que Nicolas est en train de gagner ?

— Euh... non... il est plutôt en train de perdre.

— De perdre ? Mais tout le monde affirmait qu'il serait le meilleur !

— Tout le monde le pensait, y compris moi et lui aussi très certainement. Je ne m'explique pas cette défaillance.

— Mais il se comporte très bien pour l'instant ! Regardez avec quelle aisance il renvoie cette balle, c'est magnifique !

— Il renvoie bien effectivement, mais il joue mal. Si vous y connaissiez un minimum, vous verriez qu'il n'a pas du tout la tête à son jeu. D'où ses défaites successives.

— « Ses » défaites ? Il vous a déjà affronté ?

— Oui, et il a subi un cuisant échec. Pour l'instant, il a perdu deux parties sur trois. Et celle-ci lui réserve le même sort, aussi vrai que je m'appelle Éric.

— Mais, pourquoi ?

— Cela, madame, je l'ignore ! Peut-être est-il souffrant ou a-t-il des problèmes personnels ? Vous êtes mieux placée que moi pour le savoir !

Isabelle reporta son attention sur les deux joueurs qui changeaient de côté. Nicolas eut un petit sourire destiné à son adversaire, prouvant qu'il ne lui tenait pas grief de lui infliger une défaite. Il paraissait prendre le fait avec pondération, son attitude ne traduisant ni nervosité ni irritation.

Le jeu reprit, et Isabelle se persuada bel et bien de son ignorance : à le voir ainsi, il semblait pourtant bien meilleur que l'autre ! Elle soupira, mais cette fois de déconvenue, estimant qu'elle le jugeait avec la partialité d'une épouse comblée. Elle commenta, à l'attention de son voisin qui l'observait avec bienveillance:

— En tout cas, il n'a pas l'air de lui en vouloir !

— Oh, non ! Nicolas de Neuville se maîtrise parfaitement dans la réussite comme dans l'échec. Il est de surcroît d'une grande courtoisie. Mais ce n'est pas à vous que je l'apprendrai !

— C'est tout à fait exact, en effet !

Isabelle avait rétorqué ceci dans un bel élan qui fit sourire son interlocuteur. Il ne pouvait deviner l'incongruité de leur vie privée, mais elle estima que ce qualificatif traduisait pourtant une réalité de son quotidien.

La partie se terminait et, comme prévu, le comte de Neuville venait de la perdre, ce qui l'éloignait définitivement du vase en or. Éric de Chaune fit ses adieux à Isabelle, précisant qu'il devait se préparer pour la dernière phase, la plus importante. Il lui suggéra, avec un clin d'œil :

— Allez consoler votre époux. Et souhaitez-moi bonne chance. Puisqu'il est hors jeu, vous pouvez sans honte espérer ma victoire !

— Je vous la souhaite, monsieur, très sincèrement !

Il s'éloigna sans perdre de temps, et Isabelle le suivit tandis qu'il lui indiquait la pièce dans laquelle les joueurs se préparaient et changeaient de chemise après chaque partie. Il précisa qu'elle était interdite aux femmes. Isabelle attendit donc son mari au-dehors et le vit arriver en plaisantant sans rancœur avec celui qui venait de lui infliger cet ultime échec. Il sourit à sa femme et prit son compagnon à témoin :

— Sylvain, je vous présente Isabelle. Isabelle, voici Sylvain, l'un de mes bons amis, qui vient de me battre sans fioriture !

Le dénommé Sylvain s'inclina respectueusement, et elle dut convenir que lui aussi paraissait plutôt agréable. Il semblait d'ailleurs bien plus embarrassé que le comte de Neuville en ce qui concernait l'issue de leur rencontre :

— Je suis très honoré de vous connaître, madame… et vous prie de m'excuser pour la défaite de votre mari ! J'avoue que jamais je n'aurais imaginé le vaincre un jour.

Nicolas se mit à rire, puis, retrouvant une nouvelle gravité :

— Je suis désolé, Isabelle. J'aurais tant voulu gagner pour vous… pour vous offrir ce superbe vase. Je suis vraiment très déçu.

Il paraissait tellement malheureux qu'Isabelle comprit que, pour lui, ce détail s'avérait beaucoup plus important que la victoire elle-même. Elle posa une main complice sur son poignet :

— C'est sans importance, Nicolas. J'ai pris beaucoup de plaisir à vous regarder et je trouve que vous jouez très bien. J'avoue d'ailleurs n'y avoir absolument rien compris !

— Je vous remercie, Isabelle, vous êtes gentille. Mais non, je n'ai pas bien joué. J'étais… j'étais fatigué…

Sylvain lui donna sans façon une bonne bourrade dans le dos et pouffa :

— Si vous dormiez la nuit au lieu de faire la fête…

Puis, devant le regard noir que lui lancèrent avec un bel unisson le comte et la comtesse, il ricana un peu bêtement et conclut, désireux de ne pas aggraver son cas :

— Bon, je vous laisse. Je m'en vais recevoir ma correction magistrale ! Car je n'ai pas la moindre illusion : j'ai vaincu Nicolas qui n'était pas au meilleur de sa forme, mais face à Chaune, cela va être un massâââcre !

Cette remarque pleine de bon sens, émise avec un air de martyre, provoqua un éclat de rire général et, tandis que Sylvain partait recevoir sa « correction », Isabelle resta seule avec son mari. Elle remarqua que, malgré qu'il prît le fait à la légère, il gardait une expression de profonde tristesse. Oui, il ressentait sans nul doute un grand dépit, mais par fierté refoulait son amertume.

Il s'était pourtant battu vaillamment jusqu'à la fin, bien que convaincu de sa mauvaise fortune. Avec l'énergie du désespoir, il avait tenté de rattraper des points qui ne pouvaient plus l'être. Des cernes profonds sous ses yeux témoignaient de sa lassitude. Une mèche de cheveux mouillée lui tombait dans les yeux, sa chemise trempée de sueur lui collait au dos. Il semblait épuisé par l'effort fourni. Isabelle lui tendit la serviette posée sur le banc :

— Allez vite vous changer, Nicolas. Vous allez prendre froid, vous êtes en sueur !

Il prit la serviette et, comblé par cette marque d'attention qui raviva instantanément son esprit espiègle, la passa autour de son cou.

— Merci, Isabelle. Quand les chevaux prennent une bonne suée, il faut les bouchonner soigneusement. Voulez-vous faire le palefrenier ?

Pour souligner la véracité de cette affirmation, il fit le geste de se mettre à quatre pattes en se secouant avec un hennissement impétueux. Isabelle s'esclaffa, puis, remarquant deux gentilshommes qui, visiblement scandalisés, sortaient avec leur raquette sous le bras, elle leur adressa un sourire crispé et se récria :

— Nicolas ! Vous feriez mieux d'aller vous changer !

— J'y vais, mais ne vous inquiétez pas pour moi. Ce genre d'exercice me fait grand bien. Mon corps a absolument besoin de dépenser sa vigueur. Et ceci est valable pour toutes les parties de mon corps…

Il pouffa en la voyant lever les yeux au ciel et s'empressa de disparaître à l'intérieur. Isabelle préféra l'attendre plutôt que d'assister à la dernière partie. Cette rencontre suprême qui couronnerait certainement Éric de Chaune. Elle en éprouva un vif ressentiment.

Bien que le personnage fût indéniablement sympathique, elle se rendit compte qu'elle aussi espérait le succès de Nicolas et qu'elle partageait sa déconvenue. Et le motif de son affliction ne se mesurait pas à l'aulne d'un vase de turquoises…

***

Le Roi avait tenu à doter l'événement de tout le faste requis : la remise du prix avait lieu dans la galerie des Glaces, ce qui lui conférait une note de prestige supplémentaire. Isabelle allait donc assister en compagnie de son mari à la consécration du héros, c'est-à-dire Éric de Chaune, qui s'était imposé sans grande surprise face à un Sylvain totalement dépassé et dont l'heure de gloire avait été bien éphémère.

Le comte de Neuville gardait un petit sourire au coin des lèvres, destiné à donner le change. Il subissait par ailleurs les retombées de sa prestation, l'attitude des autres à son égard se refroidissant considérablement. Tout le monde croyant dur comme fer à sa victoire, on avait parié gros sur lui.

Certains lui en gardaient une sourde rancœur et quelques regards sur son passage ressemblèrent à une volée de mousquet !

Monsieur fit son entrée, en compagnie du duc de Chartres qui, loin d'être féru de ce jeu, n'avait fait qu'une brève apparition en début d'après-midi pour encourager son ami. Constatant son élimination prématurée, il avait bien vite rejoint le Palais-Royal en galante compagnie.

Pour la remise du prix, il se devait néanmoins de revenir avec son père. En passant à côté du couple de Neuville, il adressa un clin d'œil à Isabelle et une grimace pitoyable à son époux. Monsieur vrilla sur le comte de Neuville un regard de Cerbère. Nicolas sembla rapetisser et s'inclina profondément :

— Je suis sincèrement désolé, Altesse…

— Vous pouvez l'être ! Votre défaite nous couvre tous de ridicule : moi et toute ma Cour qui avions misé sur vous, mais aussi le Roi. Sa Majesté sera fort mécontente. Vous n'avez jamais si mal joué, mon pauvre Nicolas. À croire que vous étiez ailleurs, ou que vous vouliez que nous perdions ! Vous faire battre par Sylvain, qui n'a jamais su tenir une raquette !

Le dénommé Sylvain, qui se trouvait près de lui, prit un teint d'apoplectique et parut sur le point de défaillir. Isabelle aurait pu s'en délecter, mais l'instant ne se prêtait guère à la fantaisie ! Le comte de Neuville, démuni de son aplomb, se défendit mollement :

— Je… je suis confus, Altesse… Je… je n'étais pas très en forme…

— C'est le moins que l'on puisse dire ! Je crois que moi-même aurais été moins mauvais !

Il accompagna ce commentaire d'un geste précieux de la main en prenant ses mignons à témoin. Il s'ensuivit une liesse générale, chacun n'ignorant pas combien Son Altesse se montrait réfractaire à tout effort physique et l'imaginant difficilement en train de courir après une balle !

Nicolas baissa le nez, cruellement souffleté. Isabelle ne broncha pas. Elle fut la seule à ne point s'en délecter, recevant ce camouflet comme une offense personnelle et se sentant pour la première fois bien proche de son époux. Monsieur et sa suite remontèrent la galerie pour se placer auprès du Roi. Isabelle et son mari restèrent dans le fond. Nicolas releva enfin les yeux et la regarda longuement, puis murmura :

— Vous n'avez point ri ?

— Non. La méchanceté ne me fait jamais rire !

— Vous êtes bonne, Isabelle. Je vous remercie. Vous êtes la seule à n'avoir point ri de moi. Si vous l'aviez fait, j'en aurais été très chagriné. Beaucoup plus que d'avoir perdu un tournoi.

— Pourquoi Monsieur est-il si courroucé ? Ce n'est quand même pas une affaire d'État, il ne s'agit que d'un jeu.

— Ce n'était qu'un jeu, mais, je vous l'avais dit, tout ceci a pris trop d'ampleur. Ils ont raison. J'ai été très mauvais et cela risque de me coûter cher. Le Roi est mécontent et Monsieur, fort vexé. Une victoire de Paris signe le glas de la paume et j'en suis un peu responsable. C'est ennuyeux.

— Que va faire le Roi ?

— Oh, rien ! Il saura admettre les faits avec grandeur et je crois qu'il n'y attache pas grande importance. Monsieur, lui, va bouder un moment, c'est certain. Vous savez, Isabelle, sous ses petits airs frivoles, il possède un caractère bien trempé. Il peut être coléreux et très susceptible. Avec ma victoire, il aurait marqué un point sur son frère, ce qui lui arrive rarement. C'est pourquoi il y tenait tant ! Mais il m'adore et ne sait pas bouder longtemps !

— Est-ce la gravité de cet enjeu qui vous a perturbé ?

— Non, il en faudrait beaucoup plus ! Votre présence et le désir de vous offrir ce vase m'ont davantage troublé, je l'avoue. Mais pas au point de jouer aussi mal. Je n'ai pas de raison. J'étais… oui, j'étais fatigué…

Leur échange de commentaires fut interrompu par le début de la cérémonie, Louis le Grand appela Éric de Chaune pour lui remettre le fameux vase si convoité. Le jeune homme s'agenouilla devant le Roi.

Remarquant que son mari gardait le nez fixé sur ses souliers, Isabelle tendit le cou pour apercevoir la scène. L'infortuné Nicolas aurait sans doute souhaité se trouver à mille lieues !

Éric de Chaune arborait un sourire jovial, tout ému de recevoir son prix de ces augustes mains. Il avait revêtu un justaucorps rouge, et Isabelle lui trouva beaucoup d'allure. Le Roi le félicita, précisant que le jeu de paume ne se pratiquait plus guère à la Cour, ce qui expliquait un tel résultat. Isabelle sentit venir le vent de la catastrophe.

Allait-il faire allusion au comte de Neuville qui avait anéanti tous les espoirs ? Louis XIV préféra conclure noblement les événements. Il choisit donc d'ignorer purement et simplement les détails et les conditions de cet aboutissement, pour s'en tenir exclusivement au résultat. Isabelle soupira de soulagement. Un nouveau dard (royal cette fois) lancé en pleine galerie devant toute la Cour aurait achevé son époux et sans doute signé sa disgrâce !

Éric de Chaune se releva, tenant son vase à bout de bras, de façon à le montrer à tous les courtisans qui applaudirent dans un bel unisson. Le Roi gardait un petit sourire paternel ; il savait se montrer beau perdant… Éric de Chaune remercia Sa Majesté et tint à rendre hommage aux joueurs qu'il avait affrontés. Isabelle trouva ce détail élégant de sa part. Décidément, cet Éric possédait de bonnes manières et bien des attraits. Il la désarçonna brutalement lorsqu'il conclut, d'une voix claire et décidée :

— Si Votre Majesté le permet, je lui demanderais l'autorisation d'offrir ce vase.

Louis le Grand leva un sourcil interrogateur, puis sourit en hochant la tête. Alors Éric de Chaune poursuivit, avec un bel entrain :

— Je sais que le comte de Neuville rêvait de l'offrir à son épouse. Et une telle femme ne mérite pas d'être désappointée. Alors, si Votre Majesté le permet et le comte de Neuville aussi, je vais lui en faire don. Madame la comtesse de Neuville, si vous voulez bien venir nous rejoindre…

Isabelle jeta un regard affolé à son époux qui serra les dents et blêmit. Ne sachant plus ce qu'elle devait faire, elle resta à sa place, incapable de bouger. Nicolas lui intima à voix basse :

— Allez-y, vous n'avez pas le choix !

Complètement désorientée, Isabelle fendit la foule et fit la révérence au monarque. Éric de Chaune lui tendit le vase, effectivement une pure merveille, tout en or, serti de turquoises sur les anses ainsi que sur les ciselures. Elle bredouilla :

— Je… je vous remercie, monsieur, ce geste est très magnanime. Mais il fallait le garder pour vous. Ce vase a une grande valeur et…

— Laissez cela, madame. J'ai l'habitude de gagner et je possède beaucoup de prix de qualité. Celui-ci vous revient. Et ma plus belle récompense sera de l'offrir à la plus jolie femme de la Cour.

Cette déclaration pleine de panache fit le bonheur de tous les courtisans qui applaudirent de plus belle. Isabelle, rouge de confusion, refit son périple dans l'autre sens pour retrouver son mari qui, toujours le nez bas, n'avait pas bougé. Horriblement confuse, ayant perdu l'usage de la parole, elle serrait le vase contre elle.

Monsieur annonça enfin une collation dans le salon de la Guerre, et tous se précipitèrent à l'autre extrémité de la galerie. Isabelle et son époux, partageant une égale mine d'enterrement, suivirent le mouvement.

Nicolas ne put rien avaler, et Isabelle se rendit compte qu'elle non plus ne trouvait aucun attrait aux liqueurs et aux confiseries. Elle se tenait en bout de table, agrippant son vase et, dans le seul dessein de se donner une contenance, contemplant le médaillon de Coysevox qui représentait Louis XIV foulant ses ennemis.

Alors, elle sentit une main se poser sur son bras et se retourna. Éric de Chaune goûtait son heure de liesse à pleins poumons. Dans ce sourire, elle lut tant de charme et de gentillesse, que son anxiété fondit comme neige au soleil. Il lui présenta un verre de vin de champagne et, insidieusement, commenta :

— Même si ce n'est pas très gentil pour votre époux, je dois fêter ma victoire !

Elle prit le verre de bon cœur et désigna le vase avec admiration :

— Il est vraiment très beau. Je vous remercie, monsieur. Mais vous n'auriez pas dû…

— S'il vous plaît, c'est l'essentiel. Mais ce n'est pas ainsi que l'on remercie ! Je veux un baiser.

— Un baiser ? Mais… monsieur, vous n'y pensez pas !

— Un baiser sur la joue ! Ce n'est pas bien méchant ! Et votre époux n'est pas du genre à s'en offusquer, il a l'esprit plutôt large sur la question !

En disant ces mots, il lui prit le vase des mains, le posa sur la table, puis attrapa Isabelle par la taille et l'embrassa passionnément sur la joue. Tout d'abord saisie, elle referma machinalement les bras autour de son cou. Elle sentit des épaules solides, musclées par une pratique régulière du jeu de raquette et éprouva un trouble nouveau pour elle. Elle aurait voulu se dégager prestement, mais ne parvint pas à le faire. Elle éprouva dans ces bras un plaisir intense et dut faire un effort pour s'en soustraire. Elle resta à le regarder sottement, se demandant encore la cause de ce geste irréfléchi. Encore hébétée, Isabelle reprit son vase et vit un gentilhomme tourner les talons, se dirigeant résolument vers la porte. Elle battit aussitôt en retraite avec un sourire contraint :

— Je vous prie de m'excuser. Et je vous remercie encore pour le vase.

Elle s'élança précipitamment à la suite du comte de Neuville et le rejoignit alors qu'il allait atteindre l'escalier des ambassadeurs :

— Nicolas ! Où allez-vous ?

— Je rentre chez moi ; cette mascarade a suffisamment duré ! Vous auriez pu m'éviter ceci ! Pensez-vous donc que je n'ai pas été suffisamment humilié ?

— Nicolas ! Laissez-moi vous expliquer…

— Ah, non ! Dispensez-moi de vos commentaires !

— Puis-je au moins rentrer avec vous ?

— Évidemment, vous n'allez pas partir à pied !

Sur cette remarque émise d'un ton maussade, il rejoignit son carrosse et s'y engouffra sans un mot. Isabelle prit place en face de lui et posa le vase par terre pour ne pas attiser sa rancœur.

Le silence s'installa, le comte de Neuville s'enfermant dans un mutisme renfrogné. De plus en plus mal à l'aise, Isabelle décida de passer aux aveux, plus salutaires que ces reproches latents :

— Écoutez, Nicolas…

— Je vous ai dit de m'épargner les discours ! Comment vous blâmer ? Éric est très joli garçon et c'est grisant, n'est-ce pas, de tomber dans les bras du vainqueur ?

— Mais… il ne s'agit pas de cela… Je ne suis pas à blâmer, je vous le jure !

— Ne jurez point pour si peu ! De toute façon, je serais mal venu de vous fustiger pour ce genre de chose, puisque je suis moi-même loin d'être irréprochable ! J'ai l'esprit plutôt large, paraît-il…

— Nicolas, de grâce ! Je l'ai remercié pour le vase et il m'a demandé un baiser sur la joue ! Je ne pouvais refuser… c'est tout…

— C'était un baiser sur la joue bien langoureux…, mais je vous l'ai dit, ne vous justifiez point. Je puis même vous donner son adresse : il habite à Paris, rue des Bons-Enfants. Je constate toutefois que je suis le seul à ne point trouver grâce à vos yeux et le déplore sincèrement !

— Nicolas, je vous affirme que vous vous méprenez…

— Laissez cela, Isabelle. Je ne suis pas autorisé à vous réprimander sur ce chapitre. Mais permettez-moi quand même d'apporter une petite précision concernant ma « largesse d'esprit » : ma conduite vous scandalise, car elle heurte votre vanité, tandis qu'une infidélité de votre part me causerait un très profond chagrin. C'est toute la différence.

La fin du trajet se poursuivit dans un silence encore plus pesant, Isabelle luttant contre les larmes qui lui montaient aux yeux. Le regard perdu dans le vague, le comte de Neuville tapotait nerveusement des doigts sur les pans de son justaucorps. Un regard qui ne gardait plus trace de son mouvement de révolte, mais exprimait une affliction sincère.

Isabelle, estimant que cette journée avait été pour lui source de toutes les déconvenues, se sentait elle aussi très malheureuse. Elle ne parvenait à expliquer son élan, mais ne le jugeait pas non plus comme particulièrement condamnable.

Elle souhaitait sincèrement la réussite de Nicolas et n'envisageait nullement de s'ébattre dans les bras d'un autre. La réaction de son époux la décontenançait. De sa part, la critique s'avérait en effet particulièrement maladroite ! Pourtant, Isabelle, qui aurait dû s'en moquer éperdument, voire se réjouir de lui rendre la pareille, s'en montrait honteuse et désolée !

***

Le lendemain, Isabelle ne vit pas son époux de la journée. Sans doute Monsieur n'était-il pas le seul à bouder ! Le comte de Neuville ne se rendit pas à Saint-Cloud, la plus élémentaire prudence l'incitant à s'y faire oublier pendant quelques jours, jusqu'à ce que Son Altesse l'invitât à venir. En parfait courtisan, Nicolas maîtrisait très bien ces subtilités !

Isabelle aperçut le comte de Neuville en fin d'après-midi. Il arrêta son cheval devant les écuries, mit pied à terre, adressa quelques mots à son valet, puis se dirigea vers sa demeure. Il avait donc passé la journée Dieu sait où… sans doute dans un endroit où il ne subirait ni les quolibets des autres, ni les remontrances de Monsieur, ni les déceptions causées par son épouse !

Isabelle arborait un petit sourire satisfait en se portant à sa rencontre. Le comte de Neuville enleva très galamment son tricorne et lui demanda si la journée s'était bien passée. Elle lui répondit, avec une moue mutine :

— Oh, fort bien ! Je suis allée faire une petite visite à un ami, rue des Bons-Enfants.

Le comte de Neuville, s'il fut surpris, n'en laissa rien paraître et haussa les épaules avec une indifférence ostensible :

— Vous pourriez avoir la décence de ne plus évoquer ce sujet, puisque, pour ma part, j'ai décidé de faire de même. D'ailleurs, je trouve votre plaisanterie de fort mauvais goût.

— Mais ce n'est pas une plaisanterie ! C'est la vérité.

Nicolas l'observa avec insistance, cherchant à deviner s'il s'agissait d'une nouvelle boutade.

Il fut totalement désarçonné quand Isabelle précisa, sur le ton de la plus parfaite évidence :

— Je suis allée rue des Bons-Enfants, chez Éric de Chaune. Je lui ai rendu son vase en le remerciant encore une fois, mais lui ai affirmé que, par convenance envers mon époux, je ne pouvais accepter son présent. J'ai précisé que je n'avais pu refuser en présence du Roi et de toute la Cour, mais que l'estime du comte de Neuville m'était plus précieuse que tout. Il a fort bien compris. C'est quelqu'un de très bien, savez-vous, Nicolas ?

Stupéfait, le comte de Neuville la considéra longuement, n'ayant point envisagé semblable dénouement. Puis il s'esclaffa de bon cœur et libéra ainsi la copieuse dose de contrariétés emmagasinées depuis la veille. Il souligna enfin, son enjouement naturel revenant comme un cheval au galop :

— Je ne vous demande pas comment vous l'avez remercié « encore une fois », car maintenant c'est moi qui manquerais de décence ! Ce geste de votre part me console de tous ces désagréments ! Car je vous retourne le compliment : Isabelle m'est plus chère que tout !

— Ce n'est pas ce que j'ai dit…

— C'est pareil ! Et cela vaut bien un baiser… même si je suis mauvais à la paume !

Profitant lâchement de la situation, le comte de Neuville lui fit sur la joue un baiser sonore encore plus enflammé que celui de son rival. Ayant recouvré la joie de vivre, il commenta perfidement :

— Sur ce sujet, je ne lui laisse pas la victoire, n'est-ce pas ?

Isabelle s'ébaudit, soulagée elle aussi que tout ceci se terminât de la sorte. Elle pensa néanmoins avec un léger regret que, suite à cette affaire, elle ne connaîtrait certainement jamais les règles détaillées du jeu de paume ! Son voisin si prévenant ne serait plus là pour les lui enseigner et, en ce qui concernait Nicolas, le plus élémentaire bon sens voulait que l'on enterrât définitivement le sujet…

XII

Premier point commun

Isabelle ne parvenait pas à s'endormir et l'agacement commençait à la gagner, ce qui ne l'incitait aucunement à glisser dans une douce somnolence. La pluie cinglait le volet de bois que les bourrasques secouaient comme si elles eussent voulu l'arracher. Un grincement obsédant parvenait à s'imposer pardessus tout ce tintamarre. À chaque fois que le vent se levait, l'enseigne de la salle d'armes grinçait ainsi toute la nuit. Le comte de Neuville en avait été lui-même importuné, affirmant qu'il la ferait consolider ou tout simplement retirer. Mais, bien évidemment, il n'en avait rien fait !

Une semaine s'était écoulée depuis la partie de paume, et elle ne l'avait quasiment pas vu ! Apparemment fort occupé, le comte de Neuville venait la saluer le matin, s'informant si elle présentait des souhaits particuliers, puis se retirait aussitôt. Et elle n'en entendait plus parler.

Avec un soupir exaspéré, Isabelle se tourna sur le côté et enfouit sa tête sous l'oreiller. Cette solution ayant pour effet de lui offrir le silence espéré, mais de la laisser au bord de l'asphyxie, elle en émergea rapidement, à l'instant précis où un coup sourd sembla faire trembler le plancher de bois. La girouette se serait-elle détachée ? Quel bonheur ! Elle estima aussitôt que sa remarque s'avérait stupide puisque ce vacarme venait de l'intérieur. Cette fois ce fut dans sa porte que le même tapage se fit entendre, comme si quelqu'un frappait à coups de poing ou de pied. Qui pouvait manquer de délicatesse à ce point et surtout à une heure aussi tardive ?

De fort méchante humeur, Isabelle se leva à tâtons et prit le candélabre qu'elle alluma. Elle jeta un regard distrait sur la pendule : 3 heures 20 ! Furieuse, elle se dirigea vers la porte avec la ferme intention de réprimander vertement l'importun. Ouvrant d'un geste sec, elle se trouva face au comte de Neuville. Avait-il lui aussi été réveillé par la tempête ou le grincement de l'enseigne ?

Cramponné à la boule joliment ouvragée terminant la rampe de l'escalier, Nicolas la contemplait, la mine hilare. Elle comprit immédiatement qu'il était ivre et, s'apprêtant à se retirer dans sa chambre, lui lança un regard assassin. Mais il devança son geste :

— Quelle vision para... paradi... siaccc ! La nymphe au réveil !

— C'est à cette heure que vous rentrez ? D'où venez-vous ? Vous devriez avoir honte d'oser vous présenter à votre épouse en cet état !

— Une question à la fois, plaît-il ! rétorqua-t-il en levant un doigt sentencieux, toujours aussi euphorique. Je viens de chez Phi… Phil…

Il se mit à rire bêtement, ne parvenant à terminer sa phrase et, comme c'est souvent le cas chez les gens pris de boisson (ceux qui ont l'alcool gai !), voulant absolument parler.

— Vous le verriez ! Il est pire que moi ! Il ne tenait plus debout !

— Qui donc ?

— Eh bien, le prince, non le marquis, enfin le duc… le duc de… Phi… Phiplie… phil… philou, ça oui c'est un sacré phi…phi…filou !!

Il se mit à rire aux éclats, se calant plus solidement contre la rampe. Isabelle le toisa :

— Le duc de Chartres, je présume ? Pour se livrer à de telles beuveries en votre compagnie, il ne peut s'agir que de lui ?

— C'est ça !! Le duc de… de mon c… !!

Et, repartant à ricaner de plus belle :

— Mais moi, j'ai un avan… un avandââàge sur lui ! Parce que lui, vous savez pas, lui ? Il ne supporte pas le vin ! Mais pas du tout, du tout, du tout ! Avec deux verres, il est saoul comme une bourrique et malade comme un chien ! Il a fallu le mettre dans son racrosse, son rass… Alors que moi, je suis très bien !!

— Vous avez l'air !

— Si, si, je suis juste un peu fati… fatigué !

Pour appuyer ses dires, il fit un pas hésitant, trébucha et se rattrapa à la rampe, puis se laissa tomber assis sur la dernière marche :

— Aaah, Isabelle, les marches c'est une belle inventââtion, invent…, mais je ne pensais pas qu'il y en avait tant ! Je fais le faire démolir cet ex… exalier ! Démolir ! Oui, oui, démolir !!

Tournant les talons, Isabelle le planta là et s'enferma dans sa chambre en claquant la porte. Après avoir tourné deux fois la clef dans la serrure, elle s'abattit sur son lit et se mit à sangloter, à bout de nerfs.

Elle perçut encore deux coups sourds, puis ce fut le silence total. Sans doute s'était-il effondré ivre mort au bout du couloir ? Elle pleura ainsi un bon moment, extériorisant le trop-plein de déceptions et d'amertume qui la rongeait comme un poison lancinant. Elle avait pourtant fini par s'assoupir lorsqu'elle fut à nouveau réveillée par un léger froissement. Elle se redressa et tendit l'oreille. Malgré le silence qui régnait dans la pièce, seulement troublé par le martèlement de la pluie et le grincement de l'enseigne, elle crut discerner à nouveau ce frôlement.

Quelqu'un marchait sur le plancher, doucement, lentement, en prenant mille précautions. Le comte de Neuville serait-il parvenu à entrer ? Elle prit peur. Il l'avait toujours respectée, mais s'il n'était pas dans son état normal, serait-il encore capable de se bien conduire ? La boisson n'aurait-elle pas raison de ses belles promesses ? Il pouvait la prendre sur-le-champ sans qu'elle puisse s'y opposer. Elle hasarda, d'une voix mal assurée :

— Nicolas, est-ce vous ?

Aussitôt le bruit cessa. Isabelle allait se relever pour la seconde fois lorsqu'une poigne violente la plaqua sur son lit. Elle sentit un poids se laisser tomber sur elle, tandis qu'une main se posait sur sa bouche pour l'empêcher de crier, l'étouffant à moitié.

Alors la lumière se fit et elle remarqua trois hommes masqués, vêtus de grands chapeaux et de sombres manteaux, portant rapière au côté. Elle devina dans ses reins le froid contact d'une lame tranchante. Celui qui l'écrasait si sauvagement de sa personne se souleva légèrement et l'empoigna par les cheveux :

— Nous avons réveillé madame la comtesse ! Que madame la comtesse veuille bien nous excuser !

Le ton sarcastique se voulait lourd de menaces. Brutalement tirée par le bras, Isabelle fut poussée vers le second intrus qui la saisit au passage.

— Un conseil, la belle : tu la fermes ou je t'embroche !

Se forçant à ne rien laisser paraître de la terreur qui

s'immisçait en elle, Isabelle s'enquit froidement, en relevant le menton :

— Qui êtes-vous ? Que faites-vous ici, que voulez-vous ? Sortez ou j'appelle mon valet.

— C'est nous qui posons les questions, madame la comtesse ! Nous savons que votre mari possède des joyaux dans un coffre. Vous allez bien gentiment nous y conduire. Et pour commencer, je vais prendre ceci.

D'un geste emphatique, il s'empara du petit écrin de velours posé sur la console et renfermant le bracelet de saphirs. Elle ne put retenir un cri :

— Laissez cela !

La pression de la rapière l'arrêta net dans son élan. Elle reprit néanmoins, se voulant persuasive :

— Je vous en prie, prenez ce que vous voulez, mais pas cela : c'est un cadeau… enfin, un cadeau de mariage…

— Votre mari vous en offrira d'autres ! Il est riche !

Le troisième comparse demeuré dans l'ombre fit un pas en avant. Il semblait plus grand que les autres, plus fort, plus menaçant aussi. Sa voix dure, aux intonations haineuses, lui fit froid dans le dos. Elle le devina prêt à tout.

— Assez discuté ! Nous n'avons pas trop de temps ! Le coffre, vite !

— N'y comptez pas.

— Je ne plaisante pas ! Vous me guidez vers la fortune de votre époux ou je vous tue ! C'est simple !

— Vous n'oseriez pas tuer une femme ?

— Si ! Et ce ne serait pas la première fois, je puis vous l'affirmer !

Isabelle sentit la sueur perler à ses tempes. L'homme lui prit le poignet et le serra à lui en faire craquer les os :

— Alors, tu te dépêches, beauté ?

— Jamais !! Vous ne me faites pas peur.

— Tu as tort !

D'un geste brusque, il arracha la chemise de nuit en fine dentelle qui se déchira avec un craquement sinistre. Derrière le rire et l'expression sournoise s'alluma une petite flamme qu'Isabelle avait appris à reconnaître dans les regards masculins : la concupiscence. Sans la lâcher de sa poigne de brute, il la fit reculer jusqu'au lit et la renversa brutalement. Isabelle chercha à rattraper les pans de sa chemise pour masquer sa nudité, mais à nouveau il la lui arracha. Terrorisée par le sort qui l'attendait, elle aurait voulu parvenir à lui échapper, mais ne pouvait se soustraire à ces bras qui l'étouffaient dans un étau d'acier. Il la gifla à la volée par deux fois et, lorsqu'elle se débattit à nouveau, la frappa de son poing sous l'œil gauche. À demi étourdie, Isabelle entendit un ricanement sardonique qui lui parut très lointain :

— Elle est diablement belle, la petite comtesse ! Il est vrai que le comte n'est pas un novice ! Il ne doit pas s'ennuyer ! À défaut de joyaux, j'aurai quand même pris du bon temps. Fichtre, il y a longtemps que je n'ai pas troussé une catin comme celle-là !

Isabelle sentit sa main sur ses seins tandis qu'il l'attirait à lui, prenant ses lèvres en un baiser bestial.

— Arrête, Armand ! On n'a pas le temps, tu viens de le dire ! Il faut partir !

— Fous-moi la paix ! Celle-là je vais pas la lâcher avant d'avoir eu ce que je veux !

Isabelle, tétanisée de frayeur, un voile rouge devant les yeux, eut alors un dernier sursaut, ce que l'on appelle sans doute l'énergie du désespoir. Elle lui mordit cruellement la lèvre, et son agresseur se redressa avec un grognement de bête refoulée :

— Ah, la p… !

Allongeant la main, Isabelle se saisit de l'oreiller et le lança de toutes ses forces sur le chandelier posé à terre.

Attrapant la courtepointe repoussée à côté d'elle, elle la jeta sur le visage de l'homme qui n'avait pu s'empêcher de suivre du regard la course de l'oreiller. Dans une obscurité maintenant totale, elle se mit à hurler au secours de toutes ses forces, basculant sur le côté et sautant du lit dans le dessein de s'enfuir.

Aussitôt rattrapée, elle se retrouva plaquée au sol tandis qu'un nouveau candélabre s'allumait, mettant une fin prématurée à cette audacieuse tentative d'évasion. Les deux complices s'impatientèrent :

— Cela suffit, Armand ! Il faut fuir tout de suite. Ses cris ont dû alerter la valetaille.

— Elle va venir avec nous ! Je l'aurai !

Reprenant Isabelle par les cheveux, il la releva sans ménagement et la poussa devant lui.

À cet instant, la porte s'ouvrit à la volée et un gentilhomme à l'allure débraillée apparut sur le seuil, la mèche en bataille, la chemise ouverte sur une poitrine musclée, l'œil menaçant. Il se rua dans la pièce, épée en main :

— Vils larrons ! Comment osez-vous porter la main sur une femme ? Sur ma femme ? Je vais vous tuer pour cet affront ! Et tout de suite !

— De quoi il se mêle, celui-là ?

— La ferme, Armand ! C'est le comte de Neuville !

— Et alors ?

— Je ne tiens pas à me mesurer à lui. Laisse, partons !

Mais le nouvel arrivant ne leur laissa nullement le temps de poursuivre leur conversation. Leur barrant hardiment le passage, il enchaîna deux attaques aussi précises que nerveuses et transperça proprement le premier spadassin qui ne comprit jamais ce qui lui était arrivé. La seconde suivante, il fit subir le même sort à son comparse, qui s'abattit avec un hurlement de douleur. Alors le dénommé Armand s'avança, tenant Isabelle devant lui comme un bouclier :

— Maintenant cela suffit, monsieur le comte ! Vous allez jeter votre épée tout de suite si vous tenez à la comtesse !

— Misérable lâche ! Vous êtes plus vil qu'un serpent ! Venez donc vous battre, au lieu de vous cacher derrière une femme !

— Pas avec vous, je tiens à ma peau ! Allons, faites ce que je vous dis, vous n'avez pas le choix.

— Je vous ferai pendre, maraud ! Je vous ferai pendre pour avoir porté la main sur ma femme ! Si jamais vous lui avez fait le moindre mal, je…

— Taisez-vous donc et donnez-moi votre arme, sinon c'est maintenant que je vais lui faire du mal !

Cette suggestion étant ponctuée d'une pression vigoureuse qui lui tordit le bras, l'infortunée ne put retenir un cri. Nicolas fit un bond en avant, la pointe menaçante.

— Ne faites plus un pas ou je la tue devant vos yeux !

Les dents serrées, livide, le comte de Neuville jeta rageusement son arme aux pieds de son adversaire.

— Vous voilà raisonnable. Maintenant, vous allez me montrer le chemin de votre coffre où vous gardez vos joyaux.

— Vous déraisonnez ? Je n'en ferai rien !

— Alors tant pis pour elle. Ce serait dommage, une si jolie petite comtesse.

Isabelle eut un violent sursaut :

— Ne cédez pas, Nicolas ! Il ne faut pas !

— Votre vie m'est plus précieuse que la richesse, Isabelle.

Puis se tournant vers l'autre bandit qui se relevait en se tenant le bras.

— Mais vous paierez tout cela au centuple, j'en fais serment. Vous vous repentirez de m'avoir menacé et plus encore d'avoir osé malmener mon épouse. Vous périrez de ma main. Souvenez-vous en, monsieur !

— Si vous tentez le moindre geste, j'enfonce ma lame dans les reins de la comtesse. Vous allez mener mon ami à votre coffre.

S'emparant d'un cordon à rideau, l'ami en question se fit une joie de lier les mains de son prisonnier. Enhardi par ce retournement de situation, il en profita pour railler :

— Je pourrais désormais vous embrocher comme un vulgaire poulet, monsieur le comte de Neuville, ou vous balafrer le visage, ce qui vous ennuierait bien, je suppose ? Vous ne pourriez plus jouer les jolis cœurs auprès des dames ? Ou peut-être même, vous couper autre chose ?

— Épargnez-moi vos sarcasmes, je vous prie. Si vous avez envie de me torturer, ne vous gênez pas, je n'ai jamais frémi devant la crapule. Devant qui que ce soit d'ailleurs. Je ne crains ni la souffrance ni la mort.

— Mais par contre vous semblez tenir à votre femme !

— Certes, et je vous intime de n'y point toucher !

— Alors obéissez ! Son sort dépend de votre bonne volonté.

— Misérable racaille !

Poussé au paroxysme de la rage autant par l'insulte que par la morgue avec laquelle elle avait été proférée, l'offensé lui asséna une gifle fracassante et le repoussa brutalement. Sa tête prenant contact sans douceur avec le mur, saignant du nez comme une fontaine, le comte de Neuville accusa le coup sans broncher, puis, fixant son tortionnaire avec défi, le toisa avec un petit sourire méprisant. Cette attitude insolente eut pour effet de déclencher une nouvelle riposte se traduisant par un coup de poing au visage immédiatement suivi d'un autre dans l'estomac. Avec un « ouf » de moribond, le malheureux Nicolas s'affala à genoux. Isabelle ne put retenir un cri de détresse et défaillit de frayeur. Jurant de façon peu distinguée, le dénommé Armand s'en débarrassa en la repoussant contre le lit où elle demeura sans connaissance. Ne jugeant plus nécessaire de s'occuper d'elle, il s'empressa d'aider son complice à relever monsieur le comte puis à le ranimer avec deux autres gifles bien dosées. Alors, retrouvant son énergie plus tôt que prévu, le « ranimé » projeta son pied dans le bas-ventre qui se trouvait à sa portée. Très naturellement, la brute épaisse se plia en deux avec un hurlement strident. Cette esquisse fut aussitôt réitérée en visant cette fois la pointe du menton. L'homme s'écroula mollement sans plus proférer un mot. Débarrassé d'Isabelle, le coupe-jarret malchanceux se précipita avec son épée en braillant peu élégamment :

— Ah, il a de la ressource, ce fils de p…. !

Optant pour la vengeance plutôt que la richesse, il courait pointe tendue dans un dessein sans équivoque. Mais à la dernière seconde, avec un sang-froid sidérant, Nicolas retira son buste. La pointe lui érafla le côté. Il se retrouva pour la seconde fois à genoux, regardant avec angoisse son vainqueur revenir vers lui pour l'achever, comme on en finit avec une proie blessée.

Mais pendant ce temps, « l'évanouie », qui ne l'avait jamais été, rampait précautionneusement vers la rapière de la première victime de son cher époux. Tout aussi discrètement, elle revint se placer derrière le dernier malandrin restant en lice. Et à l'instant où celui-ci se réjouissait d'achever monsieur le comte, Isabelle, avec une froide résolution, lui planta sa lame dans le dos. Sans même vérifier le succès de sa manœuvre, elle s'agenouilla auprès de son mari, détacha le cordon qui lui liait les mains et l'aida à se relever. Appuyé à la console, l'œil vague, Nicolas ne semblait pas la voir, puis soudain lui ouvrit ses bras :

— Isabelle ! Mon amour, vous n'avez rien ?

Ne trouvant rien à répondre, elle se rendit compte qu'elle pleurait à chaudes larmes… maintenant qu'il n'était plus temps de le faire, car tout se terminait le mieux du monde. Elle comprit qu'elle avait eu très peur pour le comte de Neuville et se persuada que cette angoisse avait été réciproque ! N'ayant plus la moindre envie d'y apporter une explication rationnelle, elle se blottit contre cette poitrine dépenaillée et, emprisonnée dans ces bras qui la serraient passionnément, goûta un bonheur immense. Elle se fondit sans retenue dans cette chemise trempée de sueur, se soulevant au rythme saccadé d'une respiration haletante.

Était-ce l'effet rétrospectif du combat, la faiblesse due aux coups reçus, ou encore tout autre chose ? Le visage enfoui dans ses boucles blondes, les yeux fermés, Nicolas s'enquit d'une voix rauque, vidée de toute énergie :

— Vous ont-ils fait du mal ? Votre chemise arrachée… mon Dieu, je n'ose y penser ? Isabelle, ils ne vous ont pas…

— Non, Nicolas ! Vous êtes intervenu à temps ! Mais ils l'auraient fait sans vous ! Ah, c'est horrible !

Il la serra plus fort contre lui, jusqu'à ce que ses sanglots s'apaisent.

— Ne craignez plus rien, tout est fini, mon amour ! Ah, quand je vous ai vue ainsi !

— Vous m'avez sauvée, Nicolas…

— Vous aussi !

Reprenant la maîtrise d'elle-même, Isabelle le considéra avec davantage d'attention. La tache de sang s'élargissait à son côté, il avait un œil fermé, la lèvre enflée et le front écorché. Plus blanc que sa chemise, le téméraire comte de Neuville paraissait sur le point de défaillir. Pourtant, fidèle à la devise de ses armoiries, il relevait crânement la tête, ne voulant rien laisser paraître. Oui, il était indéniablement de sa race, malgré ses mœurs volages. Un grand seigneur qui se révélait dans les moments dramatiques.

— Vous êtes blessé, Nicolas, il faut vous soigner au plus vite !

— Ce n'est rien, ne vous inquiétez pas. J'en ai vu d'autres et je suis taillé dans un cuir solide ! Mais voici notre premier point commun, Isabelle : votre œil gauche est aussi bleu que le mien !

Des pas résonnaient dans le couloir, des bruits de voix se firent entendre, des lumières surgirent un peu partout. Les domestiques de monsieur le comte de Neuville venaient aux nouvelles ! Leur maître eut une moue condescendante :

— Les gens de ma maison se décident enfin à intervenir. Ils sont très efficaces… quand tout est fini !

Et, brusquement libérée nerveusement, Isabelle se mit à rire. Nicolas parut soudain, malgré son état bien piteux, le plus heureux des hommes !

XIII

Question sans réponse

Parvenue devant la porte de la chambre du comte de Neuville, Isabelle se tint immobile et tendit l'oreille. Il lui sembla entendre des voix et un ricanement étouffé. Elle frappa deux coups légers. Aucun son ne lui répondit. En prenant soin de ne pas faire le moindre bruit, elle entra sur la pointe des pieds. Le comte de Neuville dormait paisiblement. Aurait-il donc parlé dans son sommeil ?

Elle le contempla un long moment, ne pouvant se résoudre à se retirer. Reposant ainsi en toute innocence, il ne présentait plus rien du satrape tant récrié. S'il avait pu être un homme sage et fidèle, comme je l'aurais aimé, pensa Isabelle, les larmes aux yeux. Mais les hommes sages et fidèles existent-ils vraiment ? Inconscient des réflexions philosophiques qu'il suscitait, Nicolas eut un soupir déchirant et enfouit un peu plus confortablement son visage dans l'oreiller de plumes. Ce mouvement avait entrouvert suffisamment sa chemise pour laisser entrevoir un torse bien attirant. Isabelle sentit une envie irraisonnée de glisser la main par cette échancrure si sournoisement offerte, de dégager d'un geste maternel la petite mèche coquine qui balayait sa joue. Agacée, tenaillée par un sentiment plus que complexe allant du désir à la rancœur et à la jalousie, elle se dit avec amertume qu'elle comprenait de plus en plus pourquoi toutes les bécasses de la Cour, pour reprendre sa propre expression, se pâmaient devant lui !

L'objet de ses supputations se retourna sur le dos et ouvrit un œil. Reconnaissant son épouse, il se redressa légèrement, l'air interrogateur. Décontenancée, Isabelle chercha à justifier son intrusion, tout en estimant aussitôt que ceci s'avérait superflu :

— J'étais venue prendre de vos nouvelles…

— C'est gentil.

— Comment allez-vous ?

— Mal !

— Vraiment ? Mais pourtant, vous m'aviez dit hier, et le médecin l'a confirmé, que votre blessure était superficielle.

— En effet, mais mon état s'est aggravé cette nuit.

Isabelle le reluqua avec des yeux ronds, ne comprenant plus très bien et estimant qu'il somnolait pourtant bien calmement. Elle eut un petit sourire qui masquait néanmoins une inquiétude croissante :

— Vos jours ne sont pas en danger, tout de même ?

— Je l'ignore. Vous savez, ce genre d'état peut dégénérer bien vite.

Muette de stupeur, Isabelle ne trouva nulle réponse. Avec un soupir résigné, le comte de Neuville reprit, d'une voix neutre :

— Mais il ne faut pas vous tourmenter, Isabelle. Vous ne manquerez de rien, j'ai pris toutes mes dispositions. Je n'ai pas d'héritier et je vous fais donc mon légataire universel. C'est-à-dire que tout vous reviendra : le titre, le château, le domaine, les biens et même ces joyaux dont nos larrons voulaient s'emparer. Vous faites somme toute une bonne affaire.

— Que voulez-vous dire ?

— Vous n'allez pas pleurer ma mort puisque vous ne m'aimez pas. Vous vous morfondiez d'avoir épousé un débauché et de devoir passer votre vie avec lui. Vous voici libre et riche ! Vous pourrez désormais choisir un homme qui vous plaira. Vous serez fort heureuse et je vous le souhaite de tout cœur !

— Mais vous êtes fou ! Qu'est-ce qui vous prend de tenir de tels propos ? Vous êtes monstrueux ! Comment pouvez-vous me prêter semblables pensées ?

— Il faudrait savoir une fois pour toutes ce que vous voulez, Isabelle ! Vous ne m'aimez pas ?

— Mais… mais…

— Vous n'avez que dégoût pour la vie que je mène et pour moi-même, au point de me refuser votre porte. Alors, pour vous, ma mort est une délivrance. Je vous le répète : vous voici jeune, belle, riche et libre !

— Ah, taisez-vous donc ! Que m'importent les richesses si vous n'êtes plus là !

— Ne vous forcez pas à être aimable pour adoucir ma fin, la vérité ne m'a jamais fait peur.

— Taisez-vous, Nicolas ! Je ne vivrai pas sans vous !

— Comme ces paroles divines sont agréables à mon oreille !

Prenant sa main dans la sienne, il la porta à ses lèvres et l'embrassa avec ferveur. Isabelle estima qu'il gardait bien de l'énergie pour un mourant et que ses mains ne semblaient pas fiévreuses. Elle ne put s'interroger outre mesure, car Nicolas l'attira vers lui et, sans aucune crainte pour sa blessure, referma ses mains autour de ses reins.

Déséquilibrée, Isabelle se retrouva dans ses bras, le visage enfoui dans l'oreiller.

— Aaah, Isabelle, comme je vous aime !

Ayant retrouvé un regain de vitalité, le comte

de Neuville l'embrassa dans le cou et caressa avec empressement sa taille et ses reins. Elle se dégagea brusquement, affolée par cette situation si nouvelle et le plaisir qu'elle y goûtait, et se récria hypocritement :

— Vous allez vous faire mal et rouvrir votre blessure !

— Aucun risque ! C'est un miracle, je suis guéri !!

Isabelle le considéra avec saisissement. À cet instant précis, la porte s'ouvrit et le docteur Paulin se présenta, réprimandant son patient d'un ton goguenard :

— Vous voilà encore au lit, petit paresseux ! Je croyais que vous deviez vous lever et aller faire une promenade dans le parc ? Ah, mais je vois, vous étiez en charmante compagnie !

Puis, s'adressant à Isabelle qui le lorgnait avec incrédulité et commençait seulement et un peu tard à entrevoir la vérité.

— Votre époux est décidément doté d'une bien solide constitution, madame la comtesse ! Le voici à nouveau tout fringant !

Avec une moue moqueuse, elle répondit :

— Je m'en suis aperçue…

— Alors, profitez-en, je vous laisse ! Mais ne le fatiguez pas trop, il est quand même affaibli.

Sur cette évidence, il se retira avec une révérence respectueuse. Les dents serrées, l'œil furibond, Isabelle se tourna vers le comte de Neuville qui riait sans vergogne, savourant la situation :

— Misérable ! Vous m'avez tendu un piège abominable ! Vous devriez avoir honte !

— Vous n'étiez pas obligée d'y tomber ! Je vous prie de m'excuser, mais je souhaitais avoir confirmation de ce que j'avais pressenti hier. Je voulais me persuader que votre frayeur pour moi n'était pas seulement dictée par le tragique de l'instant. Cette opportunité était unique et il me fallait la saisir !

Isabelle baissa le nez, soudain honteuse et consciente de son propre ridicule. Oui, elle s'était montrée bien naïve de tomber aussi bêtement dans un traquenard si adroitement tendu. Que répondre à ceci ?

Rien qui ne puisse la rendre encore plus sotte. Nicolas la contemplait avec tendresse :

— Allons, ne vous renfrognez pas ainsi ! Vous étiez si charmante quand vous trembliez pour moi. Ayez au moins l'intelligence de prendre ce petit épisode avec humour. Vous en avez suffisamment pour l'apprécier. Et puisque vous tenez à moi, réjouissez-vous de me savoir hors de danger !

Isabelle haussa les épaules et consentit à sourire :

— Soit, mais ne pensez pas que ceci changera quoi que ce soit à mon attitude envers vous. Ce que j'éprouve à votre égard ne modifie en rien la façon dont je juge votre comportement.

— Ne craignez rien, un Neuville n'a qu'une parole. J'attendrai que vous veniez à moi… et à mon avis ce sera pour bientôt !

— L'espoir fait vivre, mon cher époux ! D'ailleurs, puisque nous en sommes aux aveux, j'en profiterai pour vous poser deux petites questions.

— Voilà comment vous êtes ! Nous venons de passer un instant sublime et vous allez tout détruire !

— Avez-vous donc si peur d'y apporter réponse ?

— Je n'ai peur de rien, en doutez-vous encore ?

— Alors, expliquez-moi comment vous avez pu rentrer dans ma chambre ?

— Il valait mieux pour vous que j'y entre !

— Certes, mais la question n'est pas là ! Quand vous étiez soi-disant ivre mort derrière ma porte, je me suis enfermée à double tour. Alors comment êtes-vous entré ?

— Je me permettrais de vous rappeler que nos larrons avaient déjà forcé la serrure. Mais j'aurais pu entrer avec ma clef, tout simplement. Il n'y a là aucun mystère. Je possède une clef de toutes les pièces de ma maison. Ce qui est tout à fait normal pour un maître des lieux.

Elle le regarda avec effarement, ce qui provoqua son alacrité :

— Je vois fort bien ce que vous pensez. Tous ces soirs où vous vous refusiez à moi et où vous vous barricadiez à double tour, vous vous sentiez bien tranquille. Je n'avais qu'à utiliser ma clef, entrer et prendre ce qui me revenait de droit !

Profondément émue, Isabelle baissa les yeux, autant pour masquer son trouble que pour se soustraire à l'expression goguenarde de son mari. Prenant son courage à deux mains, elle se força à la fermeté et poursuivit impitoyablement :

— Je vous remercie, Nicolas. Votre loyauté me touche profondément. Mais je vais quand même vous poser la seconde question et je crois qu'elle vous sera moins agréable : comment avez-vous pu vous battre avec autant de hardiesse et de clairvoyance alors qu'un quart d'heure plus tôt vous étiez ivre au point de ne plus tenir debout ?

— Oh, vous savez, on peut très bien ferrailler en étant saoul ! On voit cela tous les jours dans les tavernes !

— Dans une bagarre de soudards, peut-être. Ce n'était pas le cas. Votre style était subtil, élégant, efficace. Votre façon d'agir, de réfléchir, de répondre, de maîtriser la situation se révélait celle du comte de Neuville dans toute sa splendeur, n'ayant plus rien de comparable avec l'ivrogne que j'aurais eu volontiers envie de gifler quelques instants plus tôt.

— Moi, le danger me dégrise ! Dans le feu de l'action, je ne suis plus le même !

— Non, mon ami, vous ne vous en tirerez pas ainsi ! Vous venez par deux fois de me faire passer pour une sotte, mais maintenant je vais vous prouver que je n'en suis pas une.

— Ce qui signifie ?

— Que vous n'étiez pas plus saoul que moi ! Vous m'avez joué une ignoble comédie et j'aimerais bien savoir pourquoi. Vous ne reveniez pas de beuverie avec le duc de Chartres. Mais vous étiez effectivement sorti puisqu'il pleuvait et que vos habits étaient mouillés. D'où veniez-vous ? Pourquoi ce mensonge ?

Le comte de Neuville resta silencieux, et cette fois ce fut lui qui baissa son regard, toute espièglerie l'ayant quitté, désormais empreint d'une grande gravité et d'une profonde tristesse. Paradoxalement, Isabelle qui aurait dû se montrer bien aise de son avantage, se laissa gagner par cette mélancolie.

Il n'avait pas l'air d'un époux arrogant et coupable cherchant à se justifier par le mensonge ou la colère comme il aurait pu se le permettre. Nicolas semblait si malheureux qu'elle avait une envie folle de le prendre dans ses bras et de le serrer contre elle, comme on console un enfant qui a trop de chagrin. Était-il sincère cette fois, ou s'agissait-il d'une autre de ses habiles dissimulations pour se tirer d'embarras ? Il eut un soupir à fendre l'âme et, sans pouvoir s'en empêcher, Isabelle lui fit écho :

— Vous ne vous êtes jamais caché de satisfaire vos maîtresses, Nicolas. Alors pourquoi ce mensonge ?

— Lorsque nous nous sommes mariés, Isabelle… ou plutôt lorsque l'on nous a mariés, nous avons passé un pacte, tous les deux. Je vous ai promis de ne pas vous forcer puisque vous ne vouliez pas de moi, et de vous assurer une existence le plus heureuse possible. Mais en retour, vous deviez aussi me laisser mener la mienne à ma guise.

— Mais… précisément ! Puisque nous sommes d'accord, pourquoi mentir ?

— Ce pacte impliquait aussi de ne point poser de questions, Isabelle. Je crois que je viens de vous prouver que j'étais capable de respecter ma parole, alors je vous prierais de faire de même.

Cette fois, le ton devint cinglant et le regard du séducteur refléta une froide résolution. Isabelle retrouva instantanément ses réflexes combatifs et rétorqua avec acidité :

— Vous avez raison, monsieur le comte de Neuville, je ne vous en poserai plus. En ce cas, je vous laisse vous reposer. Permettez-moi de me retirer.

Elle se dirigea vers la porte qu'elle referma un peu plus sèchement qu'elle ne l'aurait voulu… sous le regard désormais bien songeur de son époux.

XIV

Règlement de comptes

Cette soirée, essentielle pour le comte de Neuville, représentait pour Isabelle une vaste corvée à laquelle il lui était impossible de se soustraire. Il s'agissait d'une présentation « officielle » à tous les amis, relations et courtisans notoires. Au cours d'un bal et d'une collation offerte dans la demeure du maître de céans, celui-ci allait signifier aux privilégiés de Saint-Cloud que, désormais, il serait accompagné de son épouse ! Pour Isabelle, la situation s'avérait beaucoup moins évidente et, pour tout dire, tout à fait mortifiante ! Elle allait devoir, pour la première fois, s'imposer en tant que comtesse de Neuville.

Isabelle se savait très à son avantage dans sa robe de velours rouge piquetée de perles et rehaussée de broderies argentées. Nicolas était venu lui-même la lui présenter et avait demandé avec affabilité si cette couleur l'agréait ou si elle aurait préféré un autre ton. Sensible à cette délicate attention, Isabelle avait répondu le plus aimablement possible que cette toilette magnifique lui convenait parfaitement. Avec un tact fort méritoire, le comte de Neuville s'était retiré afin de la laisser aux mains de ses chambrières. Prête à descendre dans le grand salon pour affronter la tribu de curieux pour qui elle représentait l'attraction de la soirée, elle vit entrer son époux, qui gardait soigneusement les mains derrière son dos. Nicolas se montra laudateur, affirmant qu'elle serait indéniablement la plus éblouissante. Puis, il passa derrière elle et eut un geste précis et rapide, effleurant à peine sa nuque. Isabelle réalisa alors qu'il venait de lui attacher autour du cou un collier de trois rangées de perles. Prenant son poignet, il y fixa avec la même dextérité un bracelet assorti. Isabelle en resta sidérée, ne trouvant point les mots pour lui exprimer sa gratitude. Nicolas précisa tout simplement que son bracelet de saphirs ne pouvait se porter avec une robe rouge…

— Ces perles appartenaient à ma mère et faisaient partie des fameux bijoux enfermés dans le coffre de ma chambre. Je lui avais promis de les offrir à mon épouse.

Avec un petit sourire nostalgique, il ajouta :

— Comme il est dommage qu'elle ne vous ait point connu, Isabelle. Elle vous aurait appréciée. Ma mère était une femme pleine de délicatesse.

— Je vous remercie, Nicolas. J'essayerai de porter cette parure comme un hommage à sa mémoire.

— Cette attention me touche profondément, Isabelle. Et peut-être, un jour, notre fille la portera-t-elle à son tour ? Elle le fera sans doute avec autant de grâce que vous.

Ne parvenant à demeurer solennel bien longtemps, ou peut-être tout simplement par crainte de céder à une émotion dangereuse, il conclut, dans un grand éclat de rire :

— Car nous aurons bien évidemment les enfants les plus ravissants du royaume, Isabelle. Le futur comte de Neuville sera un Apollon véritable. Imaginez donc : il héritera de votre beauté et de la mienne !

Isabelle ne put s'empêcher de rire, mais précisa néanmoins perfidement :

— Espérons pour lui qu'il n'héritera pas de votre penchant pour le libertinage…

— Ni de votre caractère ! Car, alors, tout le monde le fuirait comme la peste : débauché et odieux !

C'est en continuant à se divertir de bon cœur qu'il lui prit la main et l'invita à descendre en sa compagnie.

Le comte de Neuville lui désigna les principaux invités, pour la plupart des visages qu'elle jugea sans grand intérêt, voire prodigieusement ennuyeux. Jouant son rôle de comtesse de Neuville à la perfection, elle se contraignit à chaque fois à les gratifier de son plus gracieux sourire.

Nicolas passait d'un groupe à l'autre avec aisance, visiblement aux anges de présenter sa nouvelle épouse à cette assemblée de beaux messieurs qu'il devait connaître de longue date. Isabelle commençait à avoir mal aux joues à force de sourire hypocritement et de répondre « Merci, vous êtes fort aimable » à tous ceux faisant la remarque qu'elle était ravissante. Elle se sentait beaucoup plus mal à l'aise quand on lui indiquait sa chance d'avoir épousé le comte de Neuville ! Nicolas, quant à lui, avouait sans vergogne être parfaitement conscient de sa bonne fortune ! Isabelle gardait le sentiment de jouer une comédie irritante, superficielle et grotesque. Autant le comte de Neuville se trouvait dans son élément parmi cette foule empesée, autant elle n'y goûtait qu'un plaisir fort mitigé.

Des petits groupes commencèrent à se former au fur et à mesure que la soirée s'avançait, et les courtisans se répartirent dans les salons, certains pour jouer au lansquenet ou à la bassette, d'autres pour goûter les collations, d'autres encore pour se trouver aux meilleures places quand le concert commencerait. Le duc d'Orléans avait annoncé sa venue vers 10 heures, ce qui laissait encore une bonne demi-heure à perdre son temps avant le début des festivités !

Se penchant à l'oreille de l'héroïne du jour, le comte de Neuville chuchota avec un petit rire, qu'il accompagna d'une pression complice autour de sa taille :

— J'espère que vous ne vous ennuyez point, Isabelle, car vous ne connaissez pas grand monde. Je vous félicite, vous êtes très belle et vous attirez tous les regards !

— Si j'en crois les rumeurs, c'est vous d'ordinaire que tout le monde regarde ?

— Ce qui signifie que nous sommes parfaitement assortis !

Elle leva les yeux au ciel, préférant ne pas répondre. Toujours dans le creux de son oreille, il ajouta malicieusement :

— Regardez, ce couple qui vient vers nous. Voici l'exemple typique des parasites de la Cour… que tout le monde déteste et que tout le monde invite !

Elle reporta son attention sur le couple en question, un homme et une femme d'âge respectable et fort antipathiques. La dame, bien enrobée, sanglée dans une robe vieil or saupoudrée de noir qui ne semblait pas faite pour l'amincir, se rengorgeait avec ostentation. Outrageusement fardée et parée de bijoux à profusion, elle s'éventait avec des gestes très étudiés.

Son mari portait une impressionnante perruque poudrée et un justaucorps d'un rouge criard. Perché sur de hauts talons, il relevait le menton de façon provocante, ce qui lui donnait l'air de toiser tout le monde. Nicolas soupira :

— Qu'en pensez-vous ?

— On dirait un coq de basse-cour et la doyenne de ses poules !

Le comte de Neuville ne put retenir un éclat de rire sonore qui fit se retourner ses plus proches voisins. Puis, le reconnaissant, ils hochèrent la tête avec une indulgence attendrie. Réputé pour sa bonne humeur permanente, Nicolas restait un peu l'enfant chéri de la Cour. Son rire communicatif ne parut pourtant pas dérider le moins du monde les nouveaux arrivants. Le « coq » le salua d'une légère inclinaison de la tête et sa « poule » lui adressa une moue figée. Nicolas leur offrit en retour son sourire le plus charmeur :

— Isabelle, je vous présente le comte et la comtesse de Lamotte… Mon épouse Isabelle, comtesse de Neuville.

La femme pinça les lèvres en ce qui pouvait paraître un bonjour plus que bref. L'homme la considéra longuement avec outrecuidance, sans perdre un pouce de sa grandeur. Isabelle leur sourit avec un « enchanté » qui sonna vraiment faux et prit une consonance étrangement ironique. Le comte de Lamotte lui fit l'esquisse d'un baisemain avec la grâce d'un garde suisse et commenta sournoisement, une lueur maligne dans ses petits yeux porcins :

— Voici donc l'heureuse élue… celle qui a devancé toutes les autres à l'arrivée !

Nicolas ravala son sourire, et Isabelle le sentit se raidir. Voilà une rencontre qui s'annonçait plutôt mal ! Le déplaisant personnage ne parut point ignorer la réticence du comte de Neuville et sembla même y goûter une jouissance évidente. À cet instant précis, Isabelle comprit qu'elle se trouvait en présence d'un ennemi implacable. Elle en éprouva une sourde rancœur et se sentit inexplicablement en danger. Sourire fat au coin des lèvres, il la reluquait fixement avec une insistance qui donnait une envie folle de le gifler. Elle avait entendu parler de ce comte de Lamotte et non en termes élogieux ! Nullement impressionné par le regard glacial de la jolie comtesse, son interlocuteur reprit, sur le même ton :

— Une femme exquise ! Il est vrai que le comte de Neuville a la réputation d'avoir bon goût !

Isabelle vit son mari pâlir sous l'avanie, puis rétorquer avec brusquerie :

— Si vous étiez un peu moins mufle, monsieur le comte de Lamotte, vous éviteriez ce genre de commentaire devant une jeune mariée !

L'interpellé eut un ricanement mauvais :

— Allons, allons, ne vous fâchez pas ! Je plaisantais ! Vous appréciez fort la plaisanterie, d'ordinaire. De toute façon, je pense que votre jeune femme n'ignore rien de tout cela ? Quand on s'unit à un Nicolas de Neuville, on sait fort bien ce que l'on prend. Notre chère comtesse se doute qu'elle ne vivra pas avec un ascète, il faut croire qu'elle s'en accommode.

À nouveau, Isabelle sentit son mari tressaillir et devina que cette discussion risquait fort de s'envenimer. Mais une altercation orageuse devant la plus fine fleur de la noblesse s'avérait absolument inconcevable. Par contre, personne ne s'indignerait jamais d'un trait habile lancé par une Diane vengeresse. Isabelle posa donc avec tendresse sa main sur le bras de son mari et répondit le plus tranquillement du monde en fixant l'odieux provocateur droit dans les yeux :

— Vous savez, monsieur le comte de Lamotte, à notre époque, je crois que c'est un peu le devoir de toute dame de qualité de fermer les yeux sur un époux quelque peu volage. Monsieur le comte de Neuville a pourtant un avantage indéniable sur beaucoup, à commencer par vous : c'est un gentilhomme fort courtois et d'agréable compagnie. Quant à ses succès auprès des dames, ils se conçoivent aisément : lorsque l'on est à la fois beau et charmant, on est bien évidemment très sollicité ! Je trouve plus navrant de voir des barbons sans esprit et sans attrait tromper allègrement une conjointe qui a déjà bien vécu. Comme vous par exemple, monsieur le comte de Lamotte, qui d'après ce que j'ai entendu par des bruits de couloirs fondés ou non, fréquentez assidûment un certain hôtel du Marais…

Le comte de Lamotte vira au cramoisi et ouvrit la bouche en un « oooh » absolument outré. Ce fut la seule parole qu'il parvint à proférer ! Sa tendre moitié lui fit écho avec un « aaaah ! » de deux octaves supérieures et s'éventa de plus belle, prête à défaillir. Le comte de Neuville lança une œillade effarée à son épouse qui affichait un petit sourire angélique, puis commenta avec un enjouement forcé :

— Allons, allons ! C'est à moi de vous retourner le compliment ! Il s'agissait d'une plaisanterie ! Madame la comtesse de Neuville a l'esprit très vif, c'est pourquoi nous nous entendons si bien ! Venez donc, monsieur le comte de Lamotte, passons dans le salon voisin, on vient d'y servir du vin de champagne.

Toujours empourpré, le comte de Lamotte, craignant de paraître encore plus ridicule, n'osa point refuser. Il suivit donc avec un sourire crispé, flanqué de sa femme plus raide que jamais et vrillant sur Isabelle une expression meurtrière. Leur hôtesse les précéda dans un frou-frou de jupe à peine accentué. Elle devinait sur sa nuque le regard appuyé de Nicolas qui mourait d'envie de rire franchement de la situation. Mais elle le savait aussi non dénué de connivence, tandis qu'elle marchait devant lui, sa taille fine bien prise dans le velours écarlate, le mouvement de ses hanches la rendant si désirable. Quelle différence assurément avec l'insipide et revêche comtesse de Lamotte ! Pauvre Lamotte ! songeait Nicolas. Pauvre comtesse, pensait tout aussi ironiquement Isabelle en jetant un coup d'œil à la dérobée au visage bouffi et coloré. Décidément d'humeur badine, elle estima qu'après tout, le sort aurait pu lui être encore plus néfaste en lui assignant semblable caricature !

Le comte de Neuville lui apporta lui-même un verre de vin de champagne et le recommanda, jugeant cette cuvée-ci meilleure que la précédente. Le comte de Lamotte acquiesça d'une mimique dégoûtée, qui passait aussi bien pour un oui que pour un non. Ayant repris ses esprits et retrouvé toute sa morgue, il promena un regard dominateur sur l'assemblée, puis remarqua du bout des lèvres, en désignant du menton un petit homme un peu voûté :

— Je ne connais point ce drôle. Il ne fait pas partie des habitués ? On finira bientôt par voir n'importe qui dans ces salons !

Puis avec un petit rire étudié et méprisant :

— Il n'est guère joli ! Il ressemble à La Fontaine...

Nicolas considéra sans grand intérêt le drôle en question, puis consentit, avec une indifférence polie :

— Oui, c'est possible…

— Avez-vous lu ses fables que l'on raconte aux enfants ?

— Non.

— Vous n'êtes pas féru de belles lettres, je crois ?

— Juste ce qu'il faut…

— Pour ne pas paraître ignare et tenir la conversation aux belles dames ?

— Quand je suis avec une belle dame, je n'ai pas besoin de La Fontaine pour me faire apprécier !

Isabelle s'étouffa dans son verre de champagne et estima que le comte de Lamotte, cherchant encore des verges pour se faire fouetter, restait décidément d'une sottise incurable! Ne sentant pas venir l'estocade et trop imbu de lui-même pour se deviner brocardé, l'homme reprit, avec lassitude :

— Ces temps-ci, on ne trouve plus guère d'ouvrages intéressants. C'est à croire que les auteurs n'ont plus de talent. Mon Dieu, où allons-nous ? Tout se perd... Il nous faudrait un autre Corneille, un Racine, à la rigueur un Molière... Lequel préférez-vous ?

— Ni l'un ni l'autre... ou si, peut-être Corneille.

— Il est fort démodé à l'heure actuelle.

— Peut-être, mais au risque de paraître démodé, j'apprécie les éclats de bravoure et les grands sentiments.

— Ah, oui ? Il est vrai que vous aimez l'amour ! Cela peut être distrayant d'ailleurs, mais je suis certain que vous n'en avez pas lu la moitié.

Isabelle devina à nouveau l'exaspération monter insidieusement en son mari qui sembla prêt à riposter, puis choisit de se taire. Alors, réitérant la manœuvre qui avait si bien cloué l'adversaire, elle précisa négligemment :

— Le comte de Neuville ne lit peut-être pas beaucoup, mais il a encore un autre avantage sur vous, c'est qu'il comprend ce qu'il lit...

— Ah ! Votre insolence n'a d'égal que celle de votre époux ! Vous voilà bien assemblés, assurément ! Pour ma part, je n'ai que faire de fréquenter de telles gens ! Venez, ma chère, retirons-nous ! Mais je ferai mention de mon indignation à Son Altesse !!

Fier comme Artaban, il tourna les talons et se dirigea vers la sortie, suivi de sa femme qui avait bien du mal à ne point se laisser distancer. Sur son passage, plusieurs visages se retournèrent en ricanant. Apparemment, le couple de Lamotte ne semblait guère apprécié. Le comte de Neuville se tourna vers Isabelle et put enfin laisser libre cours à la folle envie de rire qui le tenaillait depuis le début de cet échange d'opinions pour le moins acidulé :

— Vous êtes décidément redoutable ! Comme vous m'avez bien défendu, chère louve dominante ! On aurait vraiment dit une amoureuse transie se languissant de son petit mari adoré !

— Ne vous méprenez point, monsieur le comte de Neuville ! J'ai agi comme toute épouse se devait de le faire. Il était de mon devoir de défendre l'honneur de mon mari et du nom que je porte désormais, ce qui ne signifie nullement que je justifie vos frasques. Cet infect bonhomme avait besoin de se faire moucher !

— Assurément ! Il est toujours ainsi et personne ne le remet jamais à sa juste place. Je vous félicite, Isabelle !

— J'espère quand même qu'il ne vous causera pas d'ennuis ? Il est bien en Cour et semblait fort mécontent ?

— C'est un courtisan assidu qui ne vit que de jalousies, d'intrigues amoureuses et de mesquineries. Il va pleurer auprès de Monsieur et peut-être même de Sa Majesté, mais peu m'importe. Après tout, je suis bien en Cour, moi aussi… et vous de même ! Alors nous verrons bien. Je ne voulais pas que ceci tourne au règlement de comptes en votre présence, mais apparemment… vous vous en êtes chargée toute seule !

La voyant s'esclaffer, il la prit par la main et l'emmena vers la salle de concert en commentant, d'un ton joyeux :

— Ah, quelle belle soirée ! Isabelle a mouché Lamotte pour défendre son Nicolas chéri ! La vie n'est-elle pas merveilleuse ?

Puis, redevenant soudain plus sérieux :

— Tenez, Isabelle, je vais vous narrer un petit détail qui balayera vos derniers remords. Non seulement Lamotte est un jouisseur et un odieux personnage, mais c'est de surcroît un persécuteur de loups ! De vos chers loups que vous défendiez eux aussi avec tant d'opiniâtreté !

— De loups ? Comment le savez-vous ?

— Je le sais ! Il est l'un de ceux qui se sont montrés les plus acharnés à massacrer les loups. C'est un chasseur sanguinaire, un boucher répugnant qui tue pour le plaisir tout ce qui possède quatre pattes : les biches et leurs faons, les loups, les renardeaux, les écureuils et même ses chiens quand il ne les trouve plus assez efficaces. Il est cruel et pervers. J'ai une fois assisté par la force des choses à une chasse en sa présence…, eh bien, je vous passe les détails, mais il m'en a donné mal au cœur et pourtant je n'ai rien d'un mignon !

— Ah, quel monstre !!

— Peut-être n'aurais-je pas dû vous le dire, car la prochaine fois vous seriez bien capable de l'étriper ! Mais vous voyez qu'il existe bien pire que Nicolas de Neuville ! Vous auriez pu être mariée au comte de Lamotte !

— Et vous à la comtesse de Lamotte !

— Elle ne m'aurait peut-être pas refusé sa chambre ? Quoique… Je ne sais si j'aurais eu le courage d'y entrer… Tout héros possède ses limites !

Tant pis pour l'étiquette, tant pis pour ses froides résolutions : Isabelle céda au fou rire sous le regard émerveillé de son époux. Ils s'égayèrent ainsi longuement avec un bonheur sincère, désormais seuls au monde, ayant oublié la foule qui les entourait et le décor féerique dans lequel ils évoluaient. Leur hilarité ne cessa que lorsqu'une voix solennelle annonça l'entrée de Son Altesse Royale le duc d'Orléans. Les affaires sérieuses reprenaient leur cours, le comte et la comtesse de Neuville devaient se rendre dans le salon du concert et tenir leur rang.

XV

Le preux Chevalier de Neuville

Isabelle allait crescendo dans son apprentissage de la vie mondaine. Après avoir été présentée à la fine fleur de la Cour, elle allait cette fois se trouver en présence de Louis le Grand qu'elle n'avait aperçu que furtivement, le temps d'une révérence à la remise du prix du tournoi de paume. Bien qu'elle s'en défendît, son cœur battait à tout rompre à l'idée de se prosterner devant Sa Majesté qui la terrorisait et de sentir sur sa personne ce regard dominateur et froid.

Elle l'avait rencontré plusieurs fois en présence de son grand-père, lors de visites à Saint-Cloud. Un jour, au pied des cascades, Monsieur avait tenu à récompenser les artisans de cette féerie aquatique. Son grand-père avait reçu les félicitations du monarque, d'humeur fort aimable. Isabelle, dans son ombre, s'était faite toute petite.

Aujourd'hui, ce serait son tour de se trouver en pleine lumière, et cette perspective l'effrayait horriblement. Le comte de Neuville lui avait affirmé qu'elle ne pourrait que l'éblouir et qu'il se tiendrait à ses côtés. Mais cela ne suffisait pas à la rassurer. Monsieur voulait faire découvrir à son frère quelques nouvelles curiosités et ceci serait bien sûr prétexte à des festivités, prévues sur deux journées. Les privilégiés obtenaient alors le droit de rester sur place et étaient logés dans les appartements du second étage. Le comte de Neuville, bien que sa demeure se situât à Sèvres, c'est-à-dire tout près de Saint-Cloud, ne perdait pas une occasion de passer quelques jours au château. Il gardait ainsi toute liberté pour s'offrir du bon temps en évitant des déplacements inutiles !

La visite du Roi n'était prévue qu'en fin de semaine, mais le comte de Neuville revendiquait toujours mille prétextes pour s'attarder dans la « Maison des délices ». Il s'agissait pour l'instant de quelques détails à régler impérativement avant la venue de l'auguste visiteur. Isabelle avait été invitée à l'accompagner, mais, tandis qu'il conversait avec Monsieur et d'autres gentilshommes sur des questions de préséances, à savoir qui s'assoirait avant qui, qui obtiendrait un tabouret ou devrait rester debout en présence du Roi, Isabelle commençait à trouver le temps long.

Elle s'approcha de la fenêtre et, laissant son regard errer au-delà du parc, vers la Seine et Paris, contempla la perspective qui s'offrait à elle. Chaque fenêtre de ce premier étage permettait en effet de découvrir le fleuve et la capitale. Elle s'absorba dans de lointaines pensées dont elle fut extirpée par un bruit de pas derrière elle.

Isabelle le regarda venir avec un soupir irrité : le comte de Lamotte ! Cet infect bonhomme ferait donc aussi partie des élus invités pour la venue du Roi ? Que lui voulait-il ? Ses propos peu aimables ne lui avaient-ils donc point suffi ? En redemandait-il ? Qu'à cela ne tienne, il allait être servi ! Elle posa sur lui son regard le moins engageant possible, c'est-à-dire une œillade aussi glaciale qu'un iceberg. Cela ne découragea nullement l'importun, qui arborait cet air hâbleur donnant envie de le congédier avant même qu'il ne proférât une parole. Sans prendre la peine de s'attarder à une révérence sinon à une quelconque marque de politesse, il entra d'emblée dans le vif du sujet :

— Alors, chère comtesse, toujours aussi indifférente ?

— Ne comprendrez-vous donc jamais que vous perdez votre temps, monsieur le comte de Lamotte ?

— Allons, allons ! Vous n'allez pas me faire croire qu'une femme aussi jolie est fidèle à son époux ? C'est grotesque ! Je conçois aisément que vous ayez donné le change en sa présence, mais désormais nous voilà tranquilles.

— Toutes les jolies femmes ne sont pas des putains, monsieur.

— Ah, diable ! Vous avez décidément des reparties cinglantes !

— Ne les provoquez point.

— Vous m'amusez ! Vous avez donc envie de jouer les épouses fidèles ? Quelle farce singulière ! Voilà qui est fort bien, mais encore faudrait-il que votre époux en soit digne et que ce soit réciproque ?

— Je vous ai déjà dit, monsieur le comte de Lamotte, que ceci ne concernait que monsieur le comte de Neuville et moi-même. J'avais espéré que vous l'aviez compris et je vois, hélas, qu'il n'en est rien. Je n'ai nullement l'intention de tromper mon mari et surtout pas avec vous qui ne possédez pas un millième de tout ce qui peut me le rendre attirant.

— Vous regretterez votre insolence et l'affront que vous m'infligez !

En disant ces mots, il l'attira brutalement contre lui et l'embrassa sur les lèvres avec toute l'élégance d'un animal en manque de femelle. Isabelle se débattit furieusement et parvint à échapper à sa poigne en reculant vivement, puis lui asséna une gifle bruyante. Lamotte resta le souffle court, en proie à une stupéfaction évidente.

Mais il n'eut pas le temps de reprendre ses esprits que la porte s'ouvrait à la volée. Il se trouva face au comte de Neuville, blanc de rage, l'œil menaçant :

— Cette fois, c'en est assez, monsieur, vous avez dépassé la mesure. Vous me devez réparation de cet affront : madame la comtesse de Neuville est une femme respectable et j'entends qu'elle soit traitée comme telle. Elle est de surcroît mon épouse !

D'un pas résolu, il marcha sur le comte de Lamotte qui paraissait avoir perdu beaucoup de sa superbe. Retirant son gant avec minutie, Nicolas l'en frappa sèchement au visage :

— Je vous attends, monsieur, demain à l'heure de votre gré. Nous réglerons ceci à la pointe de l'épée comme il se doit entre gentilshommes, bien que ce terme ne s'applique guère en ce qui vous concerne.

Le comte de Lamotte vira au verdâtre et battit des cils, déglutissant avec autant de difficulté que s'il avait un os en travers de la gorge, puis s'insurgea :

— Mais… vous déraisonnez ! Vous savez pertinemment que le duel est interdit depuis Richelieu !

— Il se pratique toujours lorsque besoin s'en fait sentir ! À moins que ceci ne vous serve à masquer votre lâcheté ? Craignez-vous donc à ce point de vous mesurer à moi ?

Le comte de Lamotte, désormais livide, serra les dents. Il hésita, jeta un regard affolé aux alentours, puis répondit, avec une moue méprisante :

— Fort bien, monsieur. Demain au lever du jour. Mais vous regretterez tout ceci, je vous le promets bien ! Vous et votre épouse, qui est décidément aussi odieuse que vous. Vous avez au moins un point commun !

— Nous avons beaucoup de points communs, ne vous en déplaise. Mais laissons là ce sujet, je vous prie. Je vous attends donc demain à 7 heures dans l'allée qui longe le bassin du Grand Jet près des cascades. Je pense que nous ne serons pas dérangés, à l'abri des charmilles.

Sans un mot de plus, le comte de Lamotte tourna les talons et sortit en claquant la porte.

Isabelle se précipita vers son mari :

— Ah, mon Dieu, Nicolas ! C'est affreux ! Il a fallu que vous arriviez juste à cet instant !

— J'ai tout entendu, je me trouvais derrière la porte. Je voulais savoir ce que vous alliez lui répondre et je suis très flatté de votre appréciation ! Si vous aviez cédé à ses avances, j'en aurais été fort contrit.

— Vous l'auriez bien mérité pourtant, ce n'aurait été qu'une juste revanche !

— Quitte à me tromper, choisissez mieux.

— Il ne faut pas plaisanter avec ces choses, Nicolas ! Ah, je suis désespérée, tout est de ma faute !

— Ne regrettez rien. Depuis le temps qu'il me cherche, cela devait mal finir un jour ou l'autre. Et je ne tolérerai pas qu'il s'en prenne à vous !

— Mais ce duel, Nicolas ! C'est une folie ! Vous allez vous faire tuer !

— Avez-vous donc si peu confiance en mes qualités d'escrimeur ? Vous souriez ? Décidément, je crois que vous ignoriez que je suis réputé comme la plus fine lame de Saint-Cloud.

— Je vous connaissais plutôt la réputation du plus fin libertin de Saint-Cloud !

— C'est trop d'honneur ! Et c'est faux : j'en connais beaucoup qui me surpassent largement. En revanche, je vous affirme qu'en ce qui concerne la pratique de l'épée, ce n'est pas un Lamotte qui risque de me faire trembler ! Lui, par contre, subira une cuisante leçon fort bénéfique !

Isabelle haussa les épaules, incapable de s'en divertir, anxieuse quant à la suite des événements. Elle se demanda s'il plaisantait ou non, déplorant, étant donné le contexte, sa fâcheuse tendance à mésestimer les faits les plus alarmants. « La plus fine lame de Saint-Cloud » semblait se réjouir de son scepticisme :

— Vous semblez me considérer comme un parfait ornement de salon ! Je vous promets qu'il n'en est rien. Le seul risque est de se faire surprendre par une ronde des gardes de Monsieur qui, bien évidemment, doit ignorer notre affaire. Un scandale à quelques jours de la venue du Roi serait fort maladroit ! Mais Lamotte n'a pas plus intérêt que moi à ce que notre petit différend ne s'ébruite, alors je pense que nous pourrons le régler rapidement. Je n'ai aucune crainte sur l'issue de ce duel et ce n'est pas la première fois que je me bats ainsi !

— Vraiment ? Vous cachez bien votre jeu !

— C'est possible, en effet... Croyez-moi, vous n'avez pas fini de me découvrir !

Puis, comme elle consentait enfin à sourire :

— Tenez, puisque je vous vois si peu convaincue, je vais vous offrir une petite démonstration et un spectacle fort divertissant !

Retirant son tricorne gris clair à duvet de cygne, il s'inclina profondément devant elle :

— Si madame la comtesse de Neuville veut bien daigner prendre place, elle va assister à une magnifique représentation. Ah, il faut vous installer dans la loge réservée aux invités d'honneur !

Effectuant un rapide tour d'horizon du mobilier, il

se dirigea vers une commode qu'il tira légèrement, puis se saisit d'un ployant de velours violet qu'il posa dessus. Avant qu'elle n'ait eu le temps de réaliser ce qui lui arrivait, Isabelle se sentit soulevée puis installée avec beaucoup de délicatesse sur le ployant en équilibre instable. Elle ne put que balbutier en le regardant avec ahurissement :

— Mais… mais, Nicolas ? Qu'est-ce qui vous prend ?

Lui répondant avec un éclat de rire sonore, il dégaina son épée et se mit en garde, la main arrondie et la jambe tendue, après l'avoir saluée de façon très académique :

— Vous voici trônant telle une reine pour assister au spectacle : « Les exploits du preux chevalier de Neuville ! » Je commence…

Se demandant s'il avait perdu la raison, si elle devait s'en réjouir ou s'en montrer consternée, Isabelle le reluqua avec des yeux ronds, tandis qu'il déclamait, avec emphase et une énergie insoupçonnée :

— Voici votre preux chevalier, ma douce amie, qui va guerroyer pour vos beaux yeux. Mon espadon va pourfendre ces marauds, tailler en rondelles tous ces gueux !

Et, subitement, animé d'une incroyable vivacité, il enchaîna une série d'attaques simulées, faisant tournoyer son arme au-dessus de sa tête, frôlant les tentures, sautant par-dessus une console, descendant quelques marches pour les remonter aussitôt. Isabelle se récria :

— Vous êtes complètement fou, Nicolas !

— Oui, ma douce amie, fou d'amour pour vous !

Sur cette tirade enflammée, il repartit dans une nouvelle envolée, se baissant, sautant, virevoltant et s'exclamant d'une voix de stentor :

— Ah, ils fuient, les couards ! Ils cherchent à cerner le preux chevalier de Neuville ! Venez donc, racaille, je vais vous pourfendre, un Neuville ne recule jamais !

Isabelle se demandait si la scène à laquelle elle assistait était réelle et s'il s'agissait bien de son époux se démenant ainsi. Elle ne pouvait néanmoins s'empêcher de le considérer avec ravissement, tandis qu'il effectuait des fentes, des parades et des coups d'estocs portés bras tendu : quelle légèreté, quelle élégance, quelle vivacité ! C'était tout simplement magnifique. Non seulement Nicolas offrait une prestation indéniablement esthétique, mais le moindre de ses mouvements traduisait une grâce incomparable. En cet instant précis, il ne cherchait pourtant nullement à éblouir, mais s'amusait tout simplement comme un fou ! Brusquement, elle se souvint des propos de Monsieur : « Il a tant d'esprit et surtout il est si drôle. Ah, mon Dieu, chère Isabelle, comme il me fait rire ! Avec lui, vous ne vous ennuierez jamais ! » En le regardant ainsi, la cravate au vent, le teint coloré, roulant des yeux qui se voulaient effrayants, Isabelle céda brusquement au fou rire sans parvenir à s'arrêter, tandis que son justicier faisait mine de terrasser le dernier de ses adversaires. Revenant vers elle, il la salua de son épée avant de se jeter à genoux :

— Et voilà, ma douce amie, le preux chevalier de Neuville a terrassé tous ces maudits gueux ! Je jette mon épée et mon cœur à vos pieds ! Aaah ! je me languis…

Puis, tout aussi soudainement qu'il était tombé à genoux, il se releva d'un bond, se dirigea vers la rampe de l'escalier et exécuta un saut acrobatique pour se retrouver à califourchon dessus :

— Et maintenant, je pars céans prendre l'assaut du donjon de ce seigneur félon qui a osé porté les yeux sur vous. J'enfourche mon fier destrier ! Allez, fier destrier, au galop ! Yaaouuu !!

Isabelle sortit son mouchoir afin de s'essuyer les yeux, songeant que pleurer de rire ainsi s'avérait vraiment ridicule et que son maquillage allait déteindre, ce qui lui donnerait bien piètre allure quand le vainqueur reviendrait vers elle. Elle se rendit compte qu'elle n'avait pas ri ainsi depuis fort longtemps. Cette constatation la troubla et la laissa quelque peu rêveuse. Elle n'eut pourtant pas le temps de s'essuyer les yeux, car elle interrompit son geste, le mouchoir en suspens. La porte venait de s'ouvrir, et un valet portant la livrée de Monsieur fit irruption dans la pièce, droit comme un I, la mine la plus sérieuse du monde. Isabelle sentit la panique l'envahir quand elle reconnut la silhouette qu'il précédait. Face à l'étrangeté de la situation, le domestique hésita un instant, puis, toujours raide comme la justice, annonça avec emphase :

— Son Altesse Royale le duc d'Orléans !

Et alors, soudainement, toute vie sembla cesser. Isabelle réalisa la situation avec effroi. Que faire ? Sauter de sa commode ? Tentative certes périlleuse ! Il était trop tard, d'ailleurs. Quant à Nicolas…

Lui aussi venait d'interrompre sa démonstration, s'arrêtant net dans sa tirade et restant ainsi quelques instants, figé tel une statue sur une place publique, un bras en l'air pointant son épée, l'autre se cramponnant solidement à la rambarde et agitant les jambes pour donner une impulsion à son « fier destrier ».

Monsieur, quant à lui, se trouva apparemment tout aussi saisi. Le laquais, en serviteur zélé habitué à toutes les aberrations, se retira avec une indifférence exagérée, puis ferma soigneusement le battant aux dorures ouvragées. Monsieur resta sur le pas de la porte et considéra Isabelle avec un certain étonnement avant de reporter son attention sur son mari. Nicolas sauta prestement de sa rampe et descendit quatre à quatre les marches en direction de Son Altesse Royale. Lorsqu'il passa devant elle, Isabelle lui susurra perfidement :

— Eh bien, mon doux ami, vous lâchez ainsi votre fier destrier ? Ne risque-t-il point de se sauver ?

Nicolas lui lança un regard affolé, semblant hésiter entre la descendre tout de suite de sa commode ou continuer vers Monsieur. La scène s'avérait si piquante qu'Isabelle ne put se contrôler et recommença à pouffer de plus belle. Monsieur, en homme de Cour rompu à toutes les circonstances, affichait un petit sourire indulgent. Nicolas plongea dans sa plus belle révérence :

— Ah, je prie Son Altesse Royale de bien vouloir m'excuser. Mais je pensais que Son Altesse se trouvait dans ses appartements et… enfin nous… ou plutôt je…

Monsieur hocha la tête et soupira, en remarquant malicieusement :

— J'ai fort bien fait de revenir, car il semblerait que le spectacle soit ici et non dans mes appartements !

— Je vous prie de m'excuser… je… enfin, je… j'étais en train de faire une démonstration à mon épouse… pour lui expliquer… enfin, lui dire que…

— Si vous souhaitiez la divertir, vous avez fort bien réussi ! Je constate que vous vous entendez fort bien, tous les deux, et vous m'en voyez fort aise.

Puis, se dirigeant avec jubilation vers Isabelle :

— Vous semblez bien joyeuse, chère Isabelle. N'avais-je point raison ? Monsieur le comte de Neuville est à mourir de rire quand il se met en tête d'égayer la galerie et il semblerait que vous n'y résistiez pas non plus !

Jetant un regard langoureux en direction de l'intéressé qui fixait ses souliers, il eut un soupir de moribond, en concluant :

— Aaaah, il est vraiment exquis !

Et Nicolas, fort stupidement, rougit jusqu'aux oreilles. Isabelle estima que, pour un séducteur invétéré, ce n'était guère une habitude à prendre ! Elle suggéra, de la façon qu'elle voulut le plus dégagée possible :

— Si le preux chevalier voulait bien descendre sa douce amie afin qu'elle puisse présenter ses respects à Son Altesse Royale…

Cette fois, ce fut Monsieur qui se laissa aller à une saine alacrité, de ce rire qui le faisait reconnaître d'un bout à l'autre de Saint-Cloud :

— Aaaah ! Voilà donc votre nouveau surnom : preux chevalier ! Ma foi, c'est fort bien trouvé. Votre épouse n'a guère mis de temps à vous deviner, car vous êtes bien chevaleresque… et indéniablement preux au combat !

Considérant avec soulagement que le maître des lieux prenait la situation avec humour et tout ragaillardi par ces commentaires élogieux, Nicolas afficha une mine radieuse et, passant son bras autour de la taille d'Isabelle, l'attira fermement à lui.

À l'instant où le ployant commençait à basculer, il la serra bien fort dans ses bras. Puis, profitant lâchement de la présence de Monsieur et du fait que son épouse était bien obligée de se cramponner à son cou, il l'embrassa au passage dans le cou avant de la déposer à terre. Monsieur, au comble du bonheur, applaudit à tout rompre :

— Félicitations, Nicolas ! Je n'ai assisté qu'à la fin de votre démonstration, mais, assurément, c'est ainsi que les preux chevaliers enlèvent leur belle !

Quelque peu étourdie par la maestria de cet atterrissage, Isabelle n'en effectua pas moins une gracieuse révérence. Le duc d'Orléans commenta, avec un geste précieux de la main :

— Je suis si content de vous voir heureuse, chère Isabelle. N'est-il pas merveilleux ? Il est aussi doué pour la plaisanterie que pour l'amour, n'est-ce pas ?

Isabelle s'empourpra et lança un regard en coin à son mari qui battit des cils et esquissa un sourire niais. Elle estima qu'ils se montraient tous deux semblables à des adolescents à leurs premières tentatives, rosissant à la moindre allusion ! De sa part, ceci pouvait encore se concevoir, mais de celle du comte de Neuville, voilà qui devenait beaucoup plus incongru !

Monsieur passa son bras familièrement sous celui de Nicolas et, prenant Isabelle par la main, les entraîna tous deux à sa suite, tout fier d'avoir été la cause de cette union si réussie ! Songeant sans doute à l'incongruité de la situation qu'il avait découverte, il s'enquit néanmoins, avec perplexité :

— Mais quelle était donc la raison de cette démonstration d'escrime ? Ce n'est guère un sujet de conversation susceptible d'intéresser une jeune femme.

Surprenant le mouvement d'hésitation du comte de Neuville, Isabelle répondit, avec un bel aplomb :

— Nicolas portant une fort belle épée, je lui ai demandé en plaisantant s'il savait au moins s'en servir.

Nicolas eut un hochement de tête approbateur qui cachait mal l'anxiété qu'il conservait, bien que tout se fût terminé le mieux du monde.

— J'espère que Son Altesse Royale ne me tiendra pas grief de cette liberté prise au détriment de l'étiquette ?

— Ne vous tourmentez pas, Nicolas ! Ce fut sans autre témoin et vous m'avez diverti encore une fois.

Mais vous avez quand même eu de la chance que ce soit moi et non le Roi ! Quoi que fasse votre épouse, de grâce, abstenez-vous de toute démonstration en fin de semaine !

Unis dans un nouvel élan de liesse, ils quittèrent la pièce comme trois vieux complices venant de faire une bonne blague.

Ils contournèrent le laquais toujours figé qui se raidit encore un peu plus quand Son Altesse passa devant lui.

XVI

La plus fine lame de Saint-Cloud

Ne parvenant à s'endormir, puis réveillée par d'affreux cauchemars, Isabelle passa une nuit affreuse. Bien que Nicolas considérât cette histoire comme une simple banalité, elle ne pouvait s'empêcher de craindre le pire.

Cette fois, il ne s'agirait plus d'égayer la galerie, mais de risquer sa vie face à un adversaire dont la loyauté et la grandeur d'âme ne devaient nullement représenter les qualités premières.

Il ne faisait pas encore jour qu'elle sauta du lit et sonna sa femme de chambre. Incapable d'avaler la moindre bouchée de brioche, elle se vêtit à la hâte et se rendit directement dans l'appartement de son mari.

Le comte de Neuville avait sans doute déjà pris son déjeuner, car il finissait de se préparer. Son valet lui tendit un justaucorps vert foncé qu'il enfila distraitement sans se perdre du regard dans le miroir lui faisant face.

Avec des gestes méticuleux, il rabattit les manchettes sur ses poignets. Le second laquais lui noua autour du cou la cravate de dentelle et il agrafa lui-même la broche tout en desserrant légèrement la cravate. Ne parvenant décidément jamais à prendre aucune situation au tragique, il commenta, avec une moue résignée :

— Il faut quand même que je sois à mon aise et que je garde une certaine liberté de mouvement. Il est préférable que je puisse tourner la tête ; tant pis si mon élégance naturelle en souffre quelque peu !

Le vieux serviteur, à son service depuis fort longtemps, acquiesça en hochant la tête, bien qu'il fût loin d'être aussi serein que son maître. Apercevant son épouse, Nicolas afficha son plus beau sourire et se dirigea vers elle :

— Vous voici levée, à cette heure ?

— Comment vouliez-vous que je reste à paresser dans mon lit, alors que vous allez risquer votre vie pour moi ? Me prenez-vous donc pour une parfaite oie blanche ?

— Une oie blanche ? Quelle bonne idée ! Voilà qui me changerait des pintades de la Cour !

— Nicolas ! De grâce, ce n'est guère le moment de plaisanter.

— Ne me grondez pas, c'est peut-être la dernière fois que vous m'adressez la parole.

— Ah, taisez-vous ! Ne provoquez pas le mauvais sort !

— Ne vous tourmentez pas ainsi et attendez sagement mon retour. Je vous affirme que ce ne sera qu'un petit exercice matinal excellent pour se délier les muscles et aborder sereinement cette belle journée.

— Soyez prudent, je vous en conjure ! Cet homme malfaisant peut fort bien vous blesser par traîtrise.

— N'ayez aucune crainte, j'ai l'habitude des coups bas. Je connais le personnage et m'en méfierai.

— Laissez-moi vous accompagner !

— Certainement pas ! Ce n'est nullement la place

d'une femme. Nous ne sommes plus au Moyen-Âge à la saison des tournois !

Sans lui laisser le temps de répondre, il lui prit la main et effleura ses doigts d'un léger baiser. Puis, sortant sa rapière, il examina la lame et la poignée avec le plus grand soin, fit siffler plusieurs fois l'acier avant de replacer l'épée dans son fourreau avec un sourire satisfait. Prenant enfin le tricorne que son laquais lui présentait, il l'enfonça sur sa tête d'un geste énergique et se dirigea vers la porte sans pouvoir résister à une dernière boutade :

— À bientôt, ma douce amie, le preux chevalier de Neuville s'en va guerroyer pour vos beaux yeux !

Isabelle lui répondit par un sourire contraint et se rendit compte que son cœur battait à tout rompre. Elle murmura une prière : « Mon Dieu, protégez-le ! S'il devait lui arriver malheur… »

N'osant poursuivre sa pensée, Isabelle se retira dans sa chambre, consciente que son esprit chaviré demeurait en proie à des sentiments bien contradictoires. Elle refusait lâchement de se poser la question essentielle qui semait le doute en son cœur : en admettant que le comte de Neuville se fasse tuer, quelle serait sa propre réaction ? Elle dut alors se forcer à admettre la vérité aussi pénible qu'elle lui paraissait : oui, elle tenait à lui ! Incapable de s'intéresser à quoi que ce soit, Isabelle tourna en rond dans le salon, regagna sa chambre, en ressortit, regarda par la fenêtre en direction du parc, se tordant le cou pour tenter de discerner les parterres qui se devinaient dans la légère brume rosée de l'aube naissante. Puis, n'y tenant plus, elle appela sa femme de chambre et enfila le manteau à capuchon qu'elle lui présenta.

Fermement résolue à se rendre sur les lieux quoi qu'il advienne, Isabelle courut le long de l'allée.

Nicolas serait peut-être furieux, mais tant pis ! Cette attente la rendait folle. Elle continua en direction des cascades. Le jour se levait timidement, le soleil hésitant à paraître, encore voilé par des nuages assez bas. Au détour d'un quinconce, Isabelle les entendit : un groupe des carabiniers de Monsieur ! Elle s'arrêta et instinctivement se glissa derrière les treillis de charmilles. Les gardes passèrent devant elle. Retenant sa respiration, serrant frileusement son capuchon autour de son cou, Isabelle écouta leurs propos qui lui causèrent des sueurs froides :

— Ces jeunes nobles sont vraiment infernaux ! Parce qu'ils ont un certain rang à la Cour, ils se croient tout permis ! Monsieur sera outré et les sanctionnera durement : un duel dans le parc de Saint-Cloud ! C'est aberrant, on se croirait revenu au siècle dernier !

Isabelle attendit quelques instants que le martèlement de leurs bottes eût suffisamment décru sur les graviers, puis décida de prendre un raccourci le long du canal. Faisant demi-tour, elle partit en courant, se tordant les pieds sur le sol irrégulier. Elle dévala les marches qui longeaient la partie supérieure de la cascade et atteignit enfin le bassin. Le jour se levait et elle discerna, le long de l'allée menant au Grand Jet, les duellistes à demi dissimulés par l'ombre des feuillus. Le comte de Lamotte semblait en mauvaise posture. Elle s'immobilisa quelques instants, éblouie par la scène qui s'offrait à ses yeux : le comte de Neuville dans toute sa splendeur ! Avec panache, élégance, légèreté, enchaînant des attaques d'une précision exemplaire, d'un style à la fois brillant et efficace, il virevoltait autour d'un Lamotte essoufflé, parant et rompant avec la maladresse de celui qui est arrivé au bout de sa résistance. Nicolas avait sans doute dû s'amuser ainsi à ses dépens depuis le début du duel, lui imposant sa hardiesse, son excellente constitution physique et surtout sa parfaite science des armes blanches. Bondissant en une fente aussi souple qu'esthétique, le comte de Neuville partit bras tendu en un estoc imparable. Sa lame s'enroula autour de celle de son ennemi qu'il désarma d'une brutale traction. L'épée du comte de Lamotte alla choir avec un bruit métallique sur les pierres saillantes. Dans le silence figé de l'aurore, ce bruit s'enfla démesurément comme une sourde menace. Toujours pointe tendue, Nicolas, arborant ce petit sourire aux lèvres qui semblait sa signature, marcha sur celui qu'il venait de vaincre sans effort apparent :

— Eh bien, monsieur le comte de Lamotte, je crois que voici cette affaire réglée. Mon honneur est intact ainsi que celui de ma chère épouse. Que dois-je faire, désormais ? Vous achever ?

Le comte de Lamotte transpirait à grosses gouttes. Il s'adressa à son vainqueur d'une voix chevrotante :

— Vous n'allez quand même pas me tuer ainsi ?

Nicolas ricana avec mépris en replaçant son épée dans son fourreau :

— N'ayez crainte, monsieur. Je n'ai pas pour habitude de tuer pour le plaisir, ni de frapper un adversaire désarmé. Je suis un gentilhomme… moi ! Toutefois, je vous prierais de vous tenir désormais loin de mon chemin et davantage encore de celui de ma femme.

Le comte de Lamotte lui lança un regard haineux et ne fit pas un geste pour ramasser son arme. Nicolas l'observait cyniquement et sursauta violemment en entendant le bruit de course précipitée sur les graviers. Il ouvrit des yeux ronds en découvrant sa femme courant vers lui, le capuchon rabattu en arrière, le manteau à demi ouvert et les mèches au vent :

— Nicolas ! Les gardes arrivent !

Le comte de Neuville venait de prouver de belle façon qu'il n'était pas uniquement un ornement de salon. Il confirma sans erreur possible que derrière l'oisif se cachait en effet un homme d'action.

Ne posant nulle question superflue, il attrapa son épouse par la main et l'entraîna à sa suite, remontant l'allée en direction des cascades, plantant là un comte de Lamotte médusé. Isabelle avait bien du mal à suivre son époux à ce rythme effréné. Nicolas s'arrêta brusquement et suggéra avec détermination :

— Nous allons couper par les pelouses et remonter jusqu'en haut. Nous serons derrière la grotte du Parnasse. Le temps qu'ils fassent le tour par les allées, ils ne nous verront plus !

Isabelle considéra avec effarement lesdites pelouses, s'élevant en pente raide le long de la dénivellation qui séparait le niveau des cascades de celui du château. Elle songea avec dépit qu'à Saint-Cloud aucune parcelle de terrain ne se trouvait à plat ! Percevant son hésitation, Nicolas la prit par la taille et la souleva dans ses bras. Sans paraître affecté le moins du monde par cette charge supplémentaire, il entreprit de traverser les pelouses en un temps record, puis arriva en haut à peine essoufflé. Reposant à terre son précieux fardeau, il l'entraîna à nouveau jusqu'à la grotte du Parnasse.

Poussant résolument la grille, il pénétra à l'intérieur et la referma soigneusement. Le rouge aux joues, le souffle court, les jambes tremblantes, Isabelle s'appuya au mur, cherchant à reprendre le contrôle de sa respiration. Nicolas vint vers elle, apparemment très fier de lui :

— Et voilà, le tour est joué ! Ils ne viendront jamais nous chercher ici !

Puis, dans un éclat de rire qui se répercuta jusqu'aux voûtes sculptées de tritons, il ajouta malicieusement :

— Ce pauvre Lamotte doit être en train de s'expliquer avec eux en bas ! Le temps qu'il réalise… Décidément, ce n'était pas sa journée !

En le voyant si joyeux et vaincue par la frayeur qu'elle venait d'éprouver lors de cette folle équipée, Isabelle céda à son tour à un rire nerveux et courut se jeter dans ses bras. Tout d'abord en proie à un étonnement bien légitime, le comte de Neuville s'empressa bien vite de profiter de cette manne inespérée et, refermant ses mains autour de sa taille, l'embrassa fiévreusement dans le cou. Il resta ainsi longuement le nez enfoui dans sa chevelure avec un sourire béat, puis murmura, avec un soupir de moribond :

— Le preux chevalier avait bien mérité cette récompense, n'est-ce pas ?

Isabelle ne répondit point, goûtant un bonheur insoupçonné et estimant sans doute que la douce amie pouvait effectivement lui octroyer ladite récompense. Elle pensa que toute vie devrait cesser afin qu'un tel instant ne prenne jamais fin. Retrouvant progressivement le contrôle de ses émotions, elle s'écarta de lui avec un soupir tout aussi déchirant :

— Ah, Nicolas, comme j'ai eu peur pour vous !

— Vraiment ? Alors, madame la comtesse de Neuville, me considérez-vous toujours comme un simple libertin, futile et superficiel ? Doutez-vous encore de ma réputation de plus fine lame de Saint-Cloud ?

— Je n'en doute plus, Nicolas, et le comte de Lamotte doit en être convaincu bien davantage encore !

— J'espère que la leçon lui sera salutaire, mais ce n'est pas certain. C'est un fourbe et un intrigant qui trouvera bien un autre moyen de se venger. Nous entendrons certainement encore parler de lui. Peu importe ! Mais c'était une folie, Isabelle, d'être venue ainsi me rejoindre ! Si les gardes nous avaient surpris, vous auriez été sanctionnée, vous aussi, et Monsieur vous en aurait tenu rigueur.

— Nous aurions continué à nous quereller en prison !

Il s'esclaffa à nouveau, rayonnant d'un enjouement sincère. Ce bonheur lui allait si bien !

Comme il apparaissait désirable, Neptune sorti des eaux dans la demi-pénombre de cet espace enchanteur seulement éclairé par le halo des premiers rayons du soleil. Ses dents blanches scintillaient telle la nacre des coquillages, ses lèvres sensuelles s'offraient comme une invitation au plaisir, ses yeux brillaient d'un feu intérieur ardent et passionné.

Dans cet écrin si délicat de la petite grotte du Parnasse, parmi ces murs tapissés de coquilles et de tritons, ces jets d'eau et ces vasques bleutées, Isabelle sentit sa volonté cruellement ébranlée.

Elle eut cette pensée saugrenue qu'elle jugea indigne d'elle : se donner à lui tout de suite dans ce décor de rêve. Honteuse de ces considérations, elle estima qu'Isabelle la guerrière sentait le souffle de la défaite la frôler de son aile ! La louve dominante aurait-elle trouvé son maître, aussi vite et aussi facilement ? Isabelle en éprouva du dépit et la sensation de se trahir elle-même. Elle comprit que le comte de Neuville se révélait un danger bien plus sérieux qu'elle ne l'avait envisagé…

Après avoir attendu le temps nécessaire que la prudence imposait, le comte et la comtesse de Neuville sortirent le plus tranquillement du monde et, la main dans la main comme deux jouvenceaux, regagnèrent le château.

L'épisode du duel fut donc considéré comme terminé, et ce chapitre, définitivement refermé. Nicolas passa une journée bien occupée, papillonnant d'un salon à l'autre, entouré d'une escouade de robes de velours, toujours dans le sillage de Monsieur. Isabelle ne l'aperçut pas jusqu'au soir où il vint la saluer et l'inviter à prendre place à ses côtés pour le souper. Rétrospectivement honteuse de son élan, elle osait à peine regarder son époux, tout en se persuadant que son attitude devenait profondément ridicule et de moins en moins justifiable !

Le soir venu, toujours escortés d'une nombreuse compagnie, ils montèrent dans les carrosses et regagnèrent la demeure du comte de Neuville. Nicolas la raccompagna jusqu'à sa chambre et lui souhaita une bonne nuit comme à l'accoutumée. Plus par habitude que par besoin légitime, elle donna les deux tours de clef dans la serrure, de ce petit bruit sec qui sonnait comme une provocation.

***

Le lendemain matin, Isabelle fut assez surprise quand un laquais portant la livrée des valets de chambre de Monsieur l'informa que Son Altesse Royale souhaitait s'entretenir avec elle.

Isabelle se prépara donc avec le plus grand soin et, ne voyant nulle trace de son mari, fit sortir la calèche afin de se rendre à Saint-Cloud. Elle demanda à sa femme de chambre d'informer le comte de Neuville qu'elle se trouvait chez le duc d'Orléans. D'humeur joviale, Son Altesse la reçut avec affabilité, mais ne s'embarrassa que des préambules dictés par la stricte étiquette. Entrant assez rapidement dans le vif du sujet, il s'enquit, avec un petit sourire énigmatique :

— Ma chère Isabelle, je souhaitais vous poser une question concernant votre mari.

Puis, remarquant son étonnement, il pouffa et précisa, dans un gloussement :

— Rassurez-vous, je ne veux point m'immiscer dans votre vie sentimentale ! Ma préoccupation est tout autre. J'aimerais savoir où se trouvait le comte de Neuville hier matin et dans la nuit de ce même jour ?

Isabelle accusa le coup et dut faire preuve d'un sang-froid méritoire pour ne point tressaillir. Le duel ! Les gardes ! Les auraient-ils aperçus ? Auquel cas, la situation risquait d'être fatale. Mais il restait peut-être une chance en jouant serré…

Elle se contraignit donc à arborer un sourire séraphique en arquant un sourcil et en interprétant magnifiquement le rôle de la femme qui ne comprend absolument rien à de telles allusions. Elle répondit enfin, en baissant les yeux pudiquement :

— Mon mari ? Mais… mon mari a passé la nuit avec moi.

— Toute la nuit ?

Puis, jouant à merveille les ingénues intimidées :

— Toute la nuit, Altesse… je puis le certifier !

Monsieur eut un petit sourire indulgent, mais quelque peu sceptique :

— Et le matin de bonne heure ? Se trouvait-il toujours à vos côtés ?

— Bien sûr ! Nous avons pris le déjeuner ensemble, avec de la brioche et une excellente confiture de framboises. Nicolas en raffole !

Monsieur l'observa avec perplexité, visiblement en proie à d'intenses supputations. Puis il reprit, en soupirant :

— Si je vous demande ceci, ce n'est pas que je cherche à connaître des détails qui ne me regardent nullement, bien que je sois fort aise d'apprendre que votre entente est parfaite ! Mais j'avais besoin de vérifier certains faits. Je suppose que vous me dites bien la vérité, n'est-ce pas, Isabelle ?

Elle se récria avec une spontanéité irréprochable :

— Oooh ! Comment Son Altesse peut-elle envisager que je puisse lui mentir ? Et pourquoi le ferais-je ? Car je vous avoue que je n'entends pas grand-chose à vos propos !

— Fort bien, alors laissons là ce sujet et pardonnez-moi de vous avoir importunée.

Gardant toujours cette attitude de petite sainte à qui l'on aurait donné le bon Dieu sans confession, Isabelle susurra, de sa voix la plus mielleuse :

— Pourrais-je me permettre, sans offenser Son Altesse, de lui demander pourquoi elle me posait ces questions ?

Le duc d'Orléans parut hésiter et ne répondit pas tout de suite. Mais Monsieur était bien connu pour raffoler des petites intrigues, des mystères et surtout pour se révéler incapable de ne point divulguer un secret ! Il prit donc une mine de conspirateur et expliqua :

— Le comte de Neuville a été soupçonné d'avoir provoqué en duel le comte de Lamotte.

— En duel ? Quelle idée !! Ce n'est nullement le genre de Nicolas !

Monsieur hocha la tête et se mit à rire :

— L'amour rend décidément aveugle ! Monsieur le comte de Neuville est certes un homme absolument charmant… et charmeur, ce qui ne l'empêche point de se montrer ardent au combat ! Son père était l'un de mes plus brillants généraux, téméraire mais aussi de fort bon conseil lors des actions militaires. Nicolas est semblable à lui ; c'est un Neuville de pure race ! Apprécier la vie et ses plaisirs n'exclut pas d'aimer la bataille…

— Son Altesse en est un parfait exemple, puisqu'elle

est le plus beau fleuron des plaisirs de la Cour, mais fut aussi un brillant et téméraire général d'armée dès son plus jeune âge !

— Vous êtes habile, chère Isabelle, et me détournez du sujet par une séduisante flatterie ! Mais vous êtes adorable et décidément la femme qu'il fallait au comte de Neuville. Je l'aime tant ! Oui, vraiment, vous formez le couple idéal.

— Je remercie Son Altesse de son appréciation, mais qu'elle me pardonne si je me permets d'insister sur cette question qui me tracasse désormais. Je me demande s'il ne s'agirait point d'une manigance et d'une calomnie du comte de Lamotte pour nuire à mon mari.

— Dans quel dessein ?

— Je l'ignore, mais Son Altesse a sans doute été prévenue par quelqu'un. On peut supposer que deux gentilshommes qui se mesurent en duel, alors que c'est formellement interdit, n'ont aucun intérêt à l'ébruiter sur les toits.

— Sans doute… Pourtant mes gardes ont été prévenus par le comte de Lamotte.

— Voici qui confirme mes doutes ! Le comte de Lamotte a probablement tout inventé pour discréditer mon mari ! Votre Altesse ne sait peut-être pas que le comte de Lamotte peut se révéler fort déplaisant et qu'il n'est pas particulièrement apprécié de la majorité de ses semblables, qu'il est parfois bien entreprenant ?

— Se serait-il montré inconvenant envers vous ?

— Si je n'étais point une épouse très sage, je pense que… enfin, Son Altesse me comprend. Alors, ayant été repoussé, il ne serait pas impossible qu'il se venge ainsi de mon mari. Mais je raconte ceci pour éclairer certains faits et non pour créer des ennuis à qui que ce soit. Je sais bien que Son Altesse n'a guère de temps à perdre avec des peccadilles de ce genre.

— La vie de la Cour est truffée de peccadilles de ce genre, Isabelle ! Nous allons donc clore cette affaire, mais je vous chargerai toutefois de transmettre de ma part un petit conseil à votre preux chevalier : qu'il reste prudent, car je n'aimerais pas avoir à prendre de sanction envers lui. Cela me chagrinerait sincèrement !

— Son Altesse n'aura jamais à le faire ! Nicolas est loyal et a trop de respect et d'estime pour vous. Il ne souhaiterait en aucun cas vous déplaire. Oserais-je ajouter qu'il vous aime aussi beaucoup ?

— Ah, l'heureux homme, d'être ainsi défendu avec une telle flamme ! Allons, Isabelle, laissons là ce sujet bien rébarbatif et courez donc chercher notre cher Nicolas. Je vais vous faire découvrir le dernier joyau de ma collection : une fontaine de jade qui arrive tout droit de la lointaine Chine ! Elle sera révélée officiellement en présence du Roi. Et ensuite, il vous faudra être fin prête pour votre présentation à Sa Majesté…

Isabelle s'en retourna donc le cœur léger, assez fière d'elle et avec la sensation de s'être effectivement montrée digne du comte de Neuville et d'avoir fort habilement manœuvré !

***

Le comte de Neuville attendait son épouse avec une certaine anxiété et lui demanda d'emblée les raisons de cette rencontre inopinée avec le duc d'Orléans. Isabelle savourait l'instant avec délectation et évoqua les soupçons de Monsieur à son égard.

Elle lui précisa malicieusement qu'il souhaitait plus précisément savoir où il se trouvait pendant la nuit précédente. Nicolas posa sur elle un regard affolé, attitude peu coutumière chez lui. Elle ajouta, avec un rire mutin :

— Je lui ai bien sûr affirmé que vous aviez passé la nuit près de moi et que nous avions ensuite pris notre déjeuner ensemble avec de la brioche et de la confiture de framboises.

— Vraiment ? Vous avez dit cela ?

— Absolument. Je me suis même arrangée pour discréditer, perfidement et sans en avoir l'air, notre ami le comte de Lamotte. Il est fort possible que dans les jours à venir une certaine disgrâce plane sur lui… Quant à nous, nous sommes attendus chez Monsieur pour découvrir en exclusivité une nouvelle fontaine de jade !

Nicolas la considéra avec saisissement, puis s'esclaffa :

— Ah, vous, alors ! Vous êtes décidément… vous êtes… vous êtes un monstre !

L'attrapant par la taille, il l'embrassa avec ferveur sur la joue et repartit d'un pas léger en chantant à tue-tête : j'ai épousé un monstre, j'ai épousé un monstre !

Puis, s'arrêtant net, il se retourna et annonça avec une soudaine gravité, en levant un index sentencieux :

— Mais je vous préciserais tout de même, afin d'éviter une nouvelle bévue à l'avenir, que je n'aime pas tellement la framboise. Je préfère la marmelade d'oranges amères !

XVII

Joli point de vue

Où donc était passé le comte de Neuville ? Isabelle cherchait désespérément son mari et n'en apercevait nulle trace. Monsieur s'était absenté une petite heure, laissant pour consigne de l'attendre. Nicolas en profita pour s'éclipser discrètement, afin de fureter en solitaire où bon lui semblait ! Isabelle erra donc esseulée dans les couloirs, en proie à une irritation croissante.

Monsieur recevait des personnes s'occupant de l'hôpital de Saint-Cloud, suite à un problème d'infiltration d'eau dans la toiture. Il souhaitait régler cette affaire le plus rapidement possible, ayant précisé avec fatalisme : « Je vais leur donner quelque argent pour la réparation. » Ce qui traduisait parfaitement le but de leur visite ! Monsieur faisait parfois office de bon Samaritain. Après avoir doté Saint-Cloud d'un hôpital, il s'employait régulièrement à allouer dons et oboles à tous les miséreux des environs, ce qui lui conférait la réputation d'un des personnages de la Cour les plus estimés… et les plus sollicités ! Doté d'un caractère affable et d'un esprit enjoué, Monsieur était fort aimé du petit peuple qui l'acclamait volontiers sur son passage. Le frère du Roi gagnait ainsi une notoriété faisant fréquemment arquer un sourcil réprobateur à son aîné. Cette défiance ombrageuse atteignit son point culminant lorsque le duc d'Orléans revint lauré de gloire de la victoire de Cassel, le peuple en liesse scandant au passage du cortège royal : « Vive le Roi et vive Monsieur qui a gagné la bataille ! » Si le duc s'en délecta sans modération et s'en montra très fier, Louis XIV, en revanche, apprécia beaucoup moins et s'arrangea par la suite pour écarter habilement son frère des actions martiales. Dommage pour les soldats qui se virent ainsi privés d'un efficace chef de guerre, qui n'hésitait pas à descendre dans les tranchées pour encourager ses hommes, faisait soigner les blessés (amis et ennemis) et interdisait le pillage. Vêtu de son armure sur laquelle il se débrouillait toujours pour faire ressortir quelques dentelles, dissimulant ses bagues sous l'épais gant de cuir, ce général si coquet et pour le moins pittoresque chargeait à l'épée en première ligne, et galvanisait mousquetaires et officiers ! Il restait décidément préférable de le renvoyer à Saint-Cloud embellir son palais et se divertir avec ses mignons ! Versailles n'avait besoin que d'un soleil.

En proie à des pensées profondes qui l'emportaient dans le fracas des canons et des mousquets, Isabelle leva les yeux sur la grande toile de Nocret représentant la famille royale à l'époque d'Henriette d'Angleterre, première épouse de Monsieur. Elle se rendit compte avec un sentiment de culpabilité qu'elle se trouvait dans l'antichambre de Madame, pièce qui ouvrait sur sa chambre. Elle s'apprêta à faire prudemment demi-tour lorsqu'elle entendit la voix du comte de Neuville qui venait vers elle avec un petit chien noir et blanc dans les bras. Il arborait la mine épanouie de l'individu particulièrement comblé par la bonne fortune.

— Ah, vous voici, Isabelle ! Monsieur n'est pas

encore revenu ? Rendez-moi service, redonnez donc Léo à sa maîtresse pendant que je vais aux nouvelles.

Elle le regarda sans comprendre et tendit machinalement la main pour caresser son petit protégé qui lui lécha les doigts avec une affection très démonstrative.

— Il est adorable ! Où donc l'avez-vous déniché ?

— C'est l'un des petits chiens de la Palatine. Il s'était égaré et je l'ai retrouvé. Elle en sera bien soulagée. Voulez-vous le prendre dans vos bras ?

— Par égards pour ma robe, je préférerais ne pas le prendre.

— Tiens donc ? Je croyais que vous aimiez les animaux ?

— En effet. Mais je me permettrais de vous faire remarquer que le moindre accroc sur une robe en satin bleu clair peut s'avérer fatal…

— Alors, vous n'aimez pas les animaux ! Quand on se targue de les aimer, on ne les repousse jamais !

Posant le dénommé Léo à terre, il frappa à la porte et, ne recevant nulle réponse, pénétra plus avant :

— Je vais le laisser dans sa chambre. De toute façon, Madame ne s'en offusquera pas. Elle vit entourée de ses chiens qui la suivent jusque dans son lit !

Plutôt mal à l'aise, Isabelle restait convaincue que la convenance leur interdisait de s'attarder ainsi dans la chambre de Madame. Tout dans cette pièce l'impressionnait vivement : les tentures de brocart des Indes, la grande bibliothèque et surtout cette œuvre magistrale représentant Monsieur sous les traits du dieu Mars se délassant dans les bras d'une Vénus « qui ne lui découvrait que le sein ». Elle contemplait ce portrait à la fois beau et émouvant, exhalant si bien la personnalité ambiguë du maître des lieux.

Ceci confirmait d'ailleurs de belle façon l'importance que le duc d'Orléans attachait à son image guerrière. Ne retrouvait-on point un peu partout, et plus particulièrement dans la Grande Galerie, sa devise gravée sous son blason *Alter post fulmina terror* ?

Tout content de se retrouver chez lui, Léo se mit à japper joyeusement, puis s'aplatit sur les coudes en remuant vigoureusement la queue. Il profita de cette aubaine pour jouer avec ces deux nouveaux venus, si bien disposés à son égard. Isabelle et son mari le regardaient, un petit sourire attendri au coin des lèvres ; ils ne se décidaient pas à se retirer. Alors, s'enhardissant, Léo s'attaqua aux souliers du comte de Neuville, ce qui provoqua l'hilarité de son épouse et eut pour effet de tarir celle du propriétaire des souliers. L'effronté paraissait particulièrement attiré par le gros nœud rouge rehaussé d'un brillant. Il le mordilla, tira vigoureusement sur la boucle, jappa de plus belle et, bien que Nicolas émît d'une voix autoritaire un : « Cela suffit, maintenant ! », s'excita encore un peu plus sur ces irrésistibles petits morceaux de velours rouge. Enfin, il gagna le fruit de ses efforts : le nœud bien calé entre les crocs, Léo traversa la chambre à toute allure. Le comte de Neuville eut un cri de détresse :

— Viens ici, chenapan ! Ah, le petit monstre !

— Vous n'aimez pas les animaux, Nicolas !

— Au lieu d'ironiser, vous feriez mieux de m'aider à le rattraper! C'est un diamant qui est sur ce nœud !

Sans davantage d'explications, d'ailleurs superflues puisque l'essentiel était dit, Nicolas se lança à la suite du chapardeur qui, ravi de cette poursuite inopinée pimentant le jeu, accéléra de plus belle. Voyant que son poursuivant allait néanmoins parvenir à le rejoindre, le futé Léo opta pour le repli stratégique et se réfugia sous le grand lit empanaché d'aigrettes blanches. En sécurité dans cet endroit valant largement une fortification de monsieur Vauban, Léo s'installa confortablement de façon à passer tranquillement le temps que durerait le siège. Mais c'était compter sans l'obstination d'un Nicolas de Neuville ! Résolument, le comte se mit à genoux et commença son inspection. Il avança précautionneusement à quatre pattes, puis glissa la tête et les épaules sous le lit. Il ne restait assurément plus grand-chose de visible du comte de Neuville, mais ce reliquat offrait un tableau pour le moins surprenant…

Isabelle, que cette manœuvre avait mise au comble de l'allégresse, se retourna brusquement en entendant un bruit de pas et se figea lorsque la porte s'ouvrit toute grande. Se ressaisissant promptement, elle suggéra le plus innocemment du monde :

— Laissez, Nicolas. Il nous faut partir, maintenant. Je vous en prie.

Une voix étouffée lui parvint, semblant sortir d'une caverne profonde, mais suffisamment claire, hélas, pour demeurer parfaitement audible :

— Laisser ? Vous déraisonnez ! Je ne suis pas comme Monsieur, moi ! Je ne possède pas trois cents parures de diamants pour me permettre de les jeter par les fenêtres !

— Nicolas, cela suffit !!

Un éternuement lui fit écho, suivi d'un reniflement peu distingué :

— Il y a de la poussière, ici ! Quand le chat n'est pas là, les souris dansent ! Les femmes de chambre ne doivent pas se tuer au labeur ! Il est vrai que chez Madame, elles se font plus volontiers engager pour finir dans la couche du Roi que pour passer le plumeau.

Bien décidée à mettre fin à cette catastrophe par n'importe quel moyen, Isabelle décrocha un coup de pied bien dosé dans les chevilles de son époux. Nicolas brailla un « Ouâââiiille ! Voilà un geste sournois qui va vous coûter cher ! », mais fut interrompu dans sa tirade par une voix précieuse qui commenta, avec ravissement :

— Aaah ! Le joli point de vue !

Un silence pesant suivit cette remarque si évidente, tandis que Nicolas, ayant reconnu cette intonation à nulle autre pareille, commençait à ramper à reculons pour s'extirper de cette position peu protocolaire… bien que Son Altesse Royale la jugeât sans aucun doute tout à fait digne d'intérêt ! Léo saisit sa chance sans hésiter et se replia vers la pièce voisine. Là il jouissait amplement de son privilège : pénétrer dans le jardin secret de sa maîtresse où si peu d'élus étaient admis ! Dans son cabinet personnel, Madame rédigeait en effet sa faramineuse correspondance et gardait jalousement sa collection de médailles. Percevant la gêne d'Isabelle qui aurait souhaité rentrer sous terre, ne sachant plus si elle devait s'intéresser au sort du chien ou à celui de son mari, Monsieur eut un petit rire étouffé et ajouta négligemment :

— Dans toute la Cour de Versailles et celle de Saint-Cloud, je ne connais qu'une personne susceptible de s'afficher en semblable situation !

Le justaucorps fripé, la chemise à demi sortie de sa culotte, le teint cramoisi et la mèche hirsute, le comte de Neuville se releva avec empressement et s'inclina profondément :

— Je vous prie de bien vouloir m'excuser, Altesse…, mais… enfin… je ne pensais pas vous rencontrer ici…

— Pourrais-je vous faire remarquer, cher Nicolas, que je suis davantage à ma place dans la chambre de Madame, que vous-même ?

— Oh, certainement pas ! Enfin, je voulais dire… oui… oui, bien sûr…

En considérant la mine éplorée de son mari et la maladresse de sa remarque, Isabelle dut faire un effort magistral pour ne pas retomber dans un fou rire dévastateur. Chacun savait en effet que Monsieur et Madame faisaient chambre à part depuis longtemps, précisément depuis la naissance du duc de Chartres. Ils avaient convenu d'un commun accord qu'après un rejeton aussi réussi, il ne s'avérait aucunement nécessaire de récidiver ! Ayant l'un et l'autre stoïquement accompli leur devoir, ils se trouvaient débarrassés d'une égale corvée. Isabelle réfléchissait rapidement, cherchait l'idée lumineuse censée détendre l'atmosphère et permettre à son mari de sortir de ce guêpier sans trop de dégâts. Une tornade de velours marron traversa alors la pièce et vint se placer face aux protagonistes de la scène. L'impressionnante Palatine les toisa avec une égale désapprobation, relevant son triple menton, la lèvre frémissante de courroux et l'œil furibond.

Dans ses bras, les paupières mi-closes masquant une ironie canine un brin provocante, Léo les narguait, confortablement calé dans un généreux rembourrage. Il appréciait à part égale le moelleux d'un velours de qualité et d'une poitrine conquérante. Ayant jaugé l'assemblée sans aménité, la Palatine choisit sans hésitation la victime sur laquelle passer son acrimonie. Et, bien évidemment, ce fut Nicolas qui subit l'admonestation émise de cette voix bourrue et rugueuse qui semblait sortir tout droit du pays de la bière. Cette voix encore plus surprenante après avoir ouï celle de Monsieur ! Cette voix qui faisait trembler le duc de Chartres et sa sœur lorsqu'ils étaient enfants et obligeait leur père trop indulgent à concéder, résigné : « Ils ne craignent que vous ! » Et, semblable aux jeunes princes ayant commis quelque sottise, Nicolas baissa le nez honteusement tandis que grondait l'orage :

— Bien entendu, il s'agit encore d'une plaisanterie de mauvais goût signée Nicolas de Neuville ! Ce pauvre

Léo a failli s'étouffer ! Vous lui avez donné une saleté qu'il aurait pu avaler : une espèce de morceau de tissu repoussant et tout mâchonné ! Dieu merci, je l'ai vu à temps et j'ai pu le lui retirer ! Je l'ai jeté par la fenêtre.

Changeant radicalement de couleur et passant sans transition du rouge incandescent au blanc neige, le comte de Neuville parut sur le point de défaillir et s'étrangla :

— Pa… pa… papar… la fenêtre…

Madame haussa les épaules, puis, désireuse de ne plus perdre son temps avec un tel olibrius, elle reporta son attention sur Isabelle et soupira :

— Vous avez hérité d'un drôle d'oiseau, ma pauvre petite ! Mais vous êtes comme nous tous, nous n'avons pas choisi !

Isabelle lui fit la révérence et esquissa un petit sourire timide, n'osant l'approuver ni la contredire, certaine qu'elle était de s'attirer dans un cas comme dans l'autre des foudres quasi inévitables. La Palatine l'impressionnait un peu par son allure rustaude et son vocabulaire de garde suisse, mais elle savait que l'épouse de Monsieur conservait un cœur généreux et une lucidité bien gênante qui dérangeait dans ce monde d'hypocrites et de mièvres. Madame lui rendit son sourire et l'observa avec bienveillance :

— Vous êtes charmante ! C'est une épouse comme vous qu'il aurait fallu à mon fils et non cette bâtarde infecte ! Mais, moi, on ne veut jamais m'écouter ! Elle est odieuse, lui rend la vie impossible et n'est même pas polie avec moi. De plus, elle a un visage qui ressemble à un cul ! Tant qu'à faire une mésalliance, j'aurais préféré que ce fût avec vous : au moins vous êtes jolie et accorte !

Championne incontestée des banderilles inopportunes et des bévues de ce genre, la Palatine avait réussi à égratigner ainsi quasiment l'intégralité des courtisans et des princes du sang. Elle narrait en une inépuisable correspondance à sa tante, la duchesse de Hanovre, tous les menus détails de sa vie à la Cour. Son esprit sans complaisance analysait les faits et les gens avec une perspicacité effarante et redoutable. Ouvrant sans complexe toutes ses lettres, le Roi se trouvait fixé sur bien des questions…

Sans déroger à la tradition, cette distribution de lauriers jeta un froid de banquise dans la pièce, chacun en ayant pris pour son grade. Nicolas avait commencé par pincer les lèvres en s'entendant appeler « drôle d'oiseau ». Monsieur l'avait imité très rapidement à l'évocation de sa belle-fille, la Palatine ne perdant jamais une occasion de lui rappeler combien elle s'était élevée contre cette union. Monsieur, bien qu'affecté par cette mésalliance, avait en effet cédé devant les promesses du Roi, qui d'ailleurs ne furent jamais tenues ! Le dénouement de l'affaire restait encore célèbre dans toutes les chaumières : la Palatine, folle de rage, avait giflé le malheureux duc de Chartres devant toute la Cour et délibérément tourné le dos au Roi-Soleil. Isabelle, qui avait souri de ces détails aiguisés, battit des cils à l'évocation de la « mésalliance ». Percevant sa réserve, la Palatine précisa, dans un souci de justice :

— Ne vous vexez pas quand je parle de mésalliance ! Mais mon fils est le neveu du Roi, et son rang lui imposait d'épouser une princesse d'une Cour d'Europe.

À nouveau un ange passa, Isabelle tentant le sourire niais comme dernier recours, Monsieur arborant un air de chien battu et Nicolas restant le regard vague en direction de la fenêtre. Sans doute imaginait-il un diamant gisant parmi les graviers et la poussière, déjà piétiné par des dizaines de talons rouges de courtisans, de gros souliers de laquais porteurs de chaises ou même de fers impétueux de la plus noble conquête de l'homme…

Monsieur se racla la gorge et tenta courageusement de rappeler que le comte et la comtesse de Neuville pouvaient désormais, s'ils le désiraient, le suivre dans son cabinet. Ceux-ci s'empressèrent d'acquiescer avec un bel unisson et, après une révérence particulièrement soignée à la Palatine, disparurent dans le sillage de Monsieur. Le trajet jusqu'au cabinet des curiosités se fit néanmoins dans un silence religieux. On eût cru une procession parcourant un monastère et non des curieux avides de découvrir une fontaine de jade.

L'atmosphère ne se dérida qu'une fois sur les lieux, car garder l'humeur morose dans ce temple des splendeurs s'avérait absolument impossible. Ces pièces dans lesquelles le duc d'Orléans exposait précieusement ses objets les plus rares prenaient figure de sanctuaire pour cet amateur d'art éclairé. Cet engouement concernait aussi bien les bijoux et les sculptures que les tableaux de maîtres, notamment de Van Dyck, Monsieur préférant les peintres hollandais et se démarquant ainsi encore une fois de son auguste frère qui accordait sa préférence aux Italiens. Cabinets d'écailles et de jade, pierres précieuses, statuettes, pendulettes, les mots manquaient pour qualifier la diversité et la perfection de ces créations uniques. Monsieur, frétillant comme un poisson dans l'eau, commentait chacune d'elles avec la même verve et un émerveillement allant crescendo. Sa passion des belles œuvres, des joyaux, son goût et son raffinement s'exprimaient avec ferveur, comme si sa personnalité profonde se trouvait elle aussi jalousement préservée dans ces écrins d'or, d'argent ou d'essences rares.

La fontaine de jade, chef-d'œuvre récemment rapporté d'Orient, trônait dans le deuxième cabinet consacré aux objets de la Chine que Monsieur affectionnait tout particulièrement et qu'il appelait « cabinet du bois de la Chine », sans doute à cause de sa décoration, pure merveille de glaces et de bois s'harmonisant magnifiquement. Parmi les pagodes, les agates, le cristal, les coffrets d'ivoire, la laque du Japon, la fontaine parvenait à focaliser sur elle les regards incrédules : constituée de coquilles de jade et de petits rochers sur lesquels l'eau jaillissait aussi verte que la pierre précieuse, elle reflétait une lumière intérieure.

Sur des consoles d'argent disposées le long des boiseries et sous les fenêtres ouvrant sur l'orangerie, plusieurs statuettes de jade représentaient des animaux exotiques. Isabelle remarqua des chevaux, des singes et un petit éléphant qu'elle trouva ravissant. Elle se pencha pour le regarder de plus près, n'osant le toucher. Monsieur semblait aux anges en constatant le sincère émerveillement de ses hôtes. C'était pour lui un égal bonheur, et chaque nouveauté venant s'ajouter à ses collections se voulait sujet d'une visite soumise à l'étiquette ! Isabelle, retrouvant un élan d'exaltation très juvénile, souligna, avec un sourire radieux :

— J'adore ce petit éléphant ! C'est assez rare, une statuette représentant un éléphant, n'est-ce pas ?

— En effet ! Celui-ci m'a été envoyé de Chine, avec toutes les autres.

Avec la fébrilité d'un enfant montrant ses jouets à des envieux, Monsieur les conduisit dans le troisième cabinet, celui des bijoux. Dans un intérieur aux tons bleus, or et argent, voué à l'histoire d'Énée, les pierres précieuses arboraient fièrement l'honneur d'être un peu les favorites de Saint-Cloud : parures de rubis, de saphirs, d'émeraudes, perles, améthystes : toutes les gorges royales du monde n'auraient point suffi pour les porter ! Le duc d'Orléans ouvrit plusieurs petits tiroirs de laque. À l'intérieur, disposés dans un alignement parfait, des diamants de toutes tailles rivalisaient d'éclat. Le duc d'Orléans les contempla longuement. Sa fascination pour les diamants était bien réelle et ne faisait pas seulement partie de sa légende ! Il en choisit un de taille moyenne et le retourna minutieusement entre ses doigts, le présentant à la lumière des lustres pour en activer la brillance. Il le tendit enfin à Nicolas avec un clin d'œil complice :

— Tenez, cher Nicolas, prenez-le donc. Ceci vous consolera de la perte de votre petit nœud.

Décontenancé, à la fois ému et embarrassé, Nicolas prit la gemme et resta court, puis bredouilla, tout aussi maladroitement que dans la chambre de Madame :

— Je… je ne puis accepter… Son Altesse est trop… trop généreuse…

— Mais si, acceptez-le, cela me fait plaisir. Vous m'avez offert une vue si divertissante… et ravissante, que cela mérite bien une récompense ! Vous n'ignorez point que je possède plus de trois cents parures, alors je puis effectivement les jeter par les fenêtres… Et il se trouve que j'y prends de la joie, car sous les fenêtres se trouvent toujours des nécessiteux qui se réjouissent de l'aubaine !

Horriblement confus, le comte de Neuville ne trouva rien à ajouter, puis hocha la tête, définitivement à court d'argument :

— Je suis désolé… Je n'ai pas dit cela pour être désobligeant… Je ne pensais pas vous faire du mal… Vous savez que… enfin, que je vous estime sincèrement et que… que je vous aime beaucoup.

Monsieur parut tout content de cette confession, bien que son esprit espiègle savourât la situation à sa juste valeur :

— Ne soyez pas contrit, Nicolas. Vous me connaissez suffisamment pour savoir combien je me plais à brocarder. Vous m'avez bien fait rire encore une fois et, je vous en prie, gardez ce diamant. Quant à vous, Isabelle, il ne faut pas que vous soyez jalouse…

En quelques pas d'une allure décidée, il disparut dans le cabinet précédent pour en revenir aussi vite avec le petit éléphant de jade qu'il mit dans la main de la comtesse de Neuville :

— Ce petit éléphant est pour vous.

Aussi troublée que son mari, Isabelle bafouilla d'une voix éraillée, en songeant que pour une fois tous deux se trouvaient fort bien assortis :

— Je… je ne sais comment vous remercier, Altesse. Vous êtes si… si gentil…

Désireux de couper court à tout attendrissement excessif, Monsieur les entraîna à sa suite, se lançant dans une narration détaillée de l'histoire d'Énée, ce prince troyen à qui sa mère remit les armes de Vulcain. En le regardant ainsi converser avec le comte de Neuville, Isabelle sentit les larmes lui monter aux yeux. Depuis ses plus vertes années, le duc d'Orléans faisait partie de son quotidien. Elle connaissait mille anecdotes le concernant, narrées par son grand-père, par les jardiniers, les fontainiers.

Plus tard, elle continua à obtenir régulièrement les dernières nouvelles par les courtisans, puis enfin par son mari. Depuis quelque temps, elle avait appris à mieux le connaître et à l'apprécier personnellement. Un monde à part entière vivait selon le bon vouloir du frère cadet de Louis le Grand. Le duc étendait son aura sur le domaine de Saint-Cloud, mais aussi un peu sur celui de Versailles, dont il rythmait les fêtes et les fastes par ses traits d'esprit, son sens si pointu de l'étiquette et du moindre détail. Monsieur se présentait en quelque sorte comme un petit roi dans son propre domaine. Ses courtisans, ses mignons, ses valets et tous les domestiques évoluaient selon les volontés et les caprices de Monsieur. On le flattait, on lui faisait patte de velours pour profiter de ses largesses. Et, une fois les prodigalités obtenues, on le raillait sans vergogne… pour revenir ensuite implorer une grâce, une pension, une charge, quelques écus. Et Monsieur donnait inlassablement satisfaction. Isabelle sentait son cœur se gonfler d'amitié et de gratitude, mais aussi et paradoxalement se serrer de tristesse. Elle le voyait marcher devant elle, perché sur ses hauts talons rouges, revêtu d'un justaucorps tout brodé d'or.

Avec les ans, sa silhouette s'empâtait fortement. Il fallait en incriminer les abus de sucreries et un dédain de tout effort physique. De celui qui fut « la plus jolie créature du royaume », que l'on préférait à son frère plus renfermé, dont on recherchait les bons mots et les facéties, la destinée façonna un prince bien différent, s'étourdissant de plaisirs, mais néanmoins seul… et désabusé. Les doux yeux noirs ourlés de longs cils, cette belle chevelure de boucles brunes désormais dissimulée sous une volumineuse perruque, trop de dentelles, des diamants à tous les doigts…

Monsieur, le frère du Roi-Soleil. On disait souvent cela avec un petit sourire indulgent, un rien méprisant. Isabelle la rebelle s'insurgeait devant de telles déconsidérations et tant d'injustice. Ce prince brillant et délicieux, sacrifié par raison d'État, méritait-il de subir les railleries de ceux-là mêmes qui n'existaient que par ses prodigalités ? Comment osaient-ils sourire sur son passage, tous ces mâles ingrats et égoïstes, si fiers de leur virilité, mais qui, sans le moindre doute, n'arriveraient jamais à la cheville de celui qu'ils ne considéraient pas tout à fait comme un homme…

XVIII

La loterie de la destinée

Pour cette venue officielle de Sa Majesté, le programme prévoyait deux journées entières. Le Roi serait présent dès le lendemain pour admirer notamment la fameuse fontaine de jade, prétexte à des réjouissances ultérieures, souper de gala et concert. Les courtisans de Saint-Cloud en profiteraient pour lui présenter leurs hommages.

Dès leur arrivée, Isabelle et son époux prirent possession de leur appartement au second étage. Afin d'occuper les hôtes de manière plaisante en attendant le jour fatidique, une loterie fut organisée en soirée. Ces loteries, fréquentes à Saint-Cloud et réservées aux dames de la Cour, permettaient au maître des lieux de fournir une belle preuve de sa libéralité ainsi que de sa délicatesse, chaque privilégiée se voyant offrir un présent qui variait selon son rang. Ces dons prenaient alors les aspects les plus divers, des gants à la coiffe de dentelle, des jupes de brocart aux verres de cristal, des timbales d'argent aux bijoux. Isabelle eut la main heureuse et emporta une jolie paire de pendants d'oreilles constitués de deux grosses perles. Elle en fut très flattée et bien davantage encore quand le duc d'Orléans lui attribua lui-même l'écrin de velours noir. Cette remise des lots représentait pour lui un réel plaisir, car il faisait indéniablement partie de ces personnes se réjouissant autant d'offrir que de recevoir. Son Altesse appelait chaque élue par son nom et lui tendait ce que le sort lui avait assigné.

L'appelée remerciait d'une révérence et repartait avec empressement le montrer aux moins chanceuses. Cette distribution gardait toujours le même cérémonial que personne n'aurait voulu troubler pour rien au monde, car il restait un moment délectable. Ce fut donc par la suite que les événements se gâtèrent pour la comtesse de Neuville…

Toute fière de ses pendants d'oreilles, Isabelle, ne se lassant point de contempler ces pures merveilles, entrouvrit le coffret une nouvelle fois. Elle chercha tout naturellement son mari afin de lui faire admirer le précieux contenu de l'écrin de velours. La loterie une fois terminée, chacun avait la possibilité de terminer la soirée à sa guise, en jouant à la bassette ou en écoutant de la musique. Isabelle se dirigea vers les grandes tables décorées de fleurs coupées, abondamment garnies de massepains, de confitures et de liqueurs. Elle grignota quelques orangettes confites, s'attarda un instant, charmée par le son des violons, puis pénétra dans la galerie d'Apollon où régnait un joyeux brouhaha. On y jouait à la bassette avec passion, hommes et femmes s'y adonnant avec une égale frénésie.

De grandes portières rouge et argent en masquaient les entrées, vers le salon de Mars et celui de Diane. L'ensemble offrait un tableau à la fois pittoresque et esthétique, mais néanmoins surprenant. Il paraissait bien étrange, en effet, pour ne pas dire malséant que ces dames et ces messieurs aux atours luxueux, rutilants de dentelles et de galons dorés se querellassent comme des larrons lors d'un partage de butin ! La fièvre du jeu les incitait assurément à perdre quelque peu le sentiment de leur rang et de leur prestige, pour devenir eux-mêmes de simples pions sur le grand échiquier de la fortune.

Isabelle n'éprouvait aucun attrait pour les jeux de hasard quels qu'ils soient, lansquenet ou bassette. Son grand-père, en vieux sage, s'ingéniait à l'en éloigner, lui affirmant que l'argent restait trop précieux pour le gaspiller aussi vite et aussi inutilement. Elle observa les joueurs sans saisir les subtilités de ces parties, ni pourquoi elles suscitaient de tels engouements.

Un murmure empressé annonça la venue de Monsieur qui, après avoir salué tout le monde, lança quelques boutades à la cantonade, déclenchant l'hilarité générale. Il prit place à la table qui lui était réservée, en compagnie de quelques gentilshommes à la mine avenante. Il y resterait certainement longtemps, et la soirée risquait de se prolonger fort tard. Lorsque le duc d'Orléans s'installait ainsi pour jouer en bonne compagnie, il devenait difficile de l'en éloigner !

Le comte de Neuville ne marquait qu'un intérêt poli pour les cartes, et essentiellement dicté par l'étiquette. Le parfait courtisan se devait en effet de prendre part à toutes ces occupations, souvent jugées bien ennuyeuses, pour rester dans les bonnes grâces de ses protecteurs ! Mais lorsque la bienséance ne l'y obligeait plus, Nicolas ne se gênait nullement pour s'y soustraire, ce qui expliquait qu'il ne se trouvait pas ce soir en cette brillante assemblée. La folie du jeu restait sur lui sans le moindre effet : « Voici au moins un vice que je n'ai point ! » clamait-il avec autant d'immodestie que de malice.

Isabelle chercha parmi les petits groupes s'étirant le long de la galerie d'Apollon quelques visages de connaissance. N'en découvrant aucun, elle commença à penser que la soirée allait se poursuivre bien tristement. Pourquoi, après tout, ne pas regagner sa chambre et se coucher sagement, au lieu d'égrener les heures simplement parce qu'il est de bon ton de se coucher tard lorsque l'on est courtisan ?

Isabelle remonta donc la galerie en direction du salon de Diane. Tout en progressant, elle laissa son regard errer sur les trumeaux représentant les demeures royales. Elle s'amusait à chaque fois à en retrouver les noms d'un simple coup d'œil, par jeu, mais aussi pour le plaisir de constater que le savoir de son enfance ne s'émoussait aucunement.

Oui, son grand-père aurait pu porter haut le front : Chantilly, Villers-Cotterêts, Sceaux, le Palais-Royal, Saint-Germain, Fontainebleau, Versailles, Chambord… Aucun doute concernant ceux-là, les plus faciles à reconnaître ! Elle restait en revanche plutôt sceptique en ce qui concernait les autres. Soudain moins hardie, la petite-fille du fontainier devait alors avouer son ignorance !

Ayant malgré tout la satisfaction du travail bien appris, elle gardait précieusement en mémoire ce que le vieil homme appelait « l'essentiel ». En un mot, ce qu'il fallait ne jamais oublier pour ne pas paraître ignare et circuler sans vergogne parmi ce lustre. Isabelle affirmait ainsi sans la moindre hésitation que la galerie devait son nom à l'astre du soleil, en référence, bien évidemment, à Louis le Grand. Elle contemplait avec une extase sincère les deux toiles magistrales surplombant les deux entrées de la galerie : *La Naissance d'Apollon* et *Les Muses instruites par Apollon sur le mont Parnasse*. Mais l'élève, si appliquée fût-elle, aurait été bien incapable de décrire de façon détaillée les œuvres de Mignard ornant les cinq compartiments du plafond ! Avec son maigre savoir, la comtesse de Neuville n'en éprouvait pas moins l'impression sécurisante d'évoluer en terrain connu.

Après avoir picoré quelques orangettes confites (décidément délicieuses !) elle s'apprêtait à pénétrer dans le salon de Diane, quand son attention fut attirée par un groupe de femmes assises sur les ployants à pieds dorés recouverts de velours violet. Elles s'amusaient follement et plus particulièrement l'une d'elles qui parlait fort avec de grands gestes minaudiers pour la plus grande jubilation des autres. Elle imitait apparemment quelqu'un avec beaucoup de succès. Isabelle allait poursuivre son chemin lorsque l'inconnue prononça le nom de Nicolas.

Tout d'abord intriguée, Isabelle se persuada qu'il existait beaucoup de Nicolas, mais quand la précieuse s'exclama, dans un tonnerre d'éclats de rire : « Aaah, chèèère Isaaaabelle ! », elle comprit que son couple faisait l'objet de leurs sarcasmes. Se dissimulant prudemment entre une torchère d'argent et un guéridon, Isabelle tendit l'oreille et perçut leurs propos comme dans un mauvais rêve :

— Elle est quand même plutôt jolie.

— Peuh ! Ce n'est pas avec son sourire niais qu'elle retiendra Nicolas ! Il lui faut autre chose !

— Tu es bien placée pour le savoir.

— C'est l'hôpital qui se moque de la charité, Hortense !

— Allons, vous n'allez pas vous quereller. Ce qui est bien avec le tempérament de Nicolas, c'est qu'il y en a pour tout le monde !

— Le pauvre, lui avoir imposé une telle greluche, c'est un comble.

Cette précision fut ponctuée de gloussements et de commentaires grivois que l'objet de leurs médisances n'entendit plus. Les joues en feu, les larmes aux yeux, Isabelle se retira prestement et, le cœur battant, flagellée par l'humiliation, sortit de la pièce le plus vite qu'elle put. Elle marcha le long des couloirs sans savoir exactement où aller, simplement pour se soustraire aux yeux des autres, pour se calmer et remettre de l'ordre dans son esprit désemparé.

Au détour d'un couloir, elle se heurta à un gentilhomme qui se dressa devant elle en lui barrant le passage, puis l'invectiva avec arrogance :

— Que faites-vous donc par ici, madame ? Vous allez pénétrer dans les appartements privés de Monsieur. Y avez-vous été conviée par Son Altesse ?

Affreusement vexée, Isabelle tenta de se justifier du mieux qu'elle put :

— Je vous prie de m'excuser, je ne le savais point. J'ai dû m'égarer dans les couloirs.

— Vraiment ? Alors, laissez-moi vous raccompagner. Où êtes-vous logée ? Au second ?

— Oui, au numéro trois.

— Tiens donc ? Alors, vous êtes la comtesse de Neuville !

Tandis qu'elle acquiesçait d'un signe de tête, il la dévisagea avec un intérêt nouveau, puis partit d'un rire sardonique. Il était d'une beauté saisissante, bien qu'il ne semblât plus tout jeune. Mais derrière ce visage d'ange, le regard restait froid, dominateur et provocant. Elle devina en lui une menace réelle, une concupiscence à peine voilée, l'insolence de celui qui a pour habitude de faire son bon vouloir et d'agir en maître. Isabelle éprouva une peur instinctive face à cet énigmatique personnage au pouvoir de séduction machiavélique. Elle voulut faire un pas en arrière pour se dégager du bras qu'il avait passé sous le sien, mais il la rattrapa brutalement par la taille et l'attira à lui.

Avant qu'elle n'ait pu crier, il la renversa sur l'une des banquettes alignées face aux fenêtres et souleva ses jupes du geste précis et sans détour de celui qui n'en est plus à son coup d'essai. Il se laissa tomber sur elle en ricanant avec vulgarité :

— Je suis un amant aussi brûlant que le comte de Neuville. Il le sait fort bien, d'ailleurs !

Isabelle se débattit de toutes ses forces, tout en formulant le genre de supplique qu'émet toute femme respectable en semblable circonstance :

— Non !! Je vous en prie, laissez-moi !

Ceci accrut la jouissance de l'entreprenant courtisan :

— Seriez-vous prude, par ma foi ? Ah, la bonne plaisanterie, l'épouse du comte de Neuville est une charmante ingénue ! La farce est exquise, car sachez qu'en ce moment même, votre mari se donne du bon temps dans la première antichambre de la salle de billard !

Il se redressa légèrement pour mieux apprécier l'effet de son trait perfide. Isabelle profita de ce relâchement pour lui prodiguer l'une de ses spécialités dans laquelle elle commençait à exceller, c'est-à-dire un généreux soufflet ! Ceci s'avéra suffisant pour lui faire lâcher prise et, alors qu'il restait pantois en se tenant une joue désormais aussi rouge qu'un homard, elle se dégagea et s'enfuit en courant. Le rustre s'apprêtait à se lancer à sa poursuite, mais des silhouettes entrevues à l'autre extrémité du couloir l'arrêtèrent dans son élan. Réajustant sa cravate avec préciosité, il en resserra la broche et rabattit ses manchettes de dentelle avec autant de minutie sur les larges manches de son justaucorps constellé de petits éclats de diamants. Il s'éloigna enfin d'un pas mesuré après avoir négligemment remis en place quelques mèches de son impressionnante perruque blonde.

Parvenue à l'autre bout du couloir, Isabelle ralentit sa course et se retourna. Ne voyant plus personne, elle poussa un profond soupir de soulagement, estimant à juste titre qu'elle l'avait échappé belle ! Remettant elle aussi un peu d'ordre dans sa toilette, elle s'éclipsa discrètement. Elle n'avait plus qu'une idée en tête : quitter au plus vite ce lieu de perdition ! La compagnie des commères, certes insupportable, restait apparemment préférable à la lubricité des gentilshommes. Mieux valait rester la proie des quolibets, car dans les salons régnait un semblant de sécurité.

Qu'avait donc voulu dire cet ignoble jouisseur au sujet de son mari ? Il semblait fort bien le connaître et son allusion accrut son malaise. Cet homme affirmait pourtant haut et fort ne pas pratiquer l'amour à l'italienne… ce qui d'ailleurs s'avérait méritoire pour quelqu'un d'aussi bien fait de sa personne, vivant dans l'entourage de Monsieur ! Qui était donc ce goujat ? Sans doute pas n'importe qui, d'après sa mise et son allure de conquérant circulant en habitué dans les appartements du duc d'Orléans. Il lui fallait le savoir absolument afin de l'éviter comme la peste !

Cette déconvenue fut perçue comme une sévère leçon : même dans le palais le plus doré, la vigilance s'imposait. Bien que les couloirs de Versailles ou de Saint-Cloud ne présentassent rien de comparable avec les froids coupe-gorge de Saint-Germain ou du Louvre, le péril existait partout.

À la Cour, que ce fût celle du Roi-Soleil ou de son frère, on ne rencontrait guère de séraphins ! Sous le satin des belles marquises se dissimulaient des femmes faciles, et les courtisans n'étaient que des oisifs avides d'occuper leur temps en prenant du plaisir. Le comte de Neuville n'en avait pas inventé la recette, mais s'intégrait tout simplement au décor !

Évoquer le nom de son époux raviva sa désillusion. Le salon de billard ? Il se trouvait par le plus malencontreux des hasards précisément au bout de ce couloir et, pour y parvenir, il fallait en effet traverser deux antichambres.

Résolument, bien qu'elle gardât la gorge sèche et les jambes encore tremblantes de sa mésaventure, Isabelle se dirigea dans cette direction.

La porte largement ouverte laissait apercevoir des banquettes et des ployants de velours vert disposés contre les murs, ainsi qu'une table garnie de liqueurs. Beaucoup d'hommes et de femmes se trouvaient réunis dans la pièce, buvant et plaisantant sans souci de l'étiquette.

L'atmosphère paraissait effectivement plus détendue et beaucoup plus libre que dans les autres salons. Isabelle reconnut le duc de Chartres en galante compagnie, s'adonnant sans retenue à la paillardise. Effectuant du regard le tour de cette assemblée plutôt dévergondée, elle le vit enfin et ne put s'empêcher de tressaillir : le comte de Neuville, assis entre deux femmes au décolleté vertigineux, sirotait de la liqueur dans un verre de cristal avec une délectation évidente.

L'une de ses deux voisines se trouvait quasiment vautrée sur lui et, en observant mieux ce qu'elle considérait comme une vision de cauchemar, Isabelle remarqua avec horreur qu'elle glissait la main à l'intérieur de son justaucorps déboutonné et ceci à l'endroit le plus intime de son anatomie. Le comte de Neuville en paraissait bien aise et affichait un sourire béat. Bien que la plus élémentaire décence voulût qu'elle se retirât au plus vite, Isabelle demeura hypnotisée par la scène. Nicolas avala sa liqueur d'un coup sec, puis tendit son verre à la coquette sise à sa droite. Se retournant avec un soupir de moribond, il enfouit son visage au plus profond du décolleté de la seconde (celle à la main si mal placée !). Cette fois, malgré toute sa volonté, Isabelle ne put retenir un « oooh ! » scandalisé et, optant pour un repli sans gloire, tourna les talons. Elle se heurta alors à deux nouveaux sybarites qui la retinrent par le bras et la poussèrent à l'intérieur en braillant : « Faut pas vous sauver, mignonne, c'est ici qu'on s'amuse ! » Cette incursion intempestive fut à peine remarquée par la majorité des joyeux fêtards, suffisamment gris pour ne plus s'étonner de rien. Avant d'effectuer un bond en arrière et de ressortir aussi vite qu'elle était entrée, Isabelle eut le temps de croiser le regard du comte de Neuville, émergeant du paradis de la généreuse poitrine comme si un génie malin l'eût averti d'un danger imminent.

Ce ne fut qu'une fugace confrontation, le temps de franchir la porte, mais ce regard pénétra comme un fer rouge dans le cœur de l'épouse bafouée. Il ne s'agissait plus de l'expression abrutie d'un lascif pris de boisson, mais d'une franche panique traduisant une affliction sincère. Prenant à deux mains les plis de son ample jupe pour courir plus vite, Isabelle refit en sens inverse toute la longueur du couloir.

Peu lui importaient les médisances, les mâles en rut ou toutes les autres calamités de la terre, le véritable drame se jouait bien là : dans son cœur ! Elle éprouvait désormais le besoin vital de sortir, de se perdre dans la fraîcheur de la nuit, de retrouver la calme complicité du parc, des grands arbres, des bougainvilliers et des bosquets de buis, d'entendre l'apaisant adagio des fontaines et de l'eau frémissante des bassins. Parvenue sur le parvis sans ralentir l'allure, elle s'arrêta enfin et, malgré le petit vent frais, s'accouda à la balustrade.

Là, elle enfouit son visage dans ses mains et put enfin pleurer toutes les larmes de son corps. À cette heure tardive, les jardins se trouvaient désertés, les derniers invités demeurant à l'intérieur des salons.

Achevée par cette ultime désillusion, Isabelle ne savait plus que faire : se retirer dans sa chambre au second étage et s'y terrer, ou bien demander sa calèche et rentrer chez elle ? Devait-elle seulement revenir dans un endroit appartenant à l'objet de son aversion ? Subirait-elle donc semblables affronts sa vie durant ? En proie à ses tristes cogitations, secouée de sanglots nerveux, elle sentit soudain deux mains se poser avec douceur sur ses épaules. Encore sous le choc de ses récentes turpitudes, elle crut à une récidive de l'inconnu du couloir et sursauta violemment en poussant un cri strident.

— Vous êtes bien nerveuse ! Je suis confus de vous avoir effrayée, mais le vent a masqué le bruit de mes pas.

Le comte de Neuville, quelque peu contrit, lui souriait. Elle estima paradoxalement qu'il s'exprimait fort bien pour un homme ayant passé la soirée à s'enivrer. Se dégageant brutalement, elle le foudroya de son expression la plus assassine :

— Ne m'approchez pas, misérable ! Allez-vous-en ! Partez vite retrouver vos putains, elles vont se languir de vous !

— Comme ce mot est inélégant dans votre jolie bouche ! Je vous demande pardon, Isabelle. Je suis confus, je ne voulais pas vous faire de peine.

Il paraissait sincèrement affligé et arborait la mine piteuse d'un petit garçon qui attend sa réprimande. Cette attitude si touchante ne suffit pourtant pas à faire fondre la glace, et la riposte claqua comme un coup de fouet :

— Vous avez décidément toutes les audaces ! Hors de ma vue !

— Allons, Isabelle… Après tout, cela ne devrait pas vous chagriner outre mesure puisque vous n'éprouvez aucun sentiment pour moi. J'espère que vous avez apprécié votre soirée et que la loterie vous a été favorable. Je n'en doute point d'ailleurs, connaissant Monsieur. Moi, je tentais de me distraire à ma façon de mon côté. Ainsi tout le monde est content…

— Tout le monde est content ? Aaah, quel toupet ! Vous me couvrez de ridicule devant toute la Cour de Monsieur et…

— Mais non, en voilà une idée ! La Cour me connaît fort bien et l'on vous trouve admirable. Je ne vous ai jamais prise en traître, souvenez-vous : nous avions convenu que…

— Peut-être, mais vous pourriez éviter de le faire le jour où je suis avec vous ! Vous n'êtes qu'un mufle ! Je vous déteste ! Allez vous faire pendre ailleurs avec vos maîtresses, vos soirées et vos loteries ! Je ne veux plus vous voir !

En proférant ces reproches acides, elle prit l'écrin de velours noir qu'elle avait gardé avec elle malgré toutes ces péripéties et le jeta à ses pieds. Il s'entrouvrit, et les pendants de perles roulèrent sur les pavés. Ce geste rageur eut pour effet de provoquer l'indignation de son époux qui blêmit et serra les poings :

— Comment osez-vous ? Traiter ainsi le présent de Monsieur ? Vous avez perdu la raison, c'est un sacrilège !

Elle le toisa avec arrogance :

— Un sacrilège ? Ce n'est point un chapelet bénit, et Monsieur n'est quand même pas le bon Dieu !

— C'en est assez, taisez-vous ! Je vous interdis de parler ainsi !

— Vous n'avez rien à interdire, je ne suis pas votre esclave, et Isabelle ne s'achète pas avec des bijoux ! Donnez-les donc à vos odalisques pour les récompenser de leur complaisance !

Blanc de colère, les dents serrées, le très courtois comte de Neuville perdit lui aussi sa maîtrise, la vision des perles dans la poussière agissant sur lui comme un coup de cravache qui aiguisait son courroux. Haussant le ton, il invectiva vertement son épouse qui, devant cette attaque inattendue, battit des cils et se trouva décontenancée :

— Nous avions convenu d'une bonne entente mutuelle et, à la première déconvenue, vous vous conduisez comme une gamine sotte et prétentieuse ! Si cette existence vous répugnait, vous n'auriez point dû l'accepter, mais plutôt entrer au couvent ! Une bonne sœur, voilà qui conviendrait fort bien à vos airs de bigote effarouchée ! Si vous ne supportez pas la vie de Cour, il fallait épouser un hobereau de campagne, velu, rustaud et puant la vache. Et encore, peut-être aurait-il été lutiner la gardeuse d'oies du voisin ? Je vous avais demandé d'être suffisamment intelligente pour que notre mariage ne tourne pas au désastre comme celui du duc de Chartres et de sa garce. Vous êtes pire ! Oui, pire ! Car elle possède un énorme avantage sur vous : elle est odieuse, mais sait tenir son rang. Et elle le tient sans faillir, bien qu'elle ne soit qu'une bâtarde ! Quand on épouse un comte de Neuville, on marche la tête haute !

Isabelle ouvrit la bouche, mais ne put émettre qu'un « Oooh, par exemple ! », saoulée par ce déferlement de ressentiment. Sans lui donner le temps de se ressaisir, le comte de Neuville, possédant quant à lui une réserve de souffle inépuisable, repartit dans une nouvelle envolée :

— Mon attitude est condamnable ? Soit, je l'admets et vous en demande humblement pardon ! Mais je vais chercher ailleurs ce que vous me refusez ! Vous osez parler de dérision ? Avez-vous songé à moi ? Je subis des avanies tous les jours aux yeux de mes domestiques et des gens de ma maison qui ricanent sous cape à chaque fois que vous me fermez votre porte au nez ! Je ne connais pas beaucoup d'hommes de mon rang qui supporteraient cette situation. Alors oui, je vais me satisfaire ailleurs, parce que j'en ai besoin comme de boire ou de manger ! Mais mon cœur n'appartient qu'à vous, Isabelle, et je saurai vous attendre !

Parvenant à retrouver ses esprits comme un noyé avalant une bouffée d'oxygène salvatrice, Isabelle se récria, d'une voix éraillée :

— Si je vous entends bien, c'est moi qu'il faut incriminer? C'est extraordinaire !

Le comte de Neuville sembla se tempérer et retrouver la maîtrise de lui-même. Il esquissa un sourire laconique et soupira avec fatalisme :

— Ce n'est pas vous, Isabelle. Mais ce n'est pas moi non plus. C'est le destin. Le Roi dit toujours avec munificence qu'il ne s'appartient pas, mais qu'il appartient à l'État. Nous autres, gentilshommes de la noblesse d'épée, nous appartenons au Roi. Il faut l'admettre une fois pour toutes et essayer d'en vivre le mieux possible !

Il se tut et détourna les yeux. Un grand silence suivit ce brutal déferlement oratoire. Apercevant un laquais qui portait la livrée de Monsieur et s'éloignait dans l'ombre, Nicolas eut un hochement de tête irrité :

— Et voilà ! C'est intelligent ! Un valet nous a vus. Demain, nous serons la risée de tout Saint-Cloud. Le couple Neuville en pleine scène de ménage ! Et vous parliez de ridicule ?

Sur cette constatation ulcérée, il la planta là, se dirigeant vers l'entrée du château où il s'engouffra sans un regard en arrière.

Après être restée pensive un long moment, Isabelle rentra à son tour et regagna directement le second étage. Elle se barricada dans sa chambre et s'abattit sur son lit en sanglotant. Le comte de Neuville irait passer la nuit où bon lui semblerait, mais elle ne lui ouvrirait pas, même s'il forçait sa porte avec tous les carabiniers de Monsieur !

Le comte de Neuville ne se présenta point. Sans doute n'avait-il que l'embarras du choix pour se trouver une alcôve accueillante et se faire consoler de ses malheurs.

***

Isabelle ne parvint pas à fermer l'œil, ressassant inlassablement la conversation, ou plutôt le cuisant monologue, stoïquement subi. Et pourtant, la soirée avait si bien commencé : la loterie, la remise de prix, ces si belles boucles d'oreilles ! Quelle sottise d'ailleurs, de les jeter ainsi ! Rétrospectivement, elle déplorait son geste digne d'une gamine coléreuse, comme l'affirmait si bien son mari. Mais, en considérant l'effet produit sur sa personne, elle ne pouvait retenir un sourire mauvais.

Voilà qui l'avait fait sortir de ses gonds de façon spectaculaire ! Jamais elle ne l'avait vu ainsi ! Bien fait et tant pis pour les perles ! Monsieur n'en saurait rien, Dieu merci, car il en serait déçu et lui, par contre, ne le méritait pas. Isabelle entendait encore résonner les dures paroles de son époux, jusqu'à présent si chevaleresque avec elle. Ceci lui avait permis de libérer un trop-plein de rancœur sans doute accumulé depuis le début de leur union et révélant sans équivoque que lui aussi en souffrait cruellement.

Isabelle ne parvenait plus à prendre une décision cohérente et à définir l'attitude à adopter. Pour la première fois, elle ne se sentait pas vainqueur de la joute. Elle admettait la véracité des propos de son mari, bien qu'avoués sous le fait du ressentiment. Mais comment négliger un tel camouflet ? La vision de cette femme légère et de son comportement l'avait rendue folle de rage. Une acrimonie due à l'opprobre… ou à une jalousie naissante ?

S'étant engagé à lui assurer une existence aussi agréable que possible, le comte de Neuville restait irréprochable. Ce qui apparemment devait lui coûter ! Nicolas entendait toutefois rester le maître chez lui et mener ses divertissements à sa guise. Il venait de le lui rappeler avec fermeté ce soir.

Demain, Monsieur accueillerait le Roi, en compagnie de sa famille et de sa Cour. La comtesse de Neuville lui serait officiellement présentée. Devait-elle demeurer à Saint-Cloud ou s'enfuir pendant qu'il en était encore temps ? Laisser Nicolas tout seul se débrouiller pour expliquer son absence comme il le voudrait ? Était-ce vraiment la bonne solution ? Cette décision déclencherait la guerre de façon irréversible avec son époux, lui attirerait la disgrâce royale et par ricochet celle du duc d'Orléans.

La nuit porte-t-elle conseil, comme l'affirme un vieil adage ? Mais encore faudrait-il parvenir à s'assoupir. Isabelle pensa avec amertume que la destinée se transformait en une immense loterie, au cours de laquelle la chance tournait bien vite !

XIX

La trêve

Isabelle se réveilla de fort méchante humeur après avoir très mal dormi. N'ayant pas trouvé la solution idéale lui permettant d'envisager la situation sous de meilleurs auspices, elle demeurait en proie à une appréhension légitime concernant la journée à venir.

Ne distinguant nulle trace du comte de Neuville, elle supposa qu'il avait regagné sa demeure et descendit se mêler aux autres invités. Elle croisa le duc de Chartres dont la mine fripée et les yeux cernés traduisaient sans équivoque le lendemain de sa nuit d'orgie. Trop maussade pour subir la copie conforme de l'objet de sa rancœur, Isabelle répondit à son bonjour de façon plus que brève et poursuivit son chemin avant qu'il n'ait pu lui adresser la parole.

Elle venait de lui tourner le dos, lorsqu'elle aperçut le comte de Neuville, en grande conversation avec un groupe de gentilshommes et, selon sa bonne habitude, arborant ce sourire irritant qui en faisait immédiatement le centre d'intérêt de la société.

Lorsqu'il remarqua sa présence, il se dirigea vers elle et la salua galamment. Isabelle répondit à cette marque d'affabilité par son attitude la plus rigide. Mais Nicolas ne parut nullement s'en formaliser :

— Avez-vous passé une bonne nuit ?

— Et vous-même ? Je suppose que vous l'avez passée en compagnie de cette personne si distinguée qui promenait élégamment sa main dans… dans votre…

— Dans quoi ?

— Dans…

Lançant un regard furtif à la cantonade, pourtant suffisamment éloignée pour ne pas l'entendre, elle n'osa poursuivre et baissa les yeux avec un soupir agacé. Le comte de Neuville, se réjouissant de son trouble, précisa ostensiblement, avec un bel aplomb :

— Je ne vous empêche pas de faire de même ! Je raffole des petites chatouilles à cet endroit. Cela me produit toujours un effet formidable !

Il accompagna ces mots d'un geste vers l'endroit en question, puis, voyant l'expression affolée de son épouse, s'esclaffa peu discrètement. Remarquant alors toutes les têtes tournées vers sa personne, il reprit une contenance plus respectable et commenta, avec une moue dégoûtée :

— Sachez toutefois que je n'ai pas passé la nuit avec elle. Le duc de Chartres était tellement saoul qu'il n'a pas pu regagner son appartement et a dormi avec sa maîtresse. Il m'a dit d'aller coucher dans son lit. C'est ce que j'ai fait… et tout seul ! Ce fut bien agréable : un peu de luxe et de repos après toutes ces folies !

Tout en continuant à s'ébaudir, il passa familièrement son bras sous celui de sa femme qui, consciente d'être le point de mire général, n'osa point se rebiffer. Elle se laissa donc entraîner docilement avec un petit sourire crispé destiné à donner le change. Suite à leur conversation de la veille et à l'appréciation de son mari concernant le valet qui les avait surpris, elle jugea en effet plus sage d'opter pour une conduite raisonnable.

Le comte de Neuville salua plusieurs personnes d'une inclinaison de tête et murmura à son oreille :

— Venez, il faut que je vous parle, mais pas ici, il y a trop de monde.

— Vous craignez d'accroître notre ridicule ?

— Avec vous, on ne sait jamais !

Il l'attira ainsi jusqu'au dehors et descendit en direction du bassin du fer à cheval. S'asseyant sur le rebord, il l'invita à faire de même. Isabelle regarda avec méfiance la pierre humide ; elle craignait d'y compromettre sa robe. Son mari eut un petit sourire ironique :

— Vous craignez pour votre toilette? Vous avez raison, ce ton clair doit être assez fragile. Alors, venez donc sur mes genoux, ils sont plus rembourrés et plus chauds que le rebord de marbre.

Avant qu'elle n'ait pu réagir, elle se retrouva sur ses genoux, ce qui sembla le transporter au comble du bonheur :

— Ne bougez surtout pas, sinon nous allons choir tous les deux dans le bassin. Apollon et sa muse sortant des eaux ! Il ne manquera plus que le char pour copier Versailles !

Ne pouvant se retenir de pouffer, Isabelle se reprit bien vite et se tint raide comme la justice, sans oser faire un geste et réalisant que c'était la première fois depuis leur mariage qu'elle se trouvait si près de lui ! Mais, bien sagement, le comte de Neuville n'en profita point et reprit, avec le plus grand sérieux :

— Maintenant que nous voilà tranquilles, j'ai une requête à vous soumettre, Isabelle.

— Une requête ?

— Oui. J'ai cru comprendre hier soir que vous aviez bien du mal à respecter notre pacte, mais je le conçois et ne reviendrai pas sur ce sujet. Nous nous en sommes expliqués, pas forcément de la meilleure des façons d'ailleurs, car nous étions l'un et l'autre fort échauffés ! C'est regrettable, mais laissons cela. Je vous demande d'être capable désormais d'accepter une trêve, et nous reprendrons nos explications ultérieurement. Qu'en pensez-vous ?

— Peu importe ce que j'en pense, puisque vous avez l'intention de mener votre existence comme bon vous semble. Alors, menez-la et ne vous souciez pas de moi.

— Ah ! La petite louve a les crocs bien aiguisés ! Je vous demande une trêve pour la venue du Roi. Je voudrais que vous soyez à mon bras pour lui présenter nos hommages. C'est très important pour moi.

— Pourquoi donc est-ce si important ?

— Parce que Monsieur lui a beaucoup parlé de vous. Je lui ai moi-même affirmé que je me trouvais très heureux de mon mariage. Le Roi est impatient de vous connaître.

— Et si je ne me tenais pas à vos côtés, vous passeriez pour un parfait nigaud, c'est cela ?

— Tout à fait ! Mais j'en serais aussi très malheureux, et Monsieur, fort vexé, ce qui pourrait nous valoir la disgrâce à vous comme à moi. Et, croyez-moi, ce n'est ni votre intérêt ni le mien, car nos destinées sont liées, que vous le vouliez ou non.

— Vous avez sans doute raison et vous parlez avec sagesse, comme toujours, Nicolas. Mais que, moi, je fasse sotte figure aux yeux de vos maîtresses et de toutes les femmes de la Cour, cela vous importe peu ?

— Ce n'est nullement le cas !

— Moi, je vous affirme que si ! J'ai surpris hier la conversation de péronnelles qui se gaussaient de moi avec délectation.

— Vraiment ? Ma pauvre Isabelle, j'entends mieux votre mauvaise humeur. Cette journée ne vous fut décidément guère favorable !

— Et cela vous amuse ?

— Pas du tout ! Mais je vous croyais plus perspicace. Ces railleries ne traduisaient qu'une jalousie purement féminine.

— Je ne vois vraiment pas pourquoi ?

— Alors vous êtes bien naïve ! Moi, je connais fort bien le caractère féminin ! Les péronnelles en question ont compris que vous les surpassiez toutes et que vous avez pris dans mon cœur une place qu'aucune d'elles n'aura jamais.

— La modestie ne semble pas être votre qualité première, monsieur le comte de Neuville ! Vous croyez-vous donc vraiment irrésistible à ce point ?

— Je connais mon pouvoir sur les femmes. Sur toutes les femmes.

En appuyant fermement sur le mot « toutes », il la fixa dans les yeux avec insistance, et Isabelle, soudain décontenancée, ne trouva plus rien à répondre. Le comte de Neuville précisa, avec une moue désabusée :

— La rivalité amoureuse est une carte essentielle du jeu de la séduction. Une carte fort utile à qui sait l'utiliser. Toutes ces courtisanes sont des envieuses, ce qui justifie leurs quolibets. Et vous, vous en mouriez de convoitise quand Marion avait la main dans mon… comme vous dites ! Ce qui expliquait l'ampleur de votre ressentiment.

Isabelle ouvrit la bouche, cherchant une riposte à la mesure de l'attaque, mais, avant qu'elle n'ait pu rétorquer, il conclut, avec un sourire désarmant :

— C'est pourquoi il faut vous montrer plus intelligente qu'elles et surtout ne pas entrer dans leur jeu. Écrasez-les donc de votre supériorité et prenez votre revanche cet après-midi en vous affichant à mon bras devant le Roi dans toute votre splendeur. J'en serai très fier et je vous donne ma parole que vous ne le regretterez point. Ce sera la meilleure des façons de leur clore le bec et d'affirmer haut et fort que vous êtes bien la comtesse de Neuville.

Isabelle demeura silencieuse, fixant l'eau qui se ridait légèrement. À cette heure, les jets n'entraient pas encore en action, mais, en présence du Roi, ce calme limpide se métamorphoserait en tumulte hydraulique. Le grand jet, la grande et la petite gerbe, les cascades, toutes ces orgues démesurées rivaliseraient de brio pour satisfaire le Roi-Soleil.

Isabelle ressentit à la fois une certaine mélancolie et un profond apaisement, goûtant ce calme qui précédait la tempête. Elle éprouvait une sensation de bien-être et de sérénité, confortablement assise sur les genoux sécurisants de son mari, à l'écart de la cohorte des courtisans.

Le comte de Neuville partageait-il ses sentiments, tandis qu'il s'absorbait lui aussi dans la contemplation du léger frémissement des reflets bleutés, les mains sagement posées à plat sur le marbre blanc ?

Isabelle releva enfin les yeux et affronta sans la moindre appréhension le velours qui faisait chavirer tous les cœurs. Elle sourit et répondit, sans baisser son regard :

— Je crois que votre suggestion est pertinente, Nicolas. Et même s'il n'est pas facile d'être la comtesse de Neuville, je tenterai de respecter notre pacte ou du moins cette trêve que vous me proposez. J'assumerai mon rang, bien que n'étant pas une bâtarde du Roi, et je marcherai la tête haute.

Le comte de Neuville ne put réprimer un petit sourire en notant au passage la flèche de Parthe destinée à la duchesse de Chartres. Il s'exclama néanmoins, dans un élan de joie sincère :

— Je vous remercie, Isabelle. Je viendrai vous chercher en début d'après-midi. Soyez prête pour deux heures.

Il ne paraissait pourtant guère pressé de repartir, et Isabelle elle-même serait bien restée ainsi tout l'après-midi. Ce fut presque avec regret qu'elle exprima son souhait de regagner le château.

En la regardant s'éloigner avec ce mouvement de hanches tout à fait charmant, le comte de Neuville gardait un sourire attendri. Puis, fort satisfait de lui-même, il s'extirpa de sa contemplation. Il connaissait assurément son pouvoir sur les femmes… sur toutes les femmes !

***

Il était un peu plus d'une heure quand Isabelle, aidée de sa chambrière, commença à s'apprêter. Il lui fallait bien tout ce temps pour parvenir à ses fins !

Après maintes hésitations, elle s'en tiendrait désormais à sa ferme résolution : peu importait les raisons profondes du comte de Neuville, qu'il souhaitât satisfaire son orgueil personnel, asseoir sa situation en Cour ou exprimer sincèrement son amour pour elle, il fallait saisir cette opportunité de revanche contre le mauvais sort ! Les propos de son mari ayant eu l'effet d'un coup de fouet salutaire, elle ne baisserait plus les bras comme une victime que l'on raille.

Le temps des fuites dans les couloirs, les joues rouges de honte, appartenait bel et bien au passé. Oui, elle revendiquerait son titre de comtesse de Neuville, n'en déplaise à toutes ces langues de vipères. Elle leur ferait ravaler leurs calomnies en s'affichant au bras de son mari et en sachant retenir l'attention du Roi.

Maquillage, poudre, mouches, parfum, fer à friser, tout devait être utilisé sans fausse note afin de la porter au zénith de son charme. Très affairée devant son miroir, elle tentait de placer elle-même une assassine sur le haut de sa pommette, lorsque la soubrette lui annonça l'arrivée du comte de Neuville. Jetant un regard affolé à la pendule, Isabelle se rassura aussitôt : il se trouvait tout simplement en avance, ce qu'il confirma lui-même avec un bel entrain :

— Je suis venu un peu plus tôt, Isabelle, car je pensais que, si cela vous agréait, peut-être pourriez-vous porter cette robe-ci ?

Isabelle se retourna et vit sur le fauteuil une robe de brocart d'or et d'argent avec quelques diamants piqués au centre de feuilles d'acanthe entrelacées. Elle resta muette de saisissement devant cette pure merveille, puis, sentant les larmes lui monter aux yeux, se leva d'un bond pour se précipiter vers son époux. Elle se trouva arrêtée net dans son élan et ne put retenir un cri de stupeur. Le comte de Neuville la contemplait, la mine rayonnante. À ses oreilles pendaient les boucles de perles. Il désigna la robe d'un geste du menton :

— Vous plaît-elle ?

Et ce hochement de tête eut pour effet de faire osciller les pendants. Il était si drôle, ainsi, qu'Isabelle éclata d'un rire spontané. Alors, profitant lâchement de ce qu'elle continuait à rire sans parvenir à retrouver son sérieux, il détacha les perles et les lui suspendit aux oreilles. En sentant ses doigts frôler sa joue avec délicatesse, elle retrouva une soudaine gravité. Feignant de ne pas s'en apercevoir, le comte de Neuville précisa sournoisement :

— Elles sont quand même préférables sur vos ravissantes oreilles que sur les miennes… ou que dans la poussière !

N'obtenant nulle riposte et conscient d'avoir marqué un point, il reprit, fort habilement :

— Il me paraissait inconcevable de faire un tel affront à Monsieur, après toutes les bontés qu'il a eues pour vous. Il sera très flatté de vous voir les porter et je crois que j'ai fort bien fait de ne pas suivre votre conseil. J'aurais pu les donner à la première femme croisée dans un couloir, ou même à une chambrière de Madame. Mais c'eût été dommage, ne croyez-vous pas ? Elles vous vont à ravir.

Retrouvant ses armes aussi vite qu'elle les avait perdues, Isabelle rétorqua, avec un rire mutin :

— Si vous en êtes à courtiser les chambrières, vous baissez lamentablement, mon pauvre Nicolas.

Aucunement vexé, le comte de Neuville apprécia de la voir revenue à de meilleurs sentiments, mais ne put résister à une réplique :

— Oh, vous savez, c'est pourtant parmi les chambrières de Madame que le Roi a choisi plusieurs de ses maîtresses !

Avec une moue faussement réprobatrice, Isabelle conclut perfidement :

— Lui, au moins, a fini par s'assagir.

— Grâce à madame de Maintenon qui lui a montré le chemin de la religion et du repentir ! Tenez, voilà un exemple à suivre. Demandez-lui le mode d'emploi : comment rendre sage un mari trop frivole !

— Le ciel m'en préserve ! Je n'ai rien d'une bigote et encore moins d'affinités avec cette femme.

— Heureusement pour moi ! Vous n'avez rien en commun, effectivement. C'est une intrigante qui a su faire son chemin. Ce que vous n'êtes pas et c'est fort bien ainsi. Elle a toujours agi dans l'ombre et ne l'a jamais pris de front, mais est toujours parvenue à obtenir ce qu'elle voulait.

— Je n'ai pas ce genre de caractère.

— Oh, non ! Vous, vous êtes assurément le genre à

prendre de front ! À entrer tête baissée dans l'adversaire, madame la louve !

Il se mit à rire, décidément d'humeur folâtre. Isabelle ne put encore une fois s'empêcher de lui faire écho, concédant, malgré tous ses griefs, que son mari possédait le don d'ébranler systématiquement ses froides résolutions. Chacun ayant ses petites faiblesses, Isabelle, quant à elle, ne résistait jamais à un trait d'esprit habilement placé… ou à une appétissante sucrerie !

Depuis l'enfance, cette facette de sa personnalité se révélait bien gênante, car lorsqu'elle prenait la ferme résolution de bouder, un bon mot ou un chou à la crème faisaient fondre sa détermination comme neige au soleil ! Avec le comte de Neuville, elle commençait à comprendre que la partie serait délicate, car il ne demeurait jamais sérieux bien longtemps, quelle que soit la situation !

Considérant la robe déposée sur le fauteuil, Nicolas reprit, avec un soudain empressement :

— Mais il ne faut pas que je vous retarde ! Cette toilette vous convient-elle ? J'ai estimé qu'elle mettrait en valeur votre beauté naturelle.

— Nicolas ! Je ne sais comment vous remercier. C'est… c'est magnifique ! C'est trop beau pour moi. Cette robe est… est digne d'une reine !

— Mais non, rien n'est trop beau pour vous. Vous êtes d'ailleurs bien plus séduisante que les reines que je connais ! Il faut que vous soyez resplendissante. Nous musellerons ainsi les contempteurs.

Isabelle nota avec satisfaction l'emploi du « nous ». En cet instant solennel, le comte de Neuville n'était plus l'insatiable épris de plaisirs, mais un noble de pure race souhaitant par-dessus tout faire honneur à son sang. Son épouse devenait alors partie intégrante de lui-même. Il se retira discrètement afin de la laisser s'habiller avec ses soubrettes et de se préparer lui aussi.

Lorsqu'il réapparut, cette fois à l'heure prévue, le comte de Neuville se tint sagement sur le pas de la porte. En se présentant devant lui, Isabelle ne parvint pas à masquer une fugace expression de pur ravissement : vêtu d'un justaucorps de velours ivoire abondamment garni de broderies en fils d'or, son époux semblait la réincarnation même d'Apollon ! N'importe quel cœur féminin aurait fondu lamentablement devant semblable apparition !

Mais, en cet instant, l'envoyé de l'Olympe semblait lui-même cruellement ébranlé, au point de ne pouvoir articuler un mot. Enfin fort naïvement, tel un soupirant à ses premières esquisses, il fit une tentative :

— Ah, Isabelle ! Mon Dieu…

Pour la première fois, elle prit conscience qu'elle aussi possédait un pouvoir indéniable sur les êtres du sexe opposé. En s'observant dans le miroir quelques instants plus tôt, elle doutait encore que cette femme en or, aux cheveux bouclés relevés en un élégant chignon retenu par une coiffe de perles, à la taille si bien prise, au visage souriant, aux yeux rieurs… oui, il s'agissait bien d'elle… le petit pirate de Saint-Cloud, la fille du fontainier qui escaladait les canalisations des souterrains du parc.

Elle : Isabelle, comtesse de Neuville. Elle avait entendu comme dans un rêve la voix admirative et respectueuse de sa jeune chambrière : « Madame la comtesse, comme vous êtes belle ! Vous êtes la plus belle de toute la Cour, pour sûr ! »

Et maintenant, Nicolas la dévorait des yeux, toujours plus figé qu'une statue. Brusquement, elle ressentit un bonheur immense jamais éprouvé. Le plaisir d'être femme, de se sentir désirée, ce qui devenait sans doute bien futile… mais tellement délicieux !

Isabelle afficha ce petit sourire si fréquemment employé comme arme fatale par son mari : la mimique à la fois charmeuse et désabusée de la personne absolument persuadée que personne ne lui résistera ! En proie à un enjouement tout à fait nouveau, elle s'enquit, fort hypocritement :

— Alors, monsieur le comte de Neuville ? Pensez-vous que je puisse tenir mon rang et faire honneur au nom que je porte ?

Le malheureux Nicolas, décidément perturbé, répondit, en arborant un sourire complètement niais :

— Vous êtes… je ne sais plus quoi dire… vous êtes… jamais je n'ai vu une femme comme vous !

— Venant de vous, le compliment vaut son pesant d'or, car je suppose que vous avez dû en voir beaucoup ! Enfin, voilà qui est parfait, mon ami ! Pour une fois, je suis d'accord avec vous : tout le monde est content ! Vous-même n'êtes pas trop mal… mais reprenez-vous, de grâce : on dirait que vous venez d'avaler un manche à balai. Cela risque de nuire à notre image de couple le plus séduisant de Saint-Cloud !

Absolument hilare, elle passa son bras sous celui de son mari et entraîna un comte de Neuville, pour la première fois de sa longue carrière de bourreau des cœurs, plus emprunté qu'un hobereau de campagne !

XX

La consécration

Jamais encore Isabelle n'avait franchi le seuil des pièces royales, ce « saint des saints », situé au centre de la façade ouvrant sur la cour d'honneur. Dans le dernier salon de l'appartement royal, cette chambre du Dais dans laquelle Monsieur recevait les ambassadeurs, le Roi-Soleil trônait sous ce fameux dais si impressionnant, recouvert selon les besoins de parures différentes aux tons vert, argent ou violet. Pour Louis XIV, la tradition, arborant des pans rouge et or qui retombaient jusqu'au sol, respectait les couleurs royales.

Louis le Grand, avec un sourire à la fois majestueux et bienveillant, recevait d'un hochement de tête courtois les hommages des courtisans venant se prosterner devant lui. Cette politesse exquise, associée à une parfaite maîtrise de lui-même en toute circonstance, était devenue la marque du souverain qui ne le quitta point sa vie durant.

Monsieur et la Palatine, un peu en retrait, surveillaient avec intérêt le bon déroulement de la cérémonie. Le duc de Chartres, plus rigide qu'un planton, se tenait à leurs côtés. Madame de Maintenon, un peu plus loin, ne perdait rien, elle non plus, des agissements des uns et des autres. Sa présence s'avérait exceptionnelle puisqu'elle restait plus volontiers dans l'ombre ; elle ne se rendait que fort rarement à Saint-Cloud. Elle se savait en effet peu appréciée par la famille d'Orléans, si férue d'étiquette et farouchement hostile à toute « pièce rapportée » qui ne fût pas de sang royal. L'union avec cette veuve Scarron scandalisait Monsieur et bien encore davantage la Palatine qui lui vouait une haine farouche, la gratifiant volontiers de mots doux dont les moindres ressemblaient à « vieille ripopée » ou à « l'ordure du grand homme » ! Quand le Roi imposa le mariage du duc de Chartres avec l'une de ses bâtardes issues de sa liaison avec la Montespan, le vase déborda… et l'épouse morganatique évita désormais Saint-Cloud comme la peste !

Aujourd'hui, vêtue de sombre, les cheveux sagement dissimulés sous une coiffe austère, une médaille pieuse autour du cou, elle incarnait à la perfection l'image même de la femme prude et dévote à qui l'on aurait donné le bon Dieu sans confession.

Lorsque l'ordonnance annonça avec emphase : « Le comte et la comtesse de Neuville », Isabelle sentit son cœur battre à tout rompre. En entendant son nom associé à celui de son mari et jeté à la face de toute la Cour réunie, elle comprit que son destin venait de s'accomplir de façon irrémédiable et qu'il fallait qu'il en soit ainsi. Les jambes tremblantes, la gorge sèche, elle se trouva projetée sur le devant de la scène, au centre de cette pièce d'apparat au mobilier fastueux et aux étoffes rarissimes. Sous les lustres aux pendeloques de cristal dont l'éclat rivalisait avec celui des miroirs de Venise, elle eut conscience que tous les regards se trouvaient désormais fixés sur elle. Levant les yeux sur le grand tableau qui représentait Monsieur à la bataille de Cassel, Isabelle formula une prière secrète :

elle implora le prince guerrier, qui avait décidé de son sort, de lui insuffler un peu de la hardiesse qu'il affichait si bien en menant ses hommes à la victoire.

Deux rangées de courtisans formaient une allée rutilante de pierreries, de dorures, d'étoffes chamarrées et de jupes empesées.

À l'extrémité de ce chemin de lumière, lui aussi la regardait : Louis le Grand, monarque majestueux et imposant, symbolique de la monarchie de droit divin portée à sa sublimation.

Il fallait parvenir jusqu'à lui, ce qui demandait assurément une belle dose de courage ! Isabelle sentit sur son bras la pression des doigts de son mari. Un geste de connivence qui se voulait un encouragement et une marque de complicité. Elle y puisa la force de triompher, car elle devina en l'homme à ses côtés, porté lui aussi en cet instant au paroxysme de son charisme, une considération et un amour authentiques.

Au fur et à mesure qu'ils s'avançaient, le grand silence qui avait suivi l'annonce de leur titre se mua en un murmure qui parcourut les rangs.

Elle comprit alors que tous ces hommes et ces femmes ne parvenaient à cacher leur admiration pour ce couple si bien assorti. Car, sans aucun doute possible, ce murmure était laudatif. Isabelle venait de gagner de belle façon son titre de comtesse de Neuville aux yeux de la Cour, affichant ainsi sa victoire indiscutable sur toutes ses rivales.

Parvenu devant le Roi, Nicolas effectua une profonde révérence et elle fit de même, mettant à profit les leçons si bien apprises. Levant enfin les yeux, elle rencontra ceux du monarque. Malgré les ans, il gardait encore un pouvoir de séduction indéniable et il se dégageait de sa personne une telle magnificence et tant d'autorité que sa vue seule laissait pantois.

Isabelle, à la fois éblouie et tétanisée, ne put qu'arborer un petit sourire intimidé qui dut pourtant plaire au Roi, puisqu'il sourit à son tour. Cet honneur demeurait un fait bien rare, le souverain se montrant d'ordinaire aussi avare de signes euphoriques que de paroles. Soulevant légèrement son chapeau, le Roi-Soleil se tourna vers un duc d'Orléans à la mine triomphante :

— Voilà un couple absolument charmant, mon frère. Je vous félicite, car j'ai ouï dire que vous étiez l'instigateur de cette union.

Puis, s'adressant à Nicolas avec tout autant d'affabilité :

— Permettez-moi de vous complimenter, monsieur le comte de Neuville. On m'avait vanté la beauté de votre épouse, mais je vois que la réalité dépasse encore tous ces éloges. Je ne l'avais aperçue que fort brièvement lors de votre tournoi de paume. Elle fera pâlir tous les gentilshommes de ma Cour. J'espère que vous l'y amènerez souvent. Nous aurons autant de plaisir à l'y voir que nous en avons à vous rencontrer. Elle me semble aussi remarquable que vous.

Nicolas rosit de contentement et répondit avec une nouvelle révérence encore plus accentuée que la précédente :

— Je n'y manquerai point, Majesté ! La comtesse de Neuville et moi-même sommes très flattés de l'estime que Votre Majesté daigne nous témoigner.

Visiblement satisfait, Louis le Grand hocha la tête avec bienveillance, sans perdre Isabelle du regard. Bien qu'il fût désormais assagi et même devenu dévot sous l'influence de l'austère Maintenon, il n'en restait pas moins un Bourbon fort capable d'apprécier une jolie femme !

Le jeune couple allait se retirer, lorsque le monarque se tourna soudain vers madame de Maintenon :

— Ne m'aviez-vous point dit, madame, que la comtesse de Neuville avait étudié dans votre établissement de Saint-Cyr ? Sans doute devez-vous la connaître ?

Alors, brusquement, Isabelle sentit le souffle lui manquer, avec l'horrible sensation que le plafond et toutes les peintures de Mignard allaient lui tomber sur la tête. Saint-Cyr ! Madame de Maintenon s'intéressait de fort près à son établissement et se trouvait dotée d'une mémoire suffisante pour ne point oublier les jeunes personnes l'ayant fréquenté. Qu'allait-elle répondre ? Douée pour les études, mais bien davantage encore pour les bêtises, la petite-fille du fontainier avait certainement laissé, dans le très strict pensionnat, le souvenir d'une élève rebelle supportant mal le rigide carcan de la discipline ainsi que l'autorité froide et bornée des religieuses.

La comtesse de Neuville leva sur madame de Maintenon un regard de martyr, empli d'une saine terreur. En un instant, la bigote du Roi-Soleil avait la possibilité de tout saccager, de tout anéantir. Il suffisait d'un mot pour que la jolie Isabelle soit ridiculisée devant tous. Le rouge aux joues, elle comprit soudain qu'elle allait passer pour une enfant infecte aux yeux du Roi, des courtisans et, surtout…, de Nicolas ! C'en était fait de son prestige à peine éclos !

Les sombres prunelles de celle qui fut Françoise d'Aubigné semblaient sonder la jeune femme, tel l'empereur romain qui hésite encore pour laisser tomber sa sentence et décider s'il doit tourner son pouce vers le ciel ou le sol : la vie ou la mort. *Motituri te salutant…*

Madame de Maintenon eut un petit sourire non dénué de malice et répondit simplement :

— La comtesse de Neuville a effectivement fréquenté Saint-Cyr. C'était une jeune fille qui obtint de bons résultats, si mes souvenirs ne me trahissent point.

Alors, Isabelle sentit son cœur se gonfler de joie et jamais elle ne fit à quelqu'un un sourire plus chaleureux et plus sincère ! Le Roi en fut bien aise et commenta :

— Voilà qui est parfait ! Une femme séduisante et un esprit cultivé…

Avec cette appréciation marquant le point final d'une épreuve brillamment gagnée, Louis XIV venait de porter au pinacle la consécration du couple de Neuville.

XXI

Démon et loup-garou

Après s'être bien évidemment montré élogieux en visitant le cabinet des curiosités, le Roi émit le souhait de se promener dans les jardins. Sa Majesté supportait difficilement de se trouver enfermée une après-midi entière, et l'appel du grand air restait pour elle un besoin vital.

Monsieur accompagna bien volontiers le monarque et, lorsque celui-ci demanda : « Conduisez-nous donc, mon frère, au pied de vos chères cascades que je ne me lasserai jamais de contempler », le duc d'Orléans, tout frétillant de superbe, rétorqua : « Avec la plus grande joie, monsieur ! » et d'un pas conquérant, ouvrit le chemin !

Parvenu au pied des cascades, le Roi marqua le temps nécessaire pour profiter pleinement de cet enchantement. Parmi le cortège, le comte de Neuville, plus absorbé par le charme de son épouse que par celui des nappes d'eau, goûtait sa trêve sans modération.

Tout en cramponnant son bras fermement, il se pencha vers elle :

— Ces jeux d'eau sont vraiment sublimes. Ils le sont encore davantage pour vous, je suppose, étant l'œuvre de votre famille.

— Oui, Nicolas. Et je pourrais vous en apprendre beaucoup, sans doute, sur le flux nécessaire, le circuit des aqueducs et des canalisations souterraines, ainsi que sur toutes les bouches de fontaines et leurs effets les plus variés !

— Voilà qui serait fort intéressant ! Et qui me changerait des conversations féminines si insipides sur les rubans et les coiffes !

— Je n'aurais pas cru que les conversations féminines vous déplaisaient à ce point.

— C'est effarant, c'est plus fort que vous ! Ne trouvez-vous pas agréable que nous soyons ainsi tous les deux à plaisanter dans ce décor féerique ? Est-ce donc si déplaisant d'être au bras du comte de Neuville ?

Isabelle leva les yeux au ciel, ne sachant d'ailleurs pas exactement ce qu'il convenait de lui répondre. Elle remarqua alors un gentilhomme qui passait à côté d'eux et lui lançait un regard appuyé, à la fois inquisiteur et glacial.

Quand elle se retourna, il baissa la tête et se fondit dans la foule. Reconnaissant son agresseur du couloir, Isabelle se raidit. Elle serra inconsciemment le bras de son mari et s'enquit, à voix basse :

— Nicolas, connaissez-vous cet homme qui vient de passer ?

Tout à sa conversation, le comte de Neuville n'y avait apparemment pas prêté la moindre attention. Il chercha parmi la cohue à discerner la personne en question. Le tirant par le poignet et le forçant à se pencher entre deux rangées de perruques, Isabelle le lui désigna, précisant qu'il n'était guère poli de montrer du doigt, mais que cela restait le seul moyen de parvenir à ses fins.

Le comte de Neuville se rembrunit instantanément et la considéra avec une méfiance inhabituelle :

— Si j'ai un bon conseil à vous donner, Isabelle, c'est d'éviter de croiser son chemin. Si jamais un jour il vous arrivait de rester seule avec lui, inventez n'importe quel prétexte, mais partez le plus vite possible.

— Pourquoi ? Est-ce donc Machiavel en personne ?

— Ne riez pas, je parle sérieusement. C'est l'être le plus immonde que la terre ait porté.

— Mais qui est-ce donc ? Un mignon de Monsieur ?

— Le chevalier de Lorraine ! L'archimignon de Monsieur et le maître de Saint-Cloud.

— Un dépravé parmi tant d'autres…

— Ne croyez pas cela ! Lorraine règne en maître et il ne se passe rien ici qui ne soit décidé par lui. Il régente Monsieur à sa guise et mène Saint-Cloud selon son bon vouloir. C'est un vicieux, cupide, méchant, intrigant… et j'en passe !

— Si c'est un mignon, il devrait négliger les femmes !

— Pas lui ! Lorraine prend tout : les hommes, les femmes… et fait tout avec ! Il est capable d'obliger un garçonnet ou une toute jeune fille à subir les pires sévices et n'hésiterait nullement à se rougir les mains s'il fallait camoufler son geste pour étouffer un scandale. Il ramasse des hommes jeunes et beaux pour Monsieur jusque dans la rue ou à l'Opéra. Quand Monsieur n'en veut plus, il s'octroie les restes.

— Mais c'est ignoble ! Comment le duc d'Orléans peut-il tolérer cela ? Lui qui possède tant de bonté.

— Parce qu'il en est sincèrement amoureux ! Philippe d'Orléans est un sentimental, un vrai sentimental, ce qui le rend vulnérable. Lorraine en use et en abuse, le trahissant même auprès du Roi pour son propre profit. Louis le Grand connaît le pouvoir du favori et l'utilise sans vergogne quand il veut influencer son frère ou connaître certaines vérités. Il est ainsi devenu très puissant et a même reçu le cordon ! Dieu sait pourtant s'il ne le mérite pas ! Monsieur en souffre, mais n'a pas la volonté suffisante pour s'en séparer, car c'est un tendre qui a besoin d'aimer. Lui, en revanche, n'a jamais contraint personne : les jeunes hommes qu'il prend sont libres de leur choix et, une fois qu'il a obtenu ce qu'il voulait, il se montre généreux, offrant généralement pensions, charges ou cadeaux de valeur. Je n'ai jamais compris comment il a pu tomber sous l'emprise de cet infâme personnage. Et cela dure depuis des années. Soyez très prudente avec Lorraine, il pourrait vous faire grand mal. C'est l'incarnation du démon.

— Oh, je le sais !

Elle avait prononcé ces mots dans un élan qu'elle regretta aussitôt, ne voulant pas avouer sa mésaventure à son mari. Nicolas s'en montra pourtant immédiatement alarmé :

— Se serait-il montré inconvenant envers vous ?

— Non, non ! Mais j'ai entendu dire que ce fut le cas pour d'autres.

— Pour beaucoup d'autres, en effet ! Moi, il a tenté de me violer en sortant de l'orangerie.

Isabelle reluqua son mari avec effarement, se demandant s'il plaisantait. Mais le comte de Neuville gardait sur le visage une expression bien sérieuse. Il sembla hésiter, puis poursuivit d'une voix sourde, masquant un réel ressentiment :

— Je n'aime pas tellement parler de cela et encore moins à vous, car ce n'est pas flatteur pour moi. Mais je vous sens incrédule et je veux absolument vous faire comprendre à quel point il peut être dangereux. Une femme aussi belle que vous, il la prendrait de force s'il le pouvait. Et s'il le faisait, je le tuerais.

Il émanait une implacable résolution et une telle

menace de ces propos, qu'Isabelle sentit son estomac se nouer. Son mari se doutait-il de quelque chose ?

Pour cacher le scepticisme qui s'immisçait en elle et la stupeur que lui procuraient ces révélations, elle s'enquit, d'une voix blanche :

— Je vous remercie de votre franchise, Nicolas. Elle me touche profondément. Mais, avec quelqu'un comme vous, comment est-ce possible ?

— C'était un soir, l'année dernière. Monsieur avait donné un bal dans l'orangerie, puis une abondante collation pour fêter la venue de nouveaux citronniers arrivés directement d'Italie. J'avais bu un peu trop sans doute, mais je n'étais pas ivre…

— Je m'en doute, ce n'est pas votre genre !

— Je vous en prie, Isabelle ! Le sujet ne se prête pas à la plaisanterie et ces explications me sont très pénibles. Je vous les fournis pour votre propre sécurité. Alors, n'ayez pas l'inélégance de les utiliser contre moi.

— Je vous demande pardon, Nicolas…

Elle accompagna cette contrition d'une pression accentuée sur son bras et posa sa joue sur son épaule. Un instant troublé par ce geste, le comte de Neuville interrompit sa narration, puis la poursuivit avec un soupir :

— Je ne me sentais pas très bien. Toutes ces sucreries venues d'Italie, le vin capiteux, tant de monde entassé dans l'orangerie, alors je suis sorti pour prendre un peu de fraîcheur. Je me suis trouvé entouré de Lorraine, Effiat et deux autres, qui m'ont entraîné sous une arcade. Comme j'avais l'esprit embrumé, je n'ai pas réagi assez vite. Ils m'ont empoigné brutalement, et Lorraine a commencé à… enfin…

Isabelle ouvrait des yeux ronds, se demandant jusqu'où irait cette description et comment cette tragique histoire allait se terminer. Son époux eut un petit rire crispé :

— À cet instant, des invités sont sortis et ils m'ont lâché. Je me souviens avoir giflé Lorraine dans un réflexe typiquement féminin, puis, retrouvant mes esprits, j'ai sorti ensuite mon épée dans le dessein plus viril de la lui planter en travers de la gorge. Les nouveaux arrivants ont mené grand tapage et nous ont séparés. Comme nous avions tous deux bu un peu trop, ils ont supposé qu'il ne s'agissait que d'une querelle de fêtards ! On nous a renvoyés chacun dormir dans notre appartement ! Le lendemain, j'ai mesuré l'ampleur de ce geste. Il s'en est suivi une belle affaire ! J'ai prévenu Monsieur qui s'est montré scandalisé et a vertement sermonné son favori. J'avais toutefois affirmé ma ferme intention de ne plus remettre les pieds à Saint-Cloud après un tel outrage ! Lorraine a été contraint de me faire des excuses ; Monsieur m'a offert une montre en argent pour se faire pardonner. Mais je ne voulais pas céder et refusai même sa pension. Un jour, Monsieur en personne est venu me chercher avec son carrosse, affirmant qu'il ne fallait plus penser à cela et que ma présence lui manquait beaucoup. Alors je suis revenu… parce qu'un courtisan doit être fier, mais jusqu'à un certain point seulement !

— Et Monsieur, Nicolas ? Quelle est son attitude envers vous ?

— Il est amoureux de moi, bien évidemment.

— Pourquoi, bien évidemment ?

— Parce que Monsieur n'a jamais pu voir un bel homme sans en tomber amoureux !

Isabelle ne put se retenir de pouffer, heureuse d'extérioriser toute la tension d'angoisse que ce récit lui avait causée :

— Vous êtes toujours aussi modeste !

— Monsieur m'a toujours respecté, car il sait que l'amour à l'italienne ne me tente guère. J'aime trop les femmes ! Et comme il a promis à mon père d'assurer mon avenir, il se conduit en homme d'honneur. D'ailleurs, je vais certainement vous faire sourire, mais figurez-vous que, parmi les reproches formulés à Lorraine, il se montrait indigné que celui-ci ait cherché à s'attribuer ce que lui ne prenait pas par souci des convenances ! J'avais tout à fait l'impression d'être une sucrerie que deux marmousets se disputaient !

Cette fois, Isabelle ne put se retenir d'éclater de rire en imaginant parfaitement le duc d'Orléans formuler cette remontrance ; elle la jugeait tout à fait digne de sa personnalité : très sincèrement offusqué, mais jaloux quand même qu'un autre ait pensé obtenir ce qui lui faisait envie sans oser l'avouer !

Elle nota d'autre part avec amusement que son mari, en semblable situation, avait eu la même réaction qu'elle : une gifle ! Qu'il s'agisse d'un homme ou d'une femme, d'une prude ingénue ou d'un libertin notoire, la défense restait vieille comme le monde !

Quant au chevalier de Lorraine, la famille de Neuville ne semblait pas particulièrement lui réussir ! Voyant son épouse continuer à s'égayer, Nicolas sourit et conclut, avec une désinvolture retrouvée :

— Il vaut mieux s'en divertir, assurément ! Mais ce sont néanmoins des sévices que je ne souhaite à personne… ni à un homme ni à une femme. C'est pourquoi j'ai pour habitude de ne jamais prendre de force, par esprit chevaleresque, par égard pour le nom que je porte, mais aussi par conviction profonde. J'ai toujours appliqué ce précepte, même bien avant de vous connaître. En ce qui concerne Lorraine, railler n'exclut pas la méfiance, car il cède du terrain quand il n'a pas le choix, mais n'est pas homme à oublier. Il pourrait tout aussi bien s'en prendre à vous.

— Ne craignez rien, Nicolas. Je serai prudente et l'éviterai soigneusement. C'est le genre de personnage que je n'ai nulle envie de fréquenter !

Le comte de Neuville ne pouvait imaginer toute la véracité de cette affirmation !

Lors de cet échange de propos pour le moins délicats, ils s'étaient tenus un peu à l'écart.

Ayant formulé le désir de descendre à pied jusqu'au parterre de Vénus, le Roi s'engagea dans l'allée du Mail en direction du Trianon. La majeure partie de sa suite ne s'en montra guère réjouie !

Arpenter le parc de Saint-Cloud nécessitait en effet une bonne condition physique, le moindre déplacement ne pouvant s'effectuer sans emprunter des allées pentues. Le Roi, lui, s'en souciait peu et, malgré l'âge, gardait un plaisir évident pour les activités champêtres.

Isabelle et son mari accélérèrent donc le pas pour rejoindre le cortège, lorsqu'ils remarquèrent deux quinquagénaires se livrant à une conversation plus qu'animée. Le plus véhément d'entre eux se dirigea dans leur direction, puis, après les avoir salués, entra d'emblée dans le vif du sujet :

— Monsieur le comte de Neuville, vous allez pouvoir nous départager, vous qui avez la réputation de quelqu'un de raisonnable !

Nicolas sourit et lança un clin d'œil à son épouse :

— Vous êtes fort aimable ! Voilà qui va redorer mon blason aux yeux de la comtesse de Neuville qui m'accorde plutôt la réputation de quelqu'un de pas très raisonnable !

— Je voulais dire d'un homme doté de raison, c'est-à-dire capable de réfléchir intelligemment, avec une culture et une élévation d'esprit ne lui permettant pas d'avaler n'importe quelle énormité.

— Je vous remercie, c'est toujours mieux que rien…

Isabelle ne put s'empêcher de pouffer ; le comte de Neuville ne changerait décidément jamais ! Préoccupé par son sujet, son interlocuteur ne s'attarda pas inutilement sur son esprit, préférant poursuivre, avec le plus grand sérieux du monde :

— Nous évoquions le loup-garou ! C'est le sujet de conversation du jour. Qu'en dites-vous, monsieur le comte de Neuville ?

— Ce que j'en dis ? Que ce sont des élucubrations de paysans. Ces bougres ne manquent jamais d'imagination.

— Mais plusieurs personnes certifient l'avoir vu, même le jardinier du duc de Chevreuse. C'est un homme crédible.

— Sans doute avait-il trop bu ?

— Il n'est pas coutumier du fait.

— Justement ! Il ne supporte pas le vin.

— Alors, vous n'y croyez pas ?

— Pas le moins du monde. Ce n'est pas la première fois que l'imagination paysanne transforme un fait complètement anodin en histoire démoniaque.

— Cela paraît d'autant plus invraisemblable qu'il n'y a plus de loup dans les alentours. De cela, tout le monde est certain !

— Puisqu'il n'y a plus de loup dans les environs, il ne peut y avoir de loup-garou. C'est une évidence. Alors, croyez-moi, oubliez donc tout cela !

Sans paraître s'intéresser davantage à la question, le comte de Neuville les salua civilement et reprit sa marche énergique en compagnie de son épouse, dans le dessein de rattraper le Roi au parterre de Vénus.

Nicolas gardait un petit air enjoué, savourant ce qu'il considérait comme une bonne plaisanterie. Isabelle ne put réprimer plus longtemps sa curiosité et s'enquit aussitôt :

— Qu'est-ce donc que tout ceci, Nicolas ?

— Évidemment, tout le monde en parle et vous êtes la seule à l'ignorer ! Je n'en sais rien et vous avouerais que je m'en moque bien ! J'ai passé l'âge de trembler avec des commérages saugrenus de ce genre.

— Ils ont vu un loup-garou ?

Avec un soupir résigné, le comte de Neuville estima qu'il devrait malgré tout se plier aux explications. Il précisa donc, avec une moue dédaigneuse :

— Un paysan affirme avoir vu un loup-garou : une espèce de bonhomme avec une tête de loup. Vous savez, le genre de conte que l'on narre aux petits enfants pour les obliger à obéir ou à manger leur soupe.

— Et alors ? Le loup-garou l'a attaqué ?

— Même pas ! Sans doute ne l'a-t-il point trouvé comestible ? Mais ce genre de récit produit toujours beaucoup d'effet sur les oisifs n'ayant pas grand-chose d'autre à faire que de commenter la moindre peccadille. On y croit, ou non. Voilà, c'est tout.

— Et si c'était vrai ?

— Isabelle ! Une femme telle que vous ne prêterait pas attention à des affabulations de vieille sorcière ? Mais dites donc ? Vous qui aimiez tant les loups, vous devriez chercher à le rencontrer, ce loup-garou. À défaut du prince charmant, il ferait peut-être votre affaire !

Elle allait lui rétorquer qu'il se montrait vraiment ridicule, mais il l'attira contre lui et lui pinça la taille au passage. Isabelle ne put retenir un « aïee » suraigu. Toutes les têtes se tournèrent vers sa personne, et plus particulièrement celles de la famille royale et des proches de Monsieur qu'ils étaient enfin parvenu à rejoindre. Reprenant une contenance très digne, elle s'écarta prudemment de son mari et reprit, bien sagement à petits pas, le cours de la promenade.

En lançant un regard à la dérobée au comte de Neuville, elle remarqua qu'il avait le nez baissé sur ses souliers et qu'il continuait à rire tout seul. Elle haussa les épaules, regrettant toutefois que le sujet fût clos aussi vite.

XXII

Le monstre des ajutages

En regardant le Roi et sa suite se diriger vers le Trianon, le comte de Neuville eut un soupir blasé :

— Je suppose que nous allons maintenant devoir subir la traditionnelle collation à Trianon.

— D'ordinaire, cela vous réjouit.

— Sans doute, mais pas aujourd'hui. Je voudrais profiter encore un peu de cette trêve inespérée. J'ai d'ailleurs une meilleure idée à vous proposer : pourquoi ne me feriez-vous pas découvrir vos connaissances hydrauliques ?

— Maintenant ?

— Mais oui, pourquoi pas ? Nous pouvons fort bien nous absenter une heure, personne ne s'en formalisera.

— Votre intérêt est donc réel ?

— Assurément ! C'est un sujet qui me passionne et, avec un professeur tel que vous, je me sens capable de grands progrès !

Isabelle hésita.

Pouvait-on ainsi quitter le cortège du Roi ? Nicolas était-il sincère ou s'agissait-il tout simplement d'une nouvelle manigance de sa part pour s'isoler avec elle ? Comprendrait-il seulement tout ce que cela représentait, à la fois souvenirs et symboles d'un autre temps ? Pourtant, une envie irraisonnée la poussa à répondre favorablement à sa requête.

Elle ressentait malgré elle le désir de retourner sur les lieux où son grand-père préservait les secrets de son art, de fureter parmi les plans et les outils, de s'imprégner de l'insouciance de son enfance, de sentir les effluves âcres du plomb refroidi, d'y puiser la sérénité et de la faire partager au comte de Neuville.

Isabelle prit donc en compagnie de son époux le chemin qui menait vers le petit pavillon où le vieux fontainier entreposait et réparait ses outils, étudiait ses plans et ses croquis, se réfugiait entre deux averses ou deux visites royales. Devant la porte à la peinture défraîchie se trouvait toujours la grande jarre de terre cuite dans laquelle une plante à l'espèce indéterminée tentait de survivre. Non, rien n'avait changé, et les successeurs de son grand-père perpétuaient les habitudes avec le savoir-faire. Isabelle souleva légèrement le pot et prit la clef rouillée. En ouvrant la porte, elle reçut en plein visage les odeurs vieillottes de la pièce qui sentait le renfermé, mais, au-delà de cette atmosphère rustique, c'était son monde à elle qui reprenait vie, son bien qui lui revenait. En proie à une émotion croissante, elle se dirigea vers un coffret de bois et en extirpa la petite clef servant à ouvrir le tiroir qui recelait les documents importants. Elle tira énergiquement sur la poignée du meuble vermoulu qui s'ouvrit en grinçant après avoir rechigné un instant. Isabelle devinait sur elle le regard de son grand-père, son sourire bienveillant. Violait-elle ainsi son domaine privé, trahissait-elle un secret n'appartenant qu'à eux seuls ? Était-il au contraire heureux de constater que sa petite-fille n'oubliait point ses origines et que le talent ancestral demeurait en elle comme l'héritage d'une caste ? Le comte de Neuville étant son mari, il semblait normal qu'il empiétât un peu sur ses souvenirs exclusifs…

Tentant ainsi de se donner bonne conscience, Isabelle déroula les vieux papiers sur le dessus de la commode et les lissa du plat de la main. Nicolas la considérait avec tendresse et une dignité bien inhabituelle, sans doute ému lui aussi par la solennité de cet instant. Isabelle eut un sourire un peu triste :

— C'est un peu l'âme de mon grand-père qui s'exhale de ces grimoires…

— Je le sais, Isabelle, et je partage ce que vous ressentez. J'avais une sincère considération pour lui, comme pour tous les artisans œuvrant à Saint-Cloud. Monsieur éprouvait une profonde amitié pour votre grand-père, qui fut un homme honnête, possédant parfaitement son métier. Je suppose que c'est un honneur assez rare, que d'avoir accès à ces parchemins. Sachez que j'apprécie cette marque d'estime de votre part et que j'en suis très touché.

Désireux de ne point se laisser aller à des sentiments qu'il jugeait indignes de lui, le comte de Neuville se pencha sur le plan déplié avec un intérêt accru. Entre les rides du papier jauni se trouvaient reproduits canalisations, regards, aqueducs et bassins. On y reconnaissait parfaitement le tracé souterrain du parc.

Les annotations, les flèches et les pointillés demeuraient fort explicites : des hachures pour les aqueducs allant vers le Grand Réservoir et la Grande Gerbe, des lignes noires stylisant les canalisations de la Grande à la Petite Gerbe, du bassin des vingt-quatre jets à celui de l'orangerie, de la cour d'honneur et de tous les autres ! Grisés et striés de lignes horizontales, les bassins se dévoilaient : les cascades, le Grand Jet, le Fer à cheval, les Carpes, les Trois Bouillons…

Nicolas suivait sur le papier le circuit imaginaire de l'onde dans sa course effrénée au déferlement. Son doigt parcourait les trajectoires, trouvait les repères. Il s'exclama enfin, enthousiaste comme un enfant au comble de l'émerveillement :

— C'est extraordinaire ! Tout ceci est absolument incroyable !

Puis, il se mit à rire, extériorisant un enjouement sincère et retrouvant le trait essentiel de sa personnalité profonde, c'est-à-dire une causticité permanente :

— Quand je pense aux centaines de pieds de triples sots qui foulent chaque jour les allées des jardins, sans même imaginer ce qui se trouve en dessous ! La plupart sont tellement niais, qu'ils ne se sont jamais demandé comment de l'eau arrivait dans un bassin !

Isabelle approuva bien volontiers, estimant que la majorité des courtisans serait sans doute bien surprise de découvrir la complexité de toutes ces ramifications. Il en était de même d'ailleurs en ce qui concernait l'intégralité de ce cadre doré dans lequel ils évoluaient. Ils profitaient du luxe et des plaisirs perçus comme un dû, sans penser à autre chose qu'à leur jouissance personnelle. Ces cerveaux oisifs, installés dans leur routine sécurisante, n'auraient jamais pris le temps de réfléchir à l'organisation faramineuse que nécessitait leur bien-être, ni à la somme de labeur exigée des subalternes à leur service.

Qu'il s'agisse des architectes ayant érigé ces merveilles, des peintres, des doreurs, des sculpteurs, des vitriers, des tapissiers, des cent cinquante jardiniers et même des laquais ou des cuisiniers, une ronde laborieuse s'affairait dans l'ombre chaque jour pour le bon vouloir de Monsieur, des princes du sang et des courtisans. Cette ruche somptueuse n'égalait pas Versailles, mais peu s'en fallait !

Isabelle replia soigneusement le plan et le replaça dans le tiroir qu'elle referma avec autant de difficulté qu'elle en avait eue à l'ouvrir. Son mari promenait un regard rêveur sur la pièce et son mobilier désuet. Remarquant une planche recouverte de dessins à l'encre accrochée au mur, il s'absorba dans l'étude de ses moindres détails :

— Voici des croquis d'ajutages, si je ne me fourvoie point. Ce sont les bouches de toutes les fontaines du parc ?

— En effet. Elles déterminent les effets souhaités, car chaque jet est particulier par sa forme et sa puissance.

Le comte de Neuville, fasciné par les esquisses et les courbes, lisait les noms à haute voix : jet vertical, gerbe en faisceaux, bouillon ébouriffé… Il affirma enfin, avec emphase :

— J'ai l'impression de pénétrer dans un monde magique ! Un univers bien particulier dont j'ignorais tout. Je vous remercie, Isabelle, pour ces enseignements si précieux. Je crois que, désormais, le parc me semblera encore plus attrayant.

En disant ces mots, il l'embrassa sur les deux joues. Rassérénée de le voir apprécier son jardin secret, Isabelle le sentit soudain si accessible qu'elle passa ses bras autour de son cou et l'embrassa à son tour sur la joue. Transporté au paradis des fontainiers, le comte de Neuville arbora un air de pure extase.

Tandis qu'elle replaçait la clef dans le coffret avec autant de soin que s'il s'agissait du Saint Graal, son mari poursuivait son investigation avec un bel entrain. Elle le vit disparaître dans le corridor jouxtant la pièce et servant de remise à outils. Elle s'apprêta à l'y rejoindre quand un affreux rugissement la fit tressaillir :

— Graaouououorrr !! Après le démon de Lorraine et le loup-garou, voici maintenant le monstre des ajutages !

Il s'agissait du comte de Neuville, arborant un rictus menaçant, un chaudron sur la tête et un grand tablier crasseux noué autour du cou. Il tenait dans chaque main un fer Mahon et une louche. Il avait déniché dans tout ce bric-à-brac un chaudron servant à fondre le plomb pour les soudures, ainsi que la louche et le fer Mahon utilisés pour colmater les canalisations.

Ceci valait largement les exploits du preux chevalier de Neuville, et Isabelle se persuada que son incorrigible époux possédait un talent inégalé de comédien, avec pour spécialité le registre comique ! Elle céda bien évidemment au fou rire, tandis qu'il esquissait une danse de sauvage en frappant sur le chaudron avec la louche. Ceci aurait pu se prolonger assez longtemps, car Nicolas semblait posséder le souffle et l'énergie suffisants pour ignorer la fatigue.

Il se figea pourtant quand une voix sépulcrale annonça, derrière la porte :

— Sa Majesté, le Roi !

Isabelle rengaina immédiatement son alacrité et regarda son mari avec effarement. Nicolas ôta prestement le chaudron qui le coiffait et s'étrangla :

— Le Roi ? Mais que vient-il faire ici, celui-là ? Il était parti vers Trianon ?

Incapable de répondre, Isabelle continuait à fixer l'entrée par laquelle le drame allait immanquablement arriver. Nicolas lâcha sa louche et son fer, tenta de dénouer le tablier, mais s'empêtra dans le cordon trop hâtivement serré. Cédant pour une fois à l'affolement, il invectiva son épouse :

— Mais, aidez-moi donc, au lieu de rester plantée ainsi !

— Peut-être pourrions-nous appeler Marion ? Elle doit avoir plus l'habitude que moi de vous déshabiller ?

— Ah, c'est intelligent ! Voilà bien le moment de brocarder !

Isabelle leva vers lui un œil triomphant, se glorifiant de sa banderille et du fait de le tenir enfin à sa merci. Mais au lieu de courir lui apporter son aide, elle se laissa choir sur un tabouret de bois et s'abandonna de plus belle au fou rire.

Le vieux chaudron qui avait contenu du plomb gardait sur ses parois une fine couche grisâtre. Le comte de Neuville avait désormais les cheveux gris et le visage maculé de traces du même ton ! Comme il venait certainement d'en respirer une bonne dose, il éternua peu discrètement et s'enquit, d'une voix enrouée :

— Qu'ai-je donc de si drôle ? De grâce, venez plutôt m'aider !

Alors, la porte s'ouvrit à la volée et la même annonce de calamité tomba :

— Sa Majesté, le Roi !

Le duc de Chartres apparut sur le seuil et rectifia, dans un grand éclat de rire :

— Pardon : Sa Majesté, le neveu du Roi !

Brusquement revenu de sa surprise, Nicolas ramassa sa louche et fondit sur lui :

— Ah, misérable ! Vous allez me payer cela !

Il s'en suivit une belle bousculade parmi les coffres, les outils et les chaises bancales dont certaines connurent une fin d'existence prématurée.

Les deux compères échouèrent enfin sur le banc et s'ébaudirent tout leur saoul. Isabelle pensa que jamais ce local austère n'avait dû connaître pareille liesse. Son grand-père, s'il les voyait de là-haut, s'en réjouissait sans doute lui aussi !

Philippe de Chartres paraissait bien aise que sa plaisanterie eût produit un effet aussi réussi. Il expliqua à Isabelle, sur un ton faussement réprobateur :

— Je me demandais bien ce que vous faisiez tous les deux là-dedans ! Et pour tout vous avouer, j'ai toujours eu envie de pénétrer dans l'antre des fontainiers et de percer leurs petits secrets.

— Vous vous intéressez aux jeux hydrauliques, vous aussi ? Est-ce donc une nouvelle mode ?

— Je m'intéresse à tout ce qui est intéressant ! En tant que futur héritier des lieux, il est normal que je m'informe des subtilités de mon domaine. Je connais déjà certains détails, par exemple ce ru de Vaulichard qui traverse le coteau de Saint-Cloud, s'approvisionne dans les étangs du Fer à cheval, de la Marche et de Villeneuve. Il bénéfice aussi de plusieurs sources avant de rejoindre la Seine et alimente ainsi le bassin des Carpes et la cascade. Je sais aussi que le Grand Réservoir, creusé par Monsieur, est desservi par un canal venant des étangs de Ville-d'Avray : le Grand Étang et celui de la Ronce. Tout ceci s'achemine jusqu'aux bassins par le principe élémentaire de la gravité…

Il avait énoncé ces précisions avec l'application d'un élève doué récitant sa leçon, sur le ton de la plus parfaite évidence et sans la moindre pédanterie, comme s'il eût parlé du temps qu'il ferait le lendemain. Totalement désarçonnée, Isabelle le considéra avec incrédulité :

— Par exemple ! Comment pouvez-vous donc savoir tout cela ?

Les deux amis se délectèrent avec un bel unisson en notant la stupéfaction produite par cette érudition inattendue. Le comte de Neuville posa une main amicale sur l'épaule de Son Altesse et précisa, avec un sourire de connivence :

— Philippe est aussi doué pour les orgies que pour les études ! Sa culture et ses facultés intellectuelles dépassant largement celles du commun des mortels… à commencer par les miennes, cela explique qu'il soit éclairé sur quasiment tous les sujets !

L'ami de Nicolas haussa les épaules avec une modestie toute naturelle :

— Ceci n'a rien d'extraordinaire. J'ai entendu un jour mon père en parler avec votre grand-père.

Isabelle demeura fort perplexe, découvrant une nouvelle facette du duc de Chartres et devinant que derrière l'oisif dévergondé se cachait non seulement un cœur fort libéral, mais aussi de nombreux talents.

Si le personnage suscitait tout autant sa sympathie que son acrimonie, elle lui tint quand même quelque peu grief d'être arrivé au moment précis où elle venait de goûter un bonheur réel en compagnie de son mari. Nous appartenons au Roi, affirmait celui-ci. Certes, mais cela impliquait-il aussi d'appartenir à tous les princes du sang et à la Cour entière ? Peut-être le comte de Neuville partagea-t-il ce sentiment, bien que Philippe fût l'un de ses plus chers amis, car il conclut, avec un soupir déchirant en les prenant chacun par un bras :

— Puisque la tranquillité est décidément une pure utopie à Saint-Cloud et que je ne puis même pas faire ce qu'il me plaît avec ma femme sans que tout le monde me surveille… eh bien, je vous invite à venir rejoindre le Roi. Notre absence risque de se remarquer et la vôtre encore bien davantage, mon cher Philippe !

Isabelle pouffa en baissant le nez et le « cher Philippe » lui lança un regard en coin, se demandant visiblement s'il s'agissait d'une boutade ou d'un dard innocemment lancé à son endroit…

XXIII

Le maître et l'élève

Revenue dans la demeure de son mari, Isabelle tenta, une fois le calme retrouvé, de remettre de l'ordre dans son esprit. Ce séjour à Saint-Cloud s'était déroulé comme un épisode en dents de scie. Il avait tout d'abord bien débuté, puis était devenu source d'une vexation et de grande désillusion pour, finalement, ne pas si mal se terminer. Isabelle gardait une vive satisfaction concernant sa présentation à Sa Majesté. Elle avait le sentiment flatteur d'avoir produit une forte impression sur le Roi-Soleil. Son escapade dans l'univers des fontainiers lui laissait le goût nostalgique des années de bonheur que l'on ne peut effacer de sa mémoire. Elle avait aussi découvert un comte de Neuville bien agréable… et avec lequel, assurément, on ne s'ennuyait point ! Lorsqu'elle repensait à ce monstre des ajutages, elle en riait encore !

Isabelle se montra néanmoins bien étonnée lorsque sa jeune chambrière l'informa que le comte de Neuville désirait la voir quand elle serait prête. Elle se hâta donc, tout en s'interrogeant sur les motifs de cette requête.

En arrivant dans le salon, Isabelle trouva le comte de Neuville en train d'essayer un gant de peau très souple avec un soin tout particulier. Il allongeait les doigts un par un afin de les ajuster minutieusement. Puis, s'adressant au valet qui semblait attendre un ordre, il émit un « Celui-ci me convient » accompagné d'un sourire satisfait. Apercevant Isabelle, il retira le gant avec autant d'application qu'il en avait mise pour l'enfiler et, apparemment d'humeur avenante, lui souhaita le bonjour :

— Puisque j'ai cru comprendre avoir bénéficié d'un grand honneur en pénétrant dans votre jardin secret, j'ai décidé de vous rendre la pareille en vous invitant dans le mien.

— Vraiment ? S'agirait-il d'une visite détaillée de votre mystérieux cabinet ?

Cette remarque scandée d'un rire mutin eut pour effet instantané de tarir ses bonnes dispositions. Brusquement rembruni, le comte de Neuville rétorqua sèchement :

— Ah, décidément, toute tentative de conciliation s'avère impossible avec vous ! Je n'insisterai donc pas davantage. Excusez-moi de vous avoir importunée.

Tournant les talons, il se dirigea vers la porte, le visage fermé. Stupéfaite par ce revirement si subit, Isabelle le retint par le bras :

— Nicolas ! Pourquoi prendre ainsi la mouche ? Je plaisantais ! Vous appréciez tant les boutades, d'ordinaire.

— Certains sujets ne s'y prêtent guère !

— Je vous demande pardon, je ne voulais pas vous blesser. Je me réjouissais de votre proposition.

Le comte de Neuville sembla hésiter, puis soupira :

— Bien… oubliez cet emportement ridicule. Je vais bientôt prendre un caractère aussi exécrable que le vôtre.

Désireuse de ne point envenimer la situation et avide malgré elle de découvrir ce « jardin secret » quel qu'il fût, Isabelle se contenta de lever les yeux au ciel. Son mari lui expliqua qu'il partait de ce pas prendre une leçon d'escrime avec un maître venu tout exprès de Paris. Son épouse lui ayant affirmé s'intéresser aux armes blanches et n'ayant jamais eu l'occasion de se rendre à la salle d'armes, il lui proposa d'assister à cette leçon et précisa que ce maître d'armes s'avérait être le meilleur de sa spécialité.

Tout d'abord étonnée, Isabelle se sentit flattée de cette marque d'estime. Elle n'ignorait point désormais que, pour cette fine lame, la pratique de l'épée représentait une part très importante de l'existence.

Nicolas se rendait à la salle d'armes plusieurs fois par semaine, pour travailler seul ou avec quelques élus de son choix. C'est pourquoi il portait un attachement tout particulier à ce lieu et sans doute fallait-il montrer patte blanche pour y être admis ! Monsieur le comte de Neuville n'appréciait certainement pas d'être importuné quand il s'adonnait à son passe-temps favori.

Il paraissait encore plus évident que la gent féminine s'en voyait résolument exclue ! Isabelle éprouva donc une joie sincère. Elle n'avait aucunement menti en affirmant que cet apprentissage la séduisait. Si elle avait été un homme, elle y aurait goûté sans modération ! Elle s'empressa donc d'accepter, s'informant toutefois avec un brin d'hypocrisie si l'on tolérait les femmes dans ces cercles traditionnellement masculins. Le comte de Neuville répondit, en riant :

— Non, assurément, mais étant donné que vous ne faites jamais rien comme tout le monde !... Vous êtes d'ailleurs la première de mes connaissances à vous intéresser à l'escrime ! D'autre part, je suis encore le maître chez moi et si je décide d'inviter ma femme à assister à ma leçon, je ne vois pas qui pourrait s'y opposer.

Isabelle faillit lui demander ce qu'il entendait exactement par « connaissances », mais estima l'instant mal choisi pour ce genre de remontrance, préférant suivre de bon gré un Nicolas rasséréné et qui bombait le torse, son épée d'un côté et sa femme de l'autre.

Après avoir traversé l'orangerie entre deux rangées de citronniers, son mari gravit toujours aussi gaillardement les quelques marches conduisant au saint des saints… dont l'enseigne oscillait toujours dès qu'un papillon volait de travers.

Déjà arrivé, le maître l'attendait en effectuant quelques fentes devant un grand miroir. Isabelle le trouva instantanément antipathique. Comme s'il lisait dans ses pensées, le comte de Neuville crut bon de préciser :

— Vous allez voir, c'est un personnage absolument odieux, d'une prétention effarante… mais c'est le meilleur de Paris et je voulais travailler au moins une fois avec lui !

Le personnage qui, indéniablement, semblait bien fat, replaça son épée dans son fourreau d'un geste emphatique et vint saluer monsieur le comte d'une profonde courbette. Nicolas présenta la comtesse de Neuville et nomma maître Aymard de Girault. L'homme eut un léger hochement de tête destiné à Isabelle qu'il gratifia d'un sourire figé :

— Je suis très honoré, madame la comtesse, de connaître l'épouse de monsieur le comte de Neuville, mais un peu surpris de vous trouver en ce lieu. Avez-vous donc l'habitude de le suivre jusque dans la salle d'armes ?

— Non, monsieur. Mais mon époux m'a affirmé que vous étiez le meilleur des maîtres d'armes de Paris, alors je mourais d'envie d'assister à la leçon, car je m'intéresse à l'escrime.

— Vraiment ? Ah, mon Dieu, quelle étrange idée ! Une femme qui s'intéresse à l'escrime ! Vous avez là une épouse bien singulière, monsieur le comte…

Le comte de Neuville ne put réprimer un franc éclat de rire qui ne fut nullement partagé. Le maître d'armes se prenait trop au sérieux pour condescendre à s'égayer de propos anodins. Nicolas rétorqua néanmoins, avec un clin d'œil malicieux en direction d'Isabelle :

— Madame la comtesse est une épouse assez singulière, je n'en disconviens pas ! Mais je l'adore !

Le maître d'armes pinça les lèvres et laissa tomber, avec froideur :

— Ah, oui ? Tant mieux pour vous. Mais pour revenir aux sujets sérieux, je vous avouerais que je suis très honoré de vous prendre en leçon, monsieur le comte, car j'ai ouï dire que vous étiez un fort habile escrimeur.

— Même un fort habile escrimeur a toujours à apprendre d'un grand maître, car j'estime que notre art est infini et qu'une vie entière ne suffira pas à le parfaire.

— Voilà qui est joliment répondu, monsieur le comte. Alors, commençons, si vous le voulez bien.

Après ces préambules de civilités, le maître paraissait pressé d'entrer dans le vif du sujet. Isabelle fut invitée à s'asseoir sur un banc de bois le long du mur, sous un impressionnant blason aux armes des Neuville, jouxtant un râtelier où trônait une collection de sabres, d'épées à deux mains de facture espagnole, de rapières italiennes et françaises. Sur une sorte de buffet haut, des mousquets, des cornes à poudre, des couteaux et des dagues de chasse rappelaient que le comte de Neuville n'était pas seulement un bretteur remarquable, mais aussi un collectionneur avisé. Isabelle s'installa sagement, devinant que désormais elle devait se faire oublier, tout en ne perdant rien des événements. Ouvrant bien grand ses yeux et ses oreilles, elle entendait saisir cette opportunité unique de profiter elle aussi de cette leçon, de chercher à comprendre les subtilités d'une science qui la fascinait. Par deux fois, elle avait eu l'occasion de voir son mari à l'œuvre : la première lors de l'intrusion des larrons dans sa chambre, la seconde au cours d'une bouffonnerie aboutissant à un duel véritable. Mais même lorsqu'il jouait la comédie d'une façon irrésistible de drôlerie, elle n'avait pu s'empêcher de s'émerveiller ! Servi bien évidemment par un physique d'exception, le comte de Neuville possédait également l'élégance naturelle si seyante au duelliste. Pendant son altercation avec Lamotte, elle avait compris qu'il devenait aussi un attaquant audacieux, possédant une technique sans faille et une hardiesse qui laissait peu de chances à l'adversaire. Ces talents se doublaient en l'occurrence d'une grandeur d'âme surprenante dont le fourbe avait su tirer partie. En réfléchissant à tout ceci, Isabelle parvenait à la troublante conclusion que, finalement, son époux n'était pas dénué de mérites et qu'elle les appréciait de plus en plus au fil des jours !

À cette constatation peu rassurante, la petite sonnette d'alarme tintait au fond de son cœur. Et comme il battait fort, ce cœur, lorsque ses yeux suivaient avidement le moindre déplacement du comte de Neuville. Le maître commença par quelques attaques et parades expliquées en détail, qu'il fit exécuter à son élève. Nicolas s'en acquitta fort bien, et le peu plaisant personnage commenta d'un « oui » émis du bout des lèvres. Il corrigea avec condescendance une pointe jugée trop basse, replaça la main arrondie derrière l'épaule, puis recula de quelques pas pour évaluer le résultat. Isabelle, sans y connaître le plus infime détail, devina que ces corrections n'étaient dictées que par sa pédanterie et ne s'avéraient pas vraiment nécessaires. Le travail de l'élève justifiait-il ces remarques ? Elle se prit à en douter et à soupçonner le maître d'une partialité flagrante.

La leçon se poursuivit avec des séries d'attaques simulées, de parades et de ripostes logiques. Le comte de Neuville démontra des réflexes rapides et justes, une intelligence très fine. Il parvenait à deviner ce que le maître allait lui demander et en vint rapidement à anticiper. De Girault ne put retenir à plusieurs reprises un soupir irrité, puis, en réponse, accéléra le rythme. Cette variation parut enchanter son disciple qui s'y prêta de bonne grâce, sans la moindre hésitation.

Enchaînant immédiatement une parade de quinte inversée et une tierce assez basse, le comte de Neuville se tira ainsi honorablement d'un estoc particulièrement sournois, puis recula prestement avant de se remettre en garde. Le maître partit en une fente trop tardive et se trouva le bras allongé dans le vide. Il se releva assez lourdement et s'exclama :

— Ah ça, monsieur ! Où diable avez-vous appris à vous battre ? C'est extraordinaire ! Vous avez un sentiment du fer et... et ... une vivacité qui me laissent pantois !

— Venant de vous, maître, ce compliment me va droit au cœur !

— Votre escrime est excellente ! Peut-être un peu trop de poignet parfois... pas assez de jeu dans les doigts...

— J'y travaillerai.

— Je vais vous tester, monsieur. Avez-vous une botte secrète ou une attaque de prédilection ?

— Non. Ne tirant que dans les salles d'armes, je privilégie la technique à l'efficacité.

En disant ces mots, il eut un coup d'œil discret en

direction d'Isabelle qui ne put se retenir de pouffer. Fort heureusement, le maître ne le remarqua pas et continua, en se rengorgeant avec ostentation :

— Vous me semblez pourtant bien efficace ! Et pour tout vous avouer, le meilleur escrimeur à qui il m'a été donné d'enseigner. Vous n'ignorez point pourtant que ma salle est fréquentée par la fine fleur de la noblesse parisienne. Je vais vous montrer ce que l'on peut obtenir avec une botte bien placée. Si vous parvenez à la parer, vous serez digne de mon estime, monsieur le comte de Neuville.

Après quelques invites plutôt grossières dans lesquelles l'élève prit garde de ne pas tomber, le maître attaqua plus franchement au corps. Nicolas ne chercha pas le fer et se contenta de retirer son buste en effectuant un léger bond en arrière. Le maître parut étonné que l'on puisse se montrer trop avisé pour se jeter dans son piège. Il paracheva néanmoins son esquisse et enroula sa lame sur le fort opposé, puis, la laissant glisser, trouva tout naturellement son chemin jusqu'à la gorge offerte. Une botte assurément diabolique… et très certainement fatale à beaucoup ! Mais le comte de Neuville, lui non plus, n'était pas un personnage comme les autres ! Au dernier moment, il se baissa et la lame passa à quelques pouces de son visage. Effectuant une volte avec la souplesse d'un chat, il contourna le maître, attrapa son épée sous la coquille et, d'une traction brutale, le désarma. L'illustre personnage se retrouva un genou en terre avec la pointe de monsieur le comte sur la poitrine. Il resta ainsi un long moment, la bouche ouverte, sans parvenir à proférer une parole. Selon l'usage entre gentilshommes, Nicolas ramassa l'épée et la lui rendit. De Girault le considéra avec incrédulité et ne parvint qu'à articuler :

— Ah, ben ça !!

À cet instant, un immense éclat de rire et des applaudissements nourris partirent du fond de la salle. Instantanément, Isabelle porta sa main devant sa bouche. Trop tard ! Le mal était fait…

Le comte de Neuville la salua de sa pointe et commenta négligemment :

— La leçon est terminée, madame, je suis heureux que vous l'ayez appréciée. J'avais craint que ces explications techniques et tous ces grands mots barbares ne finissent par vous lasser ; je vois qu'il n'en est rien.

— C'était magnifique, Nicolas ! Vous êtes vraiment merveilleux !

Blanc de rage, le maître d'armes vint vers eux, les lèvres pincées. Il les toisa et siffla :

— Je n'ai pas pour habitude de recevoir des leçons de mes propres élèves, monsieur le comte de Neuville ! Et encore moins de passer pour un bouffon !

Sur ces reproches acides, il quitta la salle sans un regard en arrière. La porte claqua dans un silence désormais palpable.

Le comte de Neuville parut légèrement surpris, mais ne fit pas un geste pour le retenir. Mesurant l'ampleur des dégâts, Isabelle céda à une sincère affliction :

— C'est de ma faute ! Je vous prie de m'excuser, je suis sincèrement désolée, mais je n'ai pu m'en empêcher ! Quand je l'ai vu ainsi désarmé et faire une tête pareille, c'était irrésistible !

— Ne vous excusez pas, Isabelle, ce n'est pas bien grave. Il a été aussi vexé de vous entendre rire que de s'être trouvé vaincu, pour la première fois sans doute. Je conçois sa réaction, mais elle s'avère regrettable de la part d'un si bon maître. J'ai rarement croisé un fer de cette qualité. Il est navrant que sa magnanimité n'égale pas son talent. C'est pourtant fondamental pour qui pratique ce noble art, et les élèves l'apprennent au même titre que les parades et les ripostes. Mais peu importe… j'ai pris bien du plaisir et vous de même, puisque vous m'affirmez ne point vous être ennuyée.

— Oh, non ! Pas du tout, au contraire ! Vous étiez nettement meilleur que lui, on le voyait bien !

— Non, je ne suis pas meilleur. C'est un grand maître d'armes.

— Alors, vous êtes aussi un grand escrimeur !

— Merci, Isabelle ! Aaah, ma chère épouse me fait un compliment ! Tout arrive ! Je crois que je vais vous inviter tous les jours à la salle d'armes !

— Vous le pourriez, j'y prendrais grand plaisir. Je vous avoue sincèrement que ces duels à l'épée me fascinent ! Et, au risque de passer pour une anormale, puisque c'est ce que pensait le maître, je vous affirme encore une fois que je regrette bien de n'être qu'une femme.

Le comte de Neuville se mit à rire et la considéra avec une tendresse mêlée d'estime :

— Il est assez surprenant, en effet, qu'une femme envisage de ferrailler ! Personnellement, je n'en suis point choqué. Sans doute ai-je une ouverture d'esprit suffisante pour admettre ce qui sort de la banale habitude. Je ne trouve pas le fait plus répréhensible que de voir des courtisanes suivre les chasses et se repaître de scènes qui devraient émouvoir la sensibilité féminine : assister par exemple à des curées ou des dépeçages avec un intérêt digne d'un bourreau !

— Je ne supporterais jamais cela !

— Je le sais bien, madame l'avocate des loups ! Vous ne pourriez apprécier semblables boucheries. Mais, pour revenir à votre engouement pour l'escrime, il ne m'étonne pas outre mesure. Vous êtes une excellente cavalière et vous conduisiez jadis en vrai garçon manqué dans vos jeux d'adolescente. Cet aspect de votre personnalité ne me dérange aucunement, puisque vous savez aussi vous métamorphoser en femme la plus élégante de la Cour.

— Décidément, nous sommes dans le jour des éloges réciproques !

— Profitons-en, cela risque de ne point durer ! Mais si vous aimez tant croiser le fer, je vous propose de vous donner quelques leçons. Ce sera au moins un sujet sur lequel nous ne nous querellerons point !

— Qui sait ? Si je parvenais à vous vaincre ?

— Vous ne me vaincrez pas ! Mais, en semblable cas, je n'en mourrais pas de dépit. Je sais accepter la défaite avec autant de grâce que la victoire. Vous voyez que je possède quand même quelque honnêteté !

— Je crois bien que oui. Je commence à m'en persuader. Et je vous remercie de votre proposition. Elle m'enchante !

Dégainant son épée, il la lui plaça dans la main et, après lui avoir montré la façon de la tenir et la position de garde adéquate, redressa son épaule avec une mimique indulgente :

— Ce n'est pas mal du tout. Mais mon arme est un peu lourde pour vous. Il vous en faudrait une plus légère. L'épée féminine n'a pas encore été inventée ! Je vous donnerai une leçon une fois par semaine, après avoir moi-même travaillé. Cela vous convient-il ?

— Oh, oui, Nicolas ! Vous êtes un amour !

Sur cette exclamation enthousiaste, elle lui fit un baiser retentissant sur la joue. Le comte de Neuville demeura les yeux écarquillés, comme si le paradis venait soudain de s'ouvrir devant lui. Il eut le geste de la prendre dans ses bras, mais jugea plus prudent de retenir son élan afin de ne pas risquer de tout gâter ! Il se contenta de s'exclamer, dans un élan de grandiloquence :

— C'est le plus beau jour de ma vie ! Comme j'ai

bien fait d'inviter ce paon ! Je vais vous trouver une épée moins lourde et j'espère que je serai un bon maître.

— Et moi, une bonne élève ! Mais, dites-moi, Nicolas, vous-même, qui vous a enseigné ?

— Ce n'est pas un grand maître d'armes qui m'a appris, mais un vieux valet de mon père. Vous l'avez remarqué, sans doute ? Ce serviteur aux cheveux gris qui ne me lâche pas d'une semelle, marche un peu voûté et s'appelle « La Mouche ».

— Oui, en effet. J'ai trouvé ce nom plutôt cocasse !

— Il ne tient pas ce sobriquet de l'insecte et ce n'est pas non plus parce qu'il a pour habitude de se poser sur les… enfin, vous voyez ce que je veux dire…

Voyant qu'elle pouffait de bon cœur, le comte de Neuville poursuivit dans une euphorie désormais intarissable :

— Il s'appelle « La Mouche », car il fait mouche à chaque fois ! C'est la plus fine lame que je connaisse, bien qu'il ne paye pas de mine. Il m'a montré les subtilités les plus fines. J'ai ensuite parfait mon style et ma technique en salle avec de bons maîtres plus classiques à Paris. Mais il m'arrive encore souvent de tirer avec lui et de lui demander conseil. Je l'aime beaucoup, et lui se ferait tuer pour moi ! Pour vous aussi, d'ailleurs, Isabelle. Il sait à quel point je vous aime et a beaucoup de respect pour vous. Si, un jour, il m'arrivait malheur, vous auriez en lui un ami fidèle. Ne l'oubliez jamais.

— Vous avez de drôles d'idées, Nicolas !

— Vous avez raison, je suis vraiment sot. Il ne faut pas parler ainsi, surtout après une si belle journée. Venez donc, ma petite louve escrimeuse, rentrons prendre une collation. Cet exercice m'a mis en appétit et j'ai grand faim !

XXIV

Chasse au loup-garou

Le comte de Neuville avait annoncé ce matin qu'il se rendait à Saint-Cloud, mais n'y resterait pas toute la journée. Pourtant, Isabelle ne l'avait plus revu. Elle ne le rencontra qu'en fin d'après-midi, vêtu d'un justaucorps de daim, portant rapière et bottes de cuir. Elle fut surprise de cet ajustement ne s'accordant aucunement avec les salons de Monsieur et ne put résister à persifler :

— Ma parole, Nicolas, vous voilà fin prêt pour aller pourfendre les larrons !

Il sourit en remontant avec application les rabats de ses bottes de cuir :

— Il s'agit de bien mieux que cela : je pars à la chasse au loup-garou !

— Au loup-garou ? Mais… vous m'aviez affirmé ne point y croire !

— Je n'y crois point en effet, mais c'est la meilleure plaisanterie que j'ai entendue depuis fort longtemps et j'ai l'intention de bien m'en divertir !

Voyant qu'elle le regardait sans comprendre, il lui expliqua comme on raconte, effectivement, une bonne plaisanterie :

— Monseigneur le Dauphin qui, il faut l'avouer, n'est

guère d'une intelligence remarquable, a saisi l'opportunité de renouer avec le bon vieux temps. Il n'y avait plus de loups, qu'à cela ne tienne, il pourchasserait le loup-garou ! Il en a fait part à Philippe de Chartres qui, tout comme moi, a vu une bonne partie à jouer ! Il a toutefois fait remarquer à Monseigneur que le loup-garou se transformait la nuit. Celui-ci n'était plus du tout partant pour chasser de nuit ! Alors Philippe a rallié quelques amis, dont moi, pour le suivre.

— Et… et vous avez accepté ? Mais, Nicolas, vous m'aviez juré ne point chasser le loup !

— Allons, Isabelle ! Je vous le répète, tout ceci est une magistrale bouffonnerie ! Une farce de bonne femme ! Nous allons passer une nuit d'enfer, ce qui nous distraira un peu des niaiseries de la Cour ! Le seul risque est d'attraper un bon rhume, car les soirées sont fraîches. Mais j'emporte du combustible pour tout le monde !

— Du… du combustible ? À la chasse ? Vous allez faire du feu ?

Il s'esclaffa et précisa, avec jubilation :

— Voilà bien les femmes ! Vous ignorez toutes les bonnes choses de l'existence ! De l'alcool de poire ! Je vous certifie que personne n'aura froid ! Et si le loup-garou existe, je lui en offrirai une bonne rasade. Ainsi il n'aura plus du tout envie de nous croquer !

Il se gaussait tout seul de son propre humour, mais Isabelle, inexplicablement, ne parvenait pas à prendre le fait à la légère. Cette histoire la tourmentait, car, comme l'affirmait si bien le dicton populaire : « Il n'y a pas de fumée sans feu ! » Il s'agissait en l'occurrence très certainement des élucubrations d'un paysan simple d'esprit, reprises par d'autres, avides de faits crapuleux. Pourtant, s'il existait une part de vérité ? Isabelle avait entendu de vieux jardiniers narrer des affaires saugrenues où il était question de faits inusités et de créatures étranges. Si elle ne croyait pas réellement qu'un homme puisse se transformer en loup les nuits de pleine lune, elle restait convaincue que les forêts profondes abritaient parfois des êtres tenant plus du démon que de l'être humain.

Dans les campagnes isolées, où bien souvent la famine et la misère engendraient des drames, la fragile frontière entre réalité et fantasmagorie tendait à s'estomper. Les nuits d'hiver, quand tombait la neige, quand les récoltes n'existaient plus, que le bétail mourait de faim, les hommes devenaient parfois bien proches des bêtes, et leur comportement pouvait horrifier des privilégiés jouissant d'une vie sans heurt. On racontait ainsi avoir vu des vieilles femmes devenir sorcières, mourir et renaître à la vie par la force de quelque sortilège. On murmurait volontiers que des paysans, partis à pied à travers les taillis pour chercher pitance, n'étaient jamais revenus.

Certains les avaient reconnus parmi les loups ou certifiaient que leur corps se recouvrait de poils... Légendes, cauchemars, désir de médire ou d'affoler les âmes simples... Où se trouvait la vérité ?

Isabelle ne pensait pas qu'un véritable loup-garou fût en cause, mais elle se demandait si une créature monstrueuse ne hantait pas les alentours. Elle s'enquit, avec une insouciance qui sonna un peu faux :

— Et... combien êtes-vous, pour cette battue au loup-garou ?

— Philippe, Hubert, Henri, Sylvain... et moi !

— Cinq ? Cinq contre un loup-garou ? Mais vous allez vous faire tailler en pièces !

Le comte de Neuville la considéra avec saisissement :

— Mais... Isabelle... ne me dites pas que vous

prenez ceci au sérieux ? Une femme de votre élévation d'esprit ? Ce n'est qu'une simple farce, je vous l'affirme !

— Sans doute, Nicolas…

— Mais alors ? Pourquoi cette mine si grave ?

— Je ne sais pas… J'ai comme un mauvais pressentiment.

— La louve aurait-elle peur du loup ? Voilà qui est paradoxal ! Allons, Isabelle, allez dormir bien sagement et je vous raconterai ceci à mon retour. Je suis certain que nous allons nous offrir du bon temps !

Sur ces mots pleins d'entrain, il lui envoya un petit baiser de la main et descendit les marches du perron avec une énergie de bon aloi. Isabelle resta sur le parvis et le regarda enfourcher son cheval. Elle remarqua qu'il prenait grand soin du contenu des sacoches de sa selle.

Sans doute le fameux alcool de poire ? Après une parole aimable à l'attention de son palefrenier, Nicolas, d'humeur folâtre à l'idée de cette joyeuse nuit, s'éloigna au pas cadencé de sa monture.

***

Isabelle se releva, alluma le candélabre, puis regarda la pendule. Deux heures du matin ! Où se trouvaient le comte de Neuville et ses amis ? Dans les profondeurs de la forêt, assurément. Elle ne put réprimer un frisson, convaincue que cette mystification drolatique pouvait tout aussi bien tourner à l'aigre. En admettant qu'un être maléfique soit l'hôte des bois, qu'il s'agisse d'une bête sauvage ou d'un homme anormal et dégénéré, que se passerait-il s'ils venaient à le rencontrer ? Les camarades de son mari n'étaient que des oisifs de la Cour de Monsieur et des jouisseurs invétérés. En cas de danger, ils ne se révéleraient pas d'un grand secours. Restaient Philippe et Nicolas. Son mari lui avait prouvé qu'il n'avait rien d'un lâche et savait manier l'épée. Habitué des champs de bataille depuis son plus jeune âge et ayant conduit des régiments à l'assaut alors qu'il avait à peine dix-huit ans, Philippe de Chartres était de la même trempe. De lui, Nicolas pourrait espérer un appui efficace. Mais s'il s'agissait d'un dément à l'instinct de bête fauve, que pourraient deux hommes seuls, aussi téméraires soient-ils ?

Isabelle s'approcha de la fenêtre et laissa son regard errer le long des allées et des pelouses. Une lune ronde et blafarde éclairait faiblement les bassins et le perron de marbre. La nuit de pleine lune, celle où les hommes se changent en loup… Isabelle haussa les épaules.

Elle se comportait comme une paysanne dénuée de raison. Il lui sembla discerner un son venant du lointain, semblable à un gémissement. S'agissait-il du vent… ou de tout autre chose ? Non, décidément, tout ceci ne lui plaisait guère, et cette attente commençait à lui mettre les nerfs à vif. Le comte de Neuville serait tout à fait capable de risquer sa vie dans un acte de bravoure aussi inutile que dérisoire.

Ne parvenant plus à rester dans sa chambre, Isabelle s'habilla et descendit dans le salon. La demeure déserte lui parut lugubre et menaçante. Bien que n'ayant jamais été timorée et possédant un tempérament plutôt hardi, elle éprouva une soudaine frayeur dans cette obscurité et fut tentée de remonter dans sa chambre en courant. Il se passait un fait anormal, elle en était convaincue. Un danger planait sur eux tous, et Nicolas devait certainement se trouver en difficulté. Remontant chez elle, Isabelle alluma tous les candélabres, se barricada, puis écouta les pulsations de la maison endormie. Des frôlements, des grincements, mille bruissements semblables à ceux que l'on perçoit dans une grande demeure assoupie. Fréquemment, Isabelle se levait et se dirigeait vers la pendule : quatre heures. Allaient-ils bientôt rentrer ? Dans la cheminée, le feu s'était éteint et elle grelottait. Elle pensa appeler sa femme de chambre, mais eut pitié d'elle. La réveiller aussi tardivement, simplement parce qu'elle ne dormait pas et se rongeait d'inquiétude, ce n'était pas très charitable. Que penserait-elle de la comtesse de Neuville, tremblant d'une superstition digne d'une gardeuse d'oies ? Isabelle regagna donc son lit et remonta la courtepointe jusque sous ses yeux pour se réchauffer.

Elle avait dû finir par s'endormir, car elle fut réveillée par un bruit de sabots devant les marches du perron. Se levant d'un bond, Isabelle s'enveloppa de son manteau et dévala les escaliers. Elle remarqua un carrosse immobilisé. Pourtant, Nicolas était parti à cheval. À la lueur des lanternes posées à l'avant de la voiture, elle vit les valets descendre et ouvrir la portière, puis en sortir un homme qu'ils portèrent jusqu'au bas de l'escalier. Isabelle ne put réprimer un cri de terreur : Nicolas ! Il devait être mort ! Ses doutes se vérifiaient : ils avaient rencontré un monstre qui avait assassiné son mari ! Se précipitant vers les valets, elle s'enquit, d'une voix blanche :

— Que s'est-il passé ? Mon Dieu, cette sale bête l'a tué !

Alors le comte de Neuville ouvrit un œil et rectifia, d'un rire plutôt pâteux :

— Non, madââââme, la sale bête ne l'a pas tué ! C'est l'alcool de pouââââre qui l'a tué !

Il piqua du nez en avant, et les valets le rattrapèrent de justesse, montant avec difficulté les quelques marches, puis déposant leur maître sur le lit de repos du salon. Isabelle, oscillant entre l'indignation et un reliquat d'angoisse, demanda sèchement au premier des laquais :

— Mais, enfin, que s'est-il passé ? Allez-vous me répondre, à la fin ?

— Ne vous tourmentez pas, madame la comtesse, il n'est pas en plus mauvais état que d'habitude !

Il accompagna cette évidence d'une courbette obséquieuse et se retira en compagnie de son compagnon pour mener le carrosse et les chevaux à l'écurie. Prenant brusquement conscience de la réalité, Isabelle ressentit soudain une fureur démente. Elle avait passé la nuit à se morfondre et à trembler pour lui et, pendant ce temps, son époux s'octroyait du bon temps avec ses amis, au point de ne plus tenir debout. Il voulait s'amuser ! Assurément, il s'était bien amusé !

Folle de rage, Isabelle s'empara du vase trônant sur le guéridon et, sans le moindre égard pour les roses jaunes, le vida sans ménagement au visage du comte de Neuville. Il fit un bond sur son lit de repos et la regarda d'un œil terne :

— Vous ne respectez vraiment pas les belles chôôses !

— Croyez-vous donc avoir l'air respectable, pour l'instant ?

— Je parlais des fleurs…

Isabelle ne se laissa nullement dérider et, avec l'implacable froideur d'un justicier, s'enquit, d'un ton coupant :

— Alors, cette chasse au loup-garou ? Vous deviez m'en faire le récit ? Vous l'avez vu ? Comment est-il ?

Une rose dans les cheveux et une autre en équilibre instable sur son épaule, le comte de Neuville, une mèche dégoulinante devant les yeux, mit quelques instants à réaliser, puis répondit avec emphase :

— Non, nous ne l'avons point vu, madâââme !

Ricanant subitement en prenant sa tête dans ses mains, il ajouta, entre deux hoquets :

— On ne risquait pas de le voir, de toute façon !

— Pourquoi donc ?

— Il était ailleurs ! Je vous l'affirme, moi, qu'il était ailleurs ! Ah ça, oui !

Sur ces propos incohérents, il s'égaya de plus belle, puis releva soudain la tête et retrouva l'attitude grave et contrite de celui qui vient de trop parler. Isabelle ne s'en formalisa pourtant pas, trop irritée pour réfléchir et ne considérant que l'ivrogne qui se tenait devant elle. Elle lui rétorqua vertement :

— Voilà pourquoi vous vouliez tellement y aller ! Vous vous êtes offert du bon temps, en effet !

— Pour sûr ! Il y a longtemps que je ne m'étais pas diverti ainsi ! Ah, quelle nuit ! Si vous saviez !

— Je préfère ne pas le savoir !

— Vous avez tort ! Tenez, prenez donc un peu d'alcool de pouâââre, vous aussi, ça vous mettra de bonne humeur !

Il fit mine de chercher dans ses poches, puis soupira en se frottant les yeux :

— Y en a plus ! C'est bien dommage…

Sur ce regret combien légitime, il se tourna sur le côté et se mit à ronfler ! Rouge de colère, Isabelle regagna sa chambre et claqua la porte si fort que toute la maison trembla. Maudit Nicolas, comme elle le détestait ! Si seulement ce loup-garou avait pu le dévorer ! Mais il ne perdait rien pour attendre ! Elle gardait la ferme intention de reprendre cette intéressante conversation ultérieurement.

***

Le lendemain, Isabelle descendit au salon, le visage fermé. Sa femme de chambre l'informa que le comte de Neuville, convoqué par Monsieur, était déjà parti. Son Altesse la priait d'ailleurs de venir les rejoindre dès qu'elle serait prête. Isabelle fulmina. Au diable les mondanités ! Elle aurait voulu régler d'abord une certaine petite affaire. Mais la petite affaire allait lui réserver encore bien des surprises…

Arrivée au château de Saint-Cloud, Isabelle se rendit directement dans les appartements du duc d'Orléans. Elle ne rencontra pas son mari dans les couloirs et s'en montra bien aise, car elle ne se sentait pas disposée à lui faire bonne figure, le Roi fût-il là en personne !

Isabelle fut désarçonnée lorsque le duc d'Orléans, les lèvres pincées, lui apprit que son mari se trouvait consigné en compagnie de ses amis, le duc de Chartres y compris, dans le pavillon des gardes à l'entrée, avec interdiction d'en sortir jusqu'à nouvel ordre !

Le duc d'Orléans, dépourvu de son affabilité coutumière, lui fit un violent réquisitoire d'une voix éraillée que le ressentiment faisait fluctuer dans les registres de l'aigu. Elle eût pu en sourire, mais le contexte ne s'y prêtait nullement…

Isabelle entendit donc, comme dans un mauvais rêve, toutes les péripéties de la chasse au loup-garou et de cette « nuit démente » racontées dans leurs moindres détails. Elle découvrit ainsi : que les chasseurs ne virent bien évidemment pas l'ombre d'un loup-garou ; que le comte de Neuville, à peine parti, sortit de ses sacoches trois gourdes emplies d'alcool de poire ; qu'une heure après il n'en restait plus une goutte ; qu'Henri tomba dans une mare et Philippe avec lui, en voulant l'en sortir ; qu'Hubert chut de son cheval et se fit une entorse ; que les compères réveillèrent le curé d'une petite chapelle, l'obligèrent à sonner les cloches pour éloigner le malin, puis lui offrirent à boire pour le remercier jusqu'à ce qu'il tombe ivre mort ; que les chasseurs bredouilles, de retour à Saint-Cloud, tinrent à fêter leur échec en allumant des pétards à deux heures du matin sous les fenêtres de Monsieur et de Madame ; que celle-ci sortit telle une furie pour réprimander les irrespectueux ; que le comte de Neuville lui proposa de l'alcool de poire pour la changer de la bière ; qu'elle lui asséna une gifle à écorner un bœuf pour lui apprendre la politesse ; que Monsieur prit sa défense et qu'il s'ensuivit une scène de ménage, Madame se repliant avec dignité dans ses appartements ; qu'un mignon récemment débarqué dans le harem de Monsieur prit ombrage de la fougue avec laquelle il avait défendu le comte de Neuville et que Nicolas, d'humeur à la fois joviale et câline, déclara : « Faut pas être jaloux, mon poussin rose ! », puis, pour appuyer ses dires, l'embrassa sur la bouche ; que tandis que le poussin défaillait en soupirant : « C'est le nirvana ! », Monsieur, absolument outré, promit à l'inconstant de le réexpédier dans le ruisseau d'où il l'avait extirpé, renvoya les fêtards chez eux et confia le comte de Neuville à deux hommes sûrs avec mission de le mettre de force dans un carrosse et de le ramener chez lui. Voilà. Fin de la narration !

Isabelle, abasourdie, demeura sans voix, saoulée par ce long monologue. Le duc d'Orléans, visiblement très contrarié par cette affaire, gardait la mine revêche. Le premier moment de stupeur passé, Isabelle estima qu'il convenait d'analyser la situation avec clairvoyance afin d'éviter que tout ceci ne prenne des proportions démesurées.

L'attitude des plaisantins méritait sans doute une sérieuse réprimande, et le comte de Neuville tout particulièrement ! Voilà qui lui ferait le plus grand bien. Il devait être moins fier maintenant, bouclé au milieu des gardes ! Isabelle en éprouva un plaisir mauvais, mais, paradoxalement, s'alarma à l'idée que la sanction puisse devenir plus grave. Ce qui chagrinait tant Monsieur, était-ce cette entaille à la bienséance et à l'étiquette, la scène de ménage ou… le baiser du comte de Neuville à son mignon et le plaisir que ce dernier en avait éprouvé ?

En repensant à ce détail, Isabelle, fort paradoxalement, se sentait gagnée par une folle envie de rire ! Elle s'enquit timidement, le nez fixé sur le parquet aux reflets de miel :

— Que comptez-vous faire, Altesse ?

— Les mettre en disgrâce et avertir le Roi !

— Avertir le Roi ? Mais, Altesse, vous n'y pensez pas !

— Si, ils le méritent !

— Altesse, je vous en conjure ! Il ne s'agit que de sottises d'hommes jeunes et aimant s'amuser. Il n'y a rien de diffamatoire… Ceci doit rester en famille, si je puis dire. Entre nous, à Saint-Cloud.

— Votre époux s'est montré irrespectueux envers Madame.

— Il était pris de boisson ! Votre Altesse n'ignore pas que Nicolas lui voue une amitié sincère et un profond respect ! Il a envers Madame exactement les mêmes sentiments, et elle-même l'a toujours apprécié ! Je suis certaine que Nicolas n'a pas voulu être désobligeant ! Son Altesse le connaît mieux que moi, elle sait qu'il n'y a rien de méchant en lui. Il ne mérite pas d'être traité comme un mauvais sujet ! Une simple punition suffirait largement !

Le duc d'Orléans semblait désormais hésiter, sa bonté naturelle le rendant plus enclin au pardon qu'à la sanction. Son affection pour le comte de Neuville l'emportait sans doute sur ses griefs, et le fait que son fils fût mêlé à l'affaire faisait pencher la balance sérieusement vers une solution pacifique. Fine mouche, Isabelle perçut ses doutes et profita habilement de son avantage :

— Que Son Altesse veuille bien me pardonner, mais le duc de Chartres est compromis. Vous n'ignorez point que le Roi n'est pas toujours bien équitable envers lui et ne l'apprécie pas à sa juste valeur. Alors pourquoi risquer d'aggraver les choses pour une petite fête qui a mal tourné ?

— Je vous trouve bien indulgente, Isabelle, quand il s'agit de votre mari ! Il m'est difficile d'ignorer de tels faits qui ont scandalisé toute ma Cour ! Le chevalier de Lorraine lui-même m'affirmait qu'il fallait faire un exemple pour éviter tout désordre.

— Le chevalier de Lorraine veut se venger de Nicolas, car il s'est refusé à lui !

Monsieur la considéra avec saisissement. Il se demandait visiblement comment elle pouvait se trouver au courant de détails aussi intimes concernant la vie sentimentale du comte de Neuville. Néanmoins radouci, il hocha la tête, prêt à céder, mais ne voulant pas capituler aussi vite :

— Je vous remercie pour votre belle plaidoirie, Isabelle. Si le comte de Neuville s'en tire honorablement, c'est à vous qu'il le devra !

***

Après avoir regagné la demeure de son époux, Isabelle, en proie à une nouvelle angoisse, passa la journée à l'attendre. Si Monsieur les trahissait auprès du Roi, c'en était fait du prestige de Nicolas … et du sien ! La trêve, le pacte, ses efforts, tout se trouvait réduit en cendres pour une ridicule histoire.

Le lendemain, elle vit revenir un Nicolas, l'oreille basse, arborant l'attitude d'un gamin face à un professeur sévère. Elle apprit ainsi que le Roi ignorerait tout. Monsieur avait décidé de solutionner cette affaire tout seul. Les trouble-fête avaient passé deux jours au pavillon des gardes, au pain sec et à l'eau.

Ils étaient privés de bal pour un mois et contraints de verser une bonne somme au curé pour ses œuvres. Nicolas, quant à lui, avait présenté ses excuses les plus plates à Madame qui, malgré son allure bourrue, n'était heureusement pas dénuée d'esprit !

Elle accorda bien volontiers son pardon et consentit qu'après tout, l'alcool de poire valait peut-être la bière. Nicolas se récria dans un élan spontané que, pour sa part, il n'en boirait plus, car cela occasionnait trop de déconvenues… mais précisant quand même qu'il préférerait dorénavant la mirabelle ! Ils s'étaient donc quittés les meilleurs amis du monde. Tout se terminait plutôt bien, et Isabelle, soulagée et supposant que son époux avait été suffisamment puni, trouva la longanimité suffisante pour ne point le tancer. Nicolas déposa sur sa joue un gentil baiser, en un repentir qui eût attendri un roc :

— Merci, Isabelle. C'est à vous que je dois la mansuétude de Monsieur. Merci… et pardon !

Isabelle soupira, consciente de se trouver vaincue encore une fois ! Nicolas de Neuville était assurément un mari vraiment peu ordinaire…

XXV

La plainte du solitaire

Encore cette enseigne ! Nicolas ne se déciderait-il donc jamais à la fixer ? Mais au delà de ce grincement irritant qui faisait désormais partie du quotidien, un claquement sec et répété scandait les rares instants d'accalmie. Cette fois, il s'agissait d'une fenêtre mal fermée. Isabelle fut sur le point de sonner sa femme de chambre, puis décida de se lever pour la fermer elle-même. Elle alluma le candélabre et ouvrit le panneau de bois dans le dessein de claquer fermement la croisée de façon à la clore une bonne fois pour toutes. Elle jeta un coup d'œil distrait sur le ciel étoilé, puis sur le parc plongé dans une obscurité d'encre. Pleuvait-il ? La fin de la soirée avait été marquée par la venue de gros nuages n'annonçant rien de bon pour le lendemain. Dommage, pensa Isabelle qui envisageait une promenade à cheval. Elle entrebâilla la fenêtre et passa la tête à l'extérieur. Non, il ne pleuvait pas, mais un petit vent frais faisait frissonner les arbres. Elle allait refermer la lourde croisée lorsqu'elle entendit un long hurlement, modulé, s'enflant crescendo, puis mourant aussi vite qu'il s'était élevé, repris aussitôt par une sorte de jappement inachevé se transformant à nouveau en hurlement pour retomber encore une fois. Puis ce fut le silence, total, angoissant, comme un présage de calamité. En rabattant la targette ciselée, Isabelle discerna un rai de lumière sur le balcon de la chambre du comte de Neuville. Ne parvenait-il pas à dormir, lui non plus ? Avait-il été réveillé ou revenait-il de quelque beuverie, simulée ou non ?

Mue par une curiosité qu'elle ne chercha pas à tempérer, Isabelle sortit dans le couloir. En se guidant à la lueur incertaine de la bougie, elle progressa jusqu'à la chambre de son mari. Effectivement, de la lumière filtrait sous la porte, ainsi qu'un léger courant d'air qui frôla ses chevilles. Avec précaution, Isabelle tourna la poignée et risqua un œil à l'intérieur. Elle remarqua d'emblée que le vent s'infiltrait par la porte-fenêtre du balcon maintenue entrouverte. Son mari prenait-il le frais ou se trouvait-il en galante compagnie ?

Bien que persuadée que la sagesse consistait à faire demi-tour et à rentrer sagement dans sa propre chambre, Isabelle décida d'en avoir le cœur net et de pousser plus loin son investigation. Le plus discrètement possible, elle s'approcha sur la pointe des pieds. Le comte de Neuville était seul, accoudé à la balustrade, le regard perdu vers les profondeurs obscures du parc. Nu sous sa robe de chambre, il avait jeté sur ses épaules son justaucorps de velours rouge. Isabelle songea assez sottement que, depuis leur union, elle ne l'avait jamais vu déshabillé. Elle en rosit jusqu'à la racine des cheveux et bénit la nuit bienfaitrice dissimulant si bien les choses ! Elle s'apprêtait à se retirer quand Nicolas se retourna brusquement et sursauta en découvrant sa présence. Selon sa bonne habitude, il se reprit magistralement et eut un petit sourire désabusé :

— Vous m'auriez presque fait peur, Isabelle. J'ai cru qu'il s'agissait de quelque maraud armé de mauvaises intentions.

— Je vous prie de m'excuser, Nicolas, mais j'avais vu de la lumière au-dehors et… enfin… je me demandais…

— Ne vous excusez point, ma chère. Il est tout à fait légitime pour une épouse de venir dans la chambre de son mari !

Isabelle s'empourpra de plus belle, estimant qu'il lui fallait perdre absolument cette nouvelle habitude digne d'une abjecte pudibonde !

Mais Nicolas avait déjà reporté son intérêt vers le parc et ne semblait guère enclin à poursuivre la conversation. Elle l'observa avec davantage d'attention et remarqua qu'une larme coulait sur sa joue. Elle en resta muette de saisissement, puis le prit par le bras pour l'obliger à lui faire face. Il se retourna, mais baissa les yeux.

— Nicolas ! Que vous arrive-t-il ? Vous pleurez ?

— Non.

Considérant sans doute la stupidité de sa réponse, il eut un sourire sans conviction et s'essuya la paupière d'un geste furtif :

— Je vous prie de m'excuser, vous allez me prendre pour un homme bien fragile.

— Je ne me permettrais pas de porter un tel jugement sur vous, Nicolas ! Je sais qu'il n'en est rien. Mais qu'avez-vous donc ?

— Rien, ne vous tourmentez pas. Après tout, moi aussi, je puis de temps en temps avoir du vague à l'âme…

Il hocha la tête avec un soupir déchirant qui traduisait effectivement une affliction profonde :

— Il est vraiment navrant que vous soyez venue juste à cet instant. J'aurais souhaité ne jamais me montrer ainsi devant vous. C'est une attitude indigne d'un homme d'honneur.

Profondément émue, Isabelle ne savait plus que dire. Elle était sincèrement ébranlée et consciente de ce que sa présence avait d'inopportun. Elle avait peine à croire que ce visage si contrit puisse appartenir à l'espiègle comte de Neuville qui semblait sempiternellement considérer la vie comme une partie de plaisir. Elle ne parvenait à détacher son regard de cette larme traîtresse coulant le long de sa pommette sur la joue qu'il n'avait pas essuyée et glissant lentement jusque sur son menton pour se perdre dans l'échancrure de sa robe de chambre. Ce petit détail la mit encore plus mal à l'aise, car elle devina sans la moindre équivoque ses formes les plus intimes sous la soie légère.

Elle baissa les yeux, devinant qu'il partageait peut-être les mêmes pensées. Fixait-il les dalles de marbre pour cacher sa défaillance ou pour ne pas blesser la pudeur de la chaste Isabelle ?

Sortant de sa poche un mouchoir brodé, elle essuya la joue encore humide. Nicolas la regarda longuement et, prenant sa main dans les siennes, y déposa un tendre baiser. À cet instant, le hurlement se fit entendre pour la seconde fois. Isabelle ne put réprimer un violent frisson. Elle vit son mari se raidir, tout son corps se figer et une lueur d'effroi passer dans son regard.

Puis, se reprenant en un effort méritoire, il commenta, d'une voix neutre :

— Ce petit vent n'est pas déplaisant, mais il est bien frais !

Elle se rendit compte qu'elle grelottait, mais davantage d'angoisse que de froid. Nicolas retira son justaucorps et le lui posa avec prévenance sur les épaules.

— C'est vous qui allez prendre froid, Nicolas. Vous êtes en robe de chambre et… enfin…

— Et je n'ai rien en dessous ? C'est ce que vous voulez dire ? C'est tout à fait exact !

Malgré le petit sourire un brin coquin qui ponctua cette précision, il ne ressemblait plus au séducteur sûr de son effet. Inquiet et visiblement perturbé, le comte de Neuville paraissait redouter quelque avanie, comme on appréhende l'imminence d'un péril ou d'un malheur.

Elle ne l'avait jamais vu ainsi, bien qu'ayant déjà surpris dans les prunelles malicieuses cette petite lueur fugace et désespérée. Inconsciemment, Isabelle serra contre elle les pans du justaucorps. Le velours doux et souple lui procura un bien-être immédiat. Il avait gardé la chaleur de son corps ainsi que son parfum léger, aux effluves discrets de muguet, mêlé à d'autres fragrances. Une senteur subtile qu'elle ne parvint à définir. Du chèvrefeuille, peut-être, avec quelques notes semblables à des roses ? Un parfum qui n'exhalait rien d'entêtant, de conquérant, mais se révélait progressivement en esquisses timides et douces. Isabelle pensa à cette affirmation de Monsieur, si féru de ce genre de frivolités : un parfum est révélateur de la personnalité profonde ! Violent, insolent, timide, doux, il se fait le messager de celui qui le porte.

Jusqu'à présent, le comte de Neuville ne s'était-il point conduit comme un homme doux ? Serait-ce le symbole de son moi profond ? Tout le reste ne serait-il alors que comédie, que vernis superficiel, comme cette scène d'ivresse si habilement interprétée ? Qui était donc Nicolas de Neuville ?

Scrutant le lointain avec mélancolie, il semblait fouiller les ténèbres, s'évadant par la pensée au-delà des murs du parc, jusque dans les dédales les plus secrets des profondeurs sylvestres.

Le hurlement parut plus proche. Le vent avait-il tourné ? Le jappement plus net, plus rauque, mourait tel un sanglot. Isabelle sentit le bras de son mari autour de ses épaules, mais n'eut pas le courage de s'en dégager. En cet instant se rendait-il seulement compte de son geste ? Sa voix mélancolique murmura, chaude comme une caresse :

— Écoutez, Isabelle… Le cri du loup, la plainte du solitaire.

— C'est bien un loup ? Et non pas un loup-garou ?

— Les loups-garous n'existent pas. J'aimerais que vous en fussiez persuadée.

— Alors, il s'agit d'un loup, ce qui signifie qu'il en reste encore ?

— Il en reste au moins un… jusqu'à ce que les hommes le trouvent et le tuent lui aussi.

— Croyez-vous qu'ils le tueront ?

— Bien sûr. Pourquoi ne le feraient-ils point, puisqu'ils ont massacré tous les autres et se réjouissent d'en avoir purgé la contrée ? Écoutez, Isabelle, la voix du solitaire. Ce n'est pas un cri de guerre, encore moins de défi ou de colère. C'est un sanglot. Il pleure de solitude, de manque d'amour. Il appelle les siens, sa louve, ses louveteaux qu'il ne verra jamais grandir. Oui, Isabelle, c'est une lamentation de désespoir que vous entendez. Il pleure…

— Comme vous ?

— Peut-être… Fermez les yeux, Isabelle, puisque vous les défendiez, ces loups que tout le monde haïssait et qu'il fallait détruire. Fermez les yeux et voyez-le. Il est seul, au milieu d'une grande clairière, dressé sur un rocher. Il tend son nez vers la lune, et dans ses yeux d'or se reflète la lumière de la vie et de sa sérénité à jamais enfuie. Sa fourrure soyeuse, argentée, luit dans la pâle luminosité. De ce regard à la pureté d'abysses coule une larme. Il appelle sa louve, mais sait qu'il ne la reverra plus et que la mort va bientôt le rejoindre, lui aussi. Il extériorise sa douleur, sa soif de vivre et d'aimer. Pleure, pauvre loup, pleure sur ton bonheur perdu et ta liberté éphémère, pleure sur la cruauté des hommes, toi qui n'étais qu'amour pour les tiens…

Cédant à son tour à cette élégie si contagieuse, Isabelle n'en éprouva nulle honte. Nicolas ne gardait-il pas, lui aussi, les yeux trop brillants ? Ses bras se refermèrent plus fermement autour de ses épaules :

— Pardonnez-moi, mon amour, de vous causer du chagrin. Je suis décidément un mari peu recommandable.

— Nicolas, il faut sauver ce loup !

— Vous déraisonnez. Pourquoi sauver celui-ci plutôt qu'un autre ? Mais ne parlons plus de cela, ce n'est pas un sujet plaisant, je n'aurais pas dû l'aborder avec vous. Je ne sais pourquoi j'ai tenu ces propos. Ils étaient… ils étaient ridicules.

— Non, Nicolas. Ils étaient très beaux et dignes du comte de Neuville.

Laissant son front retomber dans les dentelles de sa robe de chambre, Isabelle gardait l'étrange impression qu'un élément lui échappait, comme si cette situation insolite représentait la clef d'une énigme, d'une vérité se refusant encore à elle. Elle continuait à trembler de tous ses membres sans parvenir à s'arrêter. Le loup avait cessé sa plainte. Le silence pesant retomba sur le parc, seulement troublé par le murmure du vent dans la ramure.

— Vous avez froid, laissez-moi vous réchauffer, Isabelle. Ce soir, uniquement ce soir. Parce que ce n'est pas un soir comme les autres.

L'attirant contre lui, il prit ses lèvres en un baiser plein de douceur. Isabelle, tout d'abord surprise, ne se refusa pas. Il la contempla avec gravité et elle se noya au fond de ses yeux dont la profondeur lui donna le vertige, mais où se lisait une tristesse poignante.

Les prunelles langoureuses qui avaient fait perdre la tête à tant de cœurs féminins prenaient le reflet de la nuit étoilée. Isabelle y discerna aussi une pâle lueur, semblable au halo de la lune dans une clairière perdue au cœur de la forêt. Elle y devina un grand loup gris qui pleurait.

Le comte de Neuville s'arma de son charmant sourire et précisa, à mi-voix :

— C'est uniquement pour vous réchauffer, Isabelle…

— Un baiser ne réchauffe pas, Nicolas.

— Si, il réchauffe, quand il est donné comme je le fais. C'est mon souffle qui va vous réchauffer, la chaleur de mon amour pour vous. Je vous en prie. Seulement ce soir, laissez-moi vous réchauffer d'un simple baiser. Je n'ai pas le courage d'être encore un loup solitaire.

Il reprit sa lèvre avec la même délicatesse et, vaincue, Isabelle répondit à ce baiser, timidement d'abord, puis avec davantage de hardiesse.

Alors le comte de Neuville s'enflamma et l'embrassa passionnément. Glissant sa main par l'échancrure de cette robe de chambre si tentante, Isabelle le caressa avec un plaisir évident.

Reprenant enfin ses esprits, elle réinstalla entre eux une distance respectable, puis, resserrant le pourpoint sur sa poitrine, se défendit comme une jouvencelle surprise en mauvaise compagnie :

— C'est ce loup qui m'a fait perdre la tête !

Le comte de Neuville retrouva ses armes imparables et riposta d'un franc éclat de rire :

— Bah, nous ne risquons pas de subir les foudres d'un époux ou d'une épouse bafoués ! Mais ma parole, Isabelle, c'est la première fois que vous embrassez un homme ?

— Oui…

— Félicitations ! Il faudra recommencer, vous êtes très douée.

— Ne profitez pas de la situation, Nicolas !

— Mais non, je n'en profite pas… pas plus que vous ! Osez donc dire que ce fut déplaisant !

— Je ne le dirai point. Et je commence à comprendre l'appréciation d'un certain mignon de Monsieur qui affirmait qu'un baiser de Nicolas de Neuville… c'était le nirvana !

Il se recula d'un pas et la considéra avec stupéfaction :

— Ah, par exemple ! Comment diable savez-vous cela ?

— Je vous rappelle, mon cher Nicolas, que Monsieur m'avait établi un compte rendu très détaillé de cette inoubliable soirée…

— Après tout, je n'oublie point que je vous dois d'avoir évité la disgrâce… Alors laissons cela ! Et puis, je préfère vous voir rire ainsi que pleurer. Même si c'est à mes dépens !

— Moi aussi, Nicolas, je préfère vous voir ainsi !

— En tout cas, votre traitement fut radical. Vous avez définitivement chassé mon vague à l'âme. Permettez-moi maintenant de vous raccompagner à votre chambre, avant que vous n'attrapiez vraiment froid !

Et ce soir-là, le comte de Neuville se conduisit indéniablement en héros de conte de fées : il reconduisit Isabelle jusqu'à la porte de sa chambre et se retira fort galamment après lui avoir souhaité une bonne nuit ! Fallait-il y déceler la certitude de sa victoire, ou venait-il de révéler sa vraie personnalité ?

XXVI

Suivre son mari...

Isabelle allait descendre l'escalier de marbre gris conduisant au rez-de-chaussée, quand elle vit arriver un Nicolas rayonnant. Elle ne l'avait pas encore aperçu de la matinée et le croyait sorti. Le comte de Neuville portait une chemise sans cravate, rentrée quelque peu négligemment dans une culotte boutonnée de travers. Elle en déduisit qu'il arrivait tout droit de sa chambre sans avoir mis le nez dehors. Il lui souhaita le bonjour, puis attaqua d'emblée, sans s'embarrasser d'autres préavis :

— J'ai une merveilleuse surprise à vous annoncer, Isabelle !

Elle le regarda en levant un sourcil interrogateur et sans paraître le moins du monde pressée d'en apprendre davantage. Son époux, remarquant cette indifférence notoire, reprit, tout à son exaltation :

— Vous ne désirez point savoir de quoi il s'agit ? C'est dommage, car cette bonne nouvelle vous concerne aussi !

— Ah, bon ? Vous avez décidé de vous faire moine ?

Il haussa les épaules, trop impatient pour perdre un temps précieux à relever des remarques désobligeantes :

— Vous êtes toujours aussi aimable ! Vous ne le méritez pas, mais je vais vous le dire quand même. Non, je ne me fais pas moine, car je n'ai aucune disposition pour cela, de même que vous seriez trop mauvaise pour faire une bonne sœur ! Il s'agit du Roi ! Nous sommes invités à une chasse à Marly ! Vous rendez-vous compte ?

— À une chasse ? Vous irez sans moi !

— C'est hors de question ! Vous m'accompagnerez !

— N'y comptez pas ! Vous m'obligerez peut-être à faire beaucoup de choses sous prétexte d'un pacte stupide que j'ai accepté, mais une chasse, jamais ! Vous connaissez mon opinion sur ce sujet. Je croyais d'ailleurs que vous-même n'y preniez aucun goût ?

— Non, mais on ne peut refuser une invitation du Roi. Et encore moins à Marly ! Cette fois, ce n'est pas moi que vous chagrineriez, vous offenseriez Louis XIV en personne, et il nous en coûterait fort cher !

— Tant pis !

— Ah, non ! Cela suffit, Isabelle ! On ne refuse pas une invitation à Marly ! D'ailleurs, je suis certain que le site vous plaira, vous qui n'appréciez pas trop les fêtes encombrées de monde. Être invité à Marly est un grand honneur, et les élus sont rares. Le Roi s'y montre plus accessible, l'étiquette considérablement relâchée. Les gentilshommes ont même le droit de garder le chapeau en sa présence. C'est inimaginable, n'est-ce pas !

— En effet, quel événement ! C'est pour cela que vous voulez y aller ? Vous craignez d'attraper froid aux oreilles ?

— Je vous en prie, Isabelle, ne riez pas ! Aller à Marly, c'est… c'est le paradis ! Tous les nobles que je connais se traîneraient à plat ventre pour obtenir une invitation à Marly ! Moi, je n'ai même pas demandé. Le Roi l'a proposé à Monsieur, car il semble impatient de vous revoir. Ah, comme je suis heureux !

— Tant mieux pour vous, Nicolas, s'il suffit de telles futilités pour vous faire nager dans un bonheur parfait. Mais vous irez sans moi.

— Je ne vois pas la raison de ce nouvel entêtement. Je me demande parfois si vous êtes vraiment intelligente.

— Je vous remercie et je vais vous renseigner tout de suite : je pense l'être au moins autant que vous.

— Alors pourquoi ce refus ?

— Je ne veux pas assister à une chasse !

— Il n'y aura pas que la chasse ! Il est prévu un souper, une promenade dans le parc qui est splendide et un concert le soir. En ce qui concerne la chasse, vous ne serez pas obligée d'assister à l'hallali ! On vous demandera simplement d'être à cheval au départ. Il suffit que le Roi vous voie. Vous attendrez son retour à cheval et ce sera parfait. C'est d'ailleurs ce que je fais généralement. J'ai horreur de ce genre de distraction, c'est contraire à mes principes. Mais un gentilhomme de mon rang ne peut l'avouer ouvertement et surtout pas au Roi ! Alors je suis à cheval au départ, puis je m'arrange pour partir du côté où je suis certain de ne pas rencontrer de gibier et, quand tout est fini, je rejoins les autres. Je m'en suis toujours fort bien tiré ainsi ! Vous savez, lors de ce genre de divertissement, tout le monde se trouve un peu dispersé.

Comme sa femme gardait une mine maussade et ne se décidait pas à lui répondre favorablement, le comte de Neuville, bien décidé lui aussi à ne pas céder sur ce sujet, voulut faire preuve d'autorité.

Il prit donc un air hautain bien inhabituel et conclut, du bout des lèvres :

— Je vous demanderais de ne point discuter, Isabelle. Je vous donne ma parole que vous n'assisterez à aucune scène choquante. J'y veillerai personnellement. Vous serez à cheval pour saluer le Roi au départ. Il pourra ainsi vous admirer encore une fois puisque vous êtes une très bonne cavalière. Ensuite, vous pourrez disparaître à votre guise. De toute façon, une épouse doit suivre son mari partout !

— Partout ? Je crois que vous avez dit un mot de trop, mon cher ami, car je suis convaincue qu'il existe certains endroits où vous ne souhaitez pas qu'elle vous suive !

— Vous êtes odieuse !

Sur cette remarque émise d'un ton cinglant, le comte de Neuville lui brûla la politesse et commença à attaquer les marches d'une allure martiale. Il descendit ainsi énergiquement la moitié du grand escalier sous le regard figé de son épouse qui, le regardant s'éloigner avec une moue renfrognée, n'avait plus fait un geste. Soudain, son pied sembla se dérober sous lui et, avant qu'il n'ait eu le temps de se rattraper ou de retrouver son équilibre, Nicolas bascula en avant, donna un coup de rein spectaculaire pour se redresser, se tordit la cheville et tomba lourdement sur le dos. Emporté par la cadence particulièrement véloce qu'il avait adoptée, il fit un impressionnant roulé-boulé et dévala ainsi jusqu'en bas. Il resta à moitié assommé, puis porta les mains à ses reins en braillant un « Aïe, aïe, aïe, mon dos, p…. de marche ! » très peu distingué et fort surprenant de la part de quelqu'un usant généralement d'un langage châtié. Cette dégringolade avait été si soudaine et surtout si spectaculaire qu'Isabelle ne pensa même pas à s'en ébaudir. Elle émit un cri affolé, puis, le voyant ainsi recroquevillé sur les dalles immaculées, estima qu'après une telle chute, il devait au moins avoir une jambe cassée. N'écoutant que son bon cœur, elle se précipita donc, à son tour, tout aussi vivement. Arrivée à l'endroit qui s'était révélé néfaste à son époux, elle sentit brusquement la marche partir en même temps que son pied et se trouva propulsée la tête la première. En un réflexe méritoire, elle saisit la rampe, sauta deux marches, en descendit deux autres en courant, puis trébucha encore et se retrouva sur les fesses. Son ample jupe et ses deux jupons contribuèrent considérablement à adoucir le choc, et ce fut sans aucun mal qu'elle termina sa trajectoire assise à côté de son mari. Nicolas posa sur elle un regard effaré, puis murmura, avec une grimace de douleur :

— Vous êtes-vous fait mal ?

— Non, ma jupe a amorti la chute ! Malheureusement, il semblerait qu'il n'en soit pas de même pour vous !

— En effet, il me faudra donc à l'avenir me vêtir autrement…

Puis, sur cette remarque, il s'esclaffa soudain, céda à un fou rire contagieux et précisa, entre deux hoquets :

— Quand je vous disais qu'une femme doit suivre son mari… vous n'étiez pas obligée de le faire immédiatement !

En se considérant ainsi, assise à côté de lui au bas du grand escalier, Isabelle apprécia le bien-fondé des propos de Monsieur : la vie avec le comte de Neuville ne serait assurément jamais monotone ! Comme il devenait difficile de rester d'humeur boudeuse avec un tel homme ! Cette réflexion lui paraissant aussi drôle que le commentaire de son mari, elle ne résista pas davantage et se laissa aller à son tour à une franche hilarité. Ils restèrent ainsi un bon moment à s'égayer tout leur saoul, puis, quand un valet se présenta en haut du couloir, les lorgnant avec un ahurissement teinté d'une saine réprobation, le comte de Neuville estima que le divertissement avait peut-être suffisamment duré.

Le valet s'éclipsa discrètement, feignant de n'avoir rien vu et préservant la ferme conviction que monsieur le comte de Neuville demeurerait toujours un original un peu farfelu.

Isabelle se releva et épousseta sa robe tout en continuant à rire. Visiblement au comble du bonheur, le comte de Neuville l'observait. Il conclut enfin, profitant hypocritement de la situation :

— Puisque vous voilà désormais si empressée à me suivre, vous ne pourrez plus refuser de venir à Marly !

— J'irai, Nicolas ! Vous avez gagné, vous êtes décidément infernal !

— Merci du compliment ! Mais, par contre, peut-être pourriez-vous m'aider à me relever. Je n'y parviendrai pas tout seul.

— Vous n'avez rien de cassé, au moins ?

— Je me suis tordu la cheville..., mais cela ne m'empêchera nullement d'aller à Marly !

Isabelle lui tendit la main. Il s'y appuya lourdement, mais ne parvint pas à se soulever et retomba avec un nouveau « Aïe ! ».

— Je n'y arriverai jamais, vous êtes trop lourd ! Vous souffrez du dos ? Vous avez chu si violemment ! C'est incroyable que vous n'ayez pas tous les os en morceaux ! Comme vous le disiez si bien, vous êtes vraiment taillé dans un cuir solide !

— Oh, oui ! Et vous n'avez pas tout vu !

— Il vaudrait mieux aller chercher vos valets. Vous risquez de vous blesser davantage.

— Non, non ! Je ne veux pas que mes valets me voient assis au pied des escaliers ! Je ne comprends pas pourquoi cette marche n'a pas été réparée. J'en avais donné l'ordre hier ! C'est effarant, dès que l'on s'absente, tout le monde en profite. On ne peut plus se fier à personne !

— Il ne faut pas vous absenter…

— Au lieu de dire lâchement des méchancetés quand je ne puis me défendre, aidez-moi donc !

Il s'appuya une nouvelle fois et prit son élan. Pour mieux le soutenir, Isabelle passa son bras autour de ses épaules et se pencha en avant. Alors le comte de Neuville l'attrapa par la taille et, dans un immense éclat de rire, l'attira sur ses genoux en s'écriant : « Aaah, au secours, je tombe !! » Isabelle se retrouva à plat ventre sur lui et n'eut pas le temps d'éviter le baiser sonore qu'il lui fit dans le cou. Puis, avant qu'elle ne puisse se rebiffer, il sauta sur ses deux pieds et s'exclama :

— Voilà encore un remède miraculeux ! Il me suffit de vous voir près de moi ! À chaque fois, c'est radical !

— Vous êtes incorrigible !

— Allons, il n'est plus temps de se quereller ! Puisque nous voici tous les deux en bas de l'escalier, venez donc dîner avec moi, puis ensuite nous parlerons de la toilette que vous voudrez porter et du cheval qu'il vous faut !

***

Le dîner terminé, le comte de Neuville entraîna son épouse dans le salon et fit appeler un petit homme, monsieur Lelièvre, qu'il présenta comme son tailleur. L'homme sortit plusieurs échantillons de tissu et une feuille de papier sur laquelle était dessiné un modèle de costume de chasse constitué d'une ample jupe d'amazone, d'un corsage blanc avec une cravate retenue par un grand nœud et d'un haut du même ton. Une petite coiffe semblait prévue, sorte de chapeau agrémenté de rubans. Isabelle trouva l'ensemble original et ne douta point qu'il fût très seyant. Le comte de Neuville portait la plus vive attention aux échantillons et plus particulièrement à l'un d'eux qu'il tourna et retourna dans ses mains, jetant de fréquents coups d'œil à sa femme, pour juger de l'effet qu'il produirait sur sa personne :

— Je sais que vous appréciez le vert sur un bel homme, mais qu'en est-il pour vous-même, Isabelle ?

— J'aime beaucoup le vert, en effet ! Sur n'importe qui !

— Voilà qui est fort bien, mais nous ne sommes pas n'importe qui ! Je pense que le costume ci-dessus serait sans doute ravissant dans ce ton. Vous portez souvent du bleu, alors il serait bon de changer, et le vert sied bien à la chasse. J'aurai moi-même un justaucorps vert foncé avec des broderies argentées.

— Alors, encore une fois, nous serons bien assortis !

— Cette coiffe est une invention de monsieur Lelièvre qui confectionne tous mes habits et ceux que vous avez portés jusqu'à présent. Je suis certain qu'elle fera une forte impression sur le Roi. Il raffole de ce genre de petits détails très féminins !

— Pas vous ?

— Oh, moi, je raffole de vous sans cela. Et moins la femme est habillée, plus elle me plaît !

— Faites donc confectionner ce costume ainsi, Nicolas. Je serai très contente de le porter. Mais peut-être ne faudrait-il pas que le Roi me trouve trop à son goût ? Cela ne vous effraie-t-il pas ?

— Nullement ! Le Roi a passé l'âge des aventures galantes, bien qu'il soit encore vert ! Et je vous connais suffisamment désormais pour avoir une confiance totale en vous. S'il vous faisait une proposition quelconque, vous seriez bien capable de le rabrouer sans ménagement, tout Roi qu'il est !

— C'est possible…

Le comte de Neuville gardait un petit sourire de connivence prouvant qu'il n'en avait jamais douté ! Il signifia à monsieur Lelièvre que cette étoffe convenait pour la tenue choisie. Isabelle se prêta de bonne grâce à une prise de mesures sous l'œil attentif de son époux.

Le tailleur s'empressa enfin de se retirer sans perdre un temps précieux, car sans doute avait-il reçu pour directive de travailler dans un délai très court. Nicolas ne s'attarda plus sur ce sujet, persuadé que le très zélé artisan lui donnerait satisfaction. D'humeur au beau fixe, il commenta, d'un ton enjoué :

— Voilà une affaire qui s'annonce bien. Vous verrez, Marly est un endroit divin. Je vais vous donner une petite jument crins lavés qui s'appelle Cérès. Elle est très gentille. Elle sera parfaite pour vous.

— Pourquoi ne pas monter mon cheval habituel ?

— Il est trop nerveux. Pour participer à une chasse, avec tout ce monde, ces chevaux dans tous les sens, les chiens, les cors, il faut une monture très calme. Je ne mets pas en doute vos capacités de cavalière, mais ce contexte est un peu différent. Vous risqueriez de vous faire prendre la main et seriez ridicule. Cela arrive fréquemment ! Moi-même, je ne monterai pas mon cheval blanc, mais un bai un peu moins élégant, mais plus fiable.

— Votre cheval blanc est aussi un petit cœur sensible qui n'aime pas la chasse ?

— Mon cheval blanc est un étalon, le reproducteur de mon écurie ! Je ne veux pas qu'il fasse une crise de folie en voyant toutes ces juments autour de lui !

Puis, se mettant à rire et lui lançant une œillade langoureuse :

— Je crains qu'il ne soit moins raisonnable que moi. Quand il est amoureux, il ne parvient pas toujours à réfréner ses ardeurs !

Une fois encore, Isabelle fut obligée de pouffer en considérant la mine de petit saint qu'il avait prise : il avait joint les mains et désignait une supposée auréole derrière sa tête. Elle se demandait ce que lui réservait cette nouvelle expérience et si elle serait semblable à la dernière fête de Saint-Cloud, avec des instants délicieux, suivis de désillusions.

Elle commençait aussi à se rendre compte que son mari se révélait un habile stratège qui parvenait toujours à la manipuler comme il le voulait…

XXVII

L'hallali

Le comte de Neuville avait tenu parole. Au départ de la chasse, prévu à une étoile en sortie du parc de Marly donnant directement sur la forêt, se trouvait déjà un grand rassemblement de cavaliers et de cavalières ainsi que les piqueurs avec leurs chiens. Depuis une récente chute, le Roi ne suivait plus à cheval, mais dans une calèche légère menée par quatre petits chevaux rapides qu'il conduisait lui-même, souvent à bon train, prouvant qu'il restait des reliquats de l'habile cavalier qu'il avait été lui aussi, puisqu'il avait chassé à cheval depuis l'âge de six ans !

Louis le Grand traversa la clairière, regardait avec insistance qui se trouvait là, et s'attardait sur les dames de la Cour et leurs atours champêtres. Isabelle portait le costume vert aux galons argentés et le petit chapeau avec ses rubans.

L'ensemble lui allait fort bien. La jument crins lavés semblait très mignonne, avec son tapis vert assorti à la tenue de sa cavalière et brodé d'un galon aux armoiries du comte de Neuville. Isabelle avait fière allure ; elle possédait l'aisance des amazones maîtrisant leur art. Sa féminité se trouvait sublimée par le fait de chevaucher une monture parfaite.

Le Roi-Soleil ne s'y trompa point ! Il lui fit penser à un général passant ses troupes en revue. S'arrêtant devant la comtesse de Neuville, il esquissa un petit signe de tête accompagné d'un sourire avenant et souleva légèrement son tricorne à plume rouge. Prenant le temps de détailler Isabelle et de considérer le petit chapeau avec intérêt, il commenta, malicieusement :

— Voilà une coiffe nouvelle qui vous sied à ravir, madame ! Je vois que vous êtes aussi une élégante cavalière. Gageons que, demain, toutes les dames de Versailles seront ainsi parées ! Vous êtes aussi charmante à cheval qu'au bras de votre mari…

— Je remercie Sa Majesté pour ses paroles aimables. Mais monsieur le comte de Neuville risque d'être jaloux de mon cheval !

— Vous avez de l'esprit, madame. Je vous souhaite une bonne chasse ! J'espère que nous allons courir un magnifique dix cors !

— Je le souhaite à Sa Majesté !

En le regardant s'éloigner dans une envolée de poussière, Isabelle espérait bien qu'il n'en serait rien et que le magnifique dix cors aurait le bon sens d'aller se promener à l'autre extrémité de la forêt ! Le comte de Neuville, saisissant le trait caustique offert sur un plateau, se mit à rire :

— Ne vous l'avais-je point dit que le Roi apprécierait ? Vous êtes ravissante ! Mais je suis assurément envieux de Cérès ! Quelle situation cocasse : tous les maris sont jaloux de moi… et moi, je le suis d'un cheval ! J'ai enfin trouvé un rival à ma mesure.

La meute des chiens lâchée, les courtisans s'empressèrent de lancer leurs montures au galop afin de ne perdre ni les chiens, ni le Roi… et éventuellement ni le gibier non plus ! Le comte de Neuville retint son cheval qui ne demandait qu'à les suivre et nota avec satisfaction que son épouse faisait volter Cérès. Avec une moue faussement condescendante, Isabelle demanda :

— Alors, maintenant que j'ai été parfaite, j'ai le droit de partir, c'est bien cela ?

— Si vous voulez ! Allez vous promener dans le parc et revenez au même endroit dans deux heures. Moi, je vais les suivre de loin et je vous rejoindrai.

— Nicolas… s'ils ne trouvent pas le cerf… ne vont-ils pas chercher le loup ?

— Aucun risque ! Il n'est pas par ici !

— Comment pouvez-vous en être si certain ?

— Mais… vous l'avez entendu comme moi ! La plainte venait des bois de Saint-Cloud ou de Fosse-Repose et pas de cette direction. Et puis, le Roi trouve plus noble de chasser le dix cors. Se pavaner en exhibant un loup empalé sur une faux est une jouissance de manant.

Il affirma ceci avec un profond mépris et, pour estomper la gravité de cette assertion, donna une tape amicale sur la croupe de la petite jument blonde.

Puis, mettant son cheval bai au trot, le comte de Neuville emprunta tranquillement le sentier de forêt. Isabelle le suivit du regard avec une certaine mélancolie, jugeant que lui aussi s'avérait un excellent cavalier avec beaucoup d'allure !

S'arrachant à sa contemplation, elle caressa Cérès qui commençait à piaffer, agacée de rester ainsi sur place alors que ses congénères filaient bon train. Isabelle partit sur l'allée forestière dans la direction opposée, mettant la jument au trot puis lui demandant le galop.

Après avoir goûté pleinement cette détente bien agréable, elle reprit le pas. Elle apprécia le confort et le caractère de Cérès, à la fois allante, docile et jolie. Le comte de Neuville la lui avait parfaitement choisie. En entendant dans le lointain les aboiements des chiens, les cris et le son des cors, elle comprit le bien-fondé des propos de son mari. Dans une telle atmosphère, un cheval nerveux devait sans nul doute devenir bien délicat à retenir. Son époux s'avérait encore une fois d'une sagesse et d'une perspicacité fort à propos !

Bercée par le pas cadencé de la jument, Isabelle laissa le soleil effleurer ses joues. Posant la main dans la crinière blonde, elle caressa machinalement les crins soyeux qu'elle laissa glisser entre ses doigts. Le soleil, la forêt, la solitude, la liberté. Isabelle revivait son enfance de sauvageonne insouciante. La comtesse de Neuville n'avait donc pas tout perdu, puisque de telles sensations restaient encore accessibles.

Elle sursauta lorsque Cérès s'arrêta et pointa les oreilles. Un autre cavalier se tenait immobile au milieu de l'étoile qu'elle venait d'atteindre. Isabelle ne savait plus très bien où elle se trouvait, à la limite de la forêt de Cruye, très certainement. Ayant sans doute perdu la chasse, le cavalier attendait de rencontrer quelqu'un pour s'informer de la bonne direction. Isabelle se rendit compte qu'il s'agissait d'une cavalière, vêtue avec recherche d'un ensemble gris et blanc. Celle-ci dégagea d'un geste gracieux une mèche rebelle s'échappant de la coiffe noire qu'elle portait sur une chevelure auburn aux reflets de cuivre. Une bien belle femme, sans aucun doute, qui se tourna vers la nouvelle arrivante et la gratifia d'un joli sourire. Isabelle s'apprêtait à la renseigner, persuadée qu'elle désirait rejoindre la chasse. Elles se figèrent alors avec un ensemble parfait. Reprenant son sang-froid plus vite que sa rivale, Isabelle laissa tomber, du bout des lèvres :

— Si c'est le comte de Neuville que vous attendez, vous perdez votre temps. Il est parti de l'autre côté.

La belle amazone sembla décontenancée et la considéra avec perplexité, puis se défendit maladroitement :

— Je ne comprends pas ce que vous voulez dire, madame ?

Isabelle elle-même ne savait plus véritablement où porter l'attaque, avouant que cette créature était bien la dernière qu'elle se fût attendue à découvrir en plein cœur de la forêt. Bien que décontenancée par l'aspect incongru de ce face à face, elle allait en profiter pour régler ses comptes et lui dire ce qu'elle pensait de son comportement avec son mari !

Elle s'interrogeait pour savoir où placer sa prochaine flèche, quand Cérès fit un brusque écart suivi d'un demi-tour intempestif. Isabelle dut faire preuve de tous ses talents pour serrer les jambes et se maintenir en selle. Elle rassembla ses rênes à grand renfort de « Holà, toute belle, holà » pour ralentir et arrêter sa jument.

C'est alors qu'elle vit un cerf majestueux passer au galop, aérien, magnifique, mais horriblement affolé. Surpris par la meute, l'animal avait eu le réflexe fort intelligent de s'enfuir dans la direction opposée, et, tandis que tous lui couraient après dans l'autre sens, il volait vers son salut et sa liberté si chèrement préservée. En le regardant se fondre dans le sous-bois, Isabelle poussa un « ouf » de soulagement, comme s'il s'agissait de sa propre vie qu'elle venait de sauver. Elle pensa avec un petit sourire méprisant à tous ces jobards courant frénétiquement à l'autre bout de la forêt, semblables au pêcheur qui fixe son hameçon des heures durant, pendant que les poissons s'égayent allègrement derrière son dos !

Le cerf disparut dans un grand fracas de ronces piétinées et de branchages bousculés. Revenant sur ses pas pour retrouver Marion et estimant qu'elle ne perdait rien pour attendre, Isabelle nota que la maîtresse du comte de Neuville se révélait une cavalière beaucoup moins aguerrie. Son cheval ayant effectué lui aussi un démarrage tumultueux, la malheureuse avait perdu son étrier et se trouvait cramponnée à la fourche de sa selle d'amazone, tandis que le grand alezan remontait l'allée à un train d'enfer. Dans cette sente étroite et bordée d'arbres, la chute, inévitable, serait sans aucun doute sérieuse… voire mortelle, pour une jeune femme peu habituée aux situations périlleuses.

Sans prendre le temps de réfléchir, en un réflexe spontané dicté par sa bonté profonde et son tempérament hardi, Isabelle talonna Cérès. La sentant à ses trousses, l'alezan accéléra encore. La dénommée Marion poussait des hurlements pathétiques. Isabelle talonna encore davantage et commença à gagner du terrain. Elle intima avec autorité à la jeune femme : « Ne criez pas et ne vous agitez pas, vous allez l'affoler encore plus ! Accrochez-vous, je vais vous aider ! »

Parvenant enfin à sa hauteur, Isabelle se pencha sur le côté et, négligeant les arbres du sentier qui se resserrait de plus en plus, tenta d'attraper la bride du cheval. Poussant résolument Cérès contre lui, elle parvint à lui barrer le chemin, l'obligea ainsi à ralentir, puis à s'arrêter. Mettant pied à terre, elle tendit la main à Marion pour l'aider à descendre. Livide, tremblant de tous ses membres, incapable de proférer une parole, celle-ci la regardait fixement, dans un état second. Puis elle murmura, d'une voix chevrotante :

— Vous êtes… vous êtes… une cavalière extraordinaire. Je n'ai jamais vu cela…

Retrouvant elle aussi son souffle à grand-peine après cet exploit physique, Isabelle, qui ne perdait jamais ses griffes acérées quelle que fût la circonstance, lui asséna, d'un ton cinglant :

— Je suis aussi douée pour monter à cheval que vous pour voler les maris des autres… Marion !

La jeune femme parut sur le point de défaillir, puis subitement se jeta dans ses bras et se mit à sangloter. Cette réaction décontenança Isabelle qui s'attendait à une riposte acide. La prenant par les épaules, elle l'écarta lentement et murmura, d'une voix radoucie :

— Allons, remettez-vous, le danger est écarté maintenant. Vous n'avez rien, c'est l'essentiel !

— Ah, madame la comtesse de Neuville, vous m'avez sauvé la vie !

— Ne dramatisez pas, une chute de cheval n'est pas forcément mortelle.

— Elle risquait de l'être, car mon pied était coincé et je ne suis qu'une piètre cavalière. Je ne monte que fort occasionnellement pour une chasse. Je déteste les chasses !

— Vraiment ? Pourquoi donc ?

— Parce que… regardez ce noble cerf qui vient de passer… Auriez-vous le courage de le tuer ? Ah, je ne supporte pas cela !

— Vous êtes un petit cœur sensible, c'est pour cela que vous plaisez au comte de Neuville ? Mais voler un mari à sa femme, cela ne vous afflige pas ?

— Je vous demande pardon, madame ! Vous êtes bonne et généreuse. Vous êtes courageuse, vous m'avez sauvée alors que vous me détestez !

— Je vous déteste assurément, car j'aime Nicolas. J'aurais pu vous laisser vous débrouiller, et l'hallali eût été de ce côté, avec pour victime, non un pauvre animal innocent, mais une garce ayant largement mérité son sort !

— Moi aussi, j'aime Nicolas ! Mais je n'oublierai jamais le geste que vous avez eu. Je vous laisse la place et… et Nicolas.

— Quelle générosité, je vous remercie !

— Laissez-moi vous expliquer…

— Ah, non ! Je n'ai nulle envie d'entendre les fadaises que l'on profère en semblable cas. Si vous allez bien, remontez sur votre cheval et disparaissez.

Se plaçant devant Cérès, Isabelle allait remettre le pied à l'étrier, mais Marion l'arrêta, la prenant par le bras :

— Madame la comtesse, je vous en prie, écoutez-moi !

Isabelle la toisa, eut un soupir excédé, mais, malgré elle, suspendit son geste.

— Il faut que je vous explique ! Moi aussi j'aime Nicolas et depuis longtemps ! Comment ne pas l'aimer ? Nicolas, quand on l'a eu une fois, on ne peut plus l'oublier ! C'est un amant merveilleux, à la fois sensuel et ardent, mais aussi doux et sensible. Il est aussi généreux en amour que dans la vie ! Il ne prend pas son plaisir, il donne du plaisir… mais vous savez combien j'ai raison !

— Ah, peut-être…

Isabelle se rendit compte qu'elle allait se trahir en se révélant une belle ingénue devant sa pire ennemie. Elle masqua donc son erreur derrière une remarque hautaine et pleine de froideur :

— Je vous remercie de me donner des détails, c'est très élégant de votre part.

— Pardonnez-moi, mais jamais je n'oublierai Nicolas et son sourire, Nicolas et son rire, sa bonne humeur, sa gentillesse. Nicolas c'est… c'est du soleil !

— Depuis quand le connaissez-vous ?

— Depuis trois ans. Nous étions une petite bande d'amis qui prenaient du bon temps. Nous avions tous promis que, si l'on nous mariait contre notre gré, cela ne nous empêcherait pas de continuer. Quand Nicolas vous a épousée, nous avons fait comme convenu. Je croyais que vous n'étiez qu'une pédante dénuée de tout sentiment à son égard.

— Et, bien sûr, vous vous chargiez de consoler le pauvre chéri !

— Ne croyez pas cela ! Depuis qu'il vous a épousée, Nicolas n'est plus le même et ne pense qu'à vous ! Il continue par besoin, mais jamais il n'a aimé une femme comme il vous aime. Et vous êtes la seule digne de lui. Rendez-le heureux ! Chérissez-le comme il le mérite et souvenez-vous que Marion sera toujours votre alliée ! Ma vie vous appartient, madame la comtesse…

— Je me moque de votre vie et je vous avouerai que je ne crois pas un mot de vos beaux discours.

— Vous avez tort, madame la comtesse, car j'apprécie bien l'amour, moi aussi, mais je suis loyale. Il n'en sera pas forcément de même pour les autres. La plupart ne sont que des passades. Mais certaines ne s'effaceront pas aussi facilement, notamment Carmen.

— Je suppose qu'il s'agit de l'autre femme qui était vautrée sur lui à la dernière soirée de Saint-Cloud, dans l'antichambre de la salle de billard ?

La maîtresse du comte de Neuville sembla accuser le coup, baissa le nez, puis avoua, dans un soupir :

— Oui, elle a compris l'emprise que vous avez sur le cœur de Nicolas. Méfiez-vous, elle cherchera à se venger, car il ne veut plus d'elle. C'est une fieffée garce.

— Ne vous inquiétez pas pour moi ! Je suis fort bien capable de me défendre et de préserver mon bien si j'en ai envie.

— Je n'en doute pas, madame la comtesse, j'ai pu me rendre compte à quel point vous étiez énergique ! Je vous souhaite bonne chance et, bien que vous ne me croyiez pas, je vous répète ce que je vous ai dit : si vous avez besoin de Marion, elle sera toujours là.

Isabelle n'ajouta rien, ne parvenant à la croire sincère, mais néanmoins ébranlée par cette confession spontanée. Il s'agissait assurément d'une femme facile et sensuelle, courtisane aguerrie ayant eu la chance de « goûter » au comte de Neuville comme beaucoup de ses semblables. Sans doute s'en était-elle amourachée, au point de s'y attacher plus qu'une simple liaison de beuverie ne l'aurait exigé.

Ce qui se concevait aisément, puisque, d'après toutes ces bécasses, son mari se révélait un amant torride dont on ne pouvait plus se passer une fois la chose faite ! Elle en conçut une irritation supplémentaire en pensant que la comtesse de Neuville restait la seule à ignorer tous ces détails dont les pintades de la Cour faisaient étalage avec délectation. Bien que passablement agacée par cette situation saugrenue, Isabelle sentit une fois de plus tinter en elle la petite sonnette combien alarmante de la jalousie.

Elle éprouva en même temps une jubilation intense en estimant combien le comte de Neuville avait dû être humilié de ses refus ! Puis elle jugea cette satisfaction profondément puérile. En vérité, Isabelle commençait à douter, et le bastion de sa propre volonté se fissurait lentement et inexorablement. Elle ne savait plus si son attitude demeurait la bonne et pourquoi elle avait eu raison de la choisir. En proie à des réflexions contradictoires, elle décida d'écourter la discussion et de regagner le lieu de rendez-vous.

Marion avait bien du mal à enfourcher son cheval qui, passablement excité par cet incident et désireux de n'en faire qu'à sa tête, ne semblait plus décidé à obéir à sa cavalière. Redoutant quelque nouvelle déconvenue après la frayeur éprouvée, Marion paraissait d'ailleurs peu fière de le monter. Mais dans un sursaut de dignité et devinant l'animosité de la comtesse de Neuville à son égard, elle n'osa rien en laisser paraître. Elle émit néanmoins un soupir déchirant, avouant avec dépit : « Ah, ce cheval est bien trop nerveux pour moi ! Si j'avais su, j'en aurais pris un autre. Mais je n'y connais rien et j'ai fait confiance au piqueur. »

Isabelle haussa les épaules et tint l'animal d'une main ferme. Mais celui-ci commença à reculer, puis se dressa sur les postérieurs. Elle réalisa encore une fois la véracité du jugement de son mari et estima avec une ironie mauvaise qu'il aurait pu faire bénéficier sa maîtresse de ses bons conseils.

Puis, comprenant que Marion ne parviendrait jamais à ses fins et la situation risquant de s'éterniser, elle lui proposa Cérès et enfourcha l'alezan qui, instantanément, adopta une attitude plus conciliante. Lorsque la maîtresse de son époux se confondit en remerciements, Isabelle lui précisa simplement :

— Vous me la rendrez ce soir. Prenez-en soin, c'est une excellente petite jument que Nicolas m'a donnée tout exprès pour cette chasse. Je préfère que nous ne rentrions pas ensemble. Le ridicule a ses limites.

Et la réponse de Marion la toucha plus encore que toutes ses tentatives de réhabilitation :

— Vous ne seriez point ridicule, madame la comtesse. Je pense que l'on vous respecterait davantage encore. Aucune femme que je connais n'aurait eu ni votre courage ni votre grandeur d'âme. Oui, vous êtes vraiment une Neuville et pouvez le crier haut et fort !

En se dirigeant vers le lieu de rendez-vous, Isabelle restait profondément absorbée par des questions auxquelles elle ne parvenait à trouver réponse ! Les gentilshommes de la chasse n'étaient pas encore revenus, mais elle entendait des aboiements fort proches, lui laissant deviner qu'ils n'allaient point tarder. Elle serait donc là pour le retour du Roi et, une fois encore, accomplirait son devoir sans fausse note.

Un groupe de cavaliers arriva dans un galop effréné et elle remarqua son mari qui caracolait en tête. Il se dirigea vers elle et arrêta son cheval, tout mouillé de sueur. Apparemment d'humeur folâtre, il s'exclama avec enjouement :

— Je n'ai pas vu l'oreille d'un animal, mais nous avons fait une belle chevauchée, jusqu'à la ferme du Trou d'enfer ! Je vois que vous êtes au rendez-vous. Vous êtes absolument parfaite, Isabelle !

Puis, soudain, il remarqua qu'elle ne se trouvait plus sur sa petite jument blonde et s'alarma immédiatement :

— Mais… vous avez changé de cheval ? Que s'est-il passé ? Auriez-vous eu des ennuis avec Cérès ? Voilà qui me chagrinerait véritablement, car je la travaille pour vous depuis une semaine !

— Je n'ai pas eu d'ennuis, Nicolas. Je l'ai prêtée à la cavalière de celui-ci qui ne parvenait pas à le maîtriser.

— Vraiment ? Ah, je vous reconnais bien, là ! Vous êtes merveilleuse.

— Vous ne me demandez pas le nom de cette cavalière ?

— Peu m'importe ! Je ne connais pas toutes les cavalières qui suivent la chasse.

— Vous la connaissez très bien, pourtant. C'est une jeune personne ravissante, apparemment plus douée pour l'amour avec les hommes mariés que pour l'équitation. Une dénommée Marion.

Le comte de Neuville ravala prestement son sourire et la considéra avec stupeur. Elle le vit pâlir et ouvrir la bouche pour lui répondre, puis choisir de se taire. Il continuait à la dévisager avec des yeux ahuris. À cet instant, un tintamarre et un bruit de course retentirent à l'extrémité de la clairière. La horde des chasseurs apparut ainsi que le Roi dans sa calèche. Louis XIV fit halte devant la jeune femme et, avec cette même affabilité, la gratifia de son plus charmant sourire :

— Je vous avais promis un dix cors, madame, malheureusement nous ne l'avons point vu. Mais nous vous attendons ce soir pour le concert.

Tel un essaim bourdonnant, tous s'empressèrent de suivre la calèche. Isabelle se pencha vers son mari, toujours plus figé qu'une statue. Elle précisa, avec un sourire moqueur :

— Il ne risquait pas de voir le cerf, car c'est moi qui l'ai vu… Enfin, Marion et moi.

Puis, sur un ton encore plus sarcastique :

— Que vous arrive-t-il, Nicolas ? Vous ne vous sentez pas bien ? Vous êtes tout pâle. Vous avez galopé trop vite, sans doute ? Venez donc, ou nous allons perdre le Roi !

Mettant le grand alezan au galop, elle rejoignit la calèche dans un nuage de poussière, et le comte de Neuville n'eut pas d'autre choix que de la suivre.

XXVIII

Femmes…

Sur le pas de la porte, le comte de Neuville, à la fois ennuyé et démuni face à un fait qu'il ne comprenait pas, semblait hésiter. Il prit la jeune femme par la taille et chercha à l'embrasser dans le cou, mais elle se dégagea brutalement, rétorquant sèchement :

— Je vous ai dit que c'était terminé, Nicolas. Je vous en prie, n'insistez pas.

— Mais… Marion… pourquoi ?

Sans obtenir d'explication supplémentaire, le malheureux Nicolas se retrouva devant la porte, fermée d'un coup sec. Il resta quelques instants hébété, visiblement dépassé par les événements, puis frappa rageusement du poing contre le battant en criant : « Marion, ouvrez-moi !! » N'obtenant nul écho, il lança un regard circonspect aux alentours et, peu désireux de se donner en spectacle, tourna les talons, la mine déconfite. Après avoir remonté l'allée, il traversa la pelouse conduisant au pavillon d'en face.

***

Au premier étage du pavillon qui lui était attribué, Isabelle s'apprêtait à tomber dans les bras de Morphée, à défaut de ceux de Nicolas de Neuville. Elle se glissa dans son lit avec un soupir d'aise. Cette journée avait été bien agréable.

Le Roi s'était montré fort courtois à son égard, et cette chasse ne s'était pas si mal passée. L'appréciation de son époux concernant Marly se trouvait entièrement justifiée. Il s'agissait bien d'un site enchanteur, assurément différent de tous les autres, non seulement par la configuration des lieux, mais aussi par les coutumes instaurées.

On affirmait que le Roi-Soleil le réservait à ses amis, ce qui expliquait que le cercle des usagers se montrât fort restreint. Le monarque lui-même s'y présentait plus serein, agréable et beaucoup moins impressionnant.

Aucun palais de par le monde ne ressemblait à cette construction à laquelle on accédait par une grille jouxtant un vaste abreuvoir et des bassins. Alors, la fantaisie se dévoilait d'emblée, une fois franchies les étonnantes sculptures de Coysevox. Six pavillons d'un côté et six de l'autre encadraient un parterre central de pelouses et de bassins. Reliés les uns aux autres par des voûtes de charmilles, l'ensemble s'étirait ainsi jusqu'à l'extrémité où trônait la cour royale et le pavillon du soleil, demeure de Louis XIV.

Le souper aussi perdait une bonne part de l'étiquette, bien qu'il n'en demeurât pas moins copieux pour autant ! Les courtisans se retrouvaient autour de grandes tablées, l'une où siégeait le Roi, l'autre dévolue à Monsieur, les invités se répartissant autour des autres.

Isabelle et son mari s'étaient retrouvés en aimable compagnie et avaient apprécié le service de dix-sept plats dont le gibier, rappelant bien volontiers que l'on se trouvait à Marly où il abondait, constituait les pièces maîtresses.. Il devenait fort rare, en effet, que les chasseurs rentrent sans un cerf… ou plusieurs !

Remis de ses émotions concernant les révélations de sa tendre épouse, le comte de Neuville, ne la lâchant pas d'une semelle, s'était montré très prévenant et, pour tout avouer, de compagnie fort distrayante!

Isabelle songeait à tous ces instants bénis et remerciait la Providence lui ayant permis de clore le bec à cette bourrique de Marion, cerise sur le gâteau d'une journée favorable ! Elle commençait à s'assoupir quand elle entendit la porte s'ouvrir de façon énergique. Le comte de Neuville pénétra dans la pièce d'un pas décidé et referma le battant peu discrètement. Remontant les draps sur sa poitrine, Isabelle l'observa avec saisissement. Elle remarqua son allure débraillée et son visage renfrogné. Vite remise de sa stupeur, elle le toisa et laissa tomber, du bout des lèvres :

— Je ne vous ai pas entendu frapper ?

La réponse cinglante la décontenança :

— Je n'ai pas à frapper pour entrer chez moi !

— Vous n'êtes pas chez vous pour l'instant, mais chez le Roi !

— Peu importe, je n'ai pas envie de discuter. Je veux simplement savoir ce que vous avez raconté à Marion !

La punaise avait dû aller pleurer dans son gilet et se plaindre de l'épouse acariâtre !

Et l'époux volage trouvait encore l'audace de s'en offusquer ! Cette hypocrite ne s'en tirerait pas ainsi ! Elle lui asséna, avec tout le mépris dont elle était capable :

— La pauvre chérie est venue se faire consoler dans vos bras ? Quelle ingrate ! J'aurais mieux fait de la laisser avec ses problèmes au lieu de l'aider. Comme quoi la bonté n'est jamais récompensée. C'est tout à fait ce que je pensais : une fourbe et une menteuse !

— Marion n'est ni fourbe ni menteuse ! Elle vient juste de me fermer sa porte au nez et j'aimerais bien savoir pourquoi !

— Elle aussi ? Décidément, vous n'avez pas de chance ! Mais il vous restera toujours Carmen… et les autres !

— Les autres ne sont que des bagatelles et je n'aime pas Carmen. C'est une femme dénuée de tout scrupule. Elle me divertit au lit, car c'est un vrai volcan, mais pour le reste nous n'avons rien en commun.

— Mon pauvre ami ! Alors si Marion ne veut plus de vous, qu'allez-vous devenir ? Elle a sans doute trouvé mieux…

— Je vous interdis de la calomnier ainsi ! J'aime beaucoup Marion et je sais qu'elle tient à moi. Si elle a agi ainsi, c'est à cause de vous ! Je ne sais ce que vous lui avez dit, mais cette fois vous êtes allée trop loin, Isabelle !

— Vous avez un toupet sidérant ! Vous vous avilissez tel un pourceau avec les pires putains et vous vous arrangez toujours pour m'en tenir responsable. C'est effarant, j'en ai plus qu'assez !

— Taisez-vous ! Moi aussi j'en ai plus qu'assez. Vous avez rompu notre pacte ! Moi, j'ai tout fait pour vous respecter bien que trouvant votre attitude complètement puérile ! Mais vous, vous avez tout détruit avec ma maîtresse pour le seul plaisir de tout détruire ! Alors, puisque c'est ainsi, je vais prendre ce qui me revient !

En disant ces mots d'un ton rageur, les yeux fous d'une colère démente, le comte de Neuville retira son justaucorps, le jeta par terre et s'avança jusqu'au lit. Puis, repoussant la courtepointe d'un geste brusque, il se laissa tomber sur Isabelle qui poussa un hurlement :

— Nicolas ! Vous êtes fou ! Reprenez-vous, je vous en conjure ! Vous avez bu !

— Oui, j'ai bu ! Et puisque Marion ne veut plus de moi, vous allez la remplacer, que cela vous plaise ou non !

L'écrasant de son poids, cherchant à dégrafer sa chemise de nuit, le comte de Neuville paraissait effectivement en proie à un courroux qui lui faisait perdre tout discernement. Parvenant à se dégager, Isabelle réitéra ce geste qui lui avait déjà permis d'échapper à bien des situations périlleuses : elle lui asséna un soufflet retentissant ! Son mari resta sidéré, le souffle haletant, les dents serrées. Il l'invectiva enfin avec hargne :

— Ah, non ! Gardez vos soufflets de lavandière pour les pervers comme le chevalier de Lorraine qui essaient de vous prendre dans les couloirs de Saint-Cloud !

— Vous vous conduisez comme lui pour l'instant ! Vous n'avez plus rien d'un comte de Neuville ! Vous êtes en train d'agir comme un vrai soudard !

La vigueur de la gifle et cette mortifiante constatation flagellèrent sa fierté et freinèrent quelque peu ses ardeurs. Se relevant lentement, le visage dur, le regard farouche, il enfila son justaucorps et recula jusqu'à la porte. Les draps remontés au ras du menton, Isabelle n'osait plus faire un geste. Le comte de Neuville ne prononça plus une parole.

Livide de rage et d'humiliation, il resta ainsi, appuyé au chambranle, sans la quitter des yeux.

Puis, brusquement, il saisit le vase de Chine posé sur le guéridon et le jeta à terre de toutes ses forces avant de sortir en claquant la porte derrière lui.

***

Parvenu au dehors, Nicolas marcha dans la nuit, longeant les charmilles en direction de la cour royale.

Renversant la tête en arrière pour offrir son visage au petit vent et à la fine bruine qui commençait à tomber, il cherchait à reprendre la maîtrise de lui-même. Dans les pavillons alignés de chaque côté de la pelouse, quelques lumières brillaient encore, mais l'obscurité régnait dans la plupart d'entre eux. Dans le palais du Roi-Soleil, plus rien ne semblait bouger. Le Roi dormait, la plupart des courtisans aussi, fatigués par la chasse, le souper, la bonne chère et le vin.

D'un pas toujours aussi volontaire, le comte de Neuville laissa derrière lui la demeure de Louis le Grand et s'engagea dans l'allée latérale avant de traverser la place des gardes. Il entra dans l'écurie où aucun palefrenier ne veillait.

La lueur blafarde de la lune éclairait comme en plein jour et un silence pesant stagnait sur le vieux bâtiment seulement troublé par le soupir d'un cheval, le bruit d'un sabot raclant les dalles, un léger renâclement ou le cliquetis d'une chaîne contre un râtelier. Parvenu devant la stalle du cheval bai, Nicolas prit sa bride et la lui passa, puis, toujours sans un bruit, l'entraîna le long du couloir central bordé de nattes de paille tressée. Parvenu sous le porche, il continua ainsi en tenant son cheval en main, sans remarquer l'ombre attachée à ses pas depuis le pavillon de sa femme.

Au lieu de sortir vers le parc de Marly en passant par la grille royale pour emprunter ensuite la fameuse allée royale, il jugea plus opportun de revenir sur ses pas et de choisir un passage plus discret en aval. Il abordait l'allée des portiques en direction du grand abreuvoir, quand il remarqua un léger mouvement derrière un massif.

À l'instant où il le contournait, il reçut un coup violent derrière la nuque et s'affaissa à genoux. Malgré le mal de crâne lancinant et la kyrielle d'étoiles lui brouillant la vue, il se raccrocha à un vase de marbre providentiel et tenta de se remettre debout. Ce geste lui sauva la vie, car la lame du couteau frôla son visage. Son agresseur revint à la charge avec une dague de chasse, affûtée à souhait ! Réagissant aussitôt, Nicolas lui attrapa le poignet.

La dague tomba à terre avec un bruit métallique se répercutant à l'infini dans le silence glacé de la nuit. Repoussant violemment l'inconnu, Nicolas lui asséna un coup de poing qui l'envoya rouler jusque dans le massif.

S'emparant de la dague et la tenant fermement en main, il releva brutalement la forme recroquevillée et, d'un geste dénué de toute compassion, arracha le chapeau dissimulant le haut de son visage. Le comte de Neuville s'enquit alors, avec froideur :

— Pourquoi as-tu fait cela, Carmen ?

— Je ne voulais pas que tu sois à elle !

La repoussant implacablement dans l'ombre, Nicolas jeta la dague à ses pieds, puis, l'attrapant par la taille, prit ses lèvres en un baiser plus bestial que tendre. Les yeux rivés dans ceux de la brûlante Carmen, il lui intima, d'un ton cinglant :

— Va-t'en, maintenant ! Je pourrais te tuer ou te faire pendre. Je n'en ferai rien, car tu m'as donné bien souvent du plaisir. Mais fais attention, Carmen : ne t'avise jamais de toucher un seul cheveu de la comtesse de Neuville, car alors je t'étranglerai de mes mains et je te promets bien que tu auras le temps de le regretter avant de mourir !

Indifférent au regard de braise vrillé dans son dos, le comte de Neuville récupéra son cheval bai et l'enfourcha à cru. Descendant l'allée en direction de l'abreuvoir, il repassa devant le pavillon de sa femme en un galop tumultueux, puis bifurqua vers la sente parallèle devant le conduire à une sortie plus discrète ouvrant sur la forêt.

Le front appuyé au carreau, le visage baigné de larmes, Isabelle scrutait la nuit. Elle tressaillit en voyant passer ce cavalier à vive allure. Elle savait que c'était lui et murmura, entre deux sanglots :

— Nicolas… pourquoi ?

Du pavillon d'en face, un rideau se tira légèrement. Le front appuyé au carreau, le visage baigné de larmes, Marion ne dormait pas et elle aussi contemplait la nuit. Elle eut le même sursaut en apercevant le cavalier et murmura, entre deux sanglots :

— Nicolas… pourquoi ?

Le comte de Neuville franchit la petite porte qui, comme il l'avait escompté, ne se trouvait jamais gardée. Il s'engagea sur le sentier longeant la forêt, galopa à un train d'enfer et ignora les trous et les racines que l'obscurité lui masquait. À cru, faisant corps avec sa monture, mû par une froide détermination, mari frustré et amant déçu, Nicolas de Neuville poursuivait sa course folle au mépris de tout péril. Il ne choisit pas la route qui aurait pu le conduire vers le château de Saint-Cloud et, de là, en longeant le bord de la Seine, lui aurait permis de regagner sa demeure. Il tourna résolument dans la direction opposée et se perdit volontairement dans les profondeurs de la forêt…

XXIX

Le pardon du bon Dieu

Avant de clore ces deux journées de festivités et de regagner leurs palais de prédilection, les uns en direction de Versailles, les autres de Saint-Cloud, les courtisans se devaient d'occuper les derniers instants passés à Marly de la façon la plus honorable, c'est-à-dire en assistant à la messe.

Le cortège royal se rendit donc à la chapelle, située dans la partie nord du domaine et dont on apercevait le campanile de plomb doré. Son époux n'ayant plus donné signe de vie, Isabelle se joignit à l'assemblée des bons vivants soudainement métamorphosés en bigots. Elle remarqua enfin le comte de Neuville qui, le visage renfrogné, passa à côté d'elle sans lui jeter un regard. Il paraissait préoccupé et d'humeur massacrante. Plusieurs gentilshommes qu'il croisa et salua brièvement le considérèrent avec étonnement : le jovial Nicolas affichait rarement une mine maussade.

Le comte de Neuville se tenait pourtant aux côtés du Roi. On disait qu'il avait été choisi pour tenir le bougeoir. Malgré son escapade nocturne incognito, il se trouvait donc fidèle à son poste au petit matin. Isabelle en éprouva malgré elle un certain soulagement. En le voyant galoper ainsi dans la nuit, ayant perdu toute mesure, elle avait craint qu'il ne commette une sottise ou qu'il ne lui arrive un accident. Au lieu de le souhaiter et de s'en réjouir, elle s'en inquiétait ! Cette amère constatation eut pour effet d'accroître son irritation. Oui, son mari devait être un sorcier, capable d'envoûter les caractères féminins les plus inflexibles !

Comme c'est souvent le cas quand deux personnes cherchent ostensiblement à s'éviter, les caprices du destin les mettent systématiquement en présence l'un de l'autre. De même qu'à Versailles, l'entrée de la chapelle étant plus qu'étroite, la foule des courtisans s'y trouvait toujours resserrée. On s'y entassait, on s'y bousculait allègrement, jouant des coudes plus ou moins élégamment pour se trouver parmi les premiers, de façon à être vu du Roi-Soleil. Car, même en prière, le monarque très dévot voyait : il observait à la fois le prêtre célébrant l'office, le bon Dieu à qui il confessait ses noirs péchés d'homme ou de Roi, mais n'ignorait pas non plus ses courtisans pour savoir qui se trouvait là et si l'on priait convenablement. Il fallait donc être le mieux placé possible, le plus en avant restant préférable. Qu'importaient ces préoccupations bassement humaines, puisque l'on ressortait avec la bénédiction divine. Louis le Grand ne l'ignorait point, lui qui, dans ses jeunes années, visitait ses maîtresses après la bénédiction. Son emploi du temps si minutieusement planifié l'exigeait ainsi et lui permettait sans doute de s'adonner au plaisir l'esprit plus serein.

Après s'être fait froisser la robe et écraser un doigt de pied, poussée à droite puis à gauche, Isabelle réussit à se faufiler dans un espace moins encombré et reprit son souffle avant de pénétrer à l'intérieur du lieu saint. Effectuant un grand pas de côté pour éviter un nouveau raz de marée, elle heurta un justaucorps de velours bleu auquel elle se raccrocha pour ne point trébucher. Elle sentit des épaules solides dont on devinait les muscles sous le velours épais, puis contre sa hanche des formes fermes et rebondies. À la fois gênée et troublée, elle se recula précipitamment en s'excusant, mais le gentilhomme s'était déjà retourné pour la retenir et la prenait par le bras avec prévenance. Le comte de Neuville la gratifia de son sourire le plus chaleureux :

— Ne vous excusez pas, madame, tout le plaisir fut pour moi !

Reconnaissant son épouse, il eut ce réflexe spontané lui permettant de s'extirper de toutes les situations : il se mit à rire. Isabelle riposta par une froideur accrue. Le comte de Neuville rengaina donc son arme fatale aussi vite qu'il l'avait libérée et baissa le nez. Ils se trouvèrent immobilisés quelques instants, que Nicolas mit à profit pour lui jeter un coup d'œil par en dessous. Puis, conscient de leur attitude, il ne put se retenir de pouffer :

— On dirait vraiment deux enfants de six ans en train de bouder !

— C'est un peu cela. À propos, était-ce poétique, votre promenade à cheval au clair de lune ?

— Décidément, vous voyez toujours tout ! J'avais besoin de me calmer les nerfs !

— Et le traitement s'est avéré efficace ? Vous êtes calmé ?

— Oui.

— Voilà qui est fort bien. Et tant mieux pour moi : cela m'évitera de nouvelles scènes comme celle d'hier soir.

— Je vous prie de bien vouloir m'excuser. Je n'étais plus moi-même. Mais votre comportement avec Marion m'avait mis hors de moi.

— Puisque vous croyez davantage la parole de votre maîtresse que celle de votre épouse, vous auriez mieux fait de lui demander son opinion sur la question.

— Je vous dis qu'elle a refusé de me recevoir ! Elle s'est contentée de me claquer la porte au nez !

Leur échange peu amène fut interrompu par le mouvement de foule les poussant vers l'intérieur. Louis le Grand s'installa devant l'autel sur un prie-Dieu recouvert de velours bleu fleurdelisé, et les membres de la famille royale, ainsi que les plus proches courtisans, prirent place derrière lui sur une rangée de bancs. Les autres restèrent debout, se plaçant comme ils le pouvaient à l'arrière et sur les côtés.

Gardant le nez rivé sur le pavage de marbre noir et blanc, Isabelle remarqua à peine la très belle *Annonciation* de Bedeau. Le comte de Neuville, ne discernant même plus l'autel à travers une forêt de perruques, se retrouva contre un pilier. Il se pencha vers sa femme et siffla à son oreille :

— Je ne supporte pas de me faire rabrouer comme un maraud, sans aucune explication, alors que je n'ai rien à me reprocher !

— Vous pourriez éviter de parler de votre maîtresse dans une église ! Vous feriez mieux d'en profiter pour prier et demander à la bonté du Seigneur de pardonner tous vos égarements !

— Ne cesserez-vous donc jamais vos persiflages ?

L'attrapant par le poignet, il l'entraîna à sa suite et, fendant la rangée d'âmes pieuses placée derrière lui, se dirigea vers la sortie. Isabelle ouvrit des yeux ronds et se récria :

— Nicolas ! Vous êtes fou, on ne peut quitter la chapelle au milieu de l'office !

— Je m'en moque ! D'ailleurs, l'office n'est pas encore commencé !

— Mais… et la messe ?

— Tant pis pour la messe ! Une petite sainte comme vous n'a pas besoin de se purifier et il faudrait plus qu'une messe pour racheter mon âme, puisque d'après vous je suis plus noir que le diable !

Sous les récriminations et la désapprobation marquée des personnes qu'il força à le laisser passer avec un petit sourire de circonstance, murmurant à chaque pas un « Excusez-moi » fort poli, le comte de Neuville gagna enfin la porte encore ouverte et se retrouva au-dehors. Il fit quelques pas de façon à s'éloigner suffisamment des deux plantons de service et, après un coup d'œil circulaire qui ne s'attarda ni sur les fresques de Rousseau, ni sur le décor de vases et de statues, il intima à son épouse :

— Maintenant, j'attends vos explications !

— Je n'ai rien à vous dire ! Votre conduite était inqualifiable et je vous prierais de me laisser tranquille !

— Je regrette sincèrement !

— Ce n'est pas si simple ! J'aimerais bien savoir d'ailleurs comment vous êtes au courant de ce petit incident avec le chevalier de Lorraine.

— Tout se sait à Saint-Cloud ! Mais pourquoi me l'avoir caché ?

— Par fierté, par pudeur et aussi parce que je craignais une altercation entre vous et le chevalier, ce qui vous aurait coûté cher ! De toute façon, j'ai eu très peur, mais il ne s'est rien passé.

— Heureusement ! Sinon je l'aurais embroché !

— Voilà qui n'aurait pas arrangé vos affaires à la Cour.

— Tant pis ! Lorraine a quand même reçu la correction qu'il méritait et je vous promets qu'il ne vous ennuiera plus. Peu importe si cela doit marquer ma disgrâce. Il est bon qu'il sache que le comte de Neuville n'est pas un chien qui rampe dans la poussière par crainte de la sentence. Ma femme m'est plus précieuse que tous les bienfaits de Monsieur !

Sur ces paroles émises avec véhémence, il lui tourna le dos et s'en alla. Isabelle le retint par le bras :

— Vous partez ? Vous me demandez des explications et vous partez au moment où je vais vous les fournir. Redoutez-vous donc la vérité ?

— Je me méfie de moi-même ! Vous commencez à m'irriter sérieusement et je crains des paroles irrémédiables. Alors, je préfère me retirer.

— N'en faites rien. Je vais répondre à votre question au sujet de votre maîtresse, car je ne veux pas que vous me considériez comme une femme mesquine qui se venge bassement. Il semblerait que Marion ne mérite pas non plus votre mépris. Je vais donc vous expliquer ce qui s'est passé. Je pense lui avoir sauvé la vie au cours de cette chasse. Son cheval lui causait bien des problèmes, ce qui aurait pu finir tragiquement. C'est pourquoi je lui ai prêté Cérès. Mais je ne lui ai rien dit vous concernant.

— Permettez-moi d'en douter ! Vous connaissant, j'ai du mal à croire que vous vous soyez trouvée face à la maîtresse de votre mari sans rien lui dire !

— Je lui ai fait remarquer qu'elle était moins douée pour monter à cheval que pour prendre le mari des autres. Ce que toute épouse bafouée aurait fait en semblable circonstance. Mais je ne lui ai pas demandé de rompre avec vous, ni de vous repousser. Si elle l'a fait, c'est de son plein gré et non sur mes exigences.

Le comte de Neuville resta silencieux, en proie à une profonde réflexion. Supputant le bien-fondé de cette affirmation, il hocha enfin la tête avec tristesse :

— Je vous crois, Isabelle. Je sais que vous n'avez pas pour habitude de mentir. Vous avez fait preuve de noblesse. Vous êtes loyale et honnête, mais Marion l'est aussi et je commence à comprendre. Elle renonce à moi pour payer sa dette envers vous. Elle se persuadait que vous ne m'aimiez pas et sans doute a-t-elle compris qu'il en était tout autrement ? Dans ce cas, il ne m'appartient plus d'intervenir, et la fatalité doit s'accomplir.

Il eut un profond soupir et se tut, écoutant les accords aigrelets de l'orgue qui parvenaient jusqu'au dehors, puis conclut, avec une grande lassitude :

— Je n'ai décidément pas de chance ! Je suis marié à une femme pour qui je me languis, mais qui ne veut pas de moi. J'avais une maîtresse que j'aimais aussi et qui me le rendait bien, me prodiguant la chaleur que l'on me refusait ailleurs. Maintenant, je n'ai plus rien. Il me faudra vivre en attendant qu'Isabelle daigne jeter un regard sur moi, comme un moine qui pratique l'abstinence. Mais je doute fort que ma nature s'en accommode… Ah, la vie est bien compliquée, et les femmes ne font rien pour la simplifier !

Sur cette évidence émise d'un ton emphatique, il s'éloigna pour retourner dans la chapelle. Isabelle ne put s'empêcher une fois encore de le retenir par sa manche :

— Mais… mais, Nicolas ! Vous n'allez pas retourner dans la chapelle maintenant ? La messe est commencée !

— Si, justement ! J'ai bien besoin de la lumière divine ! Je n'ai plus que le bon Dieu pour m'entendre. Il est bon et il sait pardonner… lui !

Ne sachant plus si elle devait le suivre ou non, Isabelle resta indécise, se disant que son mari ne savait vraiment pas ce qu'il voulait… ou qu'il était réellement désappointé ! Elle se décida enfin à lui emboîter le pas et ils rentrèrent sagement l'un à côté de l'autre en restant très discrètement debout dans le fond, sans pour autant échapper au regard scandalisé des bien-pensants du dernier rang.

XXX

Le marbre et le granit

Bien que ce séjour à Marly fût loin d'être déplaisant et lui apportât la conviction d'une victoire personnelle, Isabelle retrouva avec plaisir la demeure du comte de Neuville. Cette sensation de bien-être prouvait sans erreur possible qu'elle s'y sentait désormais chez elle et y goûtait ses petites habitudes. Le maître des lieux lui laissait en effet entière liberté, à la fois pour mener son quotidien à sa guise et pour toutes les frivolités susceptibles de la satisfaire.

Nul ne sut si le bon Dieu accorda son pardon à l'amant trop impétueux, mais celui-ci se garda bien de relancer la conversation sur le sujet, et Isabelle l'imita de bon gré, jugeant inutile de raviver un conflit terminé plutôt à son avantage.

Le comte de Neuville tentait-il de faire oublier sa mésaventure ou éprouvait-il un besoin de tendresse accru par l'absence de sa maîtresse ? Toujours est-il qu'il se montra d'une prévenance accrue à l'égard de son épouse, lui demandant son opinion pour l'organisation de mille petits détails, comme par exemple une tapisserie dans le grand salon. Isabelle donna son avis qui, par pur bonheur, se rallia au sien ! Le comte de Neuville souhaitait modifier la décoration de ce salon et, fort galamment, adopta les tons et les motifs qui convenaient à son épouse. Il faisait ainsi preuve de considération, lui signifiant que, désormais, elle partageait les lieux avec lui. Isabelle avait agencé sa propre chambre à son goût et choisi à la fois les tentures, les tapis et le mobilier.

Le comte de Neuville paraissait tout heureux, tandis que ses valets installaient une commode aux incrustations d'ivoire. Voilà qui se démarquerait des habituelles œuvres de Boulle, affirma-t-il en amateur éclairé. Isabelle appréciait les créations de celui qui avait contribué aux splendeurs de Versailles et de Saint-Cloud. Mais, désormais, il semblait moins à la mode, et Monsieur commençait à lancer un nouvel engouement pour l'ivoire qui tendait, petit à petit, à remplacer les superpositions d'écailles.

Nicolas parut au comble de la félicité quand les laquais apportèrent un petit meuble à tiroirs du même ivoire, sur lequel resplendissait un miroir de Venise cerclé d'or et un coffret, conçu tout exprès pour la comtesse de Neuville.

Isabelle pourrait y poser son nécessaire de toilette et de coiffure, ses parfums et ses boîtes de mouches… et se contempler tout à loisir ! Confuse et émerveillée, elle remercia chaudement son époux et, aussi impatiente qu'une enfant avec un nouveau jouet, cherchait déjà à quel endroit de sa chambre elle pourrait l'installer. En s'enthousiasmant de semblables détails, pourtant bien frivoles, Isabelle se devinait femme et, davantage encore, comtesse de Neuville.

Nicolas observait avec fébrilité les valets transportant le précieux mobilier et, profitant de cet instant béni, saisit l'opportunité de parachever son avantage :

— J'ai rencontré, ce matin, François Faitusse. Je crois que vous ne le connaissez pas.

— Euh, non. C'est un noble, avec un nom pareil ?

Le comte de Neuville la regarda en arquant un sourcil interrogateur ; il cherchait à deviner le trait d'esprit et, pour une fois, ne le trouvait pas. Il répondit donc, un peu sottement :

— Non, ce n'est pas un noble. Pourquoi dites-vous cela ?

— Faitusse… de paille.

Nicolas demeura quelques instants indécis, le temps que le bon mot fasse son chemin jusqu'à son cerveau, puis s'esclaffa. Isabelle sourit et commenta négligemment :

— Pardonnez-moi, ce n'est peut-être pas particulièrement fin, mais nous sommes encore de bon matin et vous-même m'avez d'ailleurs habitué à plus de vivacité !

Malgré ses dispositions folâtres, le comte de Neuville ne se laissa pas pour autant écarter du sujet qu'il souhait aborder :

— C'est un peintre, élève de monsieur Lebrun, dont j'apprécie particulièrement le travail. Il a effectué les esquisses picturales de plusieurs pièces, et je pensais lui commander une œuvre pour vous. Aimeriez-vous un portrait de votre grand-père ? Il me proposait de le peindre de mémoire, devant les cascades. Qu'en pensez-vous ?

— Cela me ferait grand plaisir, Nicolas ! Je vous remercie. Vous avez décidément des attentions… des attentions…

— Ne me remerciez pas tout de suite. Attendez de voir le résultat ! Mais je crois que vous ne serez pas déçue, car il est fort adroit.

— Pourquoi n'est-il pas connu ?

— Parce qu'à Saint-Cloud, le peintre de Monsieur est Mignard ! C'est aussi simple que cela. Ce dernier a d'ailleurs eu du mal à s'imposer lui aussi face à Lebrun et, sans la détermination du duc d'Orléans, sans doute fût-il resté ignoré malgré son immense talent ! Faitusse a étudié avec Lebrun, ce qui est encore pire ! Car Lebrun exerçait à Versailles une sorte de quasi-dictature, et aucun concurrent ne pouvait espérer gagner une quelconque notoriété ! Il supervisait absolument tout, jusqu'aux fenêtres et aux poignées de portes !

Isabelle sourit et ne douta point de la véracité de ces précisions. Son grand-père lui parlait souvent des peintres, des décorateurs, des ébénistes, des sculpteurs au service de Monsieur et de Louis le Grand. Mais se trouver au service de Louis le Grand signifiait en réalité se placer sous la dominance de monsieur Lebrun ! D'ailleurs, pour les œuvres majeures, telles que le plafond des grands salons d'apparat ou de la galerie des Glaces, le peintre royal se servait sans modération de la coopération de ses sous-fifres.

Sous ses strictes directives, ceux-ci le secondaient efficacement et parfois avec de réelles dispositions destinées à rester étouffées à jamais. Lebrun se réservait les morceaux de choix et les touches finales, notamment les visages, les expressions qui donnaient aux tableaux leur vie véritable. Il les marquait ainsi de son empreinte indélébile. C'est pourquoi, pendant tout le règne de Louis XIV, l'art pictural dans son intégralité s'élaborait « dans le style de Lebrun » que personne n'eût osé modifier. Cette magnificence pompeuse et si riche s'harmonisait à la perfection avec la propre aura du Roi-Soleil ! Il fallait être Monsieur pour oser changer la mode ! Quelle remarquable preuve de caractère, d'intelligence… et de courage !

Emporté dans de doctes pensées qui rejoignaient sans doute celles de son épouse, Nicolas resta silencieux un long moment, puis reprit, en hochant la tête :

— Il en est de même dans beaucoup de domaines et je trouve que c'est bien dommage. Je crois que nous avons la chance de vivre à une époque où l'art se décline avec une perfection jamais égalée. Qu'il s'agisse du Roi ou de Monsieur, ces princes s'entourent d'artistes extraordinaires. Mais leur suprématie ferme la porte aux autres, ce qui est sans doute regrettable. Remarquez, il s'agit de toute évidence d'un phénomène de société que nous n'inventons point !

Isabelle approuva avec gravité, estimant que Nicolas possédait décidément un jugement bien clairvoyant pour un homme de mœurs si légères. Mais, parmi les courtisans et la noblesse de France, combien auraient eu l'acuité suffisante pour échafauder de tels postulats ? Qui se targuerait de passer commande à un inconnu pour embellir un hôtel parisien ou versaillais, ou tout simplement ébaucher un portrait destiné à orner une antichambre ?

Mais, comme le disait si bien Nicolas, il s'agissait assurément d'un phénomène de société ! Elle dut alors concéder que le comte de Neuville se révélait l'un des rares susceptibles de se démarquer de la fadeur de ses semblables, apparaissant finalement nettement supérieur à tous les fats sans ego et sans fantaisie qu'il fréquentait.

En employant ce mot, elle ne put se retenir de sourire : pouvait-on envisager un Nicolas de Neuville dénué de fantaisie ? Inconscient des réflexions philosophiques qu'il engendrait, le comte conclut avec ferveur, toujours absorbé par son sujet :

— Le meilleur exemple que je pourrais citer est sans doute Louis Lagrange. Je ne sais quel jeu de mots vous allez trouver sur son nom, mais je vous affirme que ce disciple de Coysevox a créé de pures merveilles, notamment plusieurs des statues du jardin, ainsi que le bas-relief du petit temple de l'Amour et son motif central.

À l'évocation de ce détail qu'elle ignorait, Isabelle le regarda avec surprise:

— Un temple de l'Amour ?

— Vous ne l'avez jamais vu ? C'est possible après tout, car il est situé à l'extrémité du parc, dans un endroit plus sauvage et moins fréquenté, qui jouxte la forêt. Il s'agit d'un temple de l'Amour où j'invite parfois des musiciens. Lors des chaudes journées d'été, on y goûte une fraîcheur très prisée.

Puis, avec un clin d'œil malicieux, il précisa :

— Mais je ne vous propose pas de le visiter, puisque l'amour est un sujet qui vous fait horreur !

Isabelle haussa les épaules, mais, étant donné les bontés qu'il venait de lui accorder, elle estima de bon ton de ne point riposter et énonça simplement :

— De foin !

Nicolas la lorgna avec la même surprise que précédemment, obligeant Isabelle à préciser :

— La grange de foin ! Elle n'est pas meilleure que la première, mais vous ne semblez pas mieux réveillé, mon pauvre Nicolas !

En riant franchement, le comte de Neuville passa sa main autour de sa taille et, désireux de dîner en sa compagnie avant de sortir vaquer à ses occupations, l'entraîna avec lui. Eu égard au petit meuble d'ivoire et surtout au portrait de son grand-père, Isabelle le suivit docilement, négligeant la pression accentuée sur ses hanches.

***

Le comte de Neuville s'étant absenté pour peaufiner le projet de tapisserie murale, Isabelle chercha la meilleure façon de passer l'après-midi. Elle tenta de terminer une broderie entreprise sans grand succès et ne parvint pas à une évolution flagrante.

Tout en déroulant méthodiquement son fil et en tirant l'aiguille, elle laissait vagabonder ses pensées qui revinrent tout naturellement à son époux et à leur conversation de la matinée, avant de s'envoler vers Lebrun, puis vers Mignard et enfin vers Monsieur. Isabelle se persuada qu'elle préférait les choix du duc d'Orléans à ceux de son frère.

Elle convint également que le comte de Neuville possédait un fort bon goût et que ce temple de l'Amour qu'il appréciait tellement devait sans doute être absolument charmant. Martyrisant son fil, Isabelle parvint à faire un nœud, puis un autre et enfin un troisième. Gagnée par un agacement allant crescendo, elle fit un mouvement malheureux, se piqua le doigt et rompit le fil. Furieuse, elle lança le tout par-dessus le fauteuil.

Ces passe-temps purement féminins ne lui convenaient guère ! Elle eut alors une irrésistible envie d'aller vérifier elle-même à quoi ressemblait ce fameux temple. Une promenade dans le parc lui calmerait les nerfs et l'agréerait bien davantage que de manier l'aiguille comme une gente damoiselle attendant son gentil damoiseau !

Prenant soin de se vêtir de son manteau et de souliers aux talons raisonnables, Isabelle gagna l'allée principale. Apercevant l'un des jardiniers occupé à tailler une haie, elle lui demanda où se trouvait le temple de l'Amour. L'homme, un bon gars aux joues rouges, la considéra avec une franche réprobation :

— Vous voulez aller là-bas toute seule, madame la comtesse ?

— Évidemment ! Pourquoi n'irais-je point ? Est-ce donc un lieu de perdition ?

— Ce n'est pas cela, mais c'est à l'autre bout du parc, vers la forêt. Et vous êtes à pied.

— Ne craignez rien, j'aime marcher. C'est excellent pour la santé !

— Sans doute, madame la comtesse, sans doute. Mais avez-vous vu le ciel ? Cela sent l'orage !

— Je ne crains pas l'orage et, s'il pleut, je m'abriterai dans le temple.

Ayant compris qu'il avait affaire à trop forte partie, le jeune jardinier n'insista point et lui indiqua le chemin. Il fallait quitter l'allée principale à droite, prendre la deuxième allée à gauche et s'engager dans la sente à droite après la fontaine aux tritons.

Il la regarda s'éloigner en songeant que la comtesse de Neuville semblait aussi farfelue que son époux. Isabelle partit avec un soupir excédé, convaincue que le drôle avait un don indéniable pour les explications simples !

Elle marcha d'un bon pas et parvint à ses fins. En levant les yeux vers le ciel chargé de nuages d'un gris soutenu, elle pensa néanmoins qu'en ce qui concernait l'orage, le bougre faisait preuve du plus élémentaire bon sens. Sans doute eût-il été préférable de remettre cette expédition à un jour ultérieur !

La végétation, beaucoup moins bien entretenue qu'aux abords immédiats de la maison, se densifiait. Les invités devaient rarement venir par ici, et les jardiniers privilégiaient les parterres et la roseraie qui faisaient la fierté du seigneur de céans. Les herbes folles et les buissons de houx contrastaient en effet avec le chèvrefeuille et le buis rencontrés en amont.

Au détour du sentier, elle aperçut le discret édifice circulaire au toit conique, auquel on accédait par quelques marches. La balustrade de marbre blanc et les deux colonnes de style grec à son entrée lui conféraient une grâce que sa simplicité même rendait plus délicate. Deux ou trois musiciens seulement devaient pouvoir s'installer à l'intérieur, lors d'une douce soirée d'été où les convives, assis à même les herbes négligées, écoutaient le son des violons. Le comte de Neuville s'y rendait-il en galante compagnie ? Le cadre s'y prêtait à merveille !

Isabelle gravit les marches et pénétra à l'intérieur. Elle remarqua au milieu la statue du fameux Lagrange… de foin ! Un marbre représentant un homme et une femme nus étroitement enlacés, assurément digne d'un Coysevox ou d'un Girardon.

Pourtant son auteur demeurerait à jamais voué à l'obscurité. Sous la balustrade, un bas-relief très finement ciselé évoquait le même thème, des hommes et des femmes lascivement alanguis.

La situation même du site, à l'écart, quasiment en forêt, son dénuement malgré la richesse de son ornement et sa symbolique, constituaient un paradoxe assez troublant. Isabelle, qui aurait dû, pour rester fidèle à ses préceptes, s'en montrer offusquée, ressentit curieusement une profonde quiétude. Ce furent les premiers grondements de tonnerre qui la convainquirent de s'en extirper, presque à regret. Pourquoi le comte de Neuville ne lui avait-il pas parlé de cet endroit lorsqu'il lui avait fait visiter son domaine ?

Par crainte de raviver un sujet brûlant, pour ne pas la choquer ou aggraver à ses yeux son image de libertin… ou parce qu'il se dégageait de ce temple de l'Amour une atmosphère trop sensuelle et qu'il redoutait ses propres élans ? Profondément imprégnée de ces entours nimbés de volupté, Isabelle se prit à déplorer que son époux ne fût pas à ses côtés. Elle l'imagina près d'elle, tous deux accoudés au balustre, contemplant les sous-bois où les ronces reprenaient fièrement possession d'un territoire d'où s'excluait la main de l'homme, ses faux, ses outils cherchant à tailler, couper, unifier… bref, à dominer et subordonner cette nature vierge. L'air fleurait bon l'herbe et le feuillage. Cédant à l'enchantement du marbre immaculé, Isabelle ferma les yeux et il lui sembla sentir le doux parfum du comte de Neuville, apporté par le petit vent frais qui se levait et courbait la cime des châtaigniers.

Les premières gouttes tombèrent avec hésitation, tandis que les grondements se précisaient et les éclairs zébraient le ciel. Isabelle se hâta sur le chemin du retour, maudissant son idée saugrenue, bien que cette découverte lui causât un bien-être inégalé.

Brusquement, la pluie déferla avec violence, et le ciel s'obscurcit soudain à une vitesse effrayante, comme si la nuit souhaitait s'étendre deux heures avant la fin du jour. Isabelle se mit à courir et chercha l'abri des feuillus, car elle était trop éloignée du temple, désormais, pour y trouver refuge. Elle se plaqua contre le tronc d'un châtaignier qui lui offrit un abri providentiel… mais précaire.

Son auvent de fortune présentant de fortes fissures, elle en chercha un autre, puis, se voyant déjà trempée de la tête aux pieds, estima ridicule de persévérer dans ce dessein. Il devenait préférable de rentrer avant que l'obscurité ne s'étende totalement. En courant aussi précipitamment vers son refuge, elle s'était désorientée et eut quelques doutes quant à la direction à suivre.

Bien que n'ayant pas pour habitude de s'effaroucher comme une fillette quand les éléments se déchaînaient, Isabelle dut convenir que cet orage présentait un aspect dantesque, et elle se sentit de moins en moins volontaire !

C'est à l'instant où elle venait de reconnaître le sentier que la forme se dévoila à la lueur d'un éclair.

Isabelle poussa un hurlement de terreur et fit un saut en arrière. Un loup ! Elle s'immobilisa dans un hébétement profond, puis, remarquant que la forme ne s'animait pas davantage qu'elle-même, elle comprit enfin qu'il s'agissait d'une statue sur un petit socle ! Dans ce contexte pour le moins fantasmagorique, elle semblait animée. Isabelle observa avec une attention accrue la pierre si finement taillée et il lui sembla que celle-ci la regardait aussi.

La petite fille du fontainier se souvint des contes de sa jeunesse, dans lesquels des êtres vivants se trouvaient métamorphosés en caryatides par les sortilèges d'une sorcière maléfique. S'agirait-il d'un vrai loup ainsi figé pour l'éternité ? Les yeux gardaient une expression saisissante de vérité et, bien que la mousse vînt à ourler les épaules et que les pattes se trouvassent festonnées de fougères, elle jugea cette plastique admirable. Provenait-elle aussi du ciseau de Lagrange ? Mais pourquoi un loup ? Et de surcroît dans cet endroit retiré ? Quelle étrange idée ! Fascinée par ce motif si surprenant, Isabelle ne parvenait à en détacher son regard. Il lui sembla qu'au-delà du granit piqueté par l'humidité, un message lui était transmis. Alors que la sagesse eût voulu qu'elle reprît le plus rapidement possible sa progression vers la maison de son mari afin de se mettre à l'abri et de se réconforter, elle s'attarda sans raison.

Elle serait restée ainsi longtemps, sans doute, jusqu'à prendre froid, si une voix ne l'avait ramenée à la réalité. Un cavalier se présentait sur le sentier, appelant à tue-tête « Isabelle !! ». En reconnaissant son mari, elle se mit à courir vers lui et fut bien aise lorsqu'il descendit de cheval et lui tendit une grande cape :

— Il n'y a que vous, pour vous rendre en un tel lieu par un temps pareil !!

Se pelotonnant frileusement dans la rugueuse houppelande, Isabelle répondit, d'une voix fluette scandée d'un frisson :

— Je voulais voir le temple de l'Amour.

Nicolas parut saisi par cette révélation et la considéra avec effarement :

— Et vous ne pouviez attendre à demain ? Ou me faire part de votre souhait ? Je vous y aurais accompagnée. Mais aujourd'hui, n'aviez-vous donc pas remarqué ces nuages annonciateurs d'orage ?

— Si, mais j'avais envie d'y aller. Et puis, un orage… ce n'est jamais que de l'eau. Je ne suis pas une pastille de cannelle, je ne vais pas fondre !

Le comte de Neuville haussa les épaules et, pour une fois, ne s'esclaffa pas bruyamment. Vêtu d'une pèlerine délavée, l'eau dégoulinant de son tricorne, il semblait soucieux et frigorifié, lui aussi :

— J'étais inquiet pour vous ! Aller vous perdre au fin fond du parc sous l'orage et à la nuit tombante ! Ce n'est pas sérieux, il aurait pu vous arriver n'importe quoi !

— Que voulez-vous qu'il m'arrive, Nicolas ? Je suis sur votre domaine !

— Peut-être, mais la forêt est proche, et personne ne vient jamais par ici. Vous êtes décidément une femme comme je n'en ai jamais vu !

Puis, baissant d'un ton et presque timidement, comme s'il redoutait la réponse :

— Et que vous semble-t-il donc de ce temple dédié à cette chose abhorrée qu'est l'amour ? Cela valait-il la peine de prendre un bon rhume ?

— J'ai trouvé ce lieu très beau et très émouvant… même si les personnages qui lui confèrent son âme me semblent peu sages !

Le comte de Neuville eut un sourire nostalgique,

mais parut rasséréné par cette appréciation. Il souligna, avec douceur :

— Certains personnages peuvent être peu sages et néanmoins émouvants…

Isabelle se sentit soudain comme un félin dégriffé. Le temple, puis ce loup et maintenant son mari. La pureté du marbre blanc et la rigueur du granit grisâtre : fallait-il y deviner un signe du destin, un présage d'amour ou un autre avertissement qu'elle n'était pas encore en mesure de déchiffrer ? Pour dissimuler ses propres hésitations, elle concéda :

— Cette statue, par contre, m'aurait presque fait peur ! Elle est apparue brusquement dans cette demi-pénombre ! On aurait dit qu'elle était vivante !

Le comte de Neuville se rapprocha de l'objet de son scepticisme qu'il contempla avec tendresse :

— Peur ? Pourquoi donc ? Regardez-le, ce loup. Il n'a rien d'effrayant. On croirait qu'il voudrait parler… pour nous demander de l'aimer. Voyez, Isabelle, comme il est gentil…

En disant ces mots, il passa la main sur le granit, laissant ses doigts souligner les contours si joliment ciselés. Il caressa la tête, puis descendit le long du museau. Isabelle frissonna, en proie à un étrange malaise à la vue de cette main qui effleurait l'effigie marmoréenne avec délicatesse et sensualité. À la nitescence d'un éclair, la chevalière au blason de ses armoiries scintilla en un reflet fugace. Le nom des Neuville s'assimilait-il avec l'amour, la nuit, les éclairs… et les loups ? Malgré elle, Isabelle tendit la main et toucha elle aussi la masse grise, froide et mouillée, suivant à son tour le modelage si précis. Elle rencontra le métal de la chevalière du comte de Neuville qui posa sa main sur la sienne. Leurs doigts se joignirent sur l'austère granit, se fondant parfaitement avec la sinuosité entre les yeux et le front du loup. Ils demeurèrent ainsi, comme si la vie les avait quittés et qu'eux aussi, par une alchimie issue des fantasmes du tonnerre, se trouvaient soudain transformés en gisants de pierre.

Percevant le léger tremblement de son épouse, le comte de Neuville, avec un effort tout à fait méritoire, réintégra un monde plus prosaïque et suggéra, de sa voix chaude comme un rayon de soleil :

— Nous ferions mieux de rentrer, Isabelle, bien que cet instant semble volé aux dieux ! Vous allez prendre froid.

Elle le suivit dans un état second. Quand il la hissa sur son cheval et la maintint fermement contre lui, elle apprécia à la fois le pas sécurisant de sa monture la ramenant dans la tiédeur d'une demeure confortable… et la chaleur de ce torse encore plus sécurisant !

Bien que les gouttelettes filtrant perfidement du chapeau de son mari lui arrivassent directement dans le cou, elle éprouvait une sérénité immense jamais ressentie ! Décidément, cette nuit resterait gravée en sa mémoire comme un souvenir inoubliable et combien déconcertant. Fallait-il y deviner l'ombre d'un Zeus sournois qui, en envoyant ses éclairs sur le temple de l'Amour, avait su enflammer son cœur de façon si soudaine ?

Le trajet du retour s'effectua religieusement, l'un et l'autre y goûtant sans doute semblable délectation. Ils parvinrent, ruisselants, en bas des marches du perron, et Isabelle, pour reprendre une attitude plus digne, s'enquit, de façon assez impromptue :

— Cette belle sculpture de loup, est-elle aussi de Lagrange ? C'est peu banal, de représenter un loup…

Et le comte de Neuville, désireux lui aussi d'échapper à cette tension émotionnelle si intense, retrouva spontanément son rire chaleureux :

— En effet, elle est due à l'habileté de Lagrange ! Je voulais un animal pour aborder une autre thématique que la mythologie des jardins, sans retrouver les tritons, chiens ou chevaux que l'on rencontre partout. Vous n'ignorez point que je suis moi-même peu banal ! Alors pourquoi pas un loup ? Mais je n'ai pas osé le placer devant l'entrée de ma maison… pour ne pas faire fuir les visiteurs !

Isabelle sourit en pensant que cette explication en valait une autre… bien qu'elle fût peu convaincante !

Elle ne se formalisa pourtant aucunement de ce choix qui la réjouissait tout particulièrement ! Elle s'enhardit même jusqu'à envisager de suggérer au comte de Neuville de placer cette parfaite réussite en plein milieu de sa roseraie… Et tant pis pour les visiteurs impressionnables !

XXXI

L'hôte de la ménagerie

Isabelle frappa deux coups brefs à la porte de la chambre du comte de Neuville et entendit un « Oui, entrez » plutôt surpris. Son mari se tenait devant son lit, visiblement en train de s'habiller, la culotte déboutonnée et le torse nu. Prise au dépourvu tout autant que lui, Isabelle ne sut quelle contenance adopter :

— Oh, je vous prie de m'excuser… mais… enfin, vous avez dit « Entrez »…

— J'avais cru qu'il s'agissait de mon valet me rapportant mon justaucorps.

Puis, comme le silence s'installait et qu'elle se détournait du côté opposé, il se mit à rire :

— Ne regardez pas par là, c'est encore pire !

Comprenant qu'il faisait allusion au fameux portrait accroché au mur, Isabelle, effectivement, ne savait plus trop où la convenance voulait qu'elle portât les yeux ! S'égayant de son trouble, le comte de Neuville ne put résister à préciser, malicieusement :

— Bien que le sujet vous paraisse absolument abject, reconnaissez que cette œuvre est une pure merveille !

Désireuse de masquer une pudibonderie de mauvais aloi, Isabelle s'empressa d'approuver, et le comte de

Neuville poursuivit sur le ton de la plus banale conversation, tout en refermant un par un, en prenant tout son temps, les boutons de sa culotte de satin :

— Je vous avouerai que, personnellement, je préfère les toiles de Lebrun. Mais il ne faut surtout pas en faire mention à Saint-Cloud ! Je raffole des tons chauds, rouges, bruns, qui me séduisent beaucoup plus que les ciels pâles aux dominantes bleutées de Mignard. Remarquez, ce tableau-ci ne m'a pas coûté cher, alors je ne puis me permettre de le critiquer !

— Pourquoi ? On vous l'a offert ?

— Oui, c'est un cadeau de Monsieur. D'ailleurs, il lui plaisait tant qu'il a voulu par la suite me le racheter !

Isabelle le considéra avec effarement et ne put résister à lancer un œil horrifié à la toile sur laquelle Nicolas de Neuville s'exhibait dans toute sa splendeur… et en tenue d'Adam. Elle imagina l'œuvre suspendue dans un couloir ou un salon de Saint-Cloud et l'essaim bourdonnant des mignons passant devant tous les jours et en louchant de convoitise ! Le comte de Neuville, quant à lui, semblait trouver ce détail tout à fait délectable et davantage encore de constater que son épouse, en prude ingénue qu'elle demeurait, s'en montrait absolument outrée. Il ricana donc de plus belle et ajouta, avec un soupir fataliste :

— Mais quand on donne, on ne reprend plus ! Et puis, il avait déjà eu le plaisir de me voir poser.

Cette fois, Isabelle s'étrangla :

— Ne me dites pas que… enfin que… vous avez posé… ainsi… devant Monsieur…

— Voyons, Isabelle ! Quand on peint un modèle, il est préférable de faire poser le modèle !

— Et… et vous avez posé… devant…

— Évidemment ! Mais Monsieur n'était pas seul. Il se trouvait entouré du peintre et de quelques élèves.

Il conclut enfin, avec ravissement :

— Mais le résultat valait bien tout ceci : cette toile est un chef-d'œuvre ! Presque autant que le modèle ! Je crois d'ailleurs être encore plus désirable qu'Apollon. Il lui manquait… comment dire… un certain sens de l'humour…

— Espérons pour lui qu'il possédait en revanche une qualité qui vous fait cruellement défaut : la modestie !

Le comte de Neuville haussa les épaules, sans toutefois s'étendre davantage sur le sujet. Se dirigeant vers une console, il prit un paquet précautionneusement enveloppé :

— J'ignore quel motif vous amène, excepté celui de discourir beaux-arts, mais vous arrivez parfaitement bien, Isabelle.

— Je voulais absolument vous voir, Nicolas !

— Alors vous voici comblée, puisque vous me voyez ! Mais, avant de poursuivre cette passionnante conversation, je voulais vous remettre ceci.

Il lui tendit le paquet et, devant sa surprise bien légitime, lui demanda de l'ouvrir. Isabelle défit le papier doré et le ruban rouge.

Elle vit une épée magnifique, à la fois légère et équilibrée, à la lame tranchante sur laquelle étaient gravés ses initiales ainsi que le blason des Neuville. La poignée en or était piquetée d'éclats de diamants. Bouche bée, Isabelle ne put que s'extasier devant cette pure merveille :

— Comme elle est belle !

— Belle et efficace ! Je l'ai fait réaliser uniquement pour vous par un artisan de Paris qui répare mes armes. Elle est adaptée à votre bras, légère et précise. Mais ce n'est pas un ornement. C'est une épée véritable qui vous permettrait de trancher le cou de quelqu'un sans le moindre effort !

— Oh, Nicolas ! Je vous remercie ! Je suis si contente !

En énonçant ces mots, elle lui sauta au cou et fondit en larmes ! Tout ému, le comte de Neuville l'embrassa dans les cheveux et murmura, avec un gentil sourire :

— Vous aimez assurément ne pas faire comme tout le monde, mais pleurez-vous donc toujours quand vous êtes contente ? Pour vous faire rire, que faut-il faire ? Vous tirer les cheveux ?

Mais cette boutade ne suffit pas à faire cesser ses sanglots, et le comte de Neuville s'en alarma, prenant conscience soudain de l'incongruité de son intrusion dans sa chambre. Cette venue bien inopinée devait sans doute cacher un motif important que cet échange d'opinions pour le moins frivole avait relégué au second plan. Il prit son visage dans ses mains et s'enquit, avec douceur :

— Que se passe-t-il, Isabelle ? Auriez-vous quelque tracas ? Est-ce pour cela que vous souhaitiez me voir ?

Alors, faisant fi de sa dignité et de ses bonnes résolutions pour rester sereine, Isabelle avoua, entre deux sanglots :

— Nicolas ! Ils ont capturé le loup !

— Je le sais, mon amour. Mais c'était à prévoir. Je vous l'avais dit : malheureusement, nous n'étions pas les seuls à avoir entendu ses appels.

— Il faut faire quelque chose, Nicolas ! Il est dans la ménagerie, blessé, paraît-il.

— Voilà qui est fort affligeant. Mais je ne vois pas ce que nous pourrions faire. Et je vous avoue que je ne comprends pas pourquoi vous faites un tel drame pour ce loup-ci. Malheureusement, il subit un sort qui fut celui de tous ses congénères.

— Alors, vous ne voulez rien faire ? Il faut aller trouver Monsieur et lui demander d'avoir pitié de lui !

— Isabelle, de grâce, ne vous mêlez pas de cette affaire ! D'ailleurs, ce pauvre loup est certainement mort maintenant.

Brutalement, elle se dégagea de ses bras et lui asséna, avec véhémence :

— Vous disiez, l'autre nuit, que vous compreniez ! Vos paroles n'étaient qu'hypocrisie ! Un vague à l'âme passager effectivement, dû sans doute à une maîtresse qui venait de vous décevoir ! Vous êtes bien comme les autres ! Vous me dégoûtez !

Plantant là un Nicolas stupéfait, elle jeta l'épée sur son lit et sortit précipitamment. Isabelle courut jusque dans sa chambre et pleura tout son saoul. Quand elle fut un peu calmée, elle pensa que son geste avait peut-être été injuste. Nicolas avait eu une attention si délicate en lui offrant cette épée. Pourquoi lui avoir infligé cette réaction désobligeante ?

Mais cette histoire de loup la rendait folle ! Tout d'abord, ce loup-garou que son mari avait tant raillé, puis cette nuit d'angoisse se terminant en bouffonnerie. Et maintenant ce loup, unique rescapé de siècles de tueries. Les paroles du comte de Neuville lui revenaient en mémoire. Sa voix chaude et égale, ses théories cohérentes et raisonnables… comme toujours. Pourquoi faire tant de bruit pour ce loup ? Pourquoi, en effet ? Depuis toujours, Isabelle avait entendu affirmer qu'il fallait se débarrasser des nuisibles.

Elle connaissait par cœur les récits d'exploits dont les hommes se montraient si fiers, étalant le nombre de leurs victimes comme un record à battre, preuve de leur bravoure à leurs propres yeux et à celui des autres : un loup, deux loups, quatre ou cinq loups… Qui dit mieux ? On les affichait aux yeux ébahis de la foule, pendus par la queue, morbide tableau censé magnifier l'être humain et affirmer sa suprématie. La petite-fille du fontainier avait grandi, comme tous les enfants de son âge, bercée par des fables épiques, crédibles ou non, qu'elle écoutait sans grand intérêt, sans plaisir ni dégoût. En abordant une certaine maturité, elle avait réfléchi et acquis la certitude que les loups, comme beaucoup d'autres bêtes dites sauvages, avaient subi un triste sort injustement mérité.

Ayant pris connaissance, tout à fait par hasard, d'un écrit sur la question et malgré des informations restreintes, elle considéra alors ces loups comme des créatures dignes d'intérêt.

Son esprit de justicier toujours solidement ancré, elle ne se gêna plus pour donner son opinion sur le sujet quand le besoin s'en faisait sentir. Mais pourquoi, aujourd'hui, une telle révolte ? Isabelle s'avérait incapable de se justifier avec précision. Peut-être, tout d'abord, naquit un profond constat d'iniquité et le désir de porter secours à un être persécuté. Peut-être un autre sentiment lui fit-il écho : celui d'avoir entendu ce loup en compagnie de Nicolas et, pour la première fois, d'avoir partagé une émotion intense et authentique, de l'avoir deviné si proche d'elle.

Alors, elle s'était imaginé fort naïvement qu'il serait le seul capable d'agir. Il venait de refuser, lui causant une nouvelle désillusion. Elle avait cru un instant que ceci aurait pu les rapprocher : un sursaut contre une coercition affligeante. Mais, cette fois encore, elle s'était fourvoyée. Non, le comte de Neuville ne risquerait pas de mécontenter Monsieur, de s'opposer à son petit monde doré et sécurisant pour un malheureux loup efflanqué enfermé dans la ménagerie. D'ailleurs, aucun esprit sensé ne l'aurait fait ! Fallait-il donc finalement le condamner si durement ?

***

Isabelle passa la fin de l'après-midi en proie à un cruel dilemme, hésitant sur la conduite à adopter, échafaudant des plans et des idées tous plus abracadabrants les uns que les autres.

Après avoir fait le tour de ses connaissances les plus proches, elle arriva à la triste déduction que personne ne serait susceptible d'entendre ses arguments et encore moins de lui apporter une aide éventuelle. Il lui fallait pourtant trouver une solution et ce soir même ! Demain, il serait sans doute trop tard.

En désespoir de cause, elle décida donc d'agir elle-même, sans savoir toutefois ce qu'elle pourrait tenter, sans passer pour une démente aux yeux de tout Saint-Cloud. Elle se rendrait tout d'abord sur place, pour voir ce qu'il en était de ses propres yeux, au lieu de juger d'après des ragots de couloirs. Il restait une heure de jour avant le crépuscule, ce qui lui laissait largement le temps de parvenir à ses fins.

Isabelle appela sa chambrière, lui fit part de son souhait de se rendre à la ménagerie et s'informa négligemment des dernières nouvelles. Rien ne valait les cancans des domestiques pour vérifier le bien-fondé de rumeurs !

Des marmitons aux jardiniers, en passant par les soubrettes, cette ruche affairée commentait allègrement la moindre bagatelle à grands renforts de détails. La jeune fille sembla bien affligée à l'évocation de l'hôte de la ménagerie :

— Ah, madame la comtesse, si vous êtes une âme sensible, vous devriez pas y aller. Croyez-moi, on a beau dire que c'est des mauvaisetés, c'est bien triste quand même ! Mon p'tit Jean, il a été voir. Il est revenu tout retourné. Il pissait le sang, c'te pauvre animal, et il avait rien de terrifiant. Mon p'tit Jean, il m'a dit : quand il m'a regardé derrière ses barreaux, dame, non, il avait pas l'air bien méchant ! C'était toute la misère du monde qui vous regardait comme ça !

Isabelle ne douta point de la véracité de cette narration, ce qui l'incitait à abdiquer et à rester tranquillement chez elle. Déjà suffisamment contrariée par tout ceci, quel besoin avait-elle d'aller se repaître de cet affligeant spectacle ? Que pourrait-elle faire pour ce malheureux prisonnier ?

N'ayant pourtant pas l'habitude de baisser les bras face à l'adversité, Isabelle le pirate, étreinte d'une mortelle appréhension, prit néanmoins le chemin de la ménagerie. Tout le long du chemin, elle se répéta inlassablement la conduite à suivre : ne pas perdre la tête quoi qu'il advienne et prendre avec calme la décision qui s'imposerait.

Aux abords de la ménagerie, ses belles résolutions s'envolèrent en fumée avant même qu'elle ne pût franchir la grille d'entrée. Il régnait sur les lieux déjà assombris par la fin du jour une effervescence anormale et, pour être franc, un climat de folie pure !

Lorsqu'elle voulut pénétrer à l'intérieur, Isabelle se fit refouler sans douceur par l'un des gardes de Monsieur. Elle eut beau se récrier : « Mais enfin, je suis la comtesse de Neuville ! », l'homme lui opposa un entêtement borné. Furieuse, Isabelle se replia donc avec l'intention de contourner l'enceinte pour chercher un autre accès. En tendant le cou, elle aperçut des hommes qui parlaient fort, une femme poussant des cris d'hystérique, et une rangée de carabiniers de Monsieur fermant le passage et interdisant toute vue des événements. Mais il en fallait davantage pour dissuader Isabelle. Apercevant un fontainier de ses connaissances, elle le héla aussitôt :

— Germain ! Allez-vous pouvoir me dire ce qui se passe là-dedans ? Ils sont tous devenus fous !

— Il y a de quoi ! Si vous saviez !

— Justement, j'aimerais bien savoir !

— Le loup-garou ! Il existe vraiment !

Sur ces mots, il s'enfuit en courant sans lui fournir davantage d'explications. Demeurée sur sa faim, avec une curiosité cette fois bien aiguisée, Isabelle décida d'attendre dans l'espoir d'obtenir davantage de renseignements.

Mais la ménagerie demeurait ceinturée d'une compagnie des gardes ayant apparemment pour ordre de ne laisser entrer ni sortir personne.

Isabelle cherchait obstinément l'idée susceptible de lui servir de sauf-conduit, quand la chance lui sourit sous la forme du duc de Chartres se dirigeant vers la grille. Bien évidemment, on le laissa passer avec déférence. Isabelle se précipita, remarquant toutefois qu'il avait perdu son air nonchalant et sa manie de considérer les événements avec une indifférence et une ironie notoires.

— Monseigneur, pouvez-vous m'expliquer ce qui se passe ?

— Ma chère Isabelle ! Figurez-vous que nous vivons une histoire de fous !

L'entraînant avec lui, il passa familièrement son bras autour de sa taille, mais Isabelle, trop préoccupée, ne s'en formalisa pas, préférant écouter la suite de sa narration :

— C'est dommage que Nicolas ne soit pas là !

— Qu'a-t-il donc à voir dans tout cela ? De toute façon, il s'en moque bien, du loup !

— Sans doute ! Mais il serait surpris quand même, tout comme je l'ai été. Nous avions tant brocardé sur ce loup-garou ! Il semblerait qu'il ne s'agisse pas d'une fiction. J'avoue que je ne sais plus trop que penser. Ils sont tous sous le coup de l'émotion et je ne sais s'il faut prêter foi à leur récit, mais tout ceci est à la fois troublant et invraisemblable !

Isabelle apprit ainsi que le loup-garou, c'est-à-dire un homme avec une tête de loup, marchant sur deux pattes et à demi voûté, avait cherché à délivrer le loup. Il s'en était suivi une belle panique, au cours de laquelle le loup avait été tué. Mais le plus invraisemblable concernait le loup-garou. Les témoins affirmaient l'avoir abattu aussi.

Mais bien qu'il fût mort, il avait attaqué les gardes avant de s'enfuir dans la forêt. Isabelle ressentit un profond chagrin en apprenant la fin du loup. Effectivement, personne ne pouvait rien pour lui !

Mais son amertume se trouva quelque peu annihilée par cette nouvelle saugrenue : s'agissait-il d'un loup-garou ? Impossible ! Et pourtant ? Quelle part de vérité fallait-il prêter à tout ceci ? Voilà qui allait de toute façon continuer à alimenter les conversations des oisifs, comme l'affirmait avec tant de clairvoyance le comte de Neuville !

Bien qu'elle lui gardât rancune de sa passivité, Isabelle aurait quand même bien voulu connaître son opinion sur la question. Tout d'abord pour voir la tête qu'il aurait faite, après avoir effectivement tant raillé cette « bonne plaisanterie », mais aussi pour savoir ce qu'il en pensait, car son jugement s'avérait toujours pertinent.

Tristement, avec le sentiment amer d'un affreux gâchis, Isabelle prit le chemin du retour. Quand elle entra dans sa chambre, elle trouva sur son lit l'épée sertie de pierres précieuses. Elle n'eut pas le courage de la rejeter à nouveau et, perdue dans de lointaines pensées, passa avec mélancolie son doigt sur le blason des Neuville. Des pensées où se profilaient les yeux d'or d'un loup qui pleurait de chagrin, prisonnier derrière des barreaux, dissimulant par fierté sa souffrance, ignorant son sang qui coulait et regardant avec une tristesse profonde ces humains sots et perfides qui lui lançaient des pierres et l'excitaient de l'autre côté des barreaux. Satisfaction de lâches…

Au-delà des yeux d'or, Isabelle voyait un regard velouté qui pleurait lui aussi. Elle entendait la voix chaude aux intonations sensuelles qui murmurait : ne pleure plus, pauvre loup… et repose en paix, tes souffrances sont finies.

Entendant un bruit de pas dans le couloir, Isabelle se dressa brusquement et sortit en serrant toujours sa précieuse épée contre elle.

Elle se heurta à son mari et remarqua que lui aussi semblait avoir les yeux rouges, comme si ce rêve fugace avait été le reflet d'une réalité, un message de son subconscient. Avant même qu'elle n'ait pu lui adresser la parole, il la devança d'une voix hargneuse :

— De grâce, Isabelle ! Si vous me cherchez pour me parler encore de ce loup, épargnez-moi vos réflexions ! Je suis au courant de tout !

— Mais… mais, Nicolas…

— Sachez que je trouve cette affaire aussi déplorable que vous, mais c'est inutile de m'en tenir grief, je n'aurais rien pu faire. Maintenant, Isabelle, oubliez tout ceci. Je vous souhaite une bonne nuit.

— Mais, Nicolas… je voulais simplement… vous remercier pour l'épée et vous demander votre avis… votre avis…

— Je n'ai pas d'avis ! Je vous prie de m'excuser, mais je vais me coucher, car je ne me sens vraiment pas bien ce soir. J'ai dû prendre froid. Et je me permets de vous rappeler que, demain, nous avons un bal à Saint-Cloud !

— Un bal, demain ? Mais… avec tout ceci…

— Le bal aura lieu, même si cela ne vous plaît pas et à moi non plus ! Et il nous faudra y figurer de bonne grâce ! Bonne nuit, Isabelle.

Le visage toujours aussi renfrogné, il s'éloigna sans lui fournir davantage de précisions. En le regardant descendre pesamment les marches, elle pensa qu'effectivement, il ne semblait pas au meilleur de sa forme ! Et pourtant, ce matin même, il se portait à merveille…

Le bal ! C'était bien le moment de parler du bal ! Isabelle se prit brusquement à haïr Saint-Cloud, Monsieur, ses courtisans et toute cette vie de mondanités superficielles. Ce vernis infect remontait par-dessus tout : la peur, les drames, les chagrins, la mort. Il fallait paraître, danser, briller, avoir l'air heureux, rire devant tout le monde alors que l'on voulait pleurer et être seul. Isabelle décida qu'elle n'irait point, prétextant une migraine. Mais elle savait déjà qu'elle n'en ferait rien et qu'elle serait là, resplendissante au bras du comte de Neuville, car elle aussi désormais se trouvait prise et bien prise dans ce tourbillon fatidique !

XXXII

Soirée gâchée

L'affirmation du comte de Neuville et les suppositions de son épouse se trouvaient entièrement justifiées : les voici tous deux dans la « Maison des délices », prêts à participer au bal et à s'égayer en belle compagnie bien que l'un comme l'autre eussent souhaité se trouver ailleurs ! Nicolas résuma la situation d'un soupir à fendre l'âme, commentant avec amertume :

— Monsieur attend de nous que nous ouvrions le bal, Isabelle. Je m'en passerais fort bien ce soir.

— Souhaiteriez-vous donc une autre compagnie que la mienne ?

— De grâce, épargnez-moi vos admonestations. Ce n'est ni le lieu ni le moment. La vérité est que je me sens vraiment las.

Lui jetant un œil à la dérobée, Isabelle remarqua ses traits tirés et son teint plutôt pâlot. Elle eut envie de lui rétorquer que ses admiratrices allaient être déçues en le voyant ainsi. Mais, devant sa mine si piteuse, elle préféra s'abstenir.

Monsieur se dirigea vers eux, éblouissant dans un justaucorps surpiqué de fils d'or et constellé de diamants. Isabelle lui fit la révérence, et son mari s'inclina respectueusement. Le maître des lieux annonça que le bal allait bientôt commencer. Le comte de Neuville acquiesça sans conviction. Non, décidément, il ne paraissait pas au mieux.

Monsieur s'en rendit compte et lui demanda s'il se portait bien. Nicolas lui répondit par l'affirmative avec son rire charmant, méthode décidément infaillible quand une question l'embarrassait et qu'il ne souhaitait pas entrer dans les détails.

Les danseurs n'attendaient que le signal. Sur l'estrade tendue de velours cramoisi et de fleurs de lys argentées, les musiciens, attentifs au mot d'ordre de Son Altesse Royale, accordaient leurs violons. Monsieur prit place sur le fauteuil recouvert de drap d'or aux côtés de la Palatine. Nicolas s'inclina en passant devant elle, et Isabelle réitéra sa révérence. Le duc de Chartres, déjà en place aux côtés d'une blonde vaporeuse, fit un petit signe de la main, accompagné d'une mimique admirative, à son cher ami. Nicolas prit délicatement son épouse par la main et se plaça en tête du cortège pour le premier menuet. Isabelle le trouva soucieux et presque crispé, malgré le sourire figé qu'il arborait. Attitude bien inhabituelle chez ce Cupidon pour qui briller en société devenait un jeu.

Aux premières mesures des violons, le comte de Neuville lança un regard interrogateur en direction de Monsieur qui leva la main en un geste précieux et plein de noblesse. Oui, la fête pouvait débuter. Isabelle, appréciant d'avoir à ses côtés un merveilleux danseur comme le comte de Neuville, se laissa entraîner avec plaisir dans le tourbillon de ce tempo pétillant. En la frôlant de sa manche, Nicolas se pencha vers elle et chuchota discrètement :

— Par pitié, Isabelle, évitez de me donner des à-coups dans le bras.

— Me trouvez-vous donc si maladroite ?

— Mais non, vous dansez à merveille et êtes sans conteste le plus beau fleuron de toute cette volière en jupons. Je suis très fier de vous avoir à mon bras.

— Vous n'avez pas l'air, vous faites une tête d'enterrement !

— Je vous prie de m'excuser. J'essaie de donner le change de mon mieux, mais je ne suis pas bien du tout.

— Vous avez mal au bras ?

— À l'épaule.

Isabelle n'eut pas le temps de lui en demander la raison… qu'il ne semblait d'ailleurs avoir nulle envie de fournir. Le rythme de la danse les sépara. Ils virevoltèrent chacun de leur côté, remontèrent les rangs des couples rutilants de somptueux atours et, après quelques pas brillamment enlevés, se retrouvèrent en tête. Les violons reprirent avec un bel entrain la dernière phase du menuet, et Isabelle attrapa presque au vol la main que lui tendit son mari. Dans une très belle envolée de sa robe vert amande, elle reprit sa place à ses côtés, osant à peine refermer les doigts sur sa main.

Le menuet prenant fin, les gentilshommes saluèrent leur partenaire d'une courbette, et toutes les plumes balayèrent le plancher d'acajou avec un même ensemble. Tous ces beaux messieurs se dispersèrent, la plupart passant dans le salon voisin pour faire honneur aux collations préparées à leur intention, d'autres restant sur place dans le sillage des froufrous de satin et attendant le menuet suivant. Prise dans la cohue, bousculée de toutes parts, félicitée par des personnes qu'elle n'avait jamais vues, Isabelle se trouva éloignée de son mari. Elle aperçut enfin le comte de Neuville conversant avec Monsieur. Le duc d'Orléans paraissait comblé et complimentait son jeune protégé de la maestria avec laquelle il avait ouvert les festivités. Isabelle répondit encore à quelques éloges qu'elle jugea fats et hypocrites, puis chercha à rejoindre Nicolas. Elle le vit repousser de la main le verre de champagne qu'un laquais lui proposa et ne put se retenir de pouffer : s'il refusait à boire, il ne devait vraiment pas être dans son état normal ! Elle fut extirpée de ses pensées médisantes par la reprise de l'orchestre. Nicolas vint à elle en souriant :

— Félicitations, Isabelle, vous fûtes parfaite ! Vous avez forcé l'admiration générale.

— Merci, Nicolas. Mais danser avec vous est un plaisir et je conçois fort bien que toutes les femmes le revendiquent.

— Ne pourriez-vous pas, une fois dans votre vie, essayer de me dire autre chose que des propos désobligeants ?

— Ma remarque ne se voulait pas blessante. Pour vous le prouver, je vous invite à prendre part avec moi au second menuet !

— Je vous remercie, Isabelle, mais pour l'instant je vais arrêter un peu et me reposer. Mais je vous en prie, que ceci ne vous empêche point de vous divertir. Ne vous préoccupez pas de moi.

— Mais… Nicolas…

Sans lui laisser le temps de s'insurger, le comte de Neuville interpella le duc de Chartres qui passait à sa portée :

— Philippe ! Menez donc Isabelle pour la prochaine danse !

Son ami ne se fit pas prier, se délectant de cette opportunité, mais sans pour autant résister à l'un des traits d'esprit douteux dont il avait le secret :

— Avec joie ! Mais vous risquez fort d'être déçue, car je suis loin de danser aussi bien que votre mari. Je pense le valoir largement en d'autres domaines, mais vous êtes trop sage pour souhaiter le vérifier !

Le comte de Neuville les regarda avec un hochement de tête complice, puis alla s'asseoir sur un ployant. À nouveau, Isabelle se laissa emporter au gré des mesures et constata que le duc de Chartres avait en effet beaucoup à apprendre de son mari ! Mais sa bonne humeur lui permit de passer des instants plaisants.

À la fin du menuet, Philippe vint lui apporter un verre de vin de champagne et lui proposa de l'accompagner sur la terrasse. Isabelle accepta le verre, mais déclina l'invitation, soulignant perfidement :

— Je croyais que vous aviez fait une croix sur vos pensées inavouables ?

Le duc de Chartres, qui ne manquait pas d'esprit, partit d'un franc éclat de rire et, apercevant un jeune homme à la mine joviale, proposa, en toute innocence :

— Alors, laissez-moi vous confier à Henri. C'est un bon ami à moi qui se fera un plaisir de vous accorder la prochaine danse.

— Henri ? Celui qui prend des bains de minuit en votre compagnie dans les mares boueuses ?

Le duc de Chartres s'égaya de plus belle et, toujours beau joueur, concéda, bien volontiers :

— Il est vrai que vous n'ignorez rien de cette folle nuit que je n'oublierai pas de sitôt !

— Moi non plus !

— Mais savez-vous, Isabelle, que tout ceci a débuté comme une facétie et risque de fort mal finir ?

— À cause de ce pauvre loup qu'ils ont tué ?

— Ce loup est sans doute à plaindre, car je crois qu'il n'aurait fait de mal à personne. Mais je pensais plutôt à cette histoire de loup-garou que les gardes ont soi-disant vu.

— C'est ridicule, voyons ! Les loups-garous n'existent pas !

— J'en suis convaincu, mais tout ceci reste préoccupant. Regardez ce soir : Monsieur a organisé le bal comme prévu, souhaitant que l'on s'égaie sans autre pensée. Ce qui est le cas… mais entre deux danses, tout le monde parle quand même du loup-garou !

— Et pourquoi dites-vous que cela finira mal ? S'il ne s'agit que de fadaises, elles s'estomperont avec le temps.

— Je ne sais pas. Figurez-vous que le comte de Lamotte a décidé de s'en mêler…

Isabelle ne put s'empêcher de tressaillir. Conscient de l'avoir alarmée, Philippe posa amicalement sa main sur son poignet :

— Je sais que vous et votre mari avez eu des petits ennuis avec lui. Toujours est-il que, pour l'instant, il est en disgrâce et rumine dans son coin. Comme il a toujours été un chasseur de loups acharné, il a pris le problème plus à cœur que les autres et affirme qu'il le solutionnera. Il y voit l'opportunité de redorer son blason.

— Mais, s'il s'agit d'affabulations, il se couvrira de ridicule une fois de plus !

— Peut-être, mais cela ne me plaît guère, Isabelle. Je n'éprouve que mépris pour Lamotte. Quand ce genre de personnage se mêle d'une affaire, elle devient toujours plus dramatique qu'elle ne l'était au départ…

La voyant garder une attitude préoccupée, il ajouta, avec un fatalisme un peu forcé :

— Bah, il ne faut plus y penser. Allons, venez, Isabelle, et dansez avec Henri. Je vous affirme qu'il sait faire autre chose que tomber dans les mares !

Puis, avec un clin d'œil espiègle :

— Moi aussi, d'ailleurs !

Définitivement déridée par cette ultime boutade, Isabelle se laissa convaincre et dut convenir que, bien qu'assidu compagnon de beuverie de son mari, Henri s'avérait lui aussi d'aimable compagnie.

Après cette dernière prestation, elle décida de s'octroyer enfin une pause bien méritée. S'asseyant sur un ployant de velours, elle observa ses voisins dans l'espoir d'y rencontrer un visage connu. Elle remarqua quelques gentilshommes déjà vus en compagnie de Nicolas, des comtesses et des duchesses parées de bijoux, croisées lors de soirées similaires. Considérant toutes ces perruques poudrées avec une méfiance légitime, Isabelle se demandait quelles étaient leurs relations avec le comte de Neuville. Personnalités politiques, compagnons de faits d'armes ou d'orgies ? Et que dire des femmes ? Comment être certaine qu'il ne s'agissait pas d'anciennes conquêtes de son sémillant époux ? Consciente de son propre pouvoir de séduction, Isabelle n'ignorait pas les regards admiratifs de la gent masculine sur son passage et en goûtait une satisfaction secrète, vengeance personnelle envers le comte de Neuville. Quant au sexe faible, elle pouvait lire, sous toutes ces paupières outrageusement fardées, des sentiments fort contradictoires, allant de la curiosité à l'envie et jusqu'à des petites étincelles assassines ressemblant fort à de la jalousie haineuse. Avec une moue ironique, Isabelle se dit qu'elle ignorait encore quel serait leur avenir à tous deux, mais que le couple de Neuville ne laisserait jamais indifférent ! Inconsciemment, elle se rendit compte qu'elle n'aspirait qu'à recommencer une nouvelle danse à ce bras si convoité ! Une main sur sa taille la fit se retourner. Son mari se tenait à ses côtés :

— Vous distrayez-vous, Isabelle ? Appréciez-vous votre soirée ?

— Oui, Nicolas ! Mais le duc de Chartres l'affirmait à juste titre : vous êtes bien le meilleur danseur de toute cette noble assemblée !

— Je vous remercie de votre appréciation. Mais je suis confus ; vous allez devoir continuer sans moi.

Il accompagna cette suggestion d'un rictus de douleur. Isabelle remarqua qu'il était livide et que de grosses gouttes de sueur perlaient à ses tempes. Il semblait essoufflé, respirant avec difficulté, comme s'il venait de faire une course effrénée. Elle s'en inquiéta aussitôt :

— Que vous arrive-t-il, Nicolas ? Êtes-vous malade ?

— Oui, je ne me sens vraiment pas bien. Je suis obligé de sortir, Isabelle. Je vous prie de m'excuser. Si l'on vous demande où je suis, tâchez de trouver un prétexte plausible pour abuser tous ces c… !

Pour dissimuler son désappointement, Isabelle se retrancha derrière le persiflage :

— Vous vieillissez, Nicolas, vous ne supportez plus le vin !

— Ne soyez pas ridicule, vous voyez bien que je n'ai rien bu. J'étais ainsi dès la première danse.

Désireux d'écourter la discussion, il se dirigea d'un pas hésitant vers la porte donnant sur la terrasse. Isabelle fut tentée de le suivre, puis, remarquant plusieurs courtisans qui se dirigeaient vers elle, elle jugea plus opportun de suivre ses conseils en donnant le change « à tous ces c… », comme il les avait si élégamment appelés. Ce label peu reluisant la surprit d'ailleurs. Ne représentaient-ils pas le cercle très fermé des sybarites qu'il fréquentait assidûment ? Alors pourquoi ce dédain à leur égard ? Son opinion désormais bien ancrée se confirmait : une vie entière ne lui suffirait pas pour deviner cet être aux multiples facettes ! Pour l'instant, monsieur le comte de Neuville se voulait fidèle à sa réputation d'homme fier, ne laissant rien paraître de sa défaillance.

La soirée se poursuivit ainsi, et Isabelle ne prit plus grand plaisir aux réjouissances. Elle se laissa entraîner dans le salon réservé aux collations et grignota du bout des dents massepains et choux à la crème, superposés en pyramides sur des assiettes d'argent. Les tables recouvertes de fleurs coupées, la porcelaine de Saint-Cloud, tout ce qui suscitait son admiration lui sembla soudain sans attrait. Inconsciemment, elle cherchait son mari. Estimant enfin avoir suffisamment donné le change, elle se dirigea résolument vers la terrasse. Il faisait nuit, mais les flambeaux disposés autour des bassins et dans les bosquets permettaient de circuler dans le parc comme en plein jour.

Isabelle descendit les marches en direction du bassin du Fer à cheval. Où donc Nicolas était-il parti ? Des couples se promenaient dans les allées, se tenant sagement par la main ou tendrement enlacés. Des hommes et des femmes, mais aussi des hommes entre eux, rappelant, si besoin en était, que l'on se trouvait à Saint-Cloud. Désemparée, soudain terriblement seule et en proie à une morosité incommensurable, Isabelle fit le tour du bassin du Fer à cheval. Elle aperçut enfin le comte de Neuville, appuyé à l'une des statues jouxtant le chemin menant vers l'allée du Mail, le front reposant sur son avant-bras. Ne l'ayant pas entendue approcher, il sursauta quand elle posa la main sur son épaule et répéta la question précédemment demeurée sans réponse :

— Que vous arrive-t-il, Nicolas ? Vous n'êtes pas bien ?

Il la considéra avec contrariété, déplorant qu'elle le surprît ainsi, et voulut reprendre meilleure contenance. Mais en tentant de se redresser, il trébucha et chercha à se rattraper à la statue lui offrant un soutien providentiel. En un réflexe spontané, Isabelle tendit les bras et essaya de le retenir. N'ayant pas la force suffisante, il l'entraîna avec lui. Elle le lâcha alors et il percuta brutalement le socle, puis demeura à demi recroquevillé, sans connaissance. Stupéfaite, Isabelle resta quelques instants interdite et s'agenouilla à côté de lui. Elle l'appela et, ne recevant nulle réponse, entreprit de le retourner sur le dos, cala sa tête sur ses propres genoux et lui tapota les joues. Devant le peu de succès de son traitement, elle le secoua plus énergiquement. Enfin, le comte de Neuville ouvrit un œil vague. Il chercha à parler, mais ne parvint pas à proférer un mot et resta ainsi le regard fixe, le souffle court. Inconsciemment, Isabelle continua à caresser ses joues brûlantes de fièvre. Elle le souleva légèrement, l'accota un peu mieux contre elle et dénoua sa cravate de dentelle. Elle ouvrit les boutons nacrés de sa chemise pour lui permettre de mieux respirer et, prenant enfin son pouls, s'affola davantage encore en constatant qu'il se devinait à peine et battait de façon désordonnée. Nicolas la considéra longuement avec gravité, puis enfouit son visage dans le creux de son décolleté. Machinalement, elle referma les bras autour de son cou et le serra contre elle. Il était agité de tremblements convulsifs, sa chemise trempée de sueur lui collait au dos. Saisie d'effroi, Isabelle comprit qu'il ne s'agissait plus de comédie pour la conquérir par un quelconque piège coquin. L'instant était grave, et l'état de son époux, certainement très sérieux. Elle se pencha sur lui et se contraignit à lui sourire de façon rassurante alors que son cœur cognait à tout rompre dans sa poitrine et que l'anxiété lui nouait la gorge :

— Ne vous agitez pas, Nicolas, tout va bien. Je vais aller chercher du secours.

Il eut un brusque soubresaut et se récria :

— Non, surtout pas ! N'en faites rien !

— Mais… mais, Nicolas, voyez dans l'état où vous êtes ! Il faut vous soigner le plus vite possible et appeler un médecin d'urgence !

— Je vous en prie, Isabelle ! Aidez-moi à me relever et mandez mon équipage ! Que l'on me ramène chez moi. Je ne veux pas que Monsieur me voie ainsi.

Il y avait tant de désespoir et de persuasion dans ce ton, qu'Isabelle ne put faire autrement que de s'exécuter. Il se redressa avec lenteur et elle lui offrit son bras pour qu'il s'y appuie. Avec un bel effort de volonté, le comte de Neuville parvint à se remettre debout et, après un pas hésitant, se raccrocha à sa statue et y resta accoté. Prêt à défaillir de nouveau, il intima, dans un souffle :

— Mon carrosse, vite !

— Mais, je ne puis vous laisser ainsi, Nicolas !

— Demandez au premier c… venu de ramener ma voiture.

Décidément, pensa-t-elle, voilà la soirée des c… ! Mais le comte de Neuville ne se trouvait plus du tout en état de plaisanter. Peut-être d'ailleurs cela justifiait-il ses propos, le naturel ressurgissant par-dessus sa langueur. Isabelle se mit à courir sur les graviers lui meurtrissant les pieds et avisa enfin un laquais portant la livrée de Monsieur. Elle l'interpella et lui demanda de faire venir de suite le carrosse de monsieur le comte de Neuville. Elle mit tant d'autorité dans sa requête que le valet s'empressa après une courbette obséquieuse. Sans attendre davantage, Isabelle reprit sa course en sens inverse pour rejoindre la statue. Cette hâte lui ayant donné chaud, elle passa machinalement la main sur son front, mais suspendit son geste avec un cri d'horreur en constatant que cette main était pleine de sang ! La main droite, celle passée dans le dos de son mari pour le soutenir. Accélérant encore l'allure, Isabelle le trouva tel qu'elle l'avait quitté, contre le piédestal de marbre, le regard absent. Elle s'enquit immédiatement, au comble de la consternation :

— Nicolas, vous êtes blessé ! Que s'est-il donc passé ?

Il la fixa d'un œil dénué de toute expression et, trop faible pour se lancer dans des explications et ne désirant certainement pas les fournir, ne répondit pas. Isabelle reprit néanmoins, d'une voix étranglée :

— Vous êtes blessé, ma main est pleine de sang de vous avoir soutenu. Voilà la raison de votre malaise. Quelle folie avez-vous donc encore commise ?

— Ce n'est pas une folie, Isabelle. Je suis blessé à l'épaule.

— Depuis quand ?

— Hier. J'ai été blessé à la salle d'armes, une lame qui a cassé en tirant avec La Mouche.

— Mais pourquoi ne pas l'avoir dit ? Pourquoi être venu ici, ce n'était pas raisonnable ?

— Il m'était difficile de refuser l'invitation sans avoir à donner maints détails ridicules. La blessure n'est pas grave, mais fort douloureuse. Je pensais que je pourrais tenir. Je me suis surestimé. Elle s'est rouverte à la première danse. Il fallait toujours être le bras en l'air, ce fut fatal !

Il se tut, épuisé d'avoir trop parlé, et renversa la tête en arrière, aussi blanc que le marbre du dieu antique… et aussi noble que lui, estima Isabelle qui se gourmanda aussitôt d'avoir semblable pensée en un tel contexte. Elle reprit, avec empressement :

— J'ai fait appeler votre carrosse. Nous allons rentrer rapidement et vous pourrez vous reposer. Mais il serait plus prudent de consulter un médecin tout de suite. Vous avez l'air très mal.

— De grâce, n'insistez pas. Faites ce que je vous demande.

Isabelle jugea préférable d'agir comme il l'entendait.

Mais cette décision se justifiait-elle par son indomptable fierté ou par une tout autre raison ?

Stoïquement, le comte de Neuville attendait la venue de son équipage. Un groupe de jeunes gens passa devant eux en chantant à tue-tête. Nicolas les salua d'un geste vers son chapeau et ils lui rendirent son salut.

Figée, avec un sourire ressemblant à une grimace, Isabelle les vit disparaître en braillant dans les dédales obscurs. De part et d'autre, parmi les bosquets, on devinait des ombres, on percevait des échos de voix, des rires étouffés. Depuis les portes largement ouvertes sur la terrasse, le son des violons parvenait quelque peu estompé, mais parfaitement audible.

La fête continuait inlassablement dans la « Maison des délices » de Monsieur. Des hommes et des femmes s'égayaient, rivalisaient de séduction, de bel esprit, de bonheur. Isabelle pensa avec horreur que son mari pourrait être en train de trépasser à ses côtés pendant que tous ces gens s'étourdissaient de faste et de liesse. Elle en éprouva soudain un profond dégoût, trouvant cela bien superficiel, mais comprenant aussi la fragilité de la vie humaine. Jamais soirée ne lui sembla plus longue.

Elle commençait à subir l'humidité de la nuit qui lui glaçait les épaules. Nicolas risquait de prendre froid, ce qui aggraverait son mal. Elle se souvint du premier baiser qu'ils avaient échangé et de ce justaucorps posé sur ses épaules avec tant de délicatesse. Ce soir où le comte de Neuville avait eu un comportement si surprenant. « Pleure, pauvre loup, pleure sur ta liberté éphémère et ton bonheur perdu. Pleure sur la cruauté des hommes, toi qui n'étais qu'amour pour les tiens...» Ces paroles si belles restaient gravées en sa mémoire comme l'empreinte d'un fer rouge. Traduisaient-elles la marque du vrai comte de Neuville ? Il lui semblait que, ce soir, elles prenaient leur véritable signification.

Tandis que, dans la nuit étoilée, se profilait l'ombre du château de Monsieur, auréolé de lumières, le comte de Neuville souffrait en silence, relevant crânement la tête et serrant les dents pour maîtriser sa faiblesse. Elle y décela une prémonition. Seraient-ils tous deux condamnés par un sort néfaste à languir parmi la félicité des autres ? Isabelle pensa qu'elle devait être fatiguée, elle aussi, ce qui l'incitait sans doute à se laisser aller à de funestes assertions.

Lorsqu'elle entendit le sourd martèlement de sabots sur les graviers de l'allée, accompagné du grincement des roues de la lourde voiture, Isabelle sentit son cœur se gonfler de soulagement. Le carrosse ! Enfin ! Elle se précipita vers le cocher et les valets, leur expliquant que monsieur le comte de Neuville avait eu un malaise, qu'il fallait le ramener chez lui le plus vite possible. Ils acquiescèrent avec gravité, mais elle devina, dans leur expression sans compassion, une indifférence notoire. Sans doute devaient-ils penser qu'il avait bu plus que de raison… selon sa bonne habitude. Encore des c… ! estima-t-elle rageusement en les foudroyant d'un œil noir et en remarquant qu'ils proliféraient dans toutes les couches de la société !

Empoignant monsieur le comte chacun sous un bras, les deux laquais le soulevèrent et le portèrent jusque dans son carrosse. Elle vit Nicolas se crisper pour ne pas crier de douleur. Au comble de l'irritation, Isabelle les apostropha vertement : « Allez-y un peu plus doucement, bande d'abrutis ! » Ils la lorgnèrent avec saisissement et installèrent précautionneusement leur maître qui se laissa néanmoins tomber sur la banquette avec un « aaah ! » ressemblant à un dernier soupir.

Isabelle prit place à côté de lui. La main crispée sur son bras gauche, la tête renversée sur le dossier de la banquette, les yeux clos, le vigoureux comte de

Neuville paraissait à la dernière extrémité. Avec un pauvre sourire, il susurra, d'une voix éteinte :

— Restez si vous le souhaitez, Isabelle. Je vous renverrai le carrosse.

Elle eut un sursaut d'indignation :

— Rester ? Et vous laisser seul en cet état ?

— Je ne suis point seul, j'ai mes valets.

— Parce que vous croyez que je pourrai encore me divertir en vous sachant ainsi ? Il faudrait vraiment que je sois volage et bien égoïste !

— Non, vous ne l'êtes point, j'en suis convaincu. Mais je suis confus d'avoir ainsi gâché votre soirée.

Isabelle sentait contre elle son corps brûlant agité de frissons. Elle ne répondit rien et prit sa main dans la sienne. Alors, avec un profond soupir, Nicolas laissa retomber son front sur son épaule.

Avec douceur, elle caressa sa joue, puis l'attira contre elle. Se laissant dorloter comme un enfant malade, le comte de Neuville abandonna pour une fois son inflexible amour-propre, bascula son buste sur ses genoux, enfouit son visage dans les plis de la robe de velours et sombra dans un sommeil comateux. Il n'en émergea point une fois arrivé, et ses laquais le portèrent dans son lit.

Appelé aussitôt, le médecin diagnostiqua sans grande surprise que, la blessure s'étant rouverte, le blessé se trouvait dans un état de faiblesse inquiétant, mais sans que ses jours ne se trouvassent en danger. En un mot, s'il était resté sagement dans sa chambre au lieu d'aller danser à Saint-Cloud, monsieur le comte de Neuville se porterait comme un charme !

Le praticien désinfecta la plaie, refit le pansement et ordonna un repos impératif. Puis, voyant qu'Isabelle n'avait guère meilleure mine que son mari, il crut bon de préciser, d'un ton patelin avant de se retirer :

— Ne vous tourmentez pas pour votre époux, madame la comtesse. Vous le câlinerez un peu plus demain et il n'y paraîtra plus. Avec sa constitution, il faudrait plus qu'une petite balle dans l'épaule pour mettre fin à ses jours. D'ailleurs, il a eu de la chance : elle est entrée par-derrière et ressortie par-devant !

Très fier de cette boutade, il sortit après une brève révérence.

Isabelle demeura interdite. Une balle dans l'épaule ? Que signifiait encore ce nouveau mensonge ? Où diable avait-il été recevoir une balle dans l'épaule, et tirée dans le dos de surcroît ? Qui lui avait tiré dessus et pourquoi ?

Nicolas dormait paisiblement. Isabelle se pencha sur lui et l'observa longuement. Sa respiration devenait plus régulière, il reposait calmement, mais avec pourtant un petit quelque chose de vulnérable, de fragile, causé sans doute par la fièvre. Isabelle demeurait perplexe. Penchant encore un peu plus son visage sur le sien, elle prit ses lèvres et y déposa un doux baiser, puis murmura, avec un soupir résigné :

— Encore un mystère à éclaircir. Vous êtes décidément une énigme faite homme, mon cher amour…, mais tant pis, je crois bien que je vous aime…

— Moi, j'en suis persuadé…

Isabelle se redressa prestement et s'exclama :

— Ah, par exemple ! Vous ne dormiez donc pas ?

— Si…

Avec un petit sourire au coin des lèvres, il se retourna sur le côté et enfouit son visage dans l'oreiller. Isabelle prit le ciel à témoin…, et, n'en recevant nul retour, s'éclipsa sur la pointe des pieds.

XXXIII

Le confident

La matinée s'était passée de façon morose, et Isabelle ne savait trop comment s'occuper pour tuer le temps. Elle ne voulait pas s'inquiéter outre mesure pour le comte de Neuville, mais attendait impatiemment l'opportunité de prendre de ses nouvelles ! En proie à une forte fièvre, Nicolas avait dormi toute la matinée. Cette fois, l'Apollon semblait vraiment mal en point et devrait, de gré ou de force, garder la chambre pendant plusieurs jours. Il n'avait rien mangé ce midi, n'ouvrant un œil que pour le refermer aussitôt. Se sentait-il vraiment très mal, ce qui restait fort probable étant donné sa blessure, ou espérait-il échapper ainsi aux questions concernant une lame d'épée métamorphosée en balle dans le dos ? Contrariée par tout ceci, Isabelle non plus ne fit guère honneur au repas et retourna voir son mari en début d'après-midi. Elle s'enquit avec affabilité de sa santé et lui demanda si sa blessure le faisait beaucoup souffrir. Nicolas répondit, avec un sourire qui manquait de chaleur :

— Oh, le pire fut hier ! Aujourd'hui, tout va bien : je suis installé confortablement et vous êtes auprès de moi. Uniquement pour cela, je souhaiterais être malade tous les jours !

— Pour vous remettre rapidement, il faut surtout ne pas commettre de sottises. Le médecin affirme que vous avez besoin de repos.

— Ne vous tourmentez pas, il en faudrait davantage pour abattre un Neuville. Mais voilà qui est fort dommage, car c'était le jour de votre leçon d'escrime et vous deviez essayer votre nouvelle épée.

— En effet, mais je vous avoue qu'avec tout ceci, je n'y pensais plus du tout.

— Je ne suis pas mourant et il vous faut mener vos occupations comme d'habitude ! D'ailleurs, puisque je suis indisponible, pourquoi ne pas travailler avec La Mouche ?

— J'attendrai que vous soyez guéri, Nicolas !

— Vous avez tort de vous priver, et La Mouche serait ravi de vous apprendre.

Isabelle n'insista pas davantage et résista au trait sournois consistant à lui faire remarquer qu'elle n'avait nulle envie de se retrouver, elle aussi, avec une lame « qui casse » dans l'épaule. Son mari eut sans doute été bien décontenancé et pris à son propre jeu ! Mais eu égard à son état, elle lui octroya l'avantage, décidant d'éclaircir l'affaire un peu plus tard.

Content de sa visite, le comte de Neuville s'assoupit paisiblement, et elle quitta sa chambre, quelque peu indécise.

Après avoir hésité longuement, Isabelle prit sa décision : après tout, pourquoi ne pas agir comme il l'entendait ? Prendre cette leçon avec le fameux La Mouche et essayer de le diriger, sans en avoir l'air, vers la piste compromettante. Par lui, en manœuvrant habilement, elle risquait d'en apprendre beaucoup sur l'énigmatique comte de Neuville.

Isabelle mit un soin tout particulier à s'équiper. Elle enfila une culotte masculine et des bottes de cuir souple s'avérant beaucoup plus pratiques qu'une ample jupe et d'élégants souliers. Puis, munie de sa précieuse épée, elle prit d'un pas léger le chemin de la salle d'armes. En arrivant sur les lieux, elle leva la tête, consciente d'un fait inhabituel. L'enseigne ne grinçait plus ! Nicolas l'avait fait fixer ! Très stupidement, elle en éprouva presque du regret, cette symphonie irritante faisant désormais partie de son ordinaire.

Le fameux La Mouche, prévenu de son intention, l'attendait sur le pas de la porte. Le personnage se présentait tel que le décrivait le comte de Neuville : pas très grand, un peu courbé et « ne payant pas de mine » ! Mais son sourire franc et spontané lui conférait effectivement l'allure de ces serviteurs qui se feraient tuer pour leur maître. Il accueillit Isabelle avec une joie sincère, affirmant qu'il serait bien aise de lui donner quelques leçons avant la guérison du comte de Neuville.

Légèrement intimidée en pénétrant dans la grande salle déserte, Isabelle crut bon de préciser, un peu hypocritement :

— Mon pauvre La Mouche, vous avez hérité là d'une tâche bien ingrate. J'espère qu'elle ne vous contrarie pas trop : apprendre l'escrime à une femme !

— Ce n'est pas à une femme, madame la comtesse, c'est à la femme du comte de Neuville. Ce qui est tout à fait différent ! Si Nicolas estime que vous en êtes digne…, c'est que vous en êtes digne ! Il ne m'appartient pas de me poser d'autres questions.

— Vous êtes gentil, La Mouche. J'essayerai de ne pas vous faire regretter votre patience.

Avec un professionnalisme très louable, le maître d'armes improvisé expliqua à son élève les parties de l'épée et leur fonction. Il en profita pour lui indiquer qu'elle possédait une arme remarquable.

Il lui montra la manière de la tenir, les positions de base, la garde, les déplacements ainsi que les premières attaques et parades. Isabelle s'appliqua de son mieux, mettant un point d'honneur à se hisser au meilleur d'elle-même.

Dotée d'un esprit vif et d'une bonne mémoire, ne rechignant point à l'effort, tant moral que physique, l'ancien chef des pirates démontra qu'il lui restait quelques reliquats de ses jeunes années frondeuses. Le vieil homme s'en montra satisfait, lui fit ses premiers compliments et affirma que le comte de Neuville serait fou de joie en découvrant de telles dispositions.

Ils poursuivirent ainsi le plus sérieusement du monde et, au fur et à mesure de la progression, une réelle complicité commença à s'établir entre eux. Isabelle, tout d'abord inquiète par peur de mal faire, s'était montrée un peu crispée.

En voyant qu'elle se débrouillait fort honorablement, elle prit confiance en elle, et cet apprentissage se transforma en réel agrément, tant pour l'élève que pour le maître.

Lorsque La Mouche décida d'arrêter, Isabelle se laissa tomber sur le banc de bois avec un « ouf » de soulagement. S'asseyant à côté d'elle, le serviteur de son mari la félicita chaudement. Isabelle lui répondit par son plus charmant sourire :

— Nicolas m'a dit que vous me seriez autant dévoué qu'à lui. Est-ce vrai, La Mouche ?

— Certainement, madame la comtesse !

— Vous obéissez ainsi à un ordre du comte de Neuville ?

— Oui et non. J'ai pour habitude d'exécuter tous ses souhaits sans discuter. Mais celui-ci, je l'appliquerai bien volontiers, car je sais combien il vous aime et j'ai beaucoup d'estime pour vous, madame la comtesse.

Vous êtes une femme bien différente des autres et la seule, assurément, à être digne de Nicolas !

— Je vous remercie, La Mouche, et je crois que votre amitié me sera précieuse. Mais j'ai remarqué que vous appeliez mon mari « Nicolas », ce qui est assez surprenant. Est-ce parce que vous le connaissez depuis longtemps ? Il m'a affirmé que vous étiez son confident.

— Je le connais depuis sa prime jeunesse, en effet. Quand il est devenu comte de Neuville en titre, il n'a jamais voulu que je l'appelle « monsieur le comte ». Il est ainsi, vous savez. Il ne se prend pas au sérieux et n'attache guère d'importance à tous ces leurres qui font la vanité de ses semblables.

— Parlez-moi de Nicolas, La Mouche…

— Pourquoi ne pas le lui demander ?

— S'agit-il donc d'un sacrilège ?

— Nullement ! Mais que puis-je vous dire ? Il est un peu pour moi le fils que je n'ai pas eu. Son père étant souvent parti sur les champs de bataille ou à la Cour, je l'ai quasiment élevé et lui ai toujours servi de confident. Et peut-être mon fils n'aurait-il pas été aussi attachant que Nicolas. C'est un homme formidable !

— Votre affection pour lui vous rend bien indulgent… Moi, je le trouve peu sage et d'une personnalité pour le moins surprenante !

— Sans doute, madame la comtesse, sans doute. Mais c'est quand même un homme formidable, vous l'apprendrez avec le temps.

— Espérons-le… Mais, dites-moi, La Mouche, pratiquez-vous souvent l'escrime avec Nicolas ?

— Non, plus maintenant. De temps en temps. Nous n'avons plus tiré ensemble depuis des mois ! Je le déplore, car c'est toujours un plaisir pour moi. Il possède une science des armes blanches et une finesse extraordinaires.

Isabelle faillit hurler de joie. Touché ! En plein dans le mille ! L'ennemi était coulé et bien coulé. Elle venait d'apprendre la confirmation du diagnostic médical. Incapable de garder sa victoire secrète plus longtemps, elle s'enquit fielleusement, en fixant le vieux serviteur dans les yeux :

— Alors, pouvez-vous m'expliquer pourquoi il m'a affirmé, hier, avoir été blessé à l'épaule en tirant à l'épée avec vous ?

La flèche toucha son but : La Mouche battit des cils et resta court. Puis il haussa les épaules et répondit, avec un geste d'impuissance :

— Si Nicolas n'a pas jugé utile de vous le dire, ce n'est pas à moi de le faire.

— Est-ce donc si infamant ? Comment voulez-vous que j'apprécie un tel homme, empli de mystères, qui me ment continuellement ?

La Mouche hocha la tête avec consternation. Il semblait bien ennuyé, mais peu désireux de trahir son maître. Avec une moue sceptique, il reprit enfin :

— Si je vous le dis, j'ai votre parole que ceci restera entre nous ?

— Vous l'avez, La Mouche !

— Je vous fais confiance, madame la comtesse.

— Puisque nous en sommes aux secrets et que vous appelez mon mari Nicolas, il serait préférable de dire Isabelle !

— Fort bien, je vais essayer. Votre mari a été blessé par une balle dans le dos. Après avoir passé une soirée bien arrosée avec une bande d'amis, ils se sont enfermés dans une cave et se sont amusés à tirer sur des bouteilles. Comme ils n'avaient plus la vue très claire, l'un d'eux a visé Nicolas au lieu de la cible. Ce fut un déplorable accident, mais aussi peu reluisant pour lui que pour l'auteur de cette maladresse. C'est pourquoi il ne veut pas en parler.

Isabelle demeura perplexe, persuadée que ce prétexte venait d'être inventé de toutes pièces. Le fin renard en savait assurément beaucoup plus qu'il ne voulait l'admettre ! Ce compère si zélé du comte de Neuville se compromettait sans aucun doute dans toutes ses fantasmagories, licencieuses ou non.

Mais l'homme se voulait indéniablement loyal, sans fourberie. Il essayait tout simplement de se tirer d'un piège le plus habilement possible sans nuire, ni à l'un ni à l'autre ! Montrant qu'elle savait se révéler belle perdante, Isabelle reconnut l'échec de sa manœuvre et en resta pour ses frais ! Elle comprit aussi que, si le bougre lui accordait sa confiance, elle pourrait sans doute en attendre tout autant de sa part. Elle choisit donc de s'en divertir et posa un baiser prudent sur la joue ridée :

— Je vous remercie, La Mouche ! Vous avez fait de votre mieux ! Mais je ne suis point sotte, et votre histoire ne m'a nullement convaincue. Peu importe, gardez soigneusement les cachotteries de Nicolas. Il a bien de la chance d'être servi de la sorte !

Il la regarda avec saisissement et parut sur le point de se défendre, puis se mit à rire. Cette petite comtesse lui plaisait de plus en plus ! Il s'exclama, en donnant une bourrade sur le fourreau de son épée :

— Ah, décidément, vous êtes vraiment la femme qu'il fallait à Nicolas ! Mais sachez, Isabelle, que je pourrai agir avec autant de loyauté pour vous être agréable.

— Ce serait très bénéfique pour moi, en effet, de trouver un allié sincère ! Mais vous risquez d'entendre parfois des sons de cloche bien discordants, et votre tâche ne sera pas toujours aisée pour demeurer impartial !

Il continua à s'égayer de ce rire homérique qui acheva de dérider définitivement la comtesse de Neuville. Retrouvant soudain son sérieux, elle s'enquit néanmoins, à brûle-pourpoint :

— Nicolas affirme que, s'il lui arrivait malheur, j'aurais en vous un appui solide. Je sais maintenant combien il a raison. Mais je ne m'explique pas comment quelqu'un comme lui peut parler ainsi, alors qu'il est l'insouciance même.

— Les êtres se retranchent parfois derrière un vernis salutaire, Isabelle. Nicolas pense souvent à la mort.

— Pourquoi ? C'est un homme qui n'a jamais souffert ! Il a vécu dans l'aisance, il est jeune, beau, et tout le monde se pâme devant lui ! Pourquoi alors se soucier de la mort ? Parce que son père a été tué à la guerre ?

— Non, je ne crois pas. Son père était quelqu'un de très bien, un fort bel homme plein de panache, mais Nicolas ne le voyait pas souvent ! La raison en est tout autre. Sans doute a-t-il souffert ou souffre-t-il encore ? Vous le saurez un jour… s'il juge opportun de vous le dire.

Comprenant qu'elle n'en tirerait pas un mot de plus, Isabelle décida de ne pas le forcer dans ses retranchements. Elle était consciente qu'elle venait de trouver un adversaire à sa mesure. La Mouche se révélait… une fine mouche ! À tel point que ce fut lui qui la désarçonna totalement en demandant, à son tour, sans préambule :

— Puisque me voilà promu votre confident, Isabelle, je vais vous poser une question, moi aussi : vous aimez Nicolas, n'est-ce pas ?

— Mais… mais…

Puis, baissant le nez, elle avoua, avec confusion :

— Oui… je ne voulais pas, mais… oui, je l'aime…

— Alors pourquoi vous refuser à lui ?

Cette fois, Isabelle tressaillit et ne put s'empêcher de s'offusquer :

— Vous exagérez, La Mouche ! Ceci concerne ma vie privée ! Comment pouvez-vous le savoir, d'ailleurs ?

— Nicolas n'a jamais eu aucun secret pour moi ! Je sais l'inclination qu'il a pour vous et s'il en est de même en ce qui vous concerne, alors pourquoi ce jeu ridicule ?

Isabelle demeura interdite, puis, constatant sa défaite de façon inéluctable, s'abattit en sanglotant dans les bras du vieux serviteur qui la consola de façon pateline. Il lui sembla un instant retrouver l'épaule sécurisante de son grand-père qui savait si bien apaiser ses chagrins d'enfance. La Mouche reprit, de sa voix à la fois calme et bourrue :

— Je comprends très bien que vous ayez réagi ainsi par vengeance d'avoir été mariée de force. Mais, maintenant, comment pouvez-vous résister encore à autant de gentillesse ?

— Je ne supporte pas la vie qu'il mène… Toutes ces femmes… ces beuveries…

— Allons ! Il n'est pas pire que les autres et il faut l'aimer comme tel. Sa vie est déjà si compliquée, alors, de grâce, ne la lui compliquez pas davantage !

— Compliquée ? Pourquoi donc ?

— Vous posez trop de questions, Isabelle. Laissez faire le temps et choyez donc Nicolas. Vous ne rattraperez plus les jours perdus… Alors cessez de vous conduire comme une fillette sotte et bornée… Si un malheur arrivait, effectivement… vous regretteriez ces instants de bonheur dont vous avez fait fi…

Blottie contre le justaucorps au cuir rugueux,

Isabelle se sentit soudain en sécurité, comme si ce vieux bretteur possédait le don de la protéger contre tous les maux de la terre. Pouvait-il aussi la défendre contre elle-même ? Nicolas restait son protégé et sans doute trouvait-il mille excuses à chacune de ses frasques.

Isabelle réfléchissait à ces paroles qui avaient transformé une banale leçon d'escrime en une tentative ratée d'informations, pour se terminer en une mise à nu catastrophique de sa propre personnalité. Nicolas n'était pas pire que les autres ! Quelle remarque ridicule, hypocrite et vide de sens ! Et pourtant… sa courtoisie s'affirmait bien réelle.

Depuis qu'elle le regardait vivre, Isabelle ne l'avait jamais vu une seule fois malmener un domestique ou lui parler durement. Il s'exprimait avec politesse et, quand une sottise était commise, il le faisait remarquer calmement, sans abuser de son autorité.

Il possédait un charisme incroyable sur les autres, mais pourquoi ? Pas seulement à cause de son physique d'Adonis ou de son sourire, mais… tout simplement, parce qu'il savait se montrer généreux et aimable.

Ses valets l'appréciaient, ses amis aussi, certainement pour toutes ces raisons que seule son épouse se refusait à admettre avec une obstination qui commençait en effet à laisser transparaître un caractère de petite fille sotte et bornée !

La Mouche voyait les choses de façon simpliste, mais avec un bon sens indéniable. Que fallait-il donc choisir : un libertin libéral au cœur plein de bonté ou un bigot à la conduite irréprochable, mais égoïste, dénué de tout sentiment et enflé de prétention ?

Isabelle fut tentée de répondre fort naïvement : un homme gentil à la conduite irréprochable. Mais alors, cela consistait à revenir à la case départ : il s'agissait indéniablement du prince charmant !

Conscient de son mutisme, La Mouche eut un sourire qui se voulait encourageant et, légèrement embarrassé, hocha la tête:

— Ne prenez pas mal mes propos, Isabelle. Un valet ne parle pas ainsi, mais un confident peut se le permettre. Il est aussi autorisé à donner des conseils. Il m'est arrivé souvent de tancer durement Nicolas !

— Et a-t-il pris note de vos admonestations ?

— Parfois !

Il pouffa avec une moue édifiante et Isabelle, libérée de la tension causée par ces dures introspections, se mit à rire de bon cœur.

Ayant retrouvé la maîtrise de ses nerfs, sinon de ses pensées, elle prit congé de La Mouche et lui donna rendez-vous pour la prochaine leçon. Ils se quittèrent les meilleurs amis du monde, mais elle demeurait plutôt désorientée.

Après avoir abordé cette rencontre dans le dessein sans équivoque de « faire parler » un domestique pas très futé, elle restait consciente d'avoir subi un cuisant échec et une humiliante leçon de clairvoyance. Elle commençait aussi à comprendre pourquoi Nicolas appréciait tant le personnage ! Il trouvait certainement en lui un complice efficace qui devait le seconder au besoin ou se charger de l'aider fort habilement. Il pouvait aussi solliciter un appui moral ou une opinion, certitude toujours utile. Nicolas avait prouvé plusieurs fois qu'il était doté d'un esprit raisonnable et affûté.

Sans doute savait-il tirer profit de tous les partis et en garder le meilleur pour son expérience personnelle !

Isabelle, quant à elle, restait en proie à un dilemme irritant ! Satisfaite de son apprentissage, elle se persuada qu'avec un travail assidu, elle parviendrait certainement à pratiquer cet art d'une façon très honorable.

Le vieux maître avait affirmé qu'elle possédait les qualités requises pour forger un bon escrimeur : l'élégance, la légèreté, un bon sens du fer, des réflexes rapides et une intelligence indispensable pour réfléchir et anticiper. À tout ceci s'ajoutaient quelques petites notes personnelles et plus rares chez une femme, notamment un caractère téméraire et agressif !

En ce qui concernait l'escrime, l'avenir s'annonçait donc sans le moindre nuage ! Elle allait enfin pouvoir satisfaire un rêve de longue date.

Mais alors, pourquoi cette amertume ? Pourquoi ce goût de profonde déception, presque de désarroi ? Était-ce seulement le fait avilissant d'avoir pleurniché comme une sotte sur l'épaule d'un serviteur ? Ou, plus vraisemblablement, d'avoir ouï les paroles qu'elle refusait d'entendre depuis son mariage ?

Fort troublée, Isabelle décida néanmoins de chasser ses idées noires. Nicolas serait très fier quand elle lui ferait la narration de cette première esquisse.

Il était bien évident que ce récit se bornerait au très strict apprentissage de l'épée…

XXXIV

Escapade parisienne

Isabelle attendait avec impatience de narrer à son époux sa première leçon d'escrime. Il faisait un temps magnifique incitant à une promenade dans le parc. Irait-elle d'abord rendre visite à Nicolas, ou partirait-elle à cheval tout de suite ? Elle fut tirée de ses cogitations par l'arrivée de La Mouche, qui se redressait comme un paon. Elle le salua brièvement et se montra déçue quand il lui apprit qu'il venait de la chambre de son époux. Sans doute n'avait-il pas résisté, lui non plus, à raconter l'événement à son maître. Avec ressentiment, Isabelle constata que son plaisir venait de lui être volé ! Consciente qu'il lui faudrait toujours compter avec celui qui tenait certainement une place aussi importante que la sienne dans l'existence de son mari, elle en éprouva une sourde rancœur ressemblant fort à du dépit. Avec ses habitudes bien ancrées dans la maison, le bougre se savait apprécié et n'entendait pas battre en retraite, ni en prérogatives, sous prétexte que la demeure comptait désormais une comtesse de Neuville. C'est à de semblables petits détails, apparemment anodins, qu'Isabelle se voyait rappeler son obligation de partager Nicolas avec lui. Il en était sans doute de même avec tous ses amis de longue date, ainsi qu'avec ses amies. Pourtant, sa mauvaise humeur se dissipa rapidement quand La Mouche lui apprit qu'il se rendait à Paris pour effectuer une course pour le comte de Neuville. Bien aise de constater que son serviteur avait su gagner l'amitié de sa femme, Nicolas lui avait suggéré de l'emmener avec lui. Enchanté de se faire escorter par la jolie comtesse, La Mouche précisa, avec un sourire malicieux :

— Nicolas m'a remis une bourse remplie d'écus pour que vous puissiez effectuer quelques emplettes. Il affirme que cela vous changera les idées et souhaite que vous trouviez un petit manchon de fourrure comme celui que vous enviez à la comtesse de La Roche.

Touchée par cette attention, Isabelle ne se fit pas prier pour accepter. Elle avait en effet remarqué un jour que la comtesse de La Roche portait un manchon de fourrure très seyant. Cette appréciation purement féminine avait provoqué une moue indulgente du comte de Neuville, accompagnée d'un commentaire sarcastique : « Il lui faut bien cela pour rehausser son charme ! Mais je vous avouerai que je le verrais mieux sur votre bras. » Isabelle avait ri, tout en estimant qu'effectivement, un semblable ornement lui conviendrait fort bien ! Nicolas s'en était donc souvenu.

Quel homme surprenant dont la frivolité dissimulait si bien une délicatesse charmante.

La Mouche lui expliqua son intention de l'emmener dans le quartier du faubourg Saint-Germain et plus particulièrement dans une rue voisine, où se trouvaient les boutiques de luxe. Elle pourrait ainsi, en toute quiétude, satisfaire son souhait et rapporter diverses fanfreluches. Il lui précisa qu'elle ne devait pas se soucier des dépenses :

— Nicolas est quelqu'un de très généreux qui adore faire plaisir ! Il est ainsi avec tout le monde.

Curieusement, cette remarque ne la surprit nullement. Le comte de Neuville, malgré ses défauts, possédait quelques attraits, notamment une prodigalité évidente. Il ressemblait en ceci à Monsieur et au duc de Chartres, également dotés d'un naturel fort libéral, préférant voir autour d'eux des visages comblés plutôt que de régner en seigneurs redoutés !

En proie à un enjouement sincère, Isabelle prit place dans le carrosse du comte de Neuville et s'amusa en son for intérieur de se montrer impatiente comme une petite fille à qui l'on promet une poupée de chiffon !

Parvenu à destination, le carrosse s'arrêta, et Isabelle descendit en compagnie de La Mouche qui préféra l'escorter. Il demeurait vigilant même dans ces quartiers paisibles. En effet, les personnes croisées présentaient plutôt belle allure, et un calme inhabituel régnait aux alentours. Ceci contrastait visiblement avec les rues qu'ils venaient d'emprunter. À tel point que, plus d'une fois, Isabelle s'était sentie bien heureuse de se trouver dans un solide carrosse aux vitres fermées.

Il régnait une atmosphère fiévreuse, frisant parfois la pure folie : des hommes à pied ou à cheval, des paysans, des bouchers promenant leurs vaches, des carrosses. Ces individus à deux ou quatre pattes se croisaient, s'enchevêtraient et se coupaient la route, à grand renfort d'éclats de voix, de meuglements, de hennissements, de jurons proférés en patois campagnard ou en argot des coupeurs de bourse.

On appelait ceci d'une façon évasive : les embarras de Paris. S'y aventurer relevait certains jours d'une témérité suicidaire !

En chemin, La Mouche s'était montré un guide prolixe, prévenant sa voyageuse qu'ils éviteraient de passer par le Pont-Neuf, car le comte de Neuville ne voulait pas que son carrosse s'y risquât... et encore moins avec son épouse à l'intérieur ! Le vieux domestique considérait qu'il s'agissait d'un ramassis de ribauds et de ribaudes, d'estropiats et de coupe-jarrets de tous poils, proliférant parmi les badauds, les étals des vendeurs de toutes sortes, les arracheurs de dents et les saltimbanques. Isabelle pensa qu'elle aurait pourtant bien aimé jeter un coup d'œil à ce tableau pour le moins pittoresque, mais n'osa le demander, craignant d'acquérir la réputation d'une chercheuse de noises !

Tandis que le carrosse du comte de Neuville traçait son chemin plus ou moins facilement à travers la cohue, La Mouche lui faisait remarquer que, depuis le travail entrepris par monsieur de La Reynie par ordre du Roi, Paris devenait beaucoup plus sûr et plus agréable. Isabelle pensa avec ironie à ce que cela devait être… avant ! La Mouche lui montra les lanternes suspendues afin d'éclairer les rues, ainsi que les enseignes qu'il fallait obligatoirement fixer à cause du bruit. Isabelle ne put s'empêcher de commenter négligemment : « Voilà une excellente initiative que Nicolas a mis bien du temps à imiter ! » La Mouche eut un ricanement plus que bref, et elle espéra que ses propos seraient transmis au destinataire. Le matois ne s'attarda donc pas sur la question et préféra poursuivre ses commentaires sur la propreté. Il lui apprit entre autres que les immondices étaient maintenant régulièrement enlevées et que chacun se devait de balayer devant sa porte.

Quelle belle invention, estima Isabelle, pensant toutefois qu'il restait encore beaucoup à faire…

C'est pourquoi ces beaux quartiers semblaient créés tout exprès pour que les gentilshommes de la noblesse et leurs dames puissent y dépenser leurs écus sans devoir subir la racaille et ses désagréments. Les boutiques proposaient des articles de belle qualité, que seule une bourse bien garnie pouvait espérer s'offrir.

Isabelle repéra tout de suite l'échoppe adéquate et entra en se réjouissant à l'avance. Du premier coup d'œil, elle trouva son affaire : un manchon de fourrure grise, légèrement argentée et parsemée de blanc.

Tout à fait ce dont elle rêvait ! La Mouche lui ayant remis la bourse avec une nouvelle recommandation de ne pas regarder le prix, Isabelle négligea donc ce genre de détail bassement matériel et, tandis que le vieux domestique attendait sagement devant la boutique, elle passa la petite merveille à son bras. Superbe ! La petite touche supplémentaire qui porterait son élégance au zénith et attirerait assurément tous les regards de Saint-Cloud ! Devant son enthousiasme, le marchand semblait flatté de traiter avec une telle cliente.

Le petit homme bedonnant, la considérant pardessus ses bésicles avec un sourire mielleux qui n'avait rien de jovial, ni de spontané, gardait pourtant un air sournois. Pour confirmer ce succès facile, il crut bon de préciser :

— Madame a fait un très bon choix. Celui-ci est vraiment très seyant. Cette fourrure de loup est chaude et brillante.

Isabelle se récria avec horreur :

— Du loup ? C'est du loup ?

— Oui ! Ces sales bêtes nuisibles ont au moins un avantage : leur fourrure est fort belle !

Isabelle vit son euphorie fondre comme neige au soleil. Du loup ! S'agirait-il de celui de la ménagerie ? Elle posa le manchon sur l'étal entre un carton à chapeaux et une bobine de dentelle, comme s'il s'agissait d'un objet maudit. Pour dissimuler le trouble que lui avait causé cette révélation et ne souhaitant nullement passer pour une excentrique, elle porta son regard sur un autre manchon en équilibre instable sur une étagère, puis demanda, avec un sourire niais :

— Peut-être celui-ci me conviendrait-il mieux ? Ce roux avec un peu de blanc, c'est ravissant.

— Ah, oui ? C'est aussi élégant, mais le renard est moins chaud que le loup.

Isabelle resta sans voix. L'image du loup derrière ses barreaux s'estompait derrière une jolie frimousse rousse et blanche qui semblait la regarder avec les mêmes yeux d'or implorants. Conscient de son hésitation, le marchand reprit, avec un sourire déjà beaucoup moins marqué :

— Nous avons aussi de l'hermine, mais c'est beaucoup plus cher.

— L'hermine, c'est une petite bête toute blanche, c'est bien cela ?

— En effet ! Et l'intérêt, c'est que le blanc se porte aisément sur toutes les tenues. C'est une fourrure plus rase, mais tout aussi chaude.

Isabelle sentit brusquement sur ses épaules un poids insupportable. Jusqu'à présent, avec l'insouciante frivolité des femmes coquettes, elle ne s'était jamais posé ce genre de questions. Brocard, satin, velours, fourrure, tout ceci ne lui semblait que des accessoires de mode, parures indispensables à l'apprêt féminin. Elle eut soudain l'angoissante conviction que mille petits yeux la jugeaient avec désapprobation, avec désarroi, en une supplique muette.

Des yeux d'or, des yeux verts, des yeux noirs. Loups, renards, hermines, écureuils, lapins… gibiers, bêtes nuisibles, fourrures d'apparat ! Quel triste destin. Elle posa sur le vendeur un regard à la fois glacial et méprisant, et répondit, du bout des lèvres :

— Je ne sais pas comment faire mon choix. Je crois que je vais réfléchir et je reviendrai. J'apporterai toutefois une petite précision en ce qui concerne toutes ces sales bêtes : elles ont en effet un avantage et notamment sur les humains. Car les humains, aussi nuisibles soient-ils, sont inutilisables après leur mort !

Le marchand eut un rictus qui ressembla davantage à une grimace qu'à une démonstration de joie et, quand sa cliente reporta son attention sur les rouleaux de dentelle, il ne jugea même plus opportun de sourire du tout.

Isabelle quitta la boutique et, au grand étonnement de La Mouche, lui montra ses achats : du ruban et quelques dentelles !

Ne désirant pas se lancer dans d'inutiles commentaires que son accompagnateur jugerait dérisoires, elle formula le souhait de visiter les étalages voisins. Elle remarqua ainsi un bottier, *Au soulier d'or*, mais ne trouva pas grand attrait à ceux qu'on présentait, même s'ils étaient richement ornés de talons rouges et de nœuds piquetés de pierreries.

Elle prêta davantage attention à la devanture suivante où quelques bijoux trônaient sur des velours écarlates. Isabelle admira des chaînettes, des médailles et quelques montres d'hommes. Elle examina tout particulièrement l'une d'elles, à l'effigie d'un cheval sur fond argenté. La Mouche, tout aussi captivé, commenta, avec un bel entrain :

— Voici ce qu'il faudrait à Nicolas ! Cette montre lui ferait grand plaisir. Vous devriez bien la lui offrir.

— Pourquoi donc aurais-je envie de faire plaisir à Nicolas ?

— Et pourquoi pas ? Il ne sait que faire pour vous et, aujourd'hui encore, vous permet de tout acheter !

Isabelle soupira. Encore une fois, le filou se mêlait de ce qui ne le concernait pas. Et encore une fois, elle devait admettre que bien que son affection pour Nicolas l'influençât de façon excessive, il n'avait pas tort ! Afin de ne pas céder trop vite et surtout de ne pas avoir l'air d'obéir à ses suggestions, elle rétorqua, avec un haussement d'épaules :

— Nicolas n'a pas besoin d'une montre.

La Mouche saisit la perche tendue avec jubilation, marquant ainsi le point final de son avantage :

— Si, justement ! Il a cassé la sienne à cause de vous !

— À cause de moi ? C'est un comble ! Je ne lui ai pas cassé sa montre !

La Mouche ravala son sourire et se mordit les lèvres avec l'attitude de celui qui, emporté par son exaltation, a dit un mot de trop. Il reprit donc bien vite sa contemplation du bijou avec un intérêt accru, insistant sur la finesse de la gravure. Isabelle eut un soupir excédé et lui intima sèchement :

— Qu'est-ce que cette histoire de montre ? Encore une de vos petites cachotteries avec Nicolas ! Il s'est assis dessus un soir de beuverie ?

— Non, Isabelle ! Elle est tombée de sa poche le soir où il a réglé son compte au chevalier de Lorraine.

Isabelle se souvint brusquement du commentaire de son mari concernant le chevalier de Lorraine, censé ne plus l'ennuyer suite à une correction. Mais cette parenthèse émise alors qu'ils se querellaient sur un autre sujet n'avait guère retenu son attention. Elle s'en alarma brusquement :

— Réglé son compte ? Il ne l'a pas tué, quand même ?

Le gaffeur s'esclaffa sans façon :

— Oh, non ! Il l'a empoigné par son fond de culotte et l'a expédié dans le bassin du Grand Jet !

— Mais il est fou ! Monsieur va le mettre en disgrâce !

— Ne craignez rien ! Ce fut sans témoin, et Lorraine n'ira pas s'en vanter.

Isabelle ne put s'empêcher de rire de bon cœur en imaginant la scène, le perfide archimignon surnageant au milieu des bouches d'ajutage, la perruque dégoulinante et le teint gâté par l'eau douteuse. Nicolas, avec son esprit si caustique, avait dû s'en ébaudir sans modération ! Isabelle soupira, vaincue comme à l'accoutumée :

— J'espère que Lorraine ne se vengera pas par quelque coup bas. Mais, en effet, je crois que je dois bien une montre à Nicolas !

Plantant là un La Mouche au comble de la félicité, elle pénétra dans la boutique dont le marchand semblait une antithèse du précédent : un homme dégingandé, sec comme un coup de trique et à la mine cadavérique, qui vint vers elle avec une respectueuse inclinaison de tête. Isabelle lui fit part de son souhait d'acquérir la montre avec le cheval.

Le joaillier prit l'objet, remonta le mécanisme, puis essuya le boîtier avec un chiffon doux pour le faire briller. Il prit dans un tiroir une boîte de cuir et s'apprêta à y disposer l'objet précieux avec le plus grand soin, précisant toutefois, avant de la refermer :

— Nous avons d'autres modèles, madame. Si c'est un cheval que vous souhaitez, celui-ci est assurément notre plus bel ouvrage. Mais nous avons des thèmes différents qui plaisent aux messieurs : des représentations du dieu Mars, de la déesse Aphrodite ou des fleurs de lys.

Isabelle eut un petit sourire, pensant que l'incendiaire comte de Neuville préférerait peut-être Aphrodite dont le sein ressortait de façon provocante sur un fond d'étain vieilli. Mais elle se persuada qu'il apprécierait ce cheval, crinière au vent, lui rappelant son étalon capricieux. Jetant malgré tout un coup d'œil sur les modèles que le marchand alignait sur une pièce de velours noir, elle figea son regard sur le dernier et affirma, sans hésitation :

— C'est celle-ci que je veux !

Le marchand parut surpris, mais rompu aux caprices les plus aberrants d'une clientèle aisée qu'il ne fallait jamais contrarier, il s'enquit simplement :

— Un loup ? Voilà un choix bien singulier, madame. Je vous avouerai que cette montre est en ma possession depuis fort longtemps. Je pensais ne jamais la vendre et n'ai pas vraiment compris pourquoi on avait pu représenter une si mauvaise bête ! Qui voudrait posséder une montre à l'effigie d'un loup ? C'est dommage d'ailleurs, car il s'agit d'un petit chef-d'œuvre en miniature. Voyez : il est peint sur de la porcelaine de Limoges qui est incrustée sur le fond en or. Le boîtier est en or, avec du lapis-lazuli et des aiguilles en or. C'est certainement l'une des plus jolies montres de notre boutique. Si le modèle avait été une divinité mythologique, elle serait partie depuis longtemps.

Isabelle prit dans la main cet objet d'art si rarissime. Le loup, nez tendu vers le ciel, semblait hurler vers l'immensité. Ces ténèbres de lapis-lazuli miroitaient de minuscules éclats de diamants formant une constellation. Fascinée à la fois par la perfection artistique et par sa symbolique, elle ne put que répéter, d'une voix que l'émotion rendit moins ferme :

— C'est celle-ci que je veux.

Avec empressement, le joaillier réitéra le procédé : il la frotta avec le chiffon et la plaça dans l'écrin de cuir. Ainsi lustré, le loup semblait prendre vie, et les astres, scintiller. Isabelle ressentit une passion irraisonnée pour ce bijou et se persuada que Nicolas s'en émerveillerait avec une égale ferveur. Ceci évoquerait ce soir béni, témoin d'une émotion intense partagée face à la nuit étoilée. Oui, cette montre pérenniserait cet instant fugace !

Isabelle ressortit avec une mine radieuse, brandissant sous le nez de La Mouche la boîte de cuir, désormais enveloppée dans un fin papier doré. Elle annonça triomphalement :

— Et voilà ! Votre petit Nicolas chéri aura son cadeau ! Je pense qu'il sera content ; elle est magnifique !

Remarquant le marchand qui replaçait le cheval dans son étalage, La Mouche parut déçu :

— Vous n'avez pas pris le cheval ?

— Non, j'ai choisi un loup ! Une pure merveille.

La Mouche la considéra avec stupeur :

— Un loup ? Vous avez acheté un loup ? Mais… mais en voilà une idée !!

— C'est une excellente idée et je suis certaine que Nicolas va adorer cette montre !

— Moi, pas !

Isabelle leva les yeux au ciel. Décidément, elle ne parviendrait jamais à s'habituer aux manières de cet envahissant confident ! Avait-il donc juré de lui faire rater tous ses effets, de lui gâter sa joie à chaque occasion ? Quel besoin avait-il de mettre son nez sempiternellement dans ses affaires ? Elle riposta avec acidité :

— Écoutez, La Mouche, vous êtes le chien fidèle de Nicolas…, mais je suis encore libre de faire à mon mari le cadeau qui me plaît, sans vous demander votre avis !

Le « chien fidèle » sembla accuser la remontrance et baissa le nez, un peu honteux et sans doute vexé. Avec un petit sourire confus, il se disculpa piteusement :

— Je vous demande pardon, Isabelle. Ce n'était pas pour vous contrarier, ni m'immiscer dans vos choix. Mais je pensais simplement que Nicolas aurait vraiment aimé le cheval… c'est tout…

— Eh bien, moi je vous affirme qu'il aimera ce loup ! C'est un petit secret entre Nicolas et moi… qui ne vous regarde pas ! Vous voyez, moi aussi, je puis garder mes cachotteries !

— Bien sûr, Isabelle. N'en parlons plus.

Sur ces paroles destinées à servir de conclusion, il l'entraîna avec un entrain forcé en direction d'une autre boutique, paradis des confiseries et autres douceurs. En levant la tête vers l'enseigne *Au cacao de la Reine*, affichant une cabosse sur une couronne dorée, Isabelle fut aussitôt gagnée par de meilleurs sentiments. La Mouche, qui savait se montrer fin stratège, visait juste en provocant la gourmandise féminine. Isabelle se laissa tenter par des chocolats sur un plateau d'argent, puis remonta enfin dans le carrosse du comte de Neuville, l'humeur au beau fixe, serrant contre elle son petit sac qui renfermait les dentelles et surtout le coffret de la montre.

Cette journée s'était révélée bien agréable, et elle rentrait avec une sincère satisfaction. Monsieur affirmait que donner procurait autant de joie que recevoir et avait fait de cet adage une règle de vie. En cet instant, Isabelle comprenait la véracité de cette maxime. Offrir ce présent à Nicolas lui causait un plaisir immense. Son premier cadeau…

XXXV

Cauchemar compromettant

De retour de son escapade dans la capitale, Isabelle déballa soigneusement rubans et dentelles, puis contempla la petite boîte avec perplexité. Avec ce présent dans la main, elle se sentait la timidité d'une fillette choisie pour offrir un bouquet de fleurs à un éminent personnage. Elle s'en trouvait désemparée, au point de ne plus savoir très bien par où commencer et comment donner au comte de Neuville ce qu'elle lui avait rapporté de Paris. Peut-être avait-elle eu tort de céder aux conseils de La Mouche. Le bougre avait beau être bien gentil, affirmer haut et fort qu'il se voulait son allié, il restait avant tout celui du comte de Neuville, et Isabelle ne parvenait à se défendre d'une certaine méfiance à son égard. Elle n'était pas certaine du tout qu'en présence de Nicolas, le vieil homme ne lui fournissait pas un compte rendu détaillé de tous ses faits et gestes et davantage encore de ses commentaires le concernant. Elle n'ignorait pas non plus que le très zélé domestique ne vivait que pour satisfaire les moindres caprices de son maître et souhaitait, tout autant que le comte, le rapprochement du couple dérisoire qu'ils formaient ! Cette montre ne signifiait peut-être qu'un simple prétexte, une forme de capitulation.

Cependant, la générosité de Nicolas s'avérant bien réelle, pourquoi alors ne pas lui rendre de temps en temps la pareille ? Quoi de plus naturel, pour une épouse, que d'offrir un présent à son mari ?

Aussi mal à l'aise que si elle devait affronter le Roi lui-même, Isabelle frappa discrètement à la porte du comte de Neuville. Ne percevant nulle réponse, elle cacha le coffret dans une des poches de sa jupe et risqua prudemment un œil.

Nicolas dormait. Elle décida donc de ne pas le réveiller et de revenir ultérieurement. Elle l'observa quelques instants avant de se retirer, remarquant qu'il semblait fiévreux et reposait d'un sommeil agité. Il se retourna brusquement sur le côté, puis de nouveau sur le dos en marmonnant, le front moite de transpiration, des propos incohérents.

Brusquement, il repoussa la courtepointe et leva le bras pour se protéger le visage. Isabelle s'approcha doucement et le recouvrit en remontant la courtepointe jusque sous son menton. Nicolas continua à soliloquer, apparemment en proie à un mauvais rêve. Il eut un nouveau soubresaut, se débattit et s'exprima de façon plus intelligible, s'écriant soudain : « Non, laissez-le ! Ne tirez pas ! » Isabelle, affolée par son attitude, comprit qu'il était question de mort, de sang, de tuer. Quand Nicolas poussa, accompagné d'une ruade impétueuse, un hurlement qui dut s'entendre jusqu'à l'étage inférieur, elle décida de le réveiller avant qu'il ne chût de son lit et le secoua avec précaution. En sueur, le souffle court, Nicolas ouvrit un œil et la regarda sans la voir, puis lui demanda, avec angoisse : « Vous avez vu ce sang, tout ce sang… »

Isabelle passa doucement la main sur son front :

— Ce n'est rien, Nicolas, il ne s'agissait que d'un mauvais rêve.

Alors il prit sa main et l'attira à lui, implorant, dans un souffle :

— Marion… ne me quitte pas… reste près de moi… j'ai tellement besoin de…

Prestement Isabelle retira sa main, et ce geste, plus brusque qu'elle ne l'aurait voulu, eut pour effet de ranimer complètement son mari qui la considéra avec un mélange de dépit et de confusion. Elle rétorqua aussitôt avec aigreur :

— Je suis désolée, mon pauvre Nicolas, ce n'est pas Marion, ce n'est qu'Isabelle.

Il hésita avant de répondre, mais, trop las pour entamer une discussion inutile, concéda simplement à mi-voix :

— Je crois que j'ai fait un cauchemar.

— Si c'est Marion que vous appelez un cauchemar, ce n'est guère flatteur pour elle !

— Non, ce n'est pas Marion. C'était… mais c'est sans importance.

— Cela vous arrive-t-il fréquemment ?

— Parfois. Je crois que j'ai encore un peu de fièvre, c'est sans doute la raison de ce sommeil agité.

Ne souhaitant visiblement pas poursuivre la conversation plus avant, il se pelotonna sous la courtepointe et demeura les yeux clos. Décontenancée tout autant par ses paroles que par la scène à laquelle elle venait d'assister, Isabelle comprit que sa présence devenait inopportune. Elle serra machinalement la petite boîte dans sa poche et sentit les larmes lui monter aux yeux. Pour la première fois qu'elle s'apprêtait à effectuer un geste de rapprochement, il fallait encore que cette garce vînt s'interposer entre eux. Profondément déçue, Isabelle se persuada que l'entente avec le comte de Neuville resterait ad vitam aeternam au stade de la pure utopie et qu'à chaque fois qu'un petit rayon de soleil prometteur se profilerait à l'horizon, des légions de nuages se donneraient le mot pour venir l'assombrir.

Lorsqu'elle sortit, le comte de Neuville, semblant s'être assoupi, ne fit pas un mouvement. En proie à une rage impuissante, Isabelle souhaita qu'il fasse un autre cauchemar. Tant pis s'il se retrouvait à bas de son lit ! Il appellerait Marion !

Furieuse, Isabelle regagna sa chambre et, saisissant la petite boîte, la jeta à travers la pièce de toutes ses forces. Mais peut-être manquait-elle d'énergie elle aussi, ou le destin avait-il décidé de se gausser de ses malheurs, car elle atterrit sur son lit, rebondit sur l'oreiller, glissa avec une lenteur calculée et un brin provocante avant de s'immobiliser en plein milieu de la courtepointe. Le papier doré ressortait avec ostentation sur les tons blancs et ivoire.

Isabelle, qui avait suivi ce périple du regard, laissa échapper un juron peu distingué et chercha quelque chose susceptible de lui permettre de calmer ses nerfs. Ne trouvant rien à sa portée, elle se mit à marcher de long en large, pestant contre son mari, sa maîtresse, son valet et l'univers entier. Elle fut tentée d'ouvrir la fenêtre et d'y lancer la boîte, puis, se souvenant de l'épisode peu reluisant des pendants d'oreilles de Monsieur, elle préféra y renoncer.

Puis, Isabelle se persuada qu'il serait préférable de retrouver son calme et réfléchit plus posément à cette nouvelle déconvenue.

Comme c'est souvent le cas lors d'un accès de colère, du moins lorsqu'il s'agit d'un esprit rationnel, le premier mouvement de rébellion une fois passé, les prétextes affluent afin de tempérer les causes et les effets, incitant à considérer les faits de façon moins noire et à juger cet emportement plutôt futile. Ce fut le cas pour Isabelle qui estima avec un sourire mauvais que, si le comte de Neuville se languissait de sa Marion chérie, ceci prouvait indéniablement qu'il ne l'avait point revue ! Voilà déjà un bon point !

Reléguant sa rancœur, son humiliation et sa désillusion au second plan, Isabelle reconsidéra le cauchemar de son mari. Quel rêve étrange où il était question de sang et de mort... Un songe peu banal assurément pour un gentilhomme de la Cour, menant une existence d'oisif, partagé entre ses conquêtes, les bals et une vie facile sans le moindre imprévu ! Fallait-il y déceler un rapport avec sa récente blessure ? Ce sang, était-ce le sien, ou celui d'un autre ? La perplexité l'emportant sur son courroux, Isabelle regretta d'être partie aussi vite. Peut-être la faiblesse de son mari lui aurait-elle permis d'apprendre quelques vérités ? Cela restait peu évident, car le comte de Neuville reprenait toujours bien rapidement la maîtrise de lui-même et des événements. Semblable à son vieux complice, il ne se laissait pas deviner si facilement !

En proie à toutes ces supputations, Isabelle ne gagna qu'un fameux mal de tête. Elle décida donc de cesser de se tourmenter de la sorte et de profiter des derniers attraits d'une journée estivale pour descendre jusqu'à la roseraie. Sitôt dans le couloir, munie d'un nouvel entrain, elle se heurta à son mari qui, apparemment, se tenait devant sa porte sans se résoudre à frapper ! Elle le considéra avec autant d'étonnement que d'inquiétude et s'enquit, avec une franche réprobation :

— Mais que faites-vous là, Nicolas ? Qu'est-ce qui vous a pris de vous lever ?

Le comte de Neuville sembla un peu désarçonné de s'être ainsi fait surprendre et se défendit avec une maladresse qui traduisait aussi une grande lassitude :

— Eh bien... je... je voulais venir vous voir..., mais... j'hésitais à entrer...

Devant sa mine pitoyable, Isabelle ne put s'empêcher de pouffer :

— Vous aviez peur de vous faire jeter dehors ? Suis-je donc une mégère à ce point ?

— Il faut avouer que, parfois, vous n'en êtes pas loin…, mais je voulais simplement vous parler… de… de vos courses à Paris. Êtes-vous satisfaite de vos achats ?

Décontenancée par cette question, la dernière à laquelle elle s'attendait, Isabelle perdit elle aussi le peu d'aplomb qui lui restait et répondit machinalement :

— Euh… oui… enfin, non…

Le comte de Neuville eut une moue dubitative et, prouvant qu'il reprenait le contrôle de la situation, s'enquit, sur le ton de la conversation la plus anodine :

— Avez-vous trouvé votre petit manchon de fourrure ?

Isabelle prit conscience de l'incongruité de ces banalités. Le comte de Neuville, les yeux brillants de fièvre, s'était-il extirpé de son lit uniquement pour lui demander si elle avait acheté son petit manchon ? Ce prétexte, aussi louable fût-il, cachait certainement un autre dessein. Elle répondit, avec une mimique un brin mutine :

— Non, je ne l'ai point acheté.

— Vraiment ? Mais, pourtant, cette boutique possède un grand choix et des articles de première qualité !

— Oui, Nicolas. Mais c'était un manchon en fourrure de loup ! Alors je n'en ai point voulu. Je n'ai pas pu ! Sans doute allez-vous me trouver ridicule, mais je me suis dit qu'il s'agissait peut-être de ce pauvre loup, alors… enfin… non, je ne pouvais pas !

— Il n'était pas fait avec la fourrure de ce pauvre loup, Isabelle, mais avec celle d'un autre pauvre loup, ce qui revient exactement au même.

— En effet ! Alors le marchand m'a présenté un autre modèle en renard, et je me suis dit que cela aussi revenait au même. En vérité, je n'avais plus du tout envie d'un manchon ! J'ai donc rapporté quelques rubans et de la dentelle.

Nicolas hocha la tête avec un sourire un peu triste. Fallait-il imputer ce manque d'enthousiasme à sa faiblesse ou à un état d'esprit indéniablement morose ? Il souligna néanmoins, avec un effort méritoire pour retrouver un reliquat d'enjouement :

— Si un jour le comte de Neuville est ruiné, il ne faudra pas fustiger Isabelle. Je vous propose d'acheter un manchon de fourrure et vous revenez avec des rubans. Voilà vraiment une épouse modèle !

Isabelle se mit à rire, mais réalisa qu'elle non plus n'avait plus tellement envie de s'égayer, bien que les remarques de son époux ne fussent aucunement dénuées d'humour. Elle l'observa avec davantage d'attention, nota sa pâleur accentuée et jugea profondément ridicule cet échange d'opinions dans un couloir, entre deux portes. Le comte et la comtesse de Neuville conversaient comme des domestiques surpris dans leur service. Quelle situation incongrue pour un couple légitimement uni, figure de proue de la Cour de Monsieur et de celle de Louis XIV. En proie à une mauvaise conscience croissante, Isabelle tenta maladroitement de rompre le silence qui s'installait :

— Je vous remercie quand même, Nicolas. Pour ce cadeau et pour tous ceux que vous m'avez faits. La Mouche affirme que vous êtes quelqu'un de très généreux. Je crois qu'il a raison.

— La Mouche a beaucoup d'affection pour moi. Il me pare de qualités que je n'ai point. Mais j'en possède quand même quelques-unes, pour faire oublier tous mes défauts.

Isabelle baissa les yeux, honteuse des réminiscences de sa récente acrimonie et ne trouvant plus les mots pour relancer le dialogue. Elle affirma, assez gauchement :

— Vous êtes bien gentil de vous inquiéter de tout ceci, mais, pour l'instant, vous seriez mieux dans votre lit !

— Oui, sans doute. À moins que je ne fasse un nouveau cauchemar.

— Vous sentez-vous mieux ?

— Pas tellement. Mais j'ai dû proférer bien des sottises ? J'espère que vous n'en avez pas entendu trop ?

Alors, Isabelle comprit la raison de cette visite impromptue, la raison véritable : Nicolas avait peur ! Peur de ce qu'il avait pu dire ! Mais il semblait étrangement vulnérable et accablé d'une sincère affliction. Isabelle hésita un instant, puis répondit le plus naturellement possible :

— Je l'ignore. Vous avez tenu des propos incohérents et absolument incompréhensibles.

Comme elle l'avait supposé, cette réponse parut rasséréner son mari qui sembla instantanément apaisé. Il crut bon de préciser, en évitant de croiser son regard :

— La fièvre fait parfois proférer des paroles sans le moindre sens, effectivement. Mais je voulais que vous sachiez, Isabelle, ce que j'ai dit au sujet de Marion…, je le déplore sincèrement.

— N'en parlons plus, Nicolas. Vous n'étiez pas bien, vous n'avez pas fait attention à vos dires.

— Votre grandeur d'âme me touche une fois encore, Isabelle. Mais je veux vous expliquer quand même. Vous savez combien je vous aime. Mais Marion donnerait sa vie pour moi, et je ne puis la haïr sur commande, pour complaire à Isabelle. Nous avons partagé ensemble tant de moments exquis, de pur bonheur. Elle doit être très malheureuse maintenant… et… et cela me fait de la peine. Pouvez-vous comprendre cela ? Je sais que ce n'est guère facile.

— Je le comprends, Nicolas. Mais je l'accepte avec plus de difficulté.

— Alors, cela prouve que vous tenez à moi ?

— Peut-être…

Nicolas eut un sourire qui retrouva instantanément toute sa chaleur.

Isabelle regretta cet aveu, tout en estimant qu'après tout, elle restait bien sotte et qu'il devenait peut-être temps de cesser de jouer ainsi au chat et à la souris.

Passant la main sur son front, le comte de Neuville fit un pas chancelant en direction de la porte de la chambre toujours entrouverte :

— J'aimerais bien m'asseoir un instant, je ne me sens pas très vaillant.

— Pardonnez-moi ! J'ai manqué en effet du plus élémentaire bon sens en vous laissant ainsi debout !

Puis, percevant la petite étincelle malicieuse qui brillait à nouveau dans ses prunelles :

— Mais cette fois, je ne tomberai plus dans vos pièges sournois ! Il s'agit encore d'une manigance pour profiter de la situation et entrer dans ma chambre. Je commence à bien vous connaître ! Si vous n'êtes pas bien, regagnez donc vite votre propre chambre. Je vais même pousser la mansuétude jusqu'à vous y raccompagner.

Nicolas lui lança un regard réprobateur et hocha la tête avec consternation. Avec une grimace de douleur, il tenta de s'insurger :

— Je vous affirme qu'il n'en est rien… et que je…

Il ne parvint pas à terminer sa phrase, piqua du nez en avant et se rattrapa à la porte. Mais celle-ci s'ouvrit à la volée sous son poids. Le comte de Neuville se trouva donc précipité à l'intérieur, effectua deux enjambées incertaines, bouscula la console et alla s'affaler de tout son long contre le pied du lit. Comprenant que ses doutes ne devenaient plus d'actualité, Isabelle se précipita et l'accota contre le pied du lit en lui tapotant les joues. Nicolas eut un sourire apathique et murmura, d'une voix presque inaudible :

— Vous voyez, j'y suis entré, dans votre chambre !

Isabelle haussa les épaules, ne se décidant pas à s'en égayer :

— Vous êtes infernal ! Ne pourrez-vous donc jamais demeurer sérieux ? Je crois que, même dans votre cercueil, vous soulèverez encore le couvercle pour lancer une dernière boutade !

— Ah, de grâce, ne parlez pas de cercueil en ce moment !

Il se récria avec tant de véhémence, après cette défaillance qui l'avait laissé alangui, qu'Isabelle s'en formalisa :

— Pas en ce moment ? Pourquoi donc ?

— Parce que… parce que je suis superstitieux !

— Un homme tel que vous devrait être au-dessus de cela !

Elle considéra alors ce badinage de fort mauvais goût. Elle aussi, sans qu'elle y prît garde, devait être devenue superstitieuse, car elle le regretta amèrement !

Passant son bras sous les épaules d'un Nicolas trop affaibli pour s'en délecter, Isabelle l'aida à se relever et le soutint jusqu'au lit où il se laissa tomber lourdement, ne résistant pourtant pas au trait d'esprit offert sur un plateau :

— Mes affaires avancent à grands pas : me voici maintenant dans votre lit !

— En effet, mais pour l'instant vous y êtes tout seul !

— Bah, c'est une première étape…

Bien heureux quand même de retrouver une position plus confortable que la station verticale dans le couloir, il ne se fit pas prier pour s'allonger…, mais se redressa aussitôt avec un « aïe !! » strident en se frottant le bas du dos. Isabelle le regarda avec anxiété, redoutant qu'il ne se fût blessé dans sa chute. Le comte de Neuville promena la main sur la courtepointe, en retira la fameuse boîte et considéra avec intérêt le papier doré :

— Ce paquet est fort joli, mais vraiment pointu ! J'espère que je ne l'ai point abîmé.

Tout d'abord saisie de stupeur, Isabelle s'avoua vaincue, estimant impossible de résister plus longtemps à un génie malin qui s'ingéniait ainsi à ruiner toutes ses tentatives de rébellion. En voyant son mari assis sur le bord de son lit, après avoir tenté de s'allonger à l'endroit précis où se trouvait ce maudit coffret… qui avait meurtri sans le moindre égard la partie la plus rebondie de son anatomie, Isabelle céda à un fou rire nerveux.

Le comte de Neuville sourit un peu sottement, comme quelqu'un qui se réjouit du bonheur d'autrui, mais sans y entendre grand-chose. Visiblement au comble de la liesse, Isabelle opta pour la capitulation sans condition et précisa, avec une mine rayonnante :

— C'est un cadeau pour vous, Nicolas. Je pensais vous le donner quand… enfin, quand vous iriez mieux. Mais puisque vous êtes venu le chercher, prenez-le !

Le comte de Neuville parut surpris. Fut-il dupe de ce revirement de sentiment, estima-t-il que ce cadeau avait bien failli lui « passer sous le nez » ? Toujours est-il qu'il n'en montra rien et se révéla tout simplement ravi. Méticuleusement, il défit le papier doré et ouvrit l'écrin de cuir. En voyant le bijou, il resta sans voix. Isabelle mit cette réaction sur le compte de l'émerveillement et précisa modestement :

— Je ne vous avais encore jamais fait de cadeau, Nicolas, alors que vous me comblez depuis notre mariage. Je suis très heureuse de vous l'offrir. La Mouche m'a dit que vous n'aviez plus de montre.

— Je… je ne sais que dire, Isabelle. C'est un geste… un geste charmant…

— J'ai hésité entre ceci et un cheval. La Mouche pensait que vous aimeriez un cheval. Mais moi, j'ai choisi ce loup… Vous comprenez, c'est un clin d'œil…, un don de la louve.

— Je vous entends fort bien et je vous remercie pour cette délicate attention. Cette montre est magnifique. Ce loup est… il est… beau… très beau… il ressemble à celui… à celui qu'ils ont tué… Il était gris comme cela, avec du blanc autour des yeux et sous le cou.

— Vous l'aviez donc vu ?

— Oui… oui… je l'ai vu… Ah, Isabelle… il faut que je vous dise…

Alors le comte de Neuville enfouit son visage dans ses mains. Totalement décontenancée, Isabelle demeura incapable de réagir, consciente une fois encore qu'un élément déterminant lui échappait. Nicolas était-il heureux de son cadeau… ou cela ravivait-il en lui une blessure quelconque ? Son attitude traduisait-elle une forte émotion ou un trop-plein de chagrin ? Isabelle ne savait plus que penser.

Pourquoi La Mouche avait-il insisté pour qu'elle prît le cheval et non le loup ? Que connaissait-il donc, concernant le comte de Neuville, que son épouse ignorait et qu'elle devait ignorer ? Se reprenant aussi vite qu'il avait cédé à cet élan incontrôlé, Nicolas releva la tête, mais ce n'était plus la fièvre qui rendait ses prunelles trop brillantes. Dans le velours se noyait une larme, très vite refoulée et dissimulée sous le sempiternel sourire charmeur :

— Je suis confus, Isabelle.

— Elle vous plaît ? Auriez-vous préféré le cheval ?

— Non, elle me plaît beaucoup ! Mais je suis ému, je sais que c'est profondément ridicule… Pardonnez-moi.

Spontanément, dans un élan que rien au monde n'aurait pu réfréner, Isabelle passa ses bras autour de son cou. Nicolas la serra lui aussi de toutes ses forces et elle comprit qu'elle venait de passer à côté d'une grande vérité, d'une clef déterminante. Mais il n'en dirait pas davantage. Pourtant l'évidence s'imposait dans le cœur de la rebelle : cet homme nimbé de mystère, ce libertin considérant la vie comme une simple bagatelle cachait un secret, un douloureux secret. Elle le connaissait suffisamment désormais pour se persuader qu'il ne s'agissait certainement pas d'un acte infamant.

Alors quelle était la raison de ce désarroi ? Le saurait-elle un jour ? Mais un fait demeurait certain : ce séducteur impénitent avait su gagner le chemin de son cœur ! En enfouissant son visage dans ses cheveux qui fleuraient bon le muguet, Isabelle fit serment que, quel que soit l'avenir du comte de Neuville, elle se tiendrait à ses côtés.

Ces bras virils qui l'enlaçaient avec ferveur ne cherchaient ni à séduire ni à posséder, mais se voulaient avides de réconfort. Il ne s'agissait plus d'un galant sûr de son pouvoir, mais d'un homme dont l'insouciance trop flagrante dissimulait une grande sensibilité. Un homme… qui méritait d'être aimé !

XXXVI

Le livre de la vérité

Après avoir vainement cherché son mari des salons aux cuisines, Isabelle dut se rendre à l'évidence : le comte de Neuville ne se trouvait ni dans son lit ni dans aucune autre pièce ! Allait-il commettre la folie de reprendre ses sorties nocturnes, malgré sa blessure ? Peut-être avait-il regagné le mystérieux cabinet dans lequel il s'enfermait de longues heures, s'adonnant à Dieu sait quelle occupation ? Isabelle poursuivit donc sa quête et marqua inconsciemment un temps d'arrêt en passant devant l'endroit fatidique. Prêtant l'oreille, elle ne perçut aucun bruit. Pas la moindre lumière.

Apparemment, il n'était pas là non plus. Elle attendit quelques instants, le cœur battant, puis posa machinalement la main sur la poignée. Celle-ci s'entrouvrit sous la légère poussée. Nicolas avait oublié de la fermer à clef comme à l'accoutumée !

Mue par une curiosité bien féminine et somme toute légitime, Isabelle entrouvrit la porte et jeta un coup d'œil à l'intérieur, redoutant ce qu'elle allait y découvrir : un lit d'amour, des cornues ou des alambics de sorcier ? Rien de tout cela. L'espace de dimensions réduites ne se composait que d'une chaise et d'un très beau bureau Mazarin sur lequel trônaient un livre, un encrier et une plume. Elle remarqua que ce livre était constitué d'un ensemble de feuillets reliés entre eux. Voilà donc l'occupation si secrète de son époux : le comte de Neuville écrivait.

Mais alors, pourquoi ces arcanes ? Rédigeait-il un journal intime ? On attribuait plus volontiers ce passe-temps aux précieuses désœuvrées y relatant leur quotidien sans grand imprévu ou les prouesses de leurs amants. Que recelait donc cet ouvrage ? Le comte de Neuville y racontait-il son mariage avec une sotte lui refusant son lit ou bien y consignait-il la liste de ses conquêtes avec des commentaires licencieux ainsi que les précisions de ses nuits d'orgies en se délectant de détails sordides ?

La main tremblante, après avoir jeté un coup d'œil furtif en direction du couloir, Isabelle posa le candélabre sur le bureau. Elle ne pouvait détacher son regard de cette calligraphie élégante, fine et nerveuse, qui se révélait, sans aucun doute possible, celle de son mari. L'encre encore fraîche prouvait qu'il avait rédigé cette page ce soir même.

À la lueur de la bougie, elle commença sa lecture, sur le qui-vive, jetant de fréquents coups d'œil alentours. Si le comte de Neuville revenait, comment justifier son attitude ? Devait-elle craindre davantage son intrusion où ce qu'elle allait apprendre ? Les mains moites, elle avança le candélabre plus près du feuillet.

La flamme tremblotait légèrement, projetant des ombres mouvantes sur le papier jauni et ajoutant, comme une sourde menace, au pathétique de l'instant. Isabelle se pencha sur la dernière page. Il lui semblait que dans l'air flottait encore ce doux parfum de chèvrefeuille et de muguet mêlé à quelques effluves fugaces.

Aujourd'hui, 10 septembre 1698,

Il est 11 heures. Il faut que je retourne à la clairière des Roches. Je n'y suis pas allé hier, j'ai gardé la chambre. Aujourd'hui, je me dois de le faire, car je redoute qu'un nouveau drame ne soit arrivé. Je n'en ai guère le courage, je me sens très affaibli, ma blessure me fait cruellement souffrir, bien que je m'efforce d'affirmer le contraire. Le loup est mort, ils l'ont tué et cela par ma faute, j'ai voulu bien faire ! C'était bien la peine. Une désillusion supplémentaire. Je commence à être terriblement las de jouer ce rôle de libertin. L'estime d'Isabelle m'est devenue plus chère que tout. Je me demande si je ne devrais pas lui avouer la vérité, puisque, de toute façon, elle ne me facilite guère la tâche. Elle est loin d'être sotte et commence à avoir des doutes. Je crois d'ailleurs que, parmi mes connaissances, elle est la seule qui puisse comprendre et qui se rallierait volontiers à ma cause. Mais j'ai peur que tout ceci ne finisse mal et je ne veux pas l'entraîner dans cette histoire qui risque de tourner au désastre. J'éprouve depuis quelques jours une angoisse affreuse, comme si un malheur allait arriver. C'est chose faite avec le loup. Alpha est seule désormais. Je crains qu'ils ne finissent par la tuer aussi. Alors, il ne restera plus rien. Il est temps de soumettre à Monsieur le résultat de mes recherches, mais j'appréhende sa réponse. S'il me refuse son aide, alors tout est perdu, ce qui signifiera que j'ai subi tout cela inutilement. Je ne puis le supporter. Je me demande s'il ne serait pas plus adroit d'en faire part à Philippe. Malgré ses mœurs débridées, il est sans aucun doute l'intelligence la plus solide, et j'ai une confiance totale en lui. Sera-t-il en mesure de partager mes aspirations ? Ce n'est pas certain. Peut-être devrais-je tout abandonner ? Mon but est atteint. J'ai le sentiment que je suis en train de sacrifier mon bonheur et que la mission que je me suis impartie me coûte l'amour de ma femme. Je sens le désespoir me gagner de plus en plus et je ne sais plus que faire. Tout ceci était une folie et je vais la payer cher. Il faut que je parte, je dois redoubler de prudence, être à la clairière à minuit et de retour avant le matin.

Isabelle resta hébétée, le regard perdu sur le papier jauni, comme si un pouvoir magique, au-delà des lignes, pouvait lui en révéler l'exacte teneur. Il aurait fallu tourner les pages précédentes et reprendre la lecture depuis le début. Elle obtiendrait ainsi la clef de cette énigme qui la tracassait depuis son mariage, et la révélation de la personnalité de son époux. Elle venait de trouver la confirmation de son amour pour elle. Mais elle le savait désormais et n'ignorait plus combien elle aussi tenait à lui. Devait-elle poursuivre plus avant ? Maintenant ou jamais ! Mais une voix lui susurrait que la vraie solution se trouvait ailleurs. Il ne fallait pas chercher au fond des grimoires et des mots à demi voilés. Où se dissimulait la vérité, parmi ces révélations qui n'en étaient pas, puisqu'elles n'offraient un sens qu'à celui qui les avait livrées ? Elles n'apportaient qu'une certitude néanmoins très douce à son cœur : oui, cette image de débauché se voulait un leurre. Ce qu'elle commençait à entrevoir se vérifiait lentement. Mais alors, où donc son mari passait-il ses nuits, si ce n'était en orgie avec le duc de Chartres et ses amis ou avec ses maîtresses comme il s'ingéniait à le lui faire croire ? À la clairière des Roches, en pleine forêt ? Qui donc allait-il y retrouver ? Une femme démoniaque, une fée, des sorciers ? Tout compte fait, peut-être cette autre facette se révélerait-elle pire que ce qu'elle avait envisagé ? Pourtant, elle se refusait malgré elle à noircir le tableau. Bien qu'il fût un séducteur impénitent, le comte de Neuville restait un gentilhomme et un homme d'honneur. Elle ne parvenait à l'imaginer en train de commettre une action vile ou crapuleuse. Minuit… il n'était pas encore minuit…

Isabelle connaissait cet endroit particulièrement retiré où l'on n'accédait que par un étroit sentier. Elle s'y était rendue plusieurs fois dans son enfance, bien que son grand-père lui interdît formellement de s'aventurer seule en forêt.

Tenant fermement son candélabre, elle referma le livre et regagna sa chambre. Peut-être commettait-elle une grave erreur, mais il lui fallait savoir. La petite flamme de sa jeunesse brûlait encore en la comtesse de Neuville. Cette petite flamme intrépide et guerrière, en quête d'aventures et de frissons.

Avec fébrilité, Isabelle enfila une chemise, un justaucorps masculin bien trop large, une culotte tout aussi peu féminine et des bottes de cuir. Elle se coiffa d'un feutre à plumes, noua ses cheveux en torsade, puis sortit d'un pas conquérant. Avec un petit sourire désabusé, elle estima qu'il ne lui manquait plus que la rapière pour avoir l'air d'un parfait coupe-jarret !

Au dehors, la pleine lune éclairait le parc d'une lueur tout à fait providentielle, qui lui permettait de se diriger quasiment comme en plein jour. Isabelle gagna l'écurie et se rendit directement à la sellerie. Aucun palefrenier de garde, tant mieux ! Elle sella rapidement Attendu qu'elle enfourcha prestement, remarquant, pour confirmer ses suppositions, que la monture de son époux ne se trouvait plus dans la stalle particulière qu'elle occupait d'ordinaire, un peu à l'écart à l'extrémité de l'allée centrale.

Sans perdre de temps, elle mit le cheval gris au petit galop et se dirigea vers l'arrière du parc, jugeant préférable de sortir par la grille de la façade nord où elle avait la certitude de ne rencontrer personne. La porte de fer forgé quelque peu rouillée était restée entrouverte. Nicolas devait sans doute emprunter le même passage. Isabelle le prit à son tour sans la moindre hésitation.

***

Parvenue à l'endroit où le chemin se rétrécissait, Isabelle descendit de cheval et attacha les rênes d'Attendu à une branche basse. Elle les enroula plusieurs fois, songeant qu'elle n'aimerait pas du tout effectuer à pied le trajet du retour. Bien que ne présentant rien d'une timorée, une marche de nuit en plein cœur de la forêt ne la réjouissait guère ! Isabelle eut un ricanement sarcastique, essentiellement destiné à lui redonner du courage : ces histoires de loups-garous finissaient par l'influencer, elle aussi !

Repoussant avec des gestes nerveux les fougères et les buissons qui lui griffaient les vêtements, elle fraya son chemin tant bien que mal parmi une végétation envahissante. La clairière se devinait maintenant devant elle et, une fois sortie du sous-bois, elle discernerait mieux ce qui se dissimulait tout autour d'elle. Cette obscurité en demi-teinte paraissait curieusement plus inquiétante qu'une nuit sans voile, car elle laissait deviner des ombres mal définies dont les contours masquaient des présences menaçantes.

Plusieurs fois, elle arrêta sa progression et retint son souffle, percevant un frôlement, un grattement, un léger bruit de fuite. Mais elle se rendait à l'évidence : il ne s'agissait que de quelques rongeurs ou petits animaux nocturnes, surpris dans leur quête affairée par cette intrusion inopportune sur leur territoire si bien protégé. Pourtant, plus elle progressait, moins elle se sentait hardie ! Le comte de Neuville n'a peur de rien, affirmait Nicolas en riant. Alors la comtesse de Neuville se devait de l'imiter !

Ce fut en débouchant dans la clairière que la silhouette se dressa devant elle. Isabelle poussa un hurlement et fit un saut en arrière. Le loup-garou ! Les yeux agrandis d'effroi, paralysée de terreur, elle voulut crier à nouveau, mais aucun son ne sortit de sa gorge. Il ne s'agissait donc pas d'une affabulation populaire, il existait réellement ! Un être affreux s'avançait vers elle, une bête monstrueuse avec une tête de loup, vêtu d'une peau pelée et repoussante. Il écartait ses mains qui ne ressemblaient pas à des mains, mais à de grosses pattes velues.

Et cependant, il marchait comme un homme et non à quatre pattes, la tête légèrement rentrée dans les épaules. Il émit une sorte de rugissement en dirigeant ses pattes vers la gorge de cette victime si innocemment offerte. Isabelle, les jambes tremblantes, parvint à reculer précipitamment jusqu'au tronc d'arbre le plus proche, contre lequel elle resta accotée, en état d'hypnose. Puis soudain, avec un effort magistral sur elle-même, elle parvint à crier. Elle appela de toutes ses forces : « Nicolas, Nicolas, au secours !! » La suite ne fut qu'un gargouillis inaudible et elle se sentit défaillir. Elle eut vaguement conscience que des mains lui arrachaient son chapeau et pensa que c'était la fin, qu'elle allait mourir ainsi, payant très cher sa naïveté, sans avoir pu percer le secret de son époux, sans avoir pu connaître l'amour… son amour. Et comme en cette soirée mémorable où elle avait subi l'agression des spadassins, elle entendit dans un lointain cotonneux cette voix vibrante, à la fois douce et virile, chaude comme une caresse :

— Isabelle, mon amour ! Ah, mon Dieu, que faites-vous là ?

Le comte de Neuville la tenait dans ses bras. Elle le regarda sans comprendre et attendit que les battements de son cœur s'estompent quelque peu, que le nœud dans sa gorge lui permette de respirer normalement. Elle se releva d'un bond et jeta autour d'elle un regard effaré :

— Le monstre, le loup-garou, où est-il ? Nicolas, vous l'avez tué ?

Il sembla vaguement ennuyé et plutôt indécis, puis murmura enfin, après une brève hésitation :

— C'est moi, le loup-garou.

Encore sous le coup de la grande frayeur qu'elle venait d'éprouver, Isabelle ne répondit rien, cherchant à retrouver tous ses esprits. Les loups-garous n'existaient pas… et pourtant elle venait de subir une bien étrange agression. Serait-il concevable que le beau visage du comte de Neuville se transformât ainsi par quelque sortilège maléfique ? Inconcevable ! Il s'agissait sans aucun doute d'un affreux cauchemar. Un fait essentiel lui échappait, survenu probablement pendant sa brève langueur.

Isabelle baissa les yeux et observa les fougères piétinées, l'herbe couchée. Elle vit une peau de loup déchirée et mitée, hâtivement jetée dans les ronces, ainsi qu'un masque confectionné avec un autre morceau de peau et des gants de fourrure épaisse. Un déguisement ! Un déguisement d'homme-loup qui appartenait à Nicolas. Mais pourquoi ? Pourquoi cette macabre mascarade ? Son époux se travestissait-il ainsi pour participer à quelque sabbat ou invoquer les puissances des ténèbres ? Le comte de Neuville devança ses questions et s'enquit, avec une certaine dureté :

— Comment êtes-vous arrivée ici, Isabelle ? Comment avez-vous su que je m'y trouvais ?

Confuse et encore tremblante, Isabelle baissa les yeux, mais devina que l'heure de la vérité avait sonné et qu'il n'était plus temps de jouer le jeu dangereux des faux-semblants, ni d'un côté ni de l'autre. Elle osa affronter les prunelles aux reflets mordorés et avoua, sans hésitation :

— Je ne vous ai point trouvé dans votre chambre, Nicolas. J'ai compris que, pour que vous soyez sorti malgré votre blessure, il vous fallait un motif sérieux, autre que des rencontres galantes. Je voulais vous parler et connaître une fois pour toutes les raisons de tout ceci. Parce que je ne pouvais plus supporter ces mensonges et que je sais maintenant que vous m'aimez sincèrement. Et aussi parce que… enfin, parce que… moi aussi, je vous aime. Je vous ai cherché partout et je suis arrivée devant votre pièce secrète.

Elle vit dans ses yeux une lueur de désappointement, mais il ne cilla pas et continua à soutenir son regard :

— Je vois. J'ai oublié de la fermer. Fallait-il que je fusse perturbé ! J'étais pressé de partir et je me sentais bien faible… Alors, vous avez lu ?

— Oui.

— Tout ?

— Non, seulement la dernière page et, comme je n'y ai absolument rien compris, j'ai décidé de venir vous retrouver.

— Vous ne manquez pas de courage !

— Ne suis-je point l'épouse du comte de Neuville ?

Il eut un petit sourire un peu triste, hocha la tête, puis lui tendit la main :

— Soit. Le destin a décidé pour moi ce que je ne savais faire. Venez donc, mon épouse, vous allez découvrir le secret du comte de Neuville et, ainsi que je vous l'avais dit, il n'a rien d'infamant !

Gardant sa main dans la sienne, il l'entraîna à sa suite et traversa la clairière. Isabelle ne pouvait se retenir de frissonner, consciente de la solennité de l'instant mais aussi envoûtée par la magie qui émanait du lieu. Elle réalisait qu'elle se trouvait, pour la première fois, seule avec son époux dans un site enchanteur. La lune tamisait d'une lueur blafarde le théâtre de cette étrange pantomime, et les cimes des arbres, agitées d'un très léger frémissement, se découpaient avec régularité. Un petit ruisseau coulait au pied des roches et le murmure des eaux rythmait leur progression comme un adagio lancinant. Leurs pas feutrés sur la mousse leur donnaient l'impression de se déplacer comme deux elfes. Isabelle se demanda s'il s'agissait d'un rêve. Son mari ne l'entraînait-il pas vers un monde intemporel dont lui seul détenait la clef ? Percevant son appréhension, il serra plus fort ses doigts dans les siens :

— Ne craignez rien, Isabelle. Il n'y a nul danger ici.

Parvenu à l'extrémité de la clairière, il s'immobilisa et émit un petit sifflement très modulé, qu'il recommença plusieurs fois. Puis il fit encore un pas et contourna le rocher, tirant Isabelle par le bras pour l'inciter à s'avancer :

— Je vous présente Alpha… et ses louveteaux. Les survivants de la clairière des Roches. Les derniers loups.

Isabelle aperçut alors devant elle une louve grise qui la fixait de ses yeux d'or, un peu inquiets, interrogateurs, profonds. Ce regard reflétant toute la mélancolie du monde se porta sur Nicolas, puis revint vers elle. Le comte expliqua, en hochant la tête :

— Alpha, je te présente mon épouse, Isabelle. Tu sais, tu la connais bien. Je t'en ai parlé souvent, tous ces soirs que nous passions ensemble. Je te disais que je l'aimais tant et qu'elle ne voulait pas de moi. Que j'étais si malheureux.

La louve continuait à les observer à tour de rôle, indécise. Entre ses pattes, quatre louveteaux s'étaient immobilisés, interrompus dans leurs jeux. Ils hésitaient, eux aussi, entre rester dans le refuge sécurisant du flanc maternel ou aller observer de plus près cette nouvelle présence accompagnant celui qui bénéficiait de leur confiance.

Cette situation se prolongea longuement, comme si les protagonistes de la scène se laissaient emporter hors du temps et de l'espace. Puis la louve se mit à lécher le plus proche de ses louveteaux et posa son nez entre ses pattes, tout en gardant un œil sur les intrus. Nicolas se tourna vers sa femme et, prenant ses deux mains dans les siennes, conclut simplement :

— Voilà, Isabelle…

Elle ne trouva plus rien à répondre, le regard perdu dans celui de son mari, la tête bourdonnante de mille questions, le cœur plein d'admiration, de honte, d'émotions, d'amour, ébranlée par cette incroyable révélation, par la beauté du tableau qui s'offrait à elle. Elle demanda, d'une voix éraillée quelle jugea profondément grotesque, mais après tout sans importance, le contexte n'incitant plus à se soucier des convenances :

— Mais pourquoi et comment avez-vous découvert ces loups ? Depuis combien de temps ?

— Depuis combien de temps Nicolas de Neuville se rend-il dans la clairière des Roches pour tenter de sauver le dernier couple de loups ? Depuis de longs mois, Isabelle, bien avant notre mariage. Alpha a rencontré un mâle, elle a eu des louveteaux. Puis ils l'ont capturé, j'ai tenté de le sauver, mais ils l'ont abattu et m'ont blessé. Pleure, pauvre loup, sur la cruauté des hommes… Pleure, pauvre louve, sur ton amour perdu. Et pour l'instant, c'est vous qui pleurez, Isabelle.

D'un geste plein de tendresse, le comte de Neuville essuya d'un revers de main les larmes qui coulaient sur ses joues.

— Je suis bouleversée, Nicolas ! Oui, bouleversée ! Tout ceci est tellement… tellement…

— Je vous raconterai tout en détail. J'avais endossé ce costume pour effrayer les villageois qui auraient eu envie de venir se promener par ici. Il a été très efficace.

— Mon Dieu, oui !!

Considérant la spontanéité de cet aveu et la frayeur éprouvée par son épouse, il pouffa de bon cœur. Voyant le sourire revenir sur son visage, il l'attira à lui, dégageant avec douceur une mèche sur son front :

— Que pensez-vous du nouveau comte de Neuville, Isabelle ? Estimez-vous qu'il soit plus digne de votre amour que le débauché qui vous faisait si peur ?

Elle ne répondit point et enfouit son visage dans sa chemise en le serrant très fort, en embrassant son torse, et en caressant ses épaules et ses reins. Nicolas eut un soupir de plaisir. Il l'embrassa avec passion dans le cou et murmura à son oreille :

— Ne trouvez-vous point que ce décor ressemble à un écrin de conte de fées ? Est-il temps pour moi de devenir le prince charmant dont vous rêviez, Isabelle ?

Prenant ses lèvres en un baiser où se mêlaient respect et désir, il commença à dégrafer sa chemise, dégagea ses épaules et ses seins. Tandis que ses mains avides se faisaient plus impérieuses, commençant à descendre le long de son ventre, il commenta, avec une moue ironique :

— Une tenue masculine pour votre première leçon d'amour, Isabelle..., quel dommage ! Je vous aurais préférée avec votre jolie robe bleue. Je suis moi-même plus à mon avantage en justaucorps piqueté de diamants qu'à peine débarrassé d'une guenille puante ! Mais qu'importe, l'instant est unique, il faut le saisir... c'est le début du conte de fées, Isabelle.

Elle posa la main sur son poignet et arrêta son geste :

— Non, Nicolas.

— Pourquoi ? Parce que c'est la première fois ? Il y a toujours une première fois, Isabelle. Ne craignez rien, je serai très doux et je vous enseignerai la volupté, l'ivresse d'une passion sincère. Pas cette jouissance perverse qui excite tous ces lascifs, y compris mon cher ami le duc de Chartres. Mais le plaisir que procure un désir partagé. Je vous aime, Isabelle. Et vous m'aimez aussi. Le comte de Neuville est plein de tendresse, vous verrez !

Puis avec un petit rire destiné à masquer son émoi :

— Après tout, ce que nous faisons est fort légitime. Nous avons la bénédiction du bon Dieu... et même celle de Monsieur !

Elle se mit à rire, soudain follement heureuse malgré l'appréhension qui la tenaillait et, reprenant ses lèvres, ce fut elle qui lui donna le plus ardent des baisers.

— Vous faites des progrès, petite louve. Regardez comme la nuit est belle. N'est-ce point le moment de goûter notre nuit de noces ? Sous le ciel étoilé, avec, au lieu des violons, le murmure du ruisseau et le bruissement du vent dans le feuillage. La forêt nous appartient, Isabelle. Elle nous met à l'abri de la folie des hommes et de leur cupidité. Une nuit de noces parmi les loups, n'est-ce pas le plus beau cadeau que puisse vous offrir le prince charmant ?

— Oui, Nicolas. Jamais je n'aurais rêvé un tel bonheur…

Il l'allongea délicatement sur la mousse et continua à la déshabiller avec les gestes sans hésitation de celui qui connaît son affaire. Avec la même tranquille assurance, il se dévêtit à son tour. En regardant sa nudité à la lueur de la lune, Isabelle pensa à cette statue de marbre à laquelle il s'était appuyé dans le parc de Monsieur. Le bandage qu'il portait à l'épaule en témoignait encore. Monsieur le comte de Neuville possédait-il autant de grâce dans le tréfonds de son âme ?

Mais cette beauté-là, comme il savait la dissimuler habilement ! Il avait fallu bien du temps et des événements surprenants pour la dévoiler. Mais, ce soir, Nicolas ne ferait pas mentir sa réputation, ainsi que l'avait affirmé Monsieur avec délectation. Ce qu'il ignorait pourtant, c'est que, sous la nuit étoilée, le loup-garou se sentait assurément plus proche du prince charmant que du courtisan de Saint-Cloud…

XXXVII

Il était une fois...

Appuyé à la roche, Nicolas tira la peau de fourrure jusqu'à ses épaules. Isabelle se pelotonna contre son torse, s'enivrant de sa force. Bien que la température fût clémente en cette saison, la fraîcheur de la nuit la faisait frissonner. La louve somnolait, le menton posé sur ses pattes, sereine et confiante. Pourtant cet abandon n'était que superficiel, car, à intervalles réguliers, elle entrouvrait prudemment un œil : un regard en direction des deux humains enlacés, un autre vers sa joyeuse portée, un soupir d'aise, puis à nouveau elle s'adonnait à ce repos bienfaisant. Les louveteaux s'amusaient en toute innocence, semblables à des chiots ou à tout autre animal dont le jeune âge a épargné les tourments d'une existence ingrate, émaillée de craintes et de privations. À trois mois, ils partageaient la période bénie de leur vie sauvage, ignorant ces soirées où il fallait se terrer, la peur au ventre et l'estomac creux, après une chasse infructueuse et pour fuir le plus terrible de tous les prédateurs, celui qui ne tue que par pure jouissance : l'homme. Les règles du jeu s'érigeaient simples et immuables, consistant en des courses poursuites émaillées de feintes, de fausses attaques, suivies de capitulations. Isabelle les observait rêveusement, un sourire aux lèvres. Son mari commenta, avec la ferveur de celui qui maîtrise parfaitement un sujet de prédilection :

— Regardez-les, Isabelle. Ne sont-ils point adorables ? Et pourtant, si vous les observez mieux, vous comprendrez que ces jeux attendrissants sont un apprentissage de la vie. Voyez, celui-ci, le plus clair, c'est le futur chef de meute. Vous remarquerez qu'il ne se couche jamais, qu'il ne rabat jamais ses oreilles en arrière et garde sa queue haute en toute circonstance. L'autre, le plus petit, par contre, se roule sur le dos dès que le jeu devient un peu brutal. C'est un dominé. Plus tard, quand ils seront adultes, si Dieu leur prête vie et les hommes aussi, il en sera de même, et la nouvelle meute fonctionnera ainsi. Alpha sera la louve dominante, ce petit-là deviendra une sorte de chef en second et ainsi de suite. Notre tout petit restera au dernier rang. Il mangera après les autres et devra toujours leur obéir. J'ai compris tout cela après des heures d'interrogations et d'observations passionnantes. Toutes ces déductions sont notées dans le livre dont vous avez feuilleté la dernière page.

— Pour qui l'avez-vous écrit, Nicolas ? Pour vous ?

— Je vais vous expliquer, Isabelle. Je vais vous narrer un conte qui n'est pas un conte de fées puisque les contes de fées se terminent toujours bien, et je crains fort que le nôtre ne tourne mal. Mais c'est quand même un joli conte. Blottissez-vous contre moi et fermez les yeux. Laissez la chaleur de mon corps vous réchauffer et celle de mon cœur vous pénétrer. Il était une fois… c'est ainsi que débutent tous les contes, n'est-ce pas ? Alors, écoutez le conte un peu fou de Nicolas de Neuville. Il était une fois un enfant nommé Nicolas. À l'âge où vous-même étiez un pirate dans les souterrains du château de Saint-Cloud…

Isabelle soupira et se cala plus confortablement contre lui :

— Vous vous souvenez donc toujours de cela ?

Nicolas sourit et la serra plus fort, précisant, de sa voix inimitable, chaude et câline :

— Comment oublier cette jolie Isabelle qui commandait une bande de petits coupe-jarrets en herbe et qui infligea à Philippe le seul soufflet de sa carrière de séducteur ! Je pense que dès ce moment je suis tombé amoureux de vous… et que ce fut réciproque !

Vaincue, Isabelle n'eut pas le courage de lui donner la réplique, ayant épuisé irrémédiablement sa réserve de banderilles si bien affûtées. Et maintenant qu'elle y voyait un peu plus clair dans son esprit et dans son cœur de femme, elle comprenait que l'attention suscitée par cet énigmatique masque vert n'était pas due uniquement à la curiosité !

Qui aurait pu penser que ces batifolages aboutissent à cette soirée si belle, à un amour si fort, si difficilement conquis et hors de toutes les normes ! Sans doute Nicolas partageait-il les mêmes déductions, car il se tut quelques instants avant de reprendre le cours de son récit :

— Âgé d'une douzaine d'années, je montais déjà fort bien à cheval et sortais souvent seul en forêt. Un jour pourtant, je me fis désarçonner dans un endroit isolé. N'étant pas d'un naturel anxieux ni impressionnable, je décidai donc de rentrer à pied avant que la nuit ne tombe. Mais je ne devais pas être doté d'un sens de l'orientation très affiné, car je me perdis davantage. Je dus me résoudre à passer la nuit dans une grotte afin de me préserver de la pluie qui commençait à tomber. Quelle ne fut pas ma stupeur quand je découvris que cette grotte était habitée par une famille de loups. À ma grande surprise, ils ne m'attaquèrent pas et tournèrent autour de moi en m'observant et en me reniflant. Je ne sais pourquoi, je fus immédiatement et irrémédiablement fasciné par eux. Je leur parlai d'une voix douce comme je le faisais à mes chevaux et à mes chiens. Et ce fut miraculeux. Ils m'acceptèrent parmi eux. J'avais l'impression de vivre un rêve éveillé. J'étais épuisé et frigorifié. Je me suis endormi et, quand je me suis réveillé, une louve était couchée contre moi, me réchauffant de sa chaleur, de sa fourrure soyeuse. Sans elle, peut-être serais-je mort de froid, car nous étions en hiver et la nuit n'avait pas la douceur d'aujourd'hui. Curieusement, dès le premier instant, ces loups ne m'avaient inspiré aucune peur. Je me sentais des leurs et, tandis que je les regardais vivre, je compris que la haine spontanée que leur vouaient les humains n'était due qu'à une profonde méconnaissance et une incompréhension fondamentale. C'est souvent le cas d'ailleurs : la haine envers les autres n'est engendrée que parce que l'on ne supporte pas la différence ou que l'on ne comprend pas, que l'on ne peut dominer, comme vous me l'aviez si bien dit lors de notre première rencontre. Vos propos m'avaient profondément touché, car ils rejoignaient trop bien mes pensées ! C'était la première fois que quelqu'un parlait ainsi, et cela me causa une grande émotion et beaucoup de surprise.

Isabelle embrassa avec tendresse son poignet qui la maintenait fermement contre lui :

— Le destin est parfois bien capricieux, n'est-ce pas, monsieur le comte de Neuville ? Ce premier soir, notre conversation dévia sur les loups, sans raison véritable. Pouvions-nous deviner, vous comme moi, que nous serions unis par les liens du mariage et qu'après bien des péripéties et des heurts, nous partagerions notre première nuit d'amour dans une clairière parmi les loups ? Une nuit d'amour si belle que jamais je ne l'oublierai…

— J'en suis heureux, Isabelle, et je vous avouerai que moi non plus je n'ai jamais goûté pareil bonheur. Il était écrit sur le livre du destin que les loups devaient jalonner toutes les étapes essentielles de mon existence. Peut-être aussi seront-ils cause de ma mort ?

— Ne parlez pas de mort ce soir, Nicolas. Poursuivez plutôt votre joli conte.

— Je vous prie de m'excuser, Isabelle, mais j'appréhende terriblement l'avenir. Vous allez constater que ce récit n'est pas de nature à me rendre euphorique. J'ai passé deux journées parmi cette famille et je crois que j'y serais resté bien davantage. Mais les valets de mon père et tous les gens de sa maison étaient partis à ma recherche, vous vous en doutez. Ils ont fini par me retrouver et, quand ils ont découvert mes peu rassurants compagnons, ils ont ouvert une fusillade nourrie. J'ai eu beau crier, pleurer et tenter de les en empêcher, ils n'ont rien voulu entendre. Pour eux, je me trouvais perdu au milieu des bêtes mauvaises qui allaient forcément me dévorer. Ils les ont tous massacrés. Ce fut horrible et je suis resté profondément meurtri par cette scène dont le souvenir n'a jamais pu s'effacer de ma mémoire. Le plus jeune des loups est parvenu à s'enfuir et, avant de s'enfoncer sous le couvert des buissons, il s'est arrêté et m'a regardé. Dans ses yeux jaunes, j'ai lu comme un reproche, un immense chagrin et, encore une fois, cette incompréhension magistrale. Il se demandait le pourquoi de ce qu'il considérait comme une trahison. Alors, j'ai crié de toutes mes forces malgré les poignes des gardes qui cherchaient à m'entraîner de force, j'ai crié à ce loup que je l'aimais, que j'étais des siens et qu'un jour je paierais ma dette envers ceux de sa race, que je m'élèverais contre la folie des hommes, pour lui, pour tous ceux qui avaient perdu la vie pour m'avoir accueilli. On a pensé que j'avais été choqué et que mon comportement n'était dicté que par la frayeur ressentie. On m'a soigné, entouré de sollicitude. Je n'ai rien dit. Je savais qu'un enfant ne pouvait rien contre la haine et la bêtise des adultes, mais je jurai de tenir parole. Et puis les années ont passé. Mon père a participé à plusieurs campagnes avec Monsieur qui se révélait déjà l'un des plus brillants généraux du règne de Louis XIV. J'ai eu une jeunesse dorée, fréquentant tout ce que la noblesse comptait de beaux esprits et de belles fortunes. Je me suis lié d'amitié avec Philippe de Chartres. Ma vie se déroulait entre la Cour de Versailles, celle de Monsieur à Saint-Cloud et ma propre demeure où nous sommes aujourd'hui. J'ai fait des études, je suis devenu un jeune homme avec une solide réputation (justifiée, hélas) de séducteur et de bon vivant. Pendant ce temps, Monseigneur le Dauphin et la Palatine, parmi tant d'autres, continuaient à massacrer tous les loups. Jusqu'au jour où l'on a proclamé qu'il n'en restait plus un dans la forêt et que c'était fort bien ainsi. Alors, je me suis rappelé ce jour maudit et j'ai ressenti un profond déchirement, mêlé de culpabilité. Je n'avais rien fait… Mais une nuit de pleine lune, une nuit d'hiver froide et silencieuse, j'ai entendu un hurlement. Il ne s'agissait pas de celui que nous avions surpris ensemble, car cela se produisit bien avant. J'ai éprouvé un immense bonheur, comme une résurrection qui s'opérait en moi, et j'ai compris que j'allais enfin donner un sens à ma vie. Mais, comme je n'ai rien d'un sot ou d'un utopiste, j'ai réfléchi à la question et conclu que défendre un loup ou une famille de loups se voulait très louable, mais s'assimilait un peu à don Quichotte se battant contre les moulins à vent. En admettant que je parvienne à sauver celui-ci ou celle-là, on en abattrait d'autres ailleurs. Ce qu'il fallait, c'était provoquer une prise de conscience, vaincre cette ignorance, en un mot triompher d'une haine millénaire en prouvant qu'elle devenait injustifiée. Je devais me poser, non seulement en justicier, mais en avocat des loups et plaider leur cause. Il s'avérait indispensable, pour parvenir à mes fins, d'obtenir l'appui de personnes influentes. Ces personnes devant de surcroît se révéler d'esprit ouvert et sensible pour accepter de m'écouter et ne pas me considérer comme un doux rêveur ou un dangereux illuminé. Le Roi ? Hors de question ! Pour ce chasseur invétéré, tout animal des bois ne représentait qu'une cible à abattre. La majorité de la noblesse raisonnait d'ailleurs ainsi ! Le seul interlocuteur possible restait sans nul doute Monsieur, bon et sensible, ouvert à beaucoup de sujets et qui, malgré sa réputation d'hermaphrodite, savait se montrer capable de fermeté pour imposer ce qui lui semblait juste. N'avait-il pas choisi Mignard que le Roi n'aimait pas et tourné résolument le dos à Lebrun pour les peintures de son château ? À l'époque où il le fit, cela représentait une belle force de caractère ! Monsieur aime les animaux, abhorre la chasse, permet aux biches de se promener librement dans son parc. Je sais qu'il m'apprécie beaucoup et, jusqu'à présent, je n'ai eu qu'à me louer de ses bontés. J'ai donc décidé de chercher à connaître de plus près ces nouveaux loups revenus par ici. Je me suis rendu dans la forêt une nuit, et le miracle s'est reproduit. Je suis parvenu à les approcher. Je rencontrai une louve qui tout d'abord semblait seule. Je l'ai appelée Alpha. Elle a ensuite rejoint un mâle et ils ont eu des louveteaux. Une petite famille était donc appelée à reprendre possession de ce territoire. Mon idée consistait à rédiger un livre sur leur façon de se comporter, avec des précisions quant à leurs mœurs, leur vie sociale, leurs techniques de chasse, la manière d'élever leurs petits. Ce sont des animaux fascinants, organisés en hiérarchie très pointue, assez complexe. Ils sont intelligents, attachants, capables de fidélité et de tendresse. La mère est très maternelle, le père, très paternel, et les louveteaux, extraordinaires ! Je voulais prouver par ces notes que des êtres semblables sont dignes d'intérêt, que l'on peut les considérer autrement que comme un tableau de chasse. Une fois ce livre terminé, je voulais le porter à Monsieur. Je savais qu'il prendrait le temps de le lire et d'y réfléchir. Je lui aurais alors demandé son aide et sa protection : le droit de laisser cette famille vivre libre. Je sais que Philippe de Chartres aurait appuyé ma demande, car c'est un ami loyal et un esprit d'une intelligence remarquable, supérieure à nous tous.

Nicolas se tut et resta longtemps le regard perdu vers les constellations. Parmi tous ces scintillements argentés, voyait-il des yeux d'or auxquels il avait promis de payer sa dette ? Courageux dessein, certes, mais combien hasardeux ! Il conclut enfin, avec une certaine lassitude :

— Voilà, Isabelle… l'histoire de cette folie. Qu'en pensez-vous ?

— Elle me plaît, Nicolas. Elle me plaît beaucoup, autant que je vous aime. La vraie personnalité du comte de Neuville est décidément fort éloignée du séducteur insipide.

— Ne croyez pas pour autant que je sois un saint, Isabelle. J'aime m'amuser et j'aime les femmes. J'ai toujours eu besoin de séduire, et ma belle histoire n'efface pas ce trait de ma personnalité. J'ai néanmoins noirci le tableau à dessein pour préserver mon secret. Cependant, je suis différent de Philippe de Chartres et de la petite équipe de jouisseurs que je fréquente, car ils considèrent le sexe faible uniquement comme un objet de luxure. Moi, je suis capable de donner ma vie pour celle que j'aime : pour vous, Isabelle.

— Je n'en doute plus, Nicolas, et je voudrais pouvoir vous aider dans cette belle et noble mission que vous désirez accomplir. Mais vous parlez au conditionnel, vous dites « j'aurais voulu », pourquoi ?

— Je ne sais pas…

— Vous êtes près d'aboutir, pourtant ? Votre livre est terminé, pourquoi ne pas le montrer à Monsieur ?

— Je vais le faire, mais j'hésite encore. À cause du loup qu'ils ont capturé. J'ai l'impression que le temps va me rattraper et me devancer, comme ce jour où les valets de mon père avaient commis ce massacre et que je n'avais rien pu faire.

— Vous parlez ainsi, car vous n'avez pas pu le délivrer, mais c'était quasiment voué à l'échec !

— Sans doute. C'était risqué, mais néanmoins jouable. J'avais remarqué un jour un paysan qui braconnait non loin de la clairière des Roches. Pour qu'il ne risque pas de s'y aventurer plus avant, je me suis fabriqué ce déguisement. J'étais certain que la superstition paysanne en ferait un loup-garou ! Ce fut le cas, et plus personne n'est venu se perdre dans ce coin ! Mais le loup-garou a eu vite fait d'enflammer les imaginations, et mon stratagème risque de se retourner contrer moi. Je crains que des battues ne soient organisées afin de tenter de l'abattre, ce qui produirait l'effet inverse. Quand le loup a été capturé et que vous vouliez aller implorer Monsieur, vous m'avez causé des sueurs froides ! J'ai alors revêtu le déguisement pour aller le délivrer. Mais cela a mal fini. Le gardien m'a surpris, il a eu peur en me voyant et s'est enfui en hurlant au loup-garou ! Un garde est arrivé à la rescousse, tout aussi terrifié. Mais il a néanmoins tiré. Il a tué le loup et m'a touché. J'ai reçu la balle dans le dos, elle est entrée par l'épaule et ressortie devant. Malgré la douleur, je suis parvenu à faire face et j'ai continué comme si de rien n'était. Alors l'homme a jeté son fusil en braillant qu'il s'agissait bien d'un loup-garou immortel ! Il m'a fallu donner le change chez moi aussi. Personne ne devait savoir que j'étais blessé, c'est pourquoi je suis allé à ce bal, alors que je tenais à peine debout. Vous connaissez la suite… Maintenant, j'en redoute les conséquences, notamment une chasse au loup-garou qui les mènerait vers Alpha. Elle est seule avec les louveteaux, je lui apporte à manger. Un pressentiment néfaste m'oppresse. Il faut faire vite, ne pas laisser le temps me vaincre encore une fois.

— Oui, Nicolas, il faut faire vite. Allez trouver Monsieur demain. Voulez-vous que je vous accompagne ?

— Monsieur est parti ce matin pour Versailles. Il ne rentrera que la semaine prochaine.

— Alors nous l'attendrons ensemble. Il ne faut pas vous laisser influencer par ce mauvais présage, Nicolas. Notre amour sera plus fort que tout, que la méchanceté des hommes, que le destin néfaste !

— Notre amour est plus fort que tout, Isabelle. Mais si le destin a décidé notre perte, la flamme la plus ardente n'y pourra rien.

Pour annihiler la part de défaitisme que traduisait cette remarque, il l'embrassa avec avidité, comme si ce baiser lui conférait une force suffisante pour repousser le sort funeste. Isabelle caressa son visage et suivit le contour de son profil régulier. Elle laissa sa main descendre le long de son cou puis sur son épaule… et ressentit soudain une douleur aiguë. Elle posa sur son époux un regard surpris. Nicolas lui aurait-il mordu le doigt ? Elle se redressa vivement et tâtonna dans l'obscurité. Un petit jappement strident résonna clairement dans le silence de la nuit et une boule de fourrure lui bondit sur le ventre.

Le plus déluré des louveteaux n'avait pu résister à venir inspecter de plus près ces animaux si étranges. Isabelle le prit dans ses bras et caressa l'intrépide qui, tout d'abord intimidé, lui mordilla la main avec une délectation évidente !

Immédiatement, la louve se redressa, aux aguets, inquiète pour sa progéniture. Isabelle le reposa et il s'empressa de rejoindre sa mère en quelques bonds désordonnés. La louve le lécha frénétiquement, puis il se blottit contre elle avec un soupir déchirant. Alors, Alpha, rassérénée, rabattit sa queue sur son nez et s'endormit paisiblement.

Isabelle se mit à rire et regarda son mari qui souriait d'un air tout attendri :

— L'affection des loups vaut bien celle des humains, n'est-ce pas ?

Elle aurait voulu retenir le temps, pour que cette nuit, marquée effectivement par le signe des sentiments les plus doux, puisse ne jamais prendre fin. Isabelle la louve de Monsieur, Alpha la louve de la clairière des Roches, Nicolas le loup-garou. Parmi la mousse et les fougères, ils partageaient ensemble le plus pur des bonheurs : celui de vivre libre. Mais sous quel signe serait placé demain ?

XXXVIII

La nuit de l'horreur

Il commençait à pleuvoir. Isabelle en éprouva une vive irritation. Il en était toujours ainsi quand elle décidait de sortir à cheval ! Après une fort belle matinée, voilà maintenant les premières gouttes ! Bien que des nuages menaçants soient apparus à l'horizon, elle avait néanmoins continué à se préparer. Cette promenade risquant de se terminer sous une ondée, peut-être serait-il plus sage de la remettre à demain ?

Sur le perron, à l'abri sous les colonnades de l'entrée, Isabelle ne parvenait pas à se décider. Elle aperçut alors La Mouche traversant l'allée en grande hâte, ce qui lui donna une folle envie de rire. Le petit homme marchait généralement un peu voûté, mais semblait vraiment entraîné par le poids de sa tête lorsqu'il se pressait de la sorte !

Cette scène lui rappela une remarque de son cher époux, jamais en reste pour persifler chaque fois que l'opportunité se présentait. Ayant un jour remarqué un palefrenier s'activant de cette façon, il avait souligné, avec ce petit sourire sardonique n'appartenant qu'à lui : « Courage, mon cul, ma tête avance ! »

Isabelle nota que l'objet de ses médisances paraissait tout affolé, ce qui eut pour effet de tarir son humeur badine. Il bifurqua vers elle et s'enquit de Nicolas sans même prendre le temps de lui souhaiter le bonjour :

— Vous savez où il est ?

— Mais… dans sa chambre. Il se repose, sans doute.

Et comme le dévoué serviteur du comte de Neuville s'apprêtait à pénétrer à l'intérieur sans davantage de cérémonial, elle le retint par la manche :

— Que se passe-t-il, La Mouche ? Des ennuis ?

— Il faut que je voie Nicolas tout de suite. Des ennuis, en effet.

— Mais… ne pouvez-vous attendre ? Il souffre encore de sa blessure et n'est guère en état de se soucier de problèmes pour l'instant !

— Je le sais, Isabelle… mais il s'agit de… enfin de…

En proie à l'indécision, il avoua enfin, avec une moue résignée :

— De toute façon, vous êtes au courant, maintenant ! Une battue au loup-garou vient de partir avec Lamotte à sa tête. Ils ont l'intention de se diriger vers… enfin… vers l'endroit où il ne faut pas…

— Mon Dieu ! Alpha et les louveteaux ! Il faut aller les chercher avant qu'ils ne les trouvent !

— Assurément ! C'est pourquoi je dois parler à Nicolas. Lui seul peut agir, car je n'y suis jamais allé avec lui.

— Moi, j'y suis allée ! Je vais les ramener !

— Les ramener ? Vous déraisonnez ! Où donc voulez-vous les cacher ?

— N'importe où ! Dans ma chambre au besoin, si cela doit leur sauver la vie !

La Mouche eut un ricanement nerveux :

— Dans votre chambre ? Alors il va y avoir du monde, puisque maintenant Nicolas a le droit d'y venir !

Isabelle eut un sursaut scandalisé et ouvrit la bouche

pour riposter, puis se souvint avec ressentiment que son époux ne cachait rien à son confident. Fallait-il donc que ce valet fût au courant de sa vie intime dans les moindres détails ? Mais ce n'était guère le moment de céder aux vindictes personnelles, la situation exigeant d'intervenir sans erreur et rapidement. Elle rétorqua néanmoins avec acidité :

— Croyez-vous que le contexte se prête à la plaisanterie ? Et davantage encore sur ce sujet ?

— Pardonnez-moi, je suis ridicule en effet. Mais tout ceci me bouleverse autant que vous.

— Laissez Nicolas en dehors de cette affaire. Il est assez mal en point comme cela, et je ne veux pas qu'il commette une imprudence. Je vais m'occuper des louveteaux.

— C'est hors de question ! D'ailleurs Alpha ne vous laissera jamais approcher ses petits ! Elle n'a donné sa confiance qu'à Nicolas. Lui seul sait ce qu'il faut faire et le fera. Je vous interdis d'y aller !

— Vous n'avez rien à m'interdire, La Mouche ! Vous n'êtes qu'un valet et vous me devez obéissance. J'y vais et personne ne m'en empêchera !

— Si, moi ! Nicolas ne me pardonnerait pas de vous avoir laissée commettre cette folie. Lamotte est prêt à tout et vous tirerait dessus si vous vous trouviez en travers de son chemin !

Sans l'écouter davantage, Isabelle lui faussa compagnie et s'empressa de dévaler les marches. Puisqu'elle s'apprêtait à sortir, son cheval serait déjà sellé, d'où un gain de temps précieux.

Mais au moment où elle allait rentrer dans la stalle, une poigne énergique l'attrapa par le bras et la rejeta en arrière. La Mouche semblait déterminé à l'empêcher de partir par tous les moyens. Cet entêté la retardait dangereusement. Avisant une fourche à demi plantée dans une botte de paille, Isabelle fit mine de s'éclipser et s'en empara brusquement en se retournant. Le brave La Mouche, emporté par son élan, ne parvint pas à esquiver. Il reçut un violent coup de manche sur le front, asséné par toute la force que la jeune femme était en mesure de déployer. Il s'écroula avec un « ouf ! » pathétique et resta étendu à plat ventre dans le foin aux senteurs de réglisse. Sans lui laisser l'opportunité de recouvrer ses esprits, Isabelle sortit Attendu et, à peine sur son dos, le poussa dans un galop effréné en direction des sous-bois.

Isabelle essayait d'assembler quelques décisions cohérentes, tandis que le petit cheval gris ralentissait son allure en pénétrant dans la sente bordée de fougères. Que faire exactement ? Comment amadouer les louveteaux… et Alpha ? La louve se montrerait-elle conciliante ? Les mises en garde de La Mouche s'avéraient judicieuses.

Si Alpha l'attaquait, elle ne possédait même pas une arme pour se défendre. Sans doute aurait-il été préférable de prévenir Nicolas et de l'accompagner. Le vieux serviteur raisonnait en sage, alors qu'elle agissait sans le moindre discernement. Le chemin de forêt se rétrécissait encore. Allait-elle continuer à pied ? Elle déplora n'avoir pas emporté un solide pistolet ou éventuellement son épée, bien qu'elle ne sût pas véritablement la manier.

Lamotte possédait-il une avance considérable ? La Mouche estimait que la battue se déployait vers le nord, mais depuis quand exactement ? Sans doute serait-il encore préférable d'affronter la louve que ce sinistre individu ! Si elle venait à le rencontrer, seule, en plein cœur de la forêt, la comtesse de Neuville s'exposait au pire. Excités par la chasse, par la jouissance de traquer et de tuer, ces hommes redevenaient de redoutables prédateurs aux instincts primitifs, bien plus cruels que les bêtes soi-disant nuisibles qu'ils pourchassaient.

Isabelle grelottait, pénétrée par une humidité moite et presque palpable. Une petite bruine tenace filtrait à travers la ramure. Elle mit Attendu au pas et leva les yeux. Au-delà de la frondaison, elle discerna les nuages d'encre. Le ciel s'assombrissait et la nuit s'imposerait rapidement. Fallait-il deviner, dans ces caprices du temps, un néfaste présage, comme si le soleil se voilait dans le seul dessein de ternir la beauté du jour ? En serait-il de même pour sa destinée ? Cette félicité éprouvée dans les bras de son mari prendrait-elle fin, elle aussi, tel un astre agonisant ? Que réservait ce crépuscule prématuré ? En proie à une angoisse allant crescendo, Isabelle hésitait à descendre de cheval. En cas de danger, sa monture représentait sa seule chance de salut. Elle progressa donc ainsi, penchée sur l'encolure, repoussant les branches basses qui lui griffaient le visage et les ronces s'accrochant à sa jupe d'amazone. Parvenue sur le sentier emprunté en compagnie de son époux, le terrain, s'élargissant sur un sol sableux parsemé d'aiguilles de pins, sembla plus flatteur. Mais la clairière des Roches demeurait encore loin.

Brusquement, Attendu s'immobilisa et, alerté par un bruit de galopade, pointa les oreilles. Isabelle s'apprêta à se dissimuler dans le sous-bois, mais un cavalier vint dans sa direction et l'appela avec véhémence en agitant les bras. Stupéfaite, elle reconnut le comte de Neuville. Parvenu à sa hauteur, Nicolas s'indigna :

— Isabelle ! Vous êtes folle ! Que faites-vous ici ?

Elle le considéra avec saisissement, tout aussi éberluée de le trouver en ces lieux alors qu'elle le croyait en train de somnoler paisiblement dans sa chambre. Le premier moment de stupéfaction passé, elle riposta, avec un égal ressentiment :

— C'est vous qui êtes fou ! Vous devriez être dans votre lit ! Vous ne guérirez jamais, si vous continuez ainsi !

Le comte de Neuville ne répondit pas et baissa les yeux. Isabelle remarqua qu'il agrippait la crinière de son cheval et s'y cramponnait fermement. Brusquement, il piqua du nez en avant et laissa son front retomber sur son poignet. Puis il releva la tête et la regarda avec gravité, plus blanc que sa cravate, essuyant d'une main tremblante une larme qui coulait sur sa joue. Plaçant son cheval tout contre le sien, Isabelle posa la main sur son épaule. Elle vit du sang sur sa chemise et ne put retenir un cri horrifié :

— Nicolas ! Vous êtes blessé ! Que s'est-il passé ?

— Ce n'est rien. Ma blessure s'est rouverte.

À cet instant, des aboiements retentirent dans le lointain. Le comte de Neuville se redressa péniblement avec une grimace pitoyable, reprenant pied dans la navrante réalité et ajoutant, dans un souffle :

— Ah, Isabelle, c'est affreux… c'est la nuit de l'horreur… Lamotte et sa bande de chiens enragés…

— Je sais, Nicolas ! Ils se dirigent vers…

— Tout est fini, Isabelle. Ils ont tué Alpha et les louveteaux. Je suis arrivé trop tard.

Il détourna son regard et laissa les larmes couler sur ses joues. Puis, prenant sa femme par le bras, il l'attira près de lui et l'embrassa ardemment, comme on transmet un amour immense, mais aussi un adieu irréversible. Alors Isabelle découvrit qu'il tenait quelque chose contre lui. Il le lui mit dans les bras et elle sentit une petite boule de fourrure, mouillée et tremblante. Nicolas précisa avec ferveur :

— C'est le seul qui a échappé au massacre. Je l'ai trouvé caché sous une souche d'arbre. Emportez-le. Rentrez chez nous et mettez-le en lieu sûr.

Machinalement, elle referma les mains sur la petite boule de fourrure, la serra et perçut sur sa poitrine les battements désordonnés de son cœur affolé. Blotti contre elle, le louveteau enfouit son nez dans le col de son manteau et, bien calé entre ses cheveux et l'échancrure du vêtement, il gémit doucement et ne bougea plus. Le comte de Neuville contemplait avec émotion ce tableau si touchant, avec une nostalgie exprimant un profond chagrin, comme s'il observait un bonheur désormais devenu inaccessible. Isabelle devinait qu'un acte irrémédiable venait de se jouer. Les éléments lui échappaient, les griffes froides et implacables du destin l'attiraient vers un gouffre sans fond. Luttant contre les sanglots qui l'étouffaient, elle eut un cri éraillé, exprimant l'ampleur de sa détresse :

— Mais… mais et vous, Nicolas ?

— Partez vite ! Je vous en prie, Isabelle ! Protégez ce louveteau… que je n'aie pas fait tout cela en vain, sacrifié inutilement mon bonheur, le vôtre, notre amour ! Sauvez au moins celui-ci ! Prenez bien soin de vous et de lui… et ne m'oubliez pas trop vite !

Après un rapide baiser, désireux de ne pas prolonger cette scène pénible, il fit volter son cheval. Isabelle le retint par l'une de ses rênes :

— Vous ne venez pas ? Où allez-vous ?

— Je vais les entraîner dans une autre direction pour que vous puissiez fuir. Il ne faut pas que Lamotte vous aperçoive, car il vous supprimerait aussi ! Ne craignez rien, je connais cette forêt comme ma poche. Je les promènerai un peu, puis je rentrerai. Attendez-moi sagement !

Sans davantage d'explications, il donna une tape vigoureuse sur la croupe d'Attendu qui fit volte-face et détala brusquement. Déséquilibrée, Isabelle rattrapa ses rênes maladroitement, tout en maintenant contre elle son précieux fardeau. Le comte de Neuville prit le galop et disparut dans le sens opposé. Isabelle fut tentée de s'arrêter et de le suivre.

Mais ses dernières paroles prenaient la consonance d'une requête désespérée : « Sauvez celui-ci, que je ne n'aie pas fait tout cela en vain. » Oui, il fallait d'abord rentrer avec le louveteau, puis revenir avec La Mouche pour prêter main-forte à Nicolas.

En proie aux supputations les plus sordides, Isabelle refit le chemin en sens inverse. Nicolas lui aussi avait été renseigné sur cette battue, sans doute par un valet ou des commérages de domestiques. Il avait compris ce que signifiait la présence de Lamotte : un carnage quasiment inévitable. Alors, sans rien dire à personne, ni à sa femme ni à son fidèle La Mouche, il s'était résolu à affronter seul le dénouement de sa propre tragédie, l'ultime chapitre de son livre si laborieusement écrit et dont les dernières pages se termineraient avec le sang des loups et le sien. Résolument, malgré la fièvre et la lassitude, le comte de Neuville s'était enfoncé dans les profondeurs sylvestres, conscient de l'imminence d'un épilogue qu'il ne lui appartenait plus de modifier. Avec amertume, avec une affliction incommensurable, Nicolas de Neuville venait de trouver la confirmation de ses doutes, de ses hésitations : oui, il avait sacrifié son bonheur pour rien, pour une chimère…

Isabelle franchit la grille du parc sans ralentir, jusque devant les marches du perron. Un valet l'ayant aperçue se porta à sa rencontre et, quelque peu surpris par cette allure martiale, vint tenir son cheval tandis qu'elle descendait en toute hâte, sans lui laisser le temps de l'aider et en lui intimant sèchement :

— Ne le dessellez pas, je vais repartir !

La comtesse de Neuville monta deux par deux les marches du perron et pénétra dans le salon sans croiser âme qui vive. Où cacher le louveteau ? Elle se souvint de ses paroles, émises dans un élan d'exaspération : dans ma chambre, au besoin ! Pouvait-elle prévoir le dénouement de cette sinistre nuit ?

Isabelle referma précautionneusement la porte de sa chambre et ôta son manteau dégoulinant. Elle déposa le louveteau sur le lit et commença à le frictionner énergiquement avec une serviette. Il se laissa faire sans oser bouger et, quand il fut presque sec, elle l'installa sur la moelleuse courtepointe.

Il se pelotonna instinctivement, cherchant à retrouver une tiédeur sécurisante, puis osa lever les yeux sur Isabelle qui subit pour la première fois l'envoûtement de ce regard. Un regard de loup ne se pose pas sur vous, mais pénètre au plus profond de vous, pour lire les secrets de votre âme. Pourtant, celui-ci traduisait plutôt toute la détresse du monde, une incompréhension, une crainte, un chagrin poignants, qui se résumaient en une question fondamentale : pourquoi ? Pourquoi tant de haine, pourquoi le sang, pourquoi l'ostracisme, pourquoi la douleur ? Quête de vérité inassouvie des victimes sacrifiées, des petits êtres sans défense, qu'il s'agisse des enfants des hommes ou de ceux des animaux. Pourquoi le monde est-il si méchant ? Quelle énigme indéchiffrable quand on se trouve encore à l'âge des jeux et de l'insouciance, où l'on croit encore avec candeur que c'est si simple d'être heureux. Dans ce printemps qui exhale la fraîcheur des prairies au parfum de fleurs, on se persuade aisément que rien ne changera jamais, parce qu'il n'y a aucune raison pour qu'il en soit autrement.

Isabelle lisait, dans l'iris bleuté du louveteau, la capitulation des martyrs face à la perversité. Elle passa la main sur la fourrure encore toute collée de pluie et caressa la tête, puis le petit menton qui se tendait vers elle avec humilité. Elle murmura, d'une voix cassée par l'émotion :

— Pauvre petit loup ! Te voilà seul face à la malignité du monde !

Ces quelques mots lui renvoyèrent comme un écho les propos désenchantés du comte de Neuville, qui reflétaient aujourd'hui une vérité flagrante : « Pleure, pauvre loup, pleure sur la cruauté des hommes, toi qui n'étais qu'amour pour les tiens ! »

Pauvre petit loup qui, le matin même, jouait avec ses frères dans une clairière inondée de soleil, gambadant sur la mousse et quémandant auprès de sa mère un joyeux mordillement sur le nez. Pauvre Nicolas, qui venait de voir en un instant son rêve piétiné à jamais. La nuit de l'horreur…

La frimousse du louveteau s'estompa, et le visage de son mari lui apparut, baigné de larmes. Elle continua machinalement à passer sa main dans la fourrure, et le louveteau s'apaisa et se cala plus fermement sur la courtepointe avec un profond soupir. Allait-il s'endormir, avec la fragilité des marmousets se laissant toujours rattraper par les besoins vitaux de leur frêle condition, même au sein des pires tourmentes ?

Isabelle eut un léger sourire lorsque les paupières ourlées de noir luttèrent encore un peu avant de se fermer. Elle repoussa la courtepointe pour lui procurer davantage de chaleur. L'oreiller et les draps de soie gardaient encore le doux parfum de son mari, et elle se laissa gagner par une affreuse prémonition. Une voix perfide susurrait au plus profond d'elle-même que Nicolas ne serait plus jamais à ses côtés dans ce grand lit aux tentures bleutées. Elle chuchota, à la petite boule pelotonnée :

— Dors, petit loup, tu n'es plus seul.

À l'évocation de la déréliction, Isabelle pensa soudain

qu'elle-même devrait peut-être y faire face ! Ses lèvres frémissaient encore du baiser de Nicolas qui lui laissait pourtant un goût étrange. C'était comme… oui, comme s'il s'agissait d'un adieu…

En contemplant le louveteau qui venait de s'assoupir, elle tenta de retrouver elle aussi un peu de réconfort après cette nuit si mouvementée. Elle voulait oublier les mots de son époux, si étranges, dictés sans doute par la tragédie qu'il venait de découvrir, cruellement ébranlé par la mort d'Alpha. Seule une scène insoutenable justifiait cette appellation : la nuit de l'horreur. Nicolas, malgré son apparente légèreté, se révélait un homme fort, moralement et physiquement. Un homme digne de ce nom, capable d'affronter les drames avec courage et sang-froid. Qu'il fût aussi choqué n'était peut-être pas seulement dû à son chagrin. Lamotte est un boucher, clamait-il. Qu'avait-il donc vu dans la clairière des Roches ? Isabelle eut un sanglot pathétique :

— Nicolas, mon amour, tu n'es plus seul, toi non plus !

Elle éprouva soudain un fulgurant besoin de se blottir dans ses bras, de lui donner toute la flamme de son amour et de lui dire combien elle partageait ses tourments. Comme dans un mauvais rêve, elle entendit la voix de La Mouche : « Aimez-le ; s'il lui arrivait quelque chose, vous le regretteriez. » Tout ce temps perdu… ces nuits d'amour refusées. Était-il encore temps de rattraper tout ce bonheur… attendu. Attendu… le nom de ce cheval pommelé qui amusait tant Nicolas. Attendu… ne devenait-il pas souvent synonyme de gaspillé ou… de perdu ?

Affreusement oppressée, Isabelle s'approcha de la fenêtre. La pluie tombait toujours. Le ciel exprimait ainsi sa déprime en ce jour funeste. Laissant son front appuyé au carreau, Isabelle ferma les yeux. Un cavalier galopait dans la forêt, il pleurait, il avait mal et perdait son sang. « Ne m'oubliez pas trop vite. » Brusquement, elle en saisit toute sa signification. Elle ne pouvait plus demeurer passivement à l'attendre. Reprenant son manteau, elle décida de le rejoindre malgré ses recommandations. Son cheval avait été rentré à l'écurie, bien que le valet eût pour directive de le laisser sellé ! Ce bon à rien serait tancé comme il le méritait !

Trempée, transie de froid et d'anxiété, Isabelle se précipita jusqu'aux stalles. Aucun palefrenier ne se trouvait là et elle ne vit nulle trace de La Mouche. Sans doute soignait-il sa bosse sur le crâne ?

Elle ressortit en quête de quelqu'un susceptible de l'aider à seller sa monture, quand elle aperçut deux cavaliers arrivant par l'allée centrale. Insensible aux bourrasques et à la bruine lui cinglant le visage, Isabelle se mit à courir vers eux. Il ne s'agissait en réalité que d'un seul cavalier : La Mouche tenait par la bride l'autre cheval portant un cavalier affalé sur l'encolure.

Parvenu devant les écuries, La Mouche mit pied à terre et parut contrarié par la présence de la comtesse de Neuville. Il vint vers elle et, cette fois encore, la prit par le bras pour l'empêcher d'avancer. Mais ce geste s'avéra inutile, Isabelle comprenant d'emblée que ce second cavalier était son mari. Lorsqu'elle voulut se précipiter vers le cheval, La Mouche l'empoigna fermement. Elle se débattit et appela avec frénésie :

— Nicolas ! Nicolas !

Mais le vieux serviteur ne semblait pas décidé à la lâcher. Il la serra contre lui et murmura avec douceur :

— Calmez-vous, Isabelle. Calmez-vous, de grâce.

— Nicolas ! Il est blessé, n'est-ce pas ? C'est grave ?

La Mouche ne répondit pas et la serra plus fort contre lui. Isabelle le regarda avec consternation et vit les larmes creusant de profonds sillons sur ses joues ridées et burinées. Sentant le sol se dérober sous ses pieds, Isabelle eut l'impression que le ciel chavirait. Elle balbutia, prête à défaillir :

— Il est… il est…

— Oui.

Ce mot ! Ce mot maudit que personne n'ose prononcer. Ce mot qui fait basculer une existence, transformant le bonheur en tragédie et, par une macabre alchimie annihilant le soleil, en nuit obscure. Ce mot fatidique qui met un point final, comme une porte s'ouvrant sur un gouffre sans fond, glacé et plein d'épouvante, vers l'infini. Oui, Nicolas de Neuville était mort.

La Mouche serra Isabelle plus fort dans ses bras et, ainsi que ce jour où elle avait épanché son dépit sur son épaule, il lui sembla retrouver son grand-père consolant si bien ses chagrins. Mais ce chagrin-là, personne ne pourrait jamais le consoler…

Blessé par Lamotte et ses sbires qui avaient tiré sur lui, croyant tuer le loup-garou, Nicolas avait réussi à s'enfuir, puis à sauver l'un des petits d'Alpha. Il avait souhaité par-dessus tout qu'Isabelle soit hors de danger. Touché à mort, il avait trouvé la force de repartir le plus loin possible pour entraîner la meute à ses trousses. La meute sanguinaire des humains. Nicolas de Neuville avait galopé jusqu'à ce qu'il tombe. Et là, dans cette forêt, refuge de ses chers loups, avec pour témoins les grands arbres et les nuages chargés de pluie, il avait succombé seul, emportant au fond de son âme deux rêves désormais brisés à jamais : celui de réhabiliter les loups et celui de goûter la sérénité avec la femme qu'il aimait. Conscient d'avoir poursuivi une chimère, Nicolas acceptait d'en payer le prix, aussi cher fût-il. Et pourtant, comme il s'y était accroché, à ce dessein fantasque ! Avec la passion d'un tempérament ardent, téméraire et enthousiaste : briser les us et les croyances, faire admettre un jour que *canis lupus* méritait le droit de vivre. Il croyait tout aussi fort à l'amour d'Isabelle et se languissait d'espoir, de passions et de joies.

Tandis que les derniers souffles de vie le quittaient et que la froidure le glaçait autant que la mort qui le saisissait, Nicolas de Neuville voyait un jeune loup qui s'éloignait en regardant avec tant de reproches et d'incompréhension un enfant réduit à l'impuissance et criant lui aussi sa révolte.

Aujourd'hui, c'était un homme beau et vigoureux que la mort emportait, parce que le monde est ainsi, parce qu'il lui faut son tribut de victimes, innocentes ou non. À ce jeune loup, Nicolas de Neuville sourit et sembla dire : « J'ai fait ce que j'ai pu… »

XXXIX

Plaidoyer pour une chimère

Le duc de Chartres referma le grand livre d'un coup sec, puis demeura le regard fixé sur la couverture de cuir rouge, comme si ce seul fait devait lui fournir les réponses aux interrogations formulées par son esprit rationnel. Un silence pesant régnait dans la pièce, faiblement éclairée par une torchère d'argent. En proie à une profonde méditation, Son Altesse Royale demeura ainsi de longs instants, et Isabelle, qui se tenait en retrait, n'osait le tirer de ses cogitations. Il hocha enfin la tête avec consternation et commenta, d'une voix dont l'émotion avait émoussé l'habituelle consonance ironique :

— Ah, mon Dieu ! Tout cela est tellement aberrant. Je n'aurais jamais imaginé semblable absurdité de la part de Nicolas…

Puis, comme Isabelle n'émettait aucun commentaire, toujours le nez baissé sur le plancher, il reprit, avec un soupir éploré :

— Non, je n'aurais jamais cru… Il était toujours si… enfin, vous le connaissiez aussi bien que moi !

Isabelle leva enfin les yeux et répondit, avec un sourire nostalgique :

— Je pense que vous le connaissiez bien mieux que moi et surtout depuis plus longtemps.

— En effet ! Nicolas, sous ses dehors nonchalants, savait se montrer très pondéré. Il aimait se divertir, comme nous tous dans notre petite bande, Sylvain, Henri et les autres… Mais vous savez, Isabelle, nous sommes avant tout des gentilshommes qui n'accompliraient rien susceptible de déshonorer notre nom. Nicolas se révélait sans doute le plus raisonnable d'entre nous ! Il possédait un bon sens et un discernement étonnants, faisant preuve de grande sagesse quand il le fallait ainsi que de détermination dans les moments difficiles. C'est pourquoi je ne parviens pas à m'expliquer cette folie de sa part. D'un esprit simple ou naïf, je le concevrais, mais Nicolas… Comment penser qu'il se soit adonné à de tels enfantillages… des… oui, des chimères ridicules…

Ébranlée par ces propos, Isabelle ne put réfréner la désillusion que lui causait un tel jugement. Elle tomba à genoux et s'exclama :

— Ah, Altesse ! Je vois que vous n'entendez pas bien les intentions de Nicolas ! Mais de grâce, aidez-moi à poursuivre sa tâche, que tout ceci ne soit pas vain ! Je sais que je vous ai repoussé, parfois de façon peu amène, mais vous êtes le seul à qui je puis m'adresser. Je… je ferai tout ce que vous voudrez…, mais il faut achever l'œuvre de Nicolas, même si vous estimez que c'est une chimère !

Le duc de Chartres la releva doucement en la prenant par le bras et se récria, dans un élan spontané :

— Isabelle ! Comment osez-vous me prêter si peu de grandeur ! Croyez-vous donc que je profiterais de la situation pour abuser de la femme de l'un de mes amis les plus chers ? Sachez que vous aurez toujours en moi un soutien fidèle et un protecteur qui ne vous laissera pas dans le besoin. Mais je n'accepterai jamais rien en contrepartie ! Il me semblerait trahir la mémoire de Nicolas et… et j'aurais vraiment honte de moi.

Bouleversée, tout autant par ce tragique contexte que par ce geste plein de noblesse, Isabelle ne put retenir ses larmes. Elle était pourtant venue armée de volonté et de bonnes résolutions, désireuse de se montrer forte et de chercher auprès de Philippe l'assistance nécessaire à la réalisation de son dessein. Il lui fallait parachever les travaux de son mari, envers et contre tout. Il lui semblait que, de l'autre monde, le comte de Neuville l'observait et la jugeait. Serait-elle digne de la brûlante inclination qu'il lui avait portée ? Saurait-elle mener à bien sa mission ? Lui demeurerait-elle fidèle ? La louve de Monsieur garderait-elle en son cœur le souvenir de cette nuit inoubliable et se sentirait-elle à son tour un devoir à accomplir envers ces loups auxquels son mari avait tout sacrifié ? La belle Isabelle, à la fois rebelle et passionnée, ferait-elle honneur au nom des Neuville ? Comment réagirait-elle en affrontant cette vie nouvelle, creuse et dépouillée de sens ? Allait-elle se laisser gagner par le désespoir, faillir et reculer devant la rude besogne se dressant sur sa route ? L'amour si bref éprouvé pour son mari demeurant plus fort que tout, choisirait-elle, enfin, de risquer sa propre sécurité, de compromettre son rang social ? Isabelle entendait toutes ces interrogations, aussi distinctement que si Nicolas communiquait encore avec elle et lui faisait part de ses craintes, de ses doutes, de ses aspirations. Au plus profond de son âme, la comtesse de Neuville murmurait des paroles apaisantes : ne craignez rien, mon amour, Isabelle ne vous trahira jamais et ne laissera pas ruiner votre ouvrage, même si cela doit lui apporter l'opprobre général ou le trépas. Après tout, qu'importait la vie, maintenant ?

En regardant Philippe de Chartres, à la fois abasourdi et consterné, Isabelle comprit tout le bien-fondé des réticences de son mari. Qui serait capable de le déchiffrer, d'accepter ses théories et le résultat de ses recherches ? Qui donc le pourrait, puisque le duc de Chartres lui-même considérait cela comme les élucubrations d'un esprit déraisonnable. Et pourtant, Philippe s'accordait si bien avec Nicolas ! Ce prince doté d'une grande sensibilité venait de prouver de belle façon sa noblesse et sa loyauté. Doué d'une intelligence supérieure, cet érudit entendait à peu près toutes les sciences, brillait dans les études, avide d'apprendre, ouvert à toute nouvelle idéologie aussi hardie soit-elle, parcourant Leibnitz ou Descartes comme des livres de chevet. Alors que diraient les autres ? Tous les autres, le troupeau des médiocres et des esprits étroits ?

Isabelle avait deviné spontanément que seul le duc de Chartres pourrait la conseiller adroitement, précisément parce qu'il possédait plus de discernement que ses semblables. Lui saurait comment procéder afin d'éviter les écueils. Mener à bien les investigations de Nicolas devenait pour Isabelle le seul but du temps présent, expliquer pourquoi il avait essayé de concrétiser cette folie, plaider à la fois la cause de son mari et celle des loups !

Quelle ambition ardue et périlleuse ! Pour cela, Isabelle se sentait prête à tout, même à donner à Philippe de Chartres ce qu'il avait toujours désiré. Les clins d'œil, les petits frôlements, les sous-entendus, un badinage jamais vraiment innocent… tout cela appartenait aujourd'hui au passé, et Philippe venait de confirmer une personnalité dont il avait légèrement soulevé le voile dans sa prime jeunesse. « Je sais être bon perdant », affirmait-il. Ce trait de caractère, fort louable chez un adolescent et à plus forte raison chez un prince du sang, préfigurait l'humaniste à la grandeur d'âme magnifique.

Le duc de Chartres se tint coi, regarda pleurer silencieusement et avec dignité la comtesse de Neuville sans se résoudre à intervenir, ne sachant plus que dire, lui-même fort affecté. Dépassé par ces révélations déroutantes qu'il ne parvenait plus à conceptualiser, cette histoire abracadabrante le laissait totalement démuni. Jamais il n'aurait imaginé qu'un homme tel que le comte de Neuville ait pu s'adonner à semblable expérience. Qu'il eût à la rigueur rédigé un journal relatant ses exploits amoureux, les vices et les manies de ses conquêtes, ceci avec la pointe d'ironie mordante qu'il savait si bien déployer…, c'eût été concevable et, après tout, nullement condamnable ! Qu'il eût écrit ses pensées et ses commentaires concernant les personnes de la Cour avec la même lucidité amère…, pourquoi pas ? Mais un grimoire sur les loups ! De tout autre que lui, on eût concédé que le drôle devait manquer du plus élémentaire bon sens, à moins qu'il n'eût souffert de troubles mentaux. De la part de Nicolas de Neuville, une telle absurdité paraissait inepte.

Quand Philippe évoquait Nicolas, il voyait cet homme jeune, si beau, ce sourire charmeur, promenant avec désinvolture son élégante silhouette dans les antichambres de Saint-Cloud. Un bon mot par-ci, une œillade langoureuse par-là, un éclat de rire pour ponctuer l'ensemble… Oui, c'était tout cela, Nicolas. Cet esprit pertinent aurait tout aussi bien pu se targuer de sciences ou de littérature et entreprendre des études sur un sujet austère. Il en aurait été fort capable.

Mais, non…, il avait choisi de noircir des pages sur le comportement des loups ! L'aberration complète !

Machinalement, Philippe feuilleta l'ouvrage, retrouvant les passages qu'il avait déjà lus. Alpha, les louveteaux, le loup tué dans la ménagerie. Toutes ces soirées où Nicolas sortait de chez lui comme un voleur, enfourchait son cheval et se rendait dans la forêt… Et là, tandis que son épouse se morfondait toute seule dans son grand lit, il se déguisait en loup-garou pour effrayer les manants et pouvoir ainsi retrouver une louve et ses petits, leur quérir pitance, les regarder vivre, et puis écrire… écrire…

C'est le loup qui apporte à manger à Alpha... Elle reste avec les louveteaux... Le loup est mort... Alpha le cherche et manifeste un chagrin réel, comme si elle comprenait... La louve est capable d'une tendresse incroyable pour ses petits, d'une patience que beaucoup de femmes n'auraient pas... Les louveteaux sont adorables, ils viennent me lécher à mon arrivée, ils jouent comme des chiots, mais affirment déjà une hiérarchie bien établie... Je les aime... Ils sont magnifiques... Ils sont extraordinaires...

Philippe continua à tourner les pages, jusqu'aux derniers chapitres. Il les avait compulsées attentivement et se souvenait de tous les mots et des exclamations propres à Nicolas.

Certains superlatifs emphatiques ou élans élégiaques ne pouvaient appartenir qu'à lui. Ils traduisaient si bien sa personnalité, faite de tendresse, de passion, d'exubérance.

Oui, le comte de Neuville revivait entre ces lignes. Cette calligraphie nerveuse et élégante évoquait elle aussi ce narrateur si attachant et tellement particulier. Les derniers chapitres devenaient plus brefs, le style, moins lyrique. L'auteur redoutait-il une issue funeste, signifiant ainsi que son récit allait bientôt prendre fin ?

Il faut que je rentre... Isabelle a des doutes et tout devient plus compliqué ! Je l'aime, j'ai peur de la perdre. J'ai peur aussi pour Alpha... Ils ont tué le loup... Tout ceci va mal finir, je le sens... J'ai commis une folie, je vais la payer cher... Isabelle, mon amour... Alpha, ma louve...

Philippe ferma les yeux. Il imaginait le comte de Neuville rédigeant à la hâte, seul dans sa grande demeure, alors que tout dormait. Il avait peur, peur de demain. Il aurait voulu être auprès de sa femme et partager avec elle, ivre de plaisir dans ses bras alanguis, une nuit de volupté. Mais Nicolas de Neuville écrivait, seul dans la nuit, pour parvenir au bout de sa mission, au bout de sa chimère. Le duc de Chartres referma encore une fois le grand livre et prit doucement la main d'Isabelle dans la sienne :

— Qu'attendez-vous de moi, Isabelle ?

— Que vous m'aidiez à faire admettre pourquoi Nicolas a fait tout ceci ! À prouver qu'il n'était pas un doux rêveur ou un utopiste, mais qu'il voulait éclairer les mentalités, apporter des idées nouvelles, faire comprendre l'incompréhensible !

— Je vous entends bien, Isabelle, mais je vous avoue que moi-même, qui suis pourtant prêt à faire n'importe quoi pour Nicolas et qui me targue en toute modestie d'avoir l'esprit ouvert..., j'ai beaucoup de mal à le suivre sur ce terrain. Que voulait-il faire exactement ?

— Prouver que les loups sont des êtres vivants dotés de sentiments, des animaux dignes d'intérêt et non seulement des bêtes nuisibles qu'il faut abattre !

— Certains chapitres sont assez troublants, je n'en disconviens pas, notamment quand il raconte comment la louve agit avec ses petits, la façon dont ils s'organisent. Mais je suppose que tous les animaux sauvages sont ainsi avec les leurs et que les humains ne représentent pas forcément des modèles à suivre ! Nicolas s'est inventé une croisade parce qu'il voulait payer une dette de jeunesse envers les loups. Je conçois sa façon de réagir, mais elle me semble chimérique et surprenante de la part d'un homme raisonnable. Comment n'a-t-il pas envisagé que tout ceci était voué d'avance à l'échec et ne pouvait se terminer autrement ? Tout cerveau doté d'un minimum de cohérence ne pourrait le nier et, je vous le répète, je ne parviens pas à m'expliquer qu'il ne l'ait pas compris !

— Il y croyait ! Tout homme qui se passionne continue malgré tout, parce que pour lui c'est essentiel ! Les savants, les musiciens, les peintres consacrent leur vie à ce qui peut paraître aussi une chimère. Bien souvent, on les considère comme des naïfs, des sots, des inutiles. Et puis, un jour, certains ont la chance que leur création ou leur œuvre soit reconnue ; alors ils deviennent des génies ou des précurseurs, et ceux-là mêmes qui brocardaient sont les premiers à les ceindre de lauriers !

— Ce que vous dites n'est pas faux, Isabelle. Je crois que vous venez de présenter un plaidoyer très habile pour la chimère du comte de Neuville ! Vous êtes décidément digne de lui.

Le duc de Chartres demeura pensif, tapotant des doigts sur la reliure de cuir rouge. Admettre les motivations de Nicolas, bien que guère évidentes, pouvait encore se concevoir, mais agir en ce sens restait une directive assez floue. En esprit brillant, mais aussi en prince du sang rompu à toutes les manigances et usages de la Cour, Philippe envisageait les données avec un recul qu'Isabelle ne pouvait avoir. Il souhaitait très sincèrement soutenir le comte et la comtesse de Neuville, mais devinait aussi que ce livre posé sur son bureau n'attirerait que médisances et quolibets. Il fallait certes l'utiliser, mais avec doigté et en demi-teinte… Il eut un sourire un peu triste :

— Je vais faire mon possible. Mais la louve de Monsieur devra tempérer sa colère et me garder sa confiance.

— Je vous remercie, Altesse, et je vous fais entière confiance. Je m'en remettrai à votre décision ; je sais que vous respecterez la mémoire de Nicolas.

— Je vous en donne ma parole. Mais il ne faut pas brusquer les choses et surtout éviter que tout ceci ne produise l'effet inverse, c'est-à-dire précisément ternir la mémoire de Nicolas ! Monsieur ne verra pas ce livre tout de suite. Je crois qu'il considérerait cela comme une bonne plaisanterie !

— Une plaisanterie qui a coûté la vie de Nicolas !

— Officiellement, Nicolas est mort d'une chute de cheval. C'est beaucoup plus simple ainsi. J'expliquerai qu'il a effectué des recherches sur les loups et je tâcherai de défendre sa philosophie, mais sans grande illusion. Monsieur n'est pas dénué de bon sens et aime les animaux, mais il garde la conviction profonde qu'un loup est dangereux et nuisible. Moi, on me prendra assurément pour un original, ce qui est déjà le cas puisque j'ai tant de mal à me glisser dans le moule du parfait courtisan. Le Roi ne m'estime guère, et ma parole n'a pas grand poids ! Monsieur est sincèrement affligé par le décès de Nicolas. Il vous assurera de sa protection, et si j'affirme que votre époux s'entichait de loups, Monsieur s'en montrera fort surpris. Il se persuadera que Nicolas a toujours été bien singulier… et qu'après tout, c'est ce qui le rendait tellement charmant ! Il ne lui en tiendra pas rigueur, mais ne défendra pas les loups pour autant, tout simplement parce qu'il appartient à son époque et qu'elle fonctionne ainsi. Monsieur est d'ailleurs incapable de garder un secret ! C'est un homme très bon, sensible et généreux, vous le savez aussi bien que moi. Mais il est très mal entouré. Ma mère, la Palatine, malgré ses airs bourrus, est une femme au grand cœur, possédant un recul méritoire par rapport à son environnement. Mais pour elle, par contre, la chasse représente le plaisir essentiel de l'existence !

Isabelle, en proie elle aussi à de néfastes pressentiments, ne répondit pas. Son Altesse analysait la situation avec clairvoyance. Cela signifiait-il de façon inéluctable que les efforts de son mari seraient réduits à néant ? Elle soupira avec une réelle désillusion :

— Alors, tout est perdu, n'est-ce pas ? Nicolas a tout sacrifié pour rien ? Il est mort pour rien ?

— Non, Isabelle ! Mais il est nécessaire de procéder doucement. Les mentalités ne sont pas prêtes. Ce livre ne doit pas tomber dans les mains des courtisans qui ne saisiraient aucune de ses subtilités. Cette œuvre magistrale et magnifique serait dépréciée et saccagée ! Dans quelque temps peut-être, les hommes commenceront à admettre certaines vérités, et les essais du comte de Neuville prendront leur vrai fondement. Mais aujourd'hui, il est trop tôt. Regardez, Isabelle, comme toutes ces âmes crédules ont foncé tête baissée sur cette histoire de loup-garou !

Comment voulez-vous que des esprits aussi naïfs, aussi bas, puissent apprécier l'idéologie de votre époux ? Il leur manque la grandeur, le bon sens et aussi cette inclination à considérer autrui avec bienveillance. Il est tellement plus facile de tuer que de protéger ! Croyez-moi, Isabelle, je connais mieux l'humanité que vous et particulièrement les spécimens de la Cour. Ils sont exclusivement soucieux de leur vie de faste, de richesse, de confort. Tout le reste n'est que peccadilles négligeables ! Les manants, eux, ne vivent que de légendes, de superstitions, de monstres, de sorciers et de bêtes maléfiques. Ils exaltent une haine chronique, une soif de détruire, et les loups sont leur cible favorite. Il est trop tôt pour faire changer tout cela, je vous l'affirme !

— Mais alors, que faire ? Oublier tout ceci ? Laisser la mort de Nicolas inutile et invengée ?

— On ne peut légalement condamner des chasseurs qui ont participé à une battue pour tuer un loup-garou ! Tout ceci est dément, Isabelle, je le concède ! Mais il s'agissait d'une histoire vouée à une fin tragique, et Nicolas en était sans doute conscient… Peut-être même depuis le début. L'essentiel est que l'image du comte de Neuville reste belle aux yeux de tous.

— Et… et les loups ?

— Aujourd'hui, il n'en reste plus ! S'ils réapparaissent, peut-être sera-t-il temps de reconsidérer le sujet et de chercher à modifier les mentalités. En ce qui concerne le louveteau que vous avez sauvé, s'il survit, je m'engage personnellement à ce que vous puissiez le garder. Personne ne lui causera le moindre mal. Je vous le promets, et Monsieur s'y emploiera aussi ! Ce sera une maigre consolation pour Nicolas, mais une consolation quand même : son épouse sera sous la protection de la famille d'Orléans et le dernier des loups aussi. Je suis désolé, Isabelle, mais pour l'instant je ne puis vous offrir plus.

— Je comprends, Altesse. Je vous remercie….

En prenant congé du duc de Chartres avec une respectueuse révérence, Isabelle demeurait en proie à des réflexions bien contradictoires. Elle avait acquis la certitude de conserver la protection de Monsieur et celle de son fils, ce qui représentait un atout non négligeable. En revanche, on exigeait qu'elle accepte l'anéantissement des espoirs du comte de Neuville ! Et pourtant, quelle belle chimère ! Comment effacer le souvenir de cette nuit d'amour dans la clairière des Roches, auprès d'Alpha et des louveteaux ? Le bonheur, le bonheur véritable, c'était cela.

Mais, assurément, ces marquises parées de bijoux, ces gentilshommes poudrés et parfumés, les mignons de Monsieur minaudant parmi les commodes de Boulle et les miroirs de Venise, les diamants et les brocarts…

Qu'auraient-ils donc pensé en lisant le récit de Nicolas ? Ses amis les plus accorts, Sylvain, Hubert, Henri, ou même Éric de Chaune, ne se présentaient-ils pas comme des compagnons agréables, mais tellement futiles !

Quant aux manants, Philippe ne se fourvoyait aucunement. Comment inciter à un raisonnement cohérent des cerveaux aussi obtus ?

Isabelle n'oublierait jamais cette nuit de l'horreur et plus particulièrement le geste de Nicolas mettant dans ses bras la petite boule de fourrure toute tremblante : « Sauvez au moins celui-ci, que je n'aie pas fait tout cela pour rien ! »

Malheureux Nicolas… Le rêve s'était quand même bel et bien mué en cauchemar.

En remportant précieusement le livre de cuir rouge dans la demeure des Neuville, Isabelle le serrait contre elle avec une énergie aucunement émoussée.

Le regard farouche, elle formula un serment au comte de Neuville, dont le rire chaleureux s'était éteint à jamais et qui, certainement, devait mesurer dans l'éternité l'inutilité de sa croisade inachevée. La justice des hommes ne pouvait rien. Celle des loups n'avait pas dit son dernier mot. Celle de la louve de Monsieur non plus…

XL

La justice des loups

Le comte de Lamotte savourait sa soirée ! Son épouse, souffrante, avait dû garder la chambre. Quelle belle opportunité de profiter pleinement de ce bal offert par Monsieur, loin des regards réprobateurs de la revêche comtesse lorsqu'un décolleté généreux se profilait à l'horizon. Quelques menuets, une abondante collation, un concert de qualité… Assurément la vie se présentait sous les meilleurs auspices ! Et bien davantage encore, depuis que cette jolie femme lui avait avoué l'intérêt qu'elle lui portait. Tout avait commencé lors du premier menuet, pour se confirmer un verre de champagne à la main. La belle à la chevelure cuivrée, dont les atouts auraient fait damner un saint, paraissait trouver l'insipide Lamotte tout à fait à son goût. Ce jouisseur invétéré n'allait, bien évidemment, pas laisser passer pareille aubaine, précisément le jour où il ne se trouvait pas affublé de son épouse. Malgré une sottise incommensurable et une laideur tout aussi remarquable, le bedonnant personnage parvenait quand même à collectionner les aventures galantes en distribuant les écus, à défaut de faire battre les cœurs. Cette fois, il semblait que son charme naturel opérât tout seul, et il en éprouva une fierté intense !

Lorsque sa récente conquête lui proposa de passer la nuit avec elle dans son hôtel particulier de Saint-Cloud, le comte de Lamotte crut rêver et s'empressa d'accepter ! En suivant l'aguicheuse qui marchait devant lui, ondulant des hanches dans un froufrou de sa jupe de velours vieil or, Lamotte se sentait rajeuni de vingt ans. Il tenta un geste osé dans le décolleté prometteur, mais se vit rabrouer avec un « tout à l'heure… » qui le laissa encore plus impatient.

La jeune femme héla son carrosse et s'engouffra à l'intérieur, invitant son soupirant, déjà au paradis, à prendre place à ses côtés. Tandis que la voiture s'engageait dans l'allée du Mail, le comte de Lamotte observait avec concupiscence sa langoureuse compagne et se délectait déjà de la nuit de félicité qui allait s'offrir à lui. Il remarqua néanmoins, avec un froncement de sourcils :

— C'est étrange, j'ai l'impression de vous avoir déjà rencontrée, mais pas récemment.

— C'est tout à fait possible. Je suis l'ancienne maîtresse du comte de Neuville.

Le comte de Lamotte parut surpris et légèrement contrarié. Il la considéra sous un nouvel angle. Mais comme elle semblait toujours bien consentante, il réfréna sa déconvenue, bien que cette révélation lui occasionnât une légitime irritation. Ce maudit Neuville se retrouverait-il donc toujours en travers de son chemin ? Après avoir eu la chance de goûter les faveurs de cette pimbêche d'Isabelle et de faire pâmer toutes les donzelles sur son passage uniquement en posant un œil sur elles, voilà que cette rousse incendiaire lui avait aussi appartenu !

Le comte de Lamotte eut un sourire mauvais, jubilant d'une rancœur ruminée depuis des années. En tout cas, le beau Neuville avait cessé de séduire… et à jamais ! Il reposait six pieds sous terre, alors que lui, le bedonnant Lamotte, s'apprêtait à jouir d'un plaisir des plus voluptueux. Il dut concéder néanmoins avec dépit que Neuville possédait indéniablement fort bon goût : qu'il s'agît d'Isabelle ou de celle-ci, il les choisissait ravissantes ! Le comte de Lamotte ne put contenir davantage son caractère malveillant et souligna perfidement :

— L'une de ses maîtresses… car je crois que vous étiez nombreuses sur les rangs !

— Peut-être, mais moi, il m'aimait.

— Vraiment ? Et vous ?

— Je vous répondrai plus tard… et vous en jugerez par vous-même !

Sur ces paroles énigmatiques, elle s'absorba dans la contemplation du parc. Lamotte l'imita, ne sachant si cela signifiait une annonce d'enivrement torride ou le contraire. Il tressaillit brusquement quand le carrosse franchit la grille de Sèvres :

— Mais… nous n'allons pas dans le village de Saint-Cloud, nous venons de sortir par la grille de Sèvres ? Où donc m'emmenez-vous ?

— Je vous en réserve la surprise.

Soudain méfiant, le comte de Lamotte sentit sa béatitude fondre comme neige au soleil. Ne voulant point paraître alarmé, il s'enquit, avec une indifférence forcée :

— Je ne doute point que votre surprise soit délicieuse, mais j'aimerais bien savoir quand même où nous allons.

— Faites-moi confiance, la surprise sera délicieuse… pour moi !

Le comte de Lamotte la lorgna cette fois avec une franche suspicion. Il ne faisait pas l'ombre d'un doute qu'une femme se donnant à lui ne pouvait que se languir de bien-être, mais cette affirmation ne dissimulait-elle point une tout autre signification ?

Le carrosse roulait à vive allure le long de la Seine, et le comte de Lamotte commençait à considérer la situation de façon beaucoup moins réjouissante. Lorsque la voiture s'immobilisa, il s'empressa de passer la tête par la fenêtre. Il se trouvait arrêté sur la berge, à la limite de la propriété du comte de Neuville.

Au-dehors, la nuit était profonde, et la lueur de la lune faisait miroiter le léger courant de l'eau. Un calme oppressant régnait sur le site désormais désert. Ces bords de Seine, si animés dans la journée avec le passage de cavaliers ou de bateaux, prenaient, le soir venu, des allures de coupe-gorge. Le comte de Lamotte ressentit brusquement une folle angoisse, due au pressentiment d'un péril imminent. Alors, la jeune femme passa négligemment la main sous la banquette et en ressortit un pistolet. Avant que son galant, muet de saisissement, n'ait pu réagir, elle déclara, ayant désormais abandonné son attitude enjôleuse :

— Ne faites pas un geste et ne criez pas ou je vous tue.

— Mais… vous êtes folle ! Que signifie tout ceci ? Que voulez-vous ? Ma bourse ?

— Non, votre vie !

Le comte de Lamotte fit un geste pour ouvrir la portière et se propulser à l'extérieur, mais se trouva face au cocher, un petit homme un peu voûté, armé lui aussi d'un pistolet. Le regard du comte de Lamotte allait de l'un à l'autre, se demandant lequel tirerait le premier. Le cocher ordonna :

— Descendez !

— Mais… mais… vous n'allez pas me tuer ? Au secours ! À l'aide !

Le coup de poing l'atteignit au menton, et le comte de Lamotte s'affala à genoux contre le marchepied. Il fut relevé par une poigne énergique et dut faire face à la chevelure flamboyante :

— Je vous avais ordonné de ne point crier ! D'ailleurs, tout ceci n'a guère d'importance, car, à cette heure, personne par ici ne risque de vous entendre.

— De grâce, vous n'allez pas me tuer ! Je puis vous payer et fort cher ! Je ne manque pas d'argent ; dites-moi combien vous souhaitez !

— L'argent n'est pas tout, monsieur le comte de Lamotte. Ce n'est pas de l'argent que nous voulons.

— Mais… mais quoi, alors ?

— La vengeance !

Tétanisé, le comte de Lamotte semblait hypnotisé par cette Messaline et son serviteur aux cheveux gris. Il comprit que son heure avait sonné et que ces deux personnages seraient ses bourreaux. Incapable de la moindre tentative de rébellion, il demeura pétrifié, les yeux agrandis d'effroi. La femme braqua le pistolet en sa direction :

— Avancez, nous allons continuer notre petite promenade à pied. Ce sentier longeant la Seine est absolument charmant à cette heure, ne trouvez-vous pas ? Je vous promets encore une surprise, monsieur le comte de Lamotte.

Transpirant à grosses gouttes malgré la fraîcheur du soir, Lamotte obtempéra, se tordant les pieds sur le chemin irrégulier, fouillant des yeux la pénombre du sous-bois et redoutant d'y voir surgir le spectre de son propre trépas. Ce fut lorsqu'ils arrivèrent devant un mur à demi écroulé que la silhouette démoniaque se dressa devant lui. Lamotte ne put retenir un hurlement d'épouvante. Un homme venait de sortir d'une petite porte de fer rouillée demeurée entrebâillée. Incarnation même de Satan, solidement campé sur ses jambes dans une attitude à la fois provocante et menaçante, il lui barra le passage. Vêtu d'un chapeau qui masquait ses traits et d'une longue cape, chaussé de bottes à revers, il tenait une rapière qu'il pointa vers lui. Aux côtés de cette apparition chtonienne se tenait un grand loup dont les yeux jaunes brillaient à la lumière blafarde de la lune ; il était figé dans une immobilité marmoréenne.

La jeune femme et le cocher demeuraient en retrait, observant la scène un peu à l'écart, comme si leur tâche se terminait ainsi et venaient d'accomplir leur devoir. Lamotte fit prestement demi-tour, cherchant la fuite à tout prix, n'importe où, en coupant à travers le sous-bois ou en plongeant dans la Seine ! Tout lui sembla préférable que d'affronter ces créatures sorties des ténèbres de Barathre.

Lamotte commença à courir, mais une lourde masse l'immobilisa en se laissant tomber sur lui. À plat ventre sur le chemin boueux, Lamotte se retourna lentement et vit, à deux pouces de son visage, des pupilles dilatées et des crocs menaçants. Le loup !

Paradoxalement, celui dont la vue de ces *canis lupus* symbolisait jadis une jouissance annonçant l'exaltante perspective d'une délectable tuerie, suivie d'un retour joyeux chargé de trophées, éprouva pour la première fois de sa vie une terreur indicible en subissant ce regard rivé sur le sien. Cette fois, Lamotte n'était plus entouré ni de ses amis ni de sa meute. Il ne pourchassait plus une victime, mais devenait la victime. Cette horrible bête allait l'égorger sans qu'il puisse esquisser un geste. Lamotte voulut crier, ne parvint qu'à émettre un gargouillis inaudible, puis attendit passivement que les crocs à la blancheur de nacre se refermassent sur sa gorge. Alors, un ordre claqua dans le silence glacé :

— Laisse, Wolfie, laisse ! Il est pour moi.

Le loup s'écarta, considéra la silhouette à la cape comme pour demander confirmation de cet ordre qu'il semblait regretter, puis recula et s'assit sur le bord du chemin. L'homme vint vers Lamotte et, tandis qu'il avançait implacablement vers lui, épée en main, incarnation parfaite de l'ange vengeur envoyé par l'autre monde pour réclamer son dû, cette présence lui sembla encore plus alarmante que celle de l'animal. La voix ferme et dominatrice se fit entendre :

— Debout, Lamotte. Sortez votre épée et battez-vous.

Le comte de Lamotte se releva tant bien que mal, effectua quelques pas incertains, puis, d'une main tremblante, sortit son épée. L'inconnu se mit en garde, de façon fort académique, et le salua de la pointe. Machinalement, Lamotte fit de même, sans toutefois oser esquisser le moindre geste vers son assaillant, qui ouvrit alors les hostilités. Le comte de Lamotte rompit précipitamment, tenta quelques parades ineptes, ne parvenant pas, dans cette obscurité, à ajuster ses coups et à deviner ceux de son adversaire.

Celui-ci, en revanche, semblait parfaitement à l'aise et se dirigeait à la seule lueur de la lune comme s'il évoluait en plein jour. Il possédait une technique efficace, élégante, rapide et précise, à laquelle s'ajoutait une hargne lui conférant un avantage certain. À aucun moment, il ne se trouva en péril face à un Lamotte de plus en plus maladroit.

Se battant avec intelligence et témérité, l'inconnu menait le duel à sa guise et semblait y goûter une délectation inexpliquée, savourant la terreur de sa victime et la prolongeant à dessein. Livide, à bout de souffle, le comte de Lamotte comprit que ce jeu dramatique ne prendrait fin qu'avec son propre trépas et cela uniquement quand son exécuteur le déciderait. Considérant sans doute que cette macabre comédie avait suffisamment duré, l'homme à la cape étendit le bras en un estoc imparable, et Lamotte s'affaissa avec un râle de moribond. Il resta ainsi à genoux dans l'ornière boueuse, les mains crispées sur son abdomen d'où s'échappait un flot de sang. Le grand loup se rapprocha, attiré par la vue du sang, mais, cette fois encore, l'homme le rappela :

— Laisse, Wolfie !

À nouveau, le loup se retira et s'assit dans l'herbe. Le mystérieux bretteur se campa devant Lamotte, le regarda longuement, puis s'adressa au loup :

— Notre vengeance est achevée, Wolfie : la tienne et celle de la louve de Monsieur. Voici la justice des loups, Lamotte ! De tous ceux que vous avez massacrés avec une joie sadique pendant des années, Alpha et ses louveteaux, les frères de Wolfie… mais aussi Nicolas, comte de Neuville, mon seul amour… mon mari !

En disant ces mots, il se débarrassa de la cape et du chapeau, libérant une abondante chevelure de boucles blondes. Le comte de Lamotte ouvrit la bouche et s'écria, dans un râle d'agonie :

— Aaah ! Isabelle !

Puis, dans un soubresaut, il se recroquevilla et rendit son âme au diable. Tranquillement, la comtesse de Neuville replaça dans son fourreau sa jolie rapière sertie de brillants, puis réajusta sa cape et son chapeau. Le loup revint se placer près d'elle. Elle s'agenouilla devant lui et prit sa tête dans ses mains. Dans le regard doré, elle lisait une complicité totale et beaucoup d'amour, mais aussi les reliquats d'un chagrin égal au sien. Elle déposa doucement un baiser sur la truffe bien noire et un peu humide, puis murmura :

— C'est fini, Wolfie… Ils peuvent reposer en paix, maintenant.

Au-delà de l'or irisé qui reflétait la transparence de la lune, elle perçut des prunelles veloutées qui semblaient sourire. Elle ajouta, un peu plus bas :

— Dors, mon amour… et prends bien soin d'Alpha. Je ne t'oublierai jamais.

Se tournant vers l'homme et la femme demeurés respectueusement en retrait, elle conclut, d'une voix égale, que ni le danger ni l'émotion ne faisaient trembler :

— Il faut rentrer maintenant. Merci, Marion, merci, La Mouche.

Isabelle disparut par la grille rouillée donnant accès à l'extrémité du parc du comte de Neuville, tandis que Marion et La Mouche regagnaient le carrosse.

En remontant l'allée enchevêtrée de ronces et de fougères, la main sur la tête du loup qui marchait docilement à ses côtés, Isabelle regardait se profiler devant elle l'élégante demeure du comte de Neuville.

Le livre du passé se refermait, il fallait désormais songer à demain. Pendant deux années, elle avait attendu ce jour, travaillant inlassablement l'escrime avec le vieux La Mouche. Marion, aussi bouleversée qu'elle par le décès de Nicolas, était venue spontanément lui offrir son aide. Elle avait su trouver les mots réconfortants pour lui insuffler le goût de vivre et avait donné tout leur sens aux propos jadis émis dans la forêt de Marly. Alors, toutes deux, elles avaient commencé à préparer leur vengeance…

Isabelle avait aussi élevé le louveteau survivant d'Alpha, l'avait nourri au biberon. Enfin, elle voyait grandir le fils du comte de Neuville. L'enfant d'une passion si éphémère, conçu une nuit de pleine lune dans la clairière des Roches, parmi Alpha et ses louveteaux. Cette première nuit d'amour, si longtemps attendue, porte ouverte vers un bonheur fugace… Alpha était morte, Nicolas aussi, emportant sa folle chimère avec lui. Mais son fils lui survivait et, pour lui, Isabelle devait se battre et continuer à marcher la tête haute, comme le souhaitait son époux. Elle prouvait ainsi qu'elle demeurait, contre vents et marées, la comtesse de Neuville fidèle à son blason.

Fuyant la compagnie de ces hommes et de ces femmes si futiles qui n'avaient pas su lui tendre la main et comprendre son désarroi, Isabelle tira à jamais un trait sur la vie de Cour, ses leurres et ses fastes superficiels.

Avec son loup et son fils, elle poursuivrait son chemin, pour Nicolas, pour son domaine. Et, plus tard, le futur comte de Neuville pourrait, lui aussi, relever la tête et affirmer à son tour qu'il était bien de sa race.

Nicolas l'avait prédit : l'enfant, déjà ravissant, serait sans aucun doute un véritable Apollon ! Hériterait-il du tempérament libertin de son père et du caractère bien trempé de sa mère ? Seul l'avenir le dirait. Mais si, en revanche, il dévoilait des qualités de ses parents, alors ce serait sans doute la réincarnation du prince charmant !

Épilogue

Personne ne déplora la mort du comte de Lamotte. Le personnage n'étant guère apprécié, le petit monde doré de Saint-Cloud supposa qu'il avait dû subir les retombées de quelque affaire sordide dans laquelle il s'était trouvé compromis, peut-être les représailles d'un mari jaloux.

Il parut néanmoins surprenant que le duc de Chartres en personne ordonnât de clore l'affaire, et ceci avec l'assentiment de Monsieur. Il restait de notoriété que Lamotte ne jouissait plus depuis longtemps de l'estime de leurs Altesses, mais la raison de ce motus obstiné demeura assez floue.

Isabelle continua à apprécier en Philippe un protecteur loyal, qui respecta toujours la veuve de son ami. Il lui offrit la sécurité que son rang pouvait lui assurer, sans rien exiger en contrepartie, prouvant que le sang des Orléans, s'il était souvent synonyme d'orgies, n'en restait pas moins de grande noblesse !

Monsieur, de son côté, maintint fort libéralement sa pension, et Isabelle, malgré une existence recluse, parvint à mener à bien ce qui était devenu l'œuvre de sa vie, c'est-à-dire élever son fils en futur comte de Neuville et sauvegarder son loup. Elle préserva l'amitié sincère de Marion et du vieux La Mouche, unis tous trois par le plus émouvant des secrets.

Comme elle ne brillait plus dans les bals de la Cour, ne faisait plus partie de l'entourage proche de Monsieur et du Roi, les courtisans ne trouvèrent plus aucun attrait à la jeune femme et il resta fort peu de personnes pour lui adresser la parole, ou même tout simplement pour s'informer si elle existait encore !

On murmurait que la comtesse de Neuville (qui d'ailleurs avait toujours été une originale comme son époux !) avait dû perdre la raison après le décès de Nicolas. Mais il fallait concéder qu'un homme jeune et beau, succombant aussi sottement d'une chute de cheval, quel coup du sort pour son épouse, elle aussi jeune et belle ! Cependant, quelle idée de se retirer ainsi du monde ! Et de surcroît pour vivre avec un loup ! On chuchotait alors sous cape que Son Altesse Royale et le duc de Chartres avaient formellement interdit que l'on touchât cet animal. Décidément, Saint-Cloud n'était plus ce qu'il avait été !

En ce qui concernait les loups, par contre, leur sort ne s'améliora guère. Si le manuscrit du comte de Neuville trouva quelques échos parmi les esprits éclairés, grâce à l'appui personnel de Philippe de Chartres et de son père, il n'obtint pas concrètement les résultats escomptés. Les mentalités n'étaient assurément pas encore prêtes à recevoir de tels bouleversements !

À la mort de Monsieur, le duc de Chartres, unique légataire, hérita du titre, de tous ses biens et du domaine de Saint-Cloud, ce qui aurait pu être sécurisant pour la cause des Neuville. Mais Philippe, le nouveau duc d'Orléans, préféra de loin le Palais-Royal afin de s'y égayer plus librement. Il laissa fort libéralement la jouissance de Saint-Cloud à sa mère la Palatine qui s'y plaisait tant. Mais la Palatine avait toujours eu la chasse dans le sang…

***

Lors des siècles qui suivirent, d'une manière plus générale, les loups réapparurent, puis disparurent à nouveau, sempiternellement harcelés par les hommes. Les traditions demeuraient bien ancrées : *canis lupus* restait un nuisible à abattre.

Les humains, qui s'enorgueillissent de se classer parmi les espèces intellectuellement supérieures, pourraient quelquefois prendre exemple sur leurs frères qualifiés d'inférieurs. Les animaux ont ainsi notamment une certaine constance dans leur comportement : ils aiment ou n'aiment pas.

Dans le premier cas, ils prodiguent de la tendresse, dans le second, ils combattent. Ce précepte est assez simple et fonctionne parfaitement ! Les humains, eux, souffrent d'une inconstance chronique depuis la nuit des temps. Ils ont massacré les loups avec application, puis, quelques décennies plus tard, se sont aperçus que le fait se révélait quand même ennuyeux et ont alors décidé de les réintroduire.

Mais voilà qui ne correspondait plus du tout avec un espace géographique et des mœurs de société radicalement différents. Alors, bien évidemment, on recommença à les supprimer !

Au fil de l'Histoire, les mentalités humaines n'ont finalement que fort peu évolué. Depuis le Moyen-Âge et ses loups-garous, jusqu'aux savants des ères suivantes, l'homme, malgré une métamorphose magistrale, a gardé cette petite touche de cruauté perverse bien enfouie au fond de son âme. La haine de la bête nuisible est toujours là, exutoire tapi sournoisement, guettant l'occasion de ressurgir sous des prétextes plus ou moins plausibles.

Depuis les essais courageux du comte de Neuville, d'autres ont approfondi ses observations et travaux de recherche. On a ainsi découvert des comportements surprenants et extraordinaires concernant les loups qui se sont révélés de purs joyaux de la création. Pourtant, l'extinction n'en a pas moins continué méthodiquement et inexorablement.

Face à un tel acharnement dans la traque, la persécution, le martyre, il ne reste à l'animal sauvage qu'une immense incompréhension et une tristesse incommensurable :

« Pleure, pauvre loup, pleure sur ta liberté éphémère et ton bonheur perdu, pleure sur la cruauté des hommes, toi qui n'étais qu'amour pour les tiens. »

ANNEXES

La famille d'Orléans

MONSIEUR, Philippe, duc d'Orléans, frère de Louis XIV (1640 – 1701)

Né à Saint-Germain-en-Laye, deux ans après le Roi, on dit de lui qu'il « eut de l'esprit sitôt qu'il sut parler » et qu'il était « la plus jolie créature du royaume ». L'enfant puis l'homme aux qualités multiples supporta pourtant le poids des fautes de ses ancêtres. Pour Anne d'Autriche et Mazarin, obsédés par les complots fomentés par les branches cadettes précédentes (notamment Gaston d'Orléans, frère de Louis XIII), Philippe pouvait se révéler le seul susceptible de faire de l'ombre au jeune Louis XIV. Toute l'affection de la Reine allait au petit roi au détriment de son frère qui pourtant l'adorait. On s'obstina dès sa petite enfance à briser et étouffer son caractère impétueux ainsi que ses capacités intellectuelles. On encouragea même plus tard ses tendances libertines en favorisant des rendez-vous avec des mignons, en lui donnant pour amis des hermaphrodites notoires.

Son premier mariage en 1661 aurait pu tout changer. Monsieur était si content d'épouser Henriette d'Angleterre ! Mais, trois semaines après son mariage, la coquette le trompait déjà avec le Roi, puis avec son favori De Guiche. Monsieur devint la risée de toute la Cour et en fut très malheureux. Ce n'était pas l'idéal pour lui faire aimer les femmes !

Henriette mourut en 1670. Ce décès fut l'occasion d'une belle oraison de Bossuet, mais sa cause ne fut jamais élucidée. Des mauvaises langues l'ont attribuée au chevalier de Lorraine. Une hypothèse peu logique puisque l'épouse détestée de Monsieur ne pouvait lui faire de l'ombre. La fin de la première Madame fut probablement naturelle, Henriette étant de frêle constitution, de santé fragile, usée prématurément par des maternités répétées.

L'année suivante, en 1671, Monsieur se remaria avec Élisabeth Charlotte de Bavière, princesse Palatine. Il découvrit, après une minaudière, une femme aux allures hommasses qui ne risquait nullement de lui faire perdre la tête. Il s'en accommoda pourtant plutôt bien et elle lui donna deux enfants : une fille, Élisabeth Charlotte, et un fils, Philippe.

Monsieur, pour son malheur, était tombé sous la coupe du chevalier de Lorraine, « beau comme on peint les anges », mais sans moralité, arriviste, dénué de tout sentiment et de tout scrupule, qui le trahit auprès du Roi pour son propre intérêt. Monsieur, lui, l'aima passionnément et sincèrement.

L'histoire n'a, hélas, gardé de lui que la seule image un peu simpliste d'un homme frivole qui aima les hommes. Étiquette de débauché qui lui colla à la peau comme ce fut plus tard le cas pour son fils. Mais l'un comme l'autre méritaient tellement mieux !

Monsieur était sensible, raffiné, bon et généreux. Il protégea la manufacture de porcelaines de Saint-Cloud dont la qualité valait, semble-t-il, les produits importés de Chine. Il aida les pauvres, créa des hôpitaux, encouragea les artistes, sachant donner sa confiance et imposer des talents nouveaux, « lançant » ainsi Mignard et Molière entre autres.

Monsieur possédait un goût exquis pour la décoration, la parure, l'embellissement. Son palais de Saint-Cloud devint une merveille qui valait largement

Versailles dans un style moins panégyrique. Il fut surnommé à juste titre « la Maison des délices ».

Monsieur possédait une fortune considérable, car son oisiveté et sa vie mondaine rassuraient le Roi. Louis XIV exigeait sa présence à ses côtés, par besoin d'un faire-valoir. Son apparente légèreté renforçait par contraste l'image imposante du monarque, la toute-puissance du pouvoir absolu. Louis XIV ne perdait d'ailleurs jamais une occasion de le ridiculiser.

Monsieur était l'âme des plaisirs de la Cour. Sa bonne humeur et sa gentillesse spontanée contribuaient à créer une ambiance festive et plaisante. Une soirée sans lui paraissait morose.

Pourtant, s'il raffolait des bals et des fêtes, il aimait tout autant les ragots, les intrigues de Cour, les potins de salon qu'il envenimait bien volontiers ! Avec sa Cour de mignons papillonnant sans cesse autour de lui, l'atmosphère de Saint-Cloud devenait souvent houleuse, voire périlleuse pour certains…

Paradoxalement, Monsieur fit preuve d'étonnantes capacités militaires. Adulé par ses régiments, il savait les galvaniser par son courage et par son enthousiasme qu'il conservait même au cœur du danger et des pires tourmentes. N'ayant rien d'un timoré, il révélait alors un entêtement parfois proche de l'héroïsme (que l'on retrouva chez son fils), faisant preuve de libéralité, ne méprisant jamais ses soldats et comprenant leur situation qu'il cherchait à rendre le moins malaisée possible. Avec grandeur d'âme, il puisait sur ses fonds personnels pour améliorer leur quotidien, faisait soigner les blessés (même les ennemis !) et interdisait le pillage et la destruction inutile (ce qui à l'époque paraissait fort rare chez les grands généraux). Il se conduisit brillamment lors de toutes les campagnes auxquelles il participa. Le petit peuple le tenait en grande estime et l'acclamait avec ferveur sur son passage. Les habitants de Saint-Cloud et les Parisiens l'adoraient et le pleurèrent avec sincérité quand il mourut. Monsieur resta l'un des personnages de la famille royale les plus populaires du règne de Louis le Grand.

Il remporta avec brio la célèbre bataille de Cassel en 1677 et revint à Paris sous les vivats. On scandait : « Vive le Roi et vive Monsieur qui a gagné la bataille. » Il n'en fallait pas davantage pour déplaire à l'auguste Louis XIV ! Depuis ce jour, son frère fut renvoyé à ses mignons et soigneusement écarté des campagnes. Suffisamment sensible pour en souffrir, Monsieur se consola en magnifiant son château de Saint-Cloud, en accumulant de fabuleuses collections de bijoux et d'œuvres d'art. Le duc d'Orléans possédait plus de 300 parures de diamants, sa pierre fétiche !

Monsieur se montra particulièrement fier de son fils Philippe, un enfant charmant et fort attachant, qu'il gâtait sans modération. Ce fils, porteur de toutes ses ambitions, revanche méritée contre les désillusions, était destiné à obtenir la gloire et les succès confisqués à son père.

Quand il se rendit compte que le même avenir attendait son brillant héritier, Monsieur, fou de colère, osa faire ce qu'il n'avait jamais tenté pour lui-même : il se rebella contre son frère. Lorsque Philippe fut à son tour écarté des campagnes où il s'était révélé efficace et téméraire en faisant honneur au sang des Orléans, lorsqu'il dut épouser une bâtarde en échange de promesses qui ne furent jamais tenues, alors la coupe fut pleine. Monsieur, ne se maîtrisant plus, lança au visage de Louis XIV une rancœur accumulée depuis toute une existence. Et le Roi-Soleil n'eut apparemment pas le dernier mot…

Après une dispute plus violente que les autres, Monsieur fut victime d'une crise d'apoplexie et mourut en son palais de Saint-Cloud, le 9 juin 1701.

Il reste le type même du prince délicieux dont la destinée a été piétinée par raison d'État.

MADAME, Élisabeth Charlotte de Bavière, princesse Palatine (1652 – 1722)

Fille de l'électeur palatin, elle fut la seconde femme de Monsieur qu'elle épousa en 1671. Alors âgée de 19 ans, elle n'avait jamais quitté son Palatinat natal.

Quel couple surprenant ! Monsieur, bien connu pour ses préférences masculines, était raffiné, raffolant des dentelles et des bijoux, des sucreries et des pastilles de cannelle. Madame gardait de ses ascendances germaniques des allures plutôt rudes, un goût prononcé pour la chasse, la choucroute et la bière.

Sa mise sans apprêt, son physique peu flatteur qui s'épaissit de plus en plus au fil des ans, mais aussi ses manières de rustre et ses plaisanteries de garde suisse, choquèrent tout d'abord la Cour. Mais cette différence même et son franc-parler séduisirent bien vite le Roi. Elle le faisait rire ; lui l'appréciait beaucoup et l'invitait à toutes les parties de chasse.

Madame avait l'esprit très vif, acéré, jugeant sans fioriture tout ce qui l'entourait, n'ayant pas son pareil pour discerner la vérité sous le leurre des vernis et des fastes. Un caractère peu conforme, assurément, au moule du parfait courtisan soumis et dénué de tout zèle dangereux.

Madame était vertueuse et droite, sa franchise autant que sa bonne conduite restant un exemple rare à la Cour. N'ayant rien d'une coquette en aucun sens du terme, elle donna deux enfants à Monsieur, dont un fils merveilleusement réussi, puis trouva tout à fait naturel de faire chambre à part. On se doute que celui-ci n'y vit absolument rien à redire ! Elle ne s'entendit pas si mal avec lui, malgré les zizanies semées par le chevalier de Lorraine et ses mignons. On peut même supposer, sans émettre une hypothèse hardie, que, sans le chevalier de Lorraine, leur mariage eût été une parfaite réussite ! Au début de leur union, Madame écrivit en effet à sa famille que Monsieur se révélait un mari fort agréable, gentil, prévenant et courtois. Malheureusement, le perfide favori s'ingénia à détériorer cette entente, et les querelles s'envenimèrent de plus en plus avec le temps. Madame, pourtant, ne les chercha nullement et se serait volontiers accoutumée à cette existence un rien particulière pour peu qu'on la laissât tranquille !

La duchesse d'Orléans attacha une grande importance à son rang et à l'étiquette d'une manière générale. C'est pourquoi, très certainement, elle prit en grippe madame de Maintenon dès son arrivée. Acrimonie qui atteignit son paroxysme lorsque l'objet de son mépris épousa le Roi. Madame eut toujours une admiration amoureuse pour Louis XIV (en tout bien tout honneur) qu'elle garda jusqu'à la fin de sa vie. Qu'il se remarie avait dû la chagriner, mais avec une quasi-roturière, quel camouflet !

Madame, au milieu des intrigues de Cour et des complots de mignons, sut préserver ses positions et parfois sortir de bonnes griffes.

Quand Louis XIV obligea son fils à épouser une de ses bâtardes légitimées, elle osa le scandale, tourna délibérément le dos au Roi en pleine assemblée et, devant toute la Cour, gifla le malheureux Philippe qui avait été obligé d'accepter.

« Liselotte », comme l'appelaient ses intimes, garda d'excellentes relations avec sa famille allemande. Elle avait pour habitude de lui écrire très régulièrement et notamment à sa tante la duchesse de Hanovre. Cette correspondance faramineuse fut en partie retrouvée et rassemblée après sa mort. Elle représenta la plus fabuleuse source de documentation sur la Cour et la famille royale, sur Monsieur et Philippe. Ces lettres se lisent avec avidité, comme un roman ! Madame y raconta quasiment tout, jusqu'à des détails assez intimes, d'une plume tantôt acide, tantôt drôle. Elle disséqua ce monde doré avec une lucidité et un bon sens époustouflants. Capable d'un recul sidérant face au tourbillon enivrant de la Cour, son fils Philippe lui ressembla.

Sur certains sujets, Madame, comme tous les passionnés, manqua peut-être d'une totale impartialité et pourrait être taxée de mauvaise foi. Sa prose n'en demeure pas moins fort enrichissante. Ses commentaires sur madame de Maintenon, « vieille ripopée », « chiffon » ou « l'ordure du grand homme » sont restés célèbres dans l'Histoire ! Mais, sachant que l'auguste Louis le Grand lisait sans vergogne le moindre courrier, on comprend pourquoi Madame fut de plus en plus mise à l'écart.

À la mort de Monsieur, en 1701, elle regretta sincèrement son époux et craignit le couvent que le Roi lui épargna. Elle fit preuve de grandeur d'âme en brûlant, sans les lire, les lettres de mignons que son époux avait conservées, afin qu'elles « ne tombent pas en de mauvaises mains ».

La duchesse d'Orléans garda sa résidence à Saint-Cloud où elle vécut jusqu'à la fin de sa vie des largesses de son fils Philippe. Elle fut très fière de ce fils et l'aima beaucoup. Celui-ci l'aima aussi en retour, respectueusement et fidèlement, bien qu'elle condamna sans relâche ses mœurs trop légères et un sens de l'étiquette insuffisamment rigide.

Monsieur et Madame eurent deux enfants :

- Élisabeth Charlotte en 1676, qui épousa le duc de Lorraine ;
- Philippe, duc de Chartres, puis duc d'Orléans (futur Régent) en 1674, qui épousa mademoiselle de Blois, fille légitimée de Louis XIV et de la Montespan.

Madame fut sans nul doute l'un des personnages les plus pittoresques et les plus sympathiques de la famille royale !

PHILIPPE, duc de Chartres puis d'Orléans, le Régent (1674 – 1723)

Philippe d'Orléans est le fils de la princesse Palatine et de Monsieur, frère de Louis XIV. Né le 4 août 1674 à Saint-Cloud, le futur duc d'Orléans fut tout d'abord duc de Chartres. De l'avis unanime, cet enfant charmant, joli, d'intelligence supérieure, avide d'apprendre, fit la fierté de ses parents qui l'adorèrent. Il fut toujours très proche d'eux et eut une enfance assez douce qui sans doute contribua à modeler la gentillesse innée de son caractère. Madame veilla sur son éducation comme une tigresse, Monsieur en était fou et le combla de cadeaux. Philippe leur témoignait en retour un attachement spontané. Le jeune duc de Chartres reçut un enseignement complet lui permettant de démontrer ses capacités exceptionnelles et lui inculquant une vaste culture ainsi qu'une formation très pointue de chef de guerre. Philippe se révéla donc un jeune homme brillant et séduisant à qui le rang d'Altesse Royale conférait sa place à la table du Roi.

En 1692, après ses premières prouesses militaires, sa satisfaction personnelle se trouva passablement émoussée par la triste nouvelle de son mariage : le voici devenu gendre de Louis XIV, en épousant mademoiselle de Blois, la fille légitimée du monarque et de madame de Montespan.

En 1701, à la mort de Monsieur, Philippe devint son héritier. Il reçut donc le titre de duc d'Orléans et l'immense fortune l'accompagnant : « ses biens, meubles, diamants, pierreries, terres, seigneuries, domaines et autorités immeubles ».

En 1715, après la mort de Louis XIV, le duc d'Orléans prit le titre de Régent en faisant casser son testament. Louis XIV n'aimait point son neveu, lui reprochant ses mœurs débridées. La raison véritable en était sans doute une jalousie due à l'amer constat que le fils de son frère possédait toutes les dispositions faisant défaut aux enfants royaux ! Philippe de Chartres était un libertin, séducteur invétéré, mais néanmoins délicieux, libéral, d'une loyauté et d'une probité exemplaires. Doté de tous les talents, il entendait les langues étrangères, la chimie et les sciences les plus ardues, composait de la musique, peignait des tableaux superbes… et, malgré tout, sans aucune pédanterie !

D'une ouverture d'esprit étonnante, il se montra précoce en tout, et en avance sur son temps. Bousculant les mentalités et les normes, il dérangeait ! Il aurait pu être un grand peintre, un grand musicien, un grand général, un grand homme politique. Malheureusement, il fut le neveu du Roi-Soleil… et, en digne fils de son père, en subit les retombées. Promis à un destin brillant, il fut lui aussi sacrifié par raison d'État.

(Pour davantage de détails concernant Philippe d'Orléans le fils de Monsieur, lire, du même auteur chez le même éditeur : *Les Frères de Versailles*)

Le château de Saint-Cloud

Le destin injuste d'un prince et de son chef-d'œuvre

En évoquant le château de Saint-Cloud, on sous-entend généralement « le château de Monsieur ». C'est en effet au frère de Louis XIV qu'il doit les agencements fondamentaux des bâtiments et des jardins. Le domaine n'a pourtant pas été construit à son époque, mais était d'envergure beaucoup plus modeste.

Après Monsieur, quelques figures historiques notoires l'ont habité et ont effectué certains travaux ou transformations, notamment Marie-Antoinette, Louis-Philippe Ier ou Napoléon, mais sans en altérer l'identité profonde des lieux.

Indéniablement, Saint-Cloud reste « le château de Monsieur », qui lui a conféré son âme. Il y a laissé l'empreinte indélébile de sa personnalité propre, de son goût exquis, de sa générosité de cœur, de son caractère sentimental, mais aussi de son enjouement pour la vie et ses plaisirs. Pendant toute son existence de prince guerrier condamné à l'oisiveté, il n'a pas cessé de faire agrandir le palais, de l'embellir, de l'enrichir de nouvelles collections de bijoux, de curiosités ou de tableaux de maîtres. La décoration intérieure sans cesse renouvelée dans des tons différents, le mobilier, les tapisseries, les miroirs de Venise, les ors et les marbres, en firent un éden à nul autre pareil. Les jardins prirent une extension considérable, empiétant sur toutes les propriétés avoisinantes.

Lorsque Monsieur le reçut en 1658, le domaine s'étendait sur environ douze hectares. Le frère cadet de Louis le Grand était alors âgé de dix-huit ans !

Dès 1659, il y offrait les premières fêtes, rapidement enviées pour leur lustre et conférant au site le nom de « Maison des délices ». À la mort de Monsieur, en 1701, la propriété atteignait quatre cents hectares !

Le palais de Saint-Cloud représente la réalisation majeure de Monsieur qui s'y consacra pendant plus de quarante ans et le transforma en un pur chef-d'œuvre faisant pâlir d'envie son auguste frère. D'un style loin de la pompe versaillaise, mais tout aussi riche, il abritait des splendeurs inégalées, issues des efforts opiniâtres des plus grands talents de l'époque : Girard, Antoine Le Paultre et Jules Hardouin Mansart pour les bâtiments, le peintre Jean Nocret puis Mignard pour la décoration de la Grande Galerie et des salons d'apparat, mais aussi les plus fameux sculpteurs (dont Cadaine), tapissiers, décorateurs, ébénistes, orfèvres.

Le Nôtre, sachant tirer partie d'un terrain difficile en terrasses et dont la déclivité devint un atout, parvint à métamorphoser les jardins en un parc exemplaire.

Les Francine, déjà en fonction à l'époque de l'archevêque de Gondi, continuèrent à peaufiner les jeux hydrauliques, fierté du maître de céans.

Le château de Saint-Cloud devint en quelque sorte le symbole du frère de Louis XIV et fit partie intégrante de sa destinée. En effet, le duc d'Orléans ne laissa malheureusement à la postérité que le souvenir d'un hermaphrodite frivole et peu digne d'intérêt. Avec ce palais extraordinaire, il aurait pu prouver qu'il avait existé et révéler ainsi les aspects flatteurs et surprenants de sa vraie personnalité. Cette ultime consolation lui fut aussi refusée, puisque ce joyau architectural se trouva entièrement brûlé et détruit ! Des grandes demeures de son siècle (Versailles, Vaux-le-Vicomte, Chantilly, Sceaux, parmi tant d'autres) et des décennies antérieures (Saint-Germain, le Louvre, le Palais-Royal, Fontainebleau, Chambord…), il fut le seul à subir ce triste sort.

Oui, le frère du Soleil était irrémédiablement voué à l'ombre, condamné par un destin néfaste à périr d'ennui tandis qu'il rêvait d'actions martiales, puis à sombrer définitivement dans l'oubli après son décès. Dans cette affligeante indifférence et la continuité de cette malchance planant sur lui, il entraîna l'œuvre de sa vie…

L'histoire du domaine

En 1577, le château de Saint-Cloud appartenait à Jérôme de Gondi, écuyer de Catherine de Médicis. Il revint en 1604 à Jean-Baptiste II de Gondi, puis à Jean de Bueil, comte de Sancerre, en 1618.

En 1625, Jean-François de Gondi, archevêque de Paris, en devint acquéreur. Le domaine s'étendait alors sur une douzaine d'hectares.

En 1655, Barthélémy Hervart en fut le nouveau propriétaire. Cet intendant des Finances au train de vie fastueux représentait sans doute un précurseur de Fouquet ! Il fut obligé, plus ou moins élégamment, de vendre son bien à Louis XIV.

Le 25 octobre 1658, Louis XIV acheta le domaine et en fit don à son frère Philippe, duc d'Anjou, dit « Monsieur » et futur duc d'Orléans.

À la mort de Monsieur, **en 1701**, son fils unique Philippe de Chartres devint duc d'Orléans, héritant du titre, des biens ainsi que du domaine.

Philippe d'Orléans (devenu le Régent) mourut **en 1723** et laissa son héritage à son fils Louis, puis à son petit-fils Louis-Philippe de Chartres.

En 1785, le château de Saint-Cloud fut vendu à la reine Marie-Antoinette. Durant les périodes agitées qui suivirent, Saint-Cloud fut intégré à la liste civile en tant que résidence d'été des souverains en 1789, puis, lors de la Première République en 1792, les lieux furent entretenus « pour servir de jouissance au peuple » par décret de la Convention.

En 1801, le château devint la seconde résidence officielle de Bonaparte.

À partir de 1814, Saint-Cloud resta propriété des souverains se succédant par la suite : Louis XVIII et Charles X, puis vit le retour d'un Orléans avec Louis-Philippe Ier. En 1852, il échut à Napoléon III.

En 1870, Napoléon III déclara la guerre à la Prusse. Le mois d'octobre de cette même année vit l'agonie du château de Saint-Cloud, incendié et détruit suite à des tirs d'obus, lancés du mont Valérien. S'agissait-il d'obus français visant les troupes prussiennes installées sur place, ou l'incendie fut-il allumé par l'ennemi ? Le doute demeure, et le bilan n'en reste que plus affligeant…

Aujourd'hui…

Le château ne fut ni reconstruit ni restauré, et ses ruines furent dispersées. Aujourd'hui, il n'en reste rien et seul le parc demeure, avec les cascades et les bassins essentiels (Fer à cheval, les Carpes, le Grand Jet, la Petite et la Grande Gerbe, les 24 jets…). L'entrée en forte déclivité par la grille d'honneur est restée intacte, avec le pavillon des Gardes (musée historique du domaine de Saint-Cloud), ainsi que le Trianon (devenu Bureau international des poids et mesures), désormais appelé pavillon de Breteuil, et le parterre de Vénus. L'ancien emplacement du château est matérialisé par des ifs.

Si le site préserve un charme champêtre avec ses grands arbres, ses allées ombragées de charmilles et sa vue sur la Seine, il tente aussi de pérenniser un petit air de la magnificence d'antan, notamment quand jouent les « grandes eaux ». Par un tour de clé, retrouvant le geste ancestral, les fontainiers de l'ère moderne libèrent 3 500m^3 d'eau pendant trois quarts d'heure. Alors, tandis que déferle l'onde sur les chères cascades de Monsieur, le promeneur, qui se plairait à rêver, pourrait entendre un rire charmant et voir se profiler l'ombre d'un prince délicieux tout poudré et paré de diamants. Mais alors que les vannes se referment et que les eaux se taisent, comme cette ombre semble soudain devenue triste ! Sans doute pense-t-elle, avec un soupir nostalgique : « Pauvre Maison des délices qui n'a pas réussi à me survivre… »

Les grands aménagements entrepris par Monsieur

1659 : acquisition de la propriété du Thillet, permettant l'extension du domaine vers la Seine, en vue d'aménager des jardins.

1660 : Le Nôtre commença à travailler à l'élaboration des jardins.

1664-65 : création de la Grande Cascade par Antoine Le Paultre.

1667 : construction de la chapelle par Antoine Le Paultre. Le Roi Louis XIV assista aux premières « grandes eaux ».

1671 : construction du Trianon et du parterre de Vénus par Gobert. Au sud du domaine, en direction de Sèvres, on y accède par la célèbre allée du Mail.

1672 : l'une des fêtes les plus somptueuses marquant l'histoire de Saint-Cloud pour célébrer le mariage de Monsieur et d'Élisabeth Charlotte de Bavière, princesse Palatine.

De 1670 à 1695 : Monsieur continua d'acquérir méthodiquement les terrains alentours. La Grande Perspective commençait à prendre forme, sur l'axe est-ouest. Le bassin des 24 jets jouait un rôle de pivot autour duquel s'articulaient toutes les allées du parc. L'axe sud, ayant pour point central le bassin des Cygnes, se trouvait délimité par des allées bordées de charmilles et de carrés forestiers ou de végétation diverse. Ceci représentait les éléments essentiels du « Grand Parc » ou jardins hauts, ainsi nommés par opposition au « Petit Parc » ou jardins bas.

1675 : acquisition de la propriété Longueuil, dans le dessein de créer une entrée en bordure de Seine, vers Sèvres. Création du bassin des Cygnes qui deviendra par la suite, après restructurations, bassin du Fer à cheval. Il fut un élément incontournable parmi les « classiques » des jardins.

Entre 1676 et 1677 : travaux sur les ailes du château, aile Sud réaménagée et construction de l'aile Nord.

1678 : Antoine Le Paultre œuvra sur le corps de logis à triple épaisseur, dévoilant un bâtiment symétrique. La caractéristique majeure de l'ensemble s'affirmait par la conception des ailes plus basses que le corps de logis. Cette partie centrale comprenait un avant-corps.
Cette même année, le Roi effectua une visite officielle, sorte d'inauguration de la somptueuse galerie d'Apollon. Cette grande galerie de quarante-cinq mètres de long (soixante-quinze pour la galerie des Glaces de Versailles !) s'étirait entre treize fenêtres ouvrant sur la cour et dix du côté opposé.
Construction de l'orangerie avec sa décoration en trompe-l'œil et servant l'été de salle de bal.

1678-79 : acquisition de la propriété Monnerot, en direction de Sèvres.

1682-83 : acquisition de la propriété Charost, pour créer une entrée en bordure de Seine, vers Saint-Cloud. Ceci marquait parallèlement la fin de l'aménagement des bas jardins.

1687-88 : Jules Hardouin Mansart remania l'aile Sud. Construction définitive du Grand Escalier.
Ajout des colonnes de la façade surplombant les jardins.

1691 : acquisition du fief de l'Arpent-Franc.

1695 : acquisition de la moitié de la seigneurie de Villeneuve, point final de l'extension du parc vers l'ouest.

1697-98 : Jules Hardouin Mansart travailla sur le buffet bas de la Grande Cascade, ainsi que sur la création du canal la prolongeant.

Petit lexique simplifié du fontainier

Ajutages

Orifices dans les bouches de sorties d'eau, permettant les effets les plus divers (bouillon ébouriffé, jet vertical…)

Aqueduc

Canal destiné à véhiculer l'eau (ici, souterrain). Le plus fameux est celui partant de l'étang de Ville-d'Avray jusqu'au Grand Réservoir.

Bassin

Pièce d'eau servant d'ornement dans un jardin. Bénéficiant du savoir-faire des architectes et des fontainiers, les bassins deviennent, dans les demeures royales, des éléments majeurs de composition. Le Nôtre en fait le point central des perspectives.

À Saint-Cloud, les plus célèbres bassins sont celui du Grand Jet (plus de 30 mètres de haut), de la Grande Gerbe, de la Petite Gerbe, des 24 jets, des Cygnes, du Fer à cheval, puis des Carpes.

Cascade ou buffet d'eau

Construction hydraulique sur plusieurs niveaux, jouant avec la dénivellation et entremêlant harmonieusement les éléments de décoration (statuaires, vasques, roches, bouches avec jets).

Clé

C'est l'instrument magique qui permet au fontainier de libérer le déferlement des eaux, puis de le refermer. Elle est traditionnellement en forme de lyre.

Corroi d'argile

Couche de glaise placée entre deux murs ou deux parois, pour en assurer l'étanchéité.

Fer Mahon

Grande tige de fer recourbée à son extrémité en angle droit, servant à modeler les soudures effectuées avec la louche. Il lisse le plomb, en estompe les aspérités, lui conférant un aspect bien particulier et assez plaisant à l'œil. Le fer Mahon est conçu tout spécialement pour son utilisateur qui le façonne « à sa main ». Il constitue l'outil indispensable au bon tâcheron !

Fontaine

Bassin de taille plus réduite et généralement surplombé d'une statue ou d'un ensemble de sculptures d'où s'expriment les jeux d'eau. La plus fameuse est celle du parterre de Vénus, où la déesse est représentée sur un char de coquillage.

Fontainier

C'est à lui que revient la tâche de trouver l'eau, de résoudre tous les problèmes (souvent énormes !) de son acheminement et enfin de l'utiliser de la façon la plus esthétique. Qu'il s'agisse de Louis XIV à Versailles ou de Monsieur à Saint-Cloud, le fontainier jouait un rôle fondamental puisque l'eau représentait une constante de l'ornementation des jardins.

Francine

Le travail de fontainier s'accomplissait de père en fils, qui se transmettaient la charge durant des générations. Ainsi, les Francine, d'origine italienne (Francini) et arrivés en France depuis 1598, s'employèrent au service de l'archevêque de Gondi, restèrent en fonction pendant tout le « règne » de Monsieur et bien après ! Ils ont marqué les jeux d'eau de Saint-Cloud de leur incomparable savoir-faire.

Jeu d'eau

Tout effet harmonieux réalisé à partir de l'eau : il peut s'agir d'un jet ou de tout autre création, des plus simples aux plus élaborées.

Grotte

Édifice aux proportions modestes dans un jardin, dont la décoration laisse une large part aux éléments hydrauliques. Il peut s'agir de fontaines ou d'ouvrages très complexes. La grotte du Parnasse, dont la première évocation date de 1608, a été sublimée à l'époque de Monsieur. Elle est décrite comme un petit « sanctuaire » à l'architecture en croix, décorée de coquillages, de rocailles, de peintures à fresques et couronnée d'une coupole. Des effets hydrauliques pittoresques produisaient, de l'avis unanime, un effet enchanteur.

Regard

Ouverture permettant de descendre, par exemple, dans un aqueduc pour vérifier l'état des canalisations.

Réservoir

Lieu choisi pour stocker l'eau. Le Grand Réservoir du château reçoit les eaux de l'étang de Ville-d'Avray, lui-même approvisionné par un réseau de canaux et de rigoles recueillant les retombées pluviales. Celles-ci sont ensuite dirigées par un système de canalisations souterraines, jusqu'aux bassins des jardins du château de Saint-Cloud. Cet acheminement s'accomplit par gravité, le réservoir étant situé au-dessus du niveau de la Seine. Ce principe de la gravité permet également au ru de Vaulichard d'alimenter les cascades et le bassin des carpes.

Rigole

Petite tranchée étroite maçonnée à ciel ouvert, recueillant les eaux pluviales et de ruissellement. Celle de la forêt de Fosse-Repose rejoint les étangs de Ville-d'Avray.

Pierrées

Galeries laissant filtrer les eaux pluviales.

Soudure à la louche

Le plomb en fusion (transporté dans une sorte de chaudron) est puisé avec une louche et placé sur les pièces devant être soudées. Il s'agit souvent de raccords de canalisations.

Du même auteur

Les frères de Versailles

Philippe d'Orléans, le neveu de Louis XIV, et le marquis Jean-François de Brettenbac sont entraînés dans un tourbillon d'intrigues, de jalousies et de drames. Une route tumultueuse qui les mène de Versailles aux champs de bataille, en passant par Saint-Cloud et la Bastille.

ISBN : 978-2-35288-460-6

L'écuyer du Roi-Soleil

Brillant écuyer, le duc de Vargance est appelé à Versailles afin de dispenser son art. Mais à peine arrivé, le duc est témoin d'un meurtre. Dans les fastes de la Cour, il découvre un monde aux apparences trompeuses qui dissimule bien des mystères…

ISBN : 978-2-35288-484-2

L'exilé de Versailles

Un homme blessé croupit dans un cachot espagnol. Cet homme n'est autre que « l'écuyer du Roi-Soleil », le duc de Vargance, prince disgracié. Heureusement, ses véritables amis ne l'ont pas oublié et un mystérieux bienfaiteur parvient à le faire libérer.

ISBN : 978-2-8246-0228-8

Des grands romans historiques, de tortueuses histoires d'amour, d'amitié, de haine et de trahison à la Cour de Louis XIV.

www.city-editions.com